REVISTA
TRIMESTRAL DE

DIREITO PÚBLICO

30/2000

MALHEIROS
EDITORES

Revista Trimestral de Direito Público

Órgão do

INSTITUTO GERALDO ATALIBA
IDEPE — INSTITUTO INTERNACIONAL
DE DIREITO PÚBLICO E EMPRESARIAL

INSTITUTO DE DIREITO ADMINISTRATIVO PAULISTA
IDAP

RTDP
Publicação trimestral de
MALHEIROS EDITORES LTDA.
Rua Paes de Araújo, 29, cj. 171
CEP 04531-940 - São Paulo, SP - Brasil
Tel.: (011) 3078-7205 - FAX.: (011) 3168-5495

Diretor responsável: Álvaro Malheiros
Diretora: Suzana Fleury Malheiros

Assinaturas e comercialização:
CATAVENTO DISTRIBUIDORA DE
LIVROS S.A.
Rua Conselheiro Ramalho, 928
CEP 01325-000 - São Paulo, SP - Brasil
Tel.: (011) 289-0811 - FAX (011) 251-3756

Supervisão Gráfica: Vânia Lúcia Amato
Editoração Eletrônica: Letra por Letra Studio

SUMÁRIO

DOUTRINA

TELECOMUNICAÇÕES E INFRA-ESTRUTURA:
ARTIGOS 73 E 74 DA LEI 9.472/1997
— *Lúcia Valle Figueiredo* 5

A LEI DE RESPONSABILIDADE FISCAL E AS EMPRESAS ESTATAIS
— *Eros Roberto Grau* 17

ANISTIA ELEITORAL - ART. 2º DA LEI 9.996/2000 - SUA INCONSTITUCIONALIDADE, POR "ABUSO DE PODER LEGISLATIVO"
— *Roque Antonio Carrazza* e *Eduardo Bottallo* 22

TETO CONSTITUCIONAL DE REMUNERAÇÃO DOS AGENTES PÚBLICOS:
uma crônica de mutações e emendas constitucionais
— *Paulo Modesto* 28

LIBERDADE, AUTOPROPRIEDADE, E A DIÁSPORA FILOSÓFICA DO LIBERTARIANISMO
— *Justin Weinberg* 45

A ADMINISTRAÇÃO PÚBLICA EM FACE DA RESPONSABILIDADE AMBIENTAL
— *Toshio Mukai* 59

NOTAS SOBRE A EFICIÊNCIA ADMINISTRATIVA NA CONSTITUIÇÃO FEDERAL
— *Vladimir da Rocha França* 77

PRESUNÇÃO DE LEGALIDADE, ÔNUS DA PROVA E AUTOTUTELA: O QUE DIZ A CONSTITUIÇÃO?
— *José Sérgio Monte Alegre* 86

OS PRECATÓRIOS, A REPÚBLICA E O PRINCÍPIO DA MORALIDADE
— *Sérgio Sérvulo da Cunha* 102

PARECERES

EMPRESA GERADORA DE SINAIS DE TELEVISÃO ABERTA
— NÃO OBRIGATORIEDADE EM DISPONIBILIZAR SINAIS A CONCORRENTE DA SUA CONTROLADORA
— *Celso Antônio Bandeira de Mello* 106

CONTRATO ADMINISTRATIVO. PREÇOS CONTRATADOS ACIMA DOS PRATICADOS NO MERCADO. APLICAÇÃO RETROATIVA DA LEI ORGÂNICA DO TRIBUNAL DE CONTAS DA UNIÃO. REQUISITOS E APURAÇÃO DA RESPONSABILIDADE SOLIDÁRIA ENTRE O AGENTE PÚBLICO E A EMPRESA CONTRATADA
— *Adilson Abreu Dallari* 113

CONCORRÊNCIA DE OBRA E SERVIÇO DE ENGENHARIA — COMPROVAÇÃO DA CAPACIDADE TÉCNICO-OPERACIONAL DOS LICITANTES
— *Valmir Pontes Filho* 125

ESTUDOS E COMENTÁRIOS

PRINCÍPIO DA EFICIÊNCIA: DIMENSÃO JURÍDICO-ADMINISTRATIVA
— *Joel de Menezes Niebuhr* 134

SANÇÃO ADMINISTRATIVA E O PRINCÍPIO DA LEGALIDADE
— *Rafael Munhoz de Mello* 141

PIS E COFINS — INCONSTITUCIONALIDADE EM FACE DA LEI N. 9.718/98
— *Frana Elizabeth Mendes* 166

GLOBALIZAÇÃO E GENOCÍDIO ECONÔMICO
— *Antônio Souza Prudente* 185

DEMOCRACIA NOS MEIOS DE COMUNICAÇÃO SOCIAL
— *Bruno de Souza Vichi* 190

DOUTRINA

TELECOMUNICAÇÕES E INFRA-ESTRUTURA: ARTIGOS 73 E 74 DA LEI 9.472/1997

LÚCIA VALLE FIGUEIREDO

Professora Titular da PUC/SP – Juíza aposentada do TRF-3ª Região – Advogada e Consultora em São Paulo

1. Introdução: 1.1 A Federação Brasileira – 1.2 A partilha constitucional de competências – 1.3 Competências administrativas e legislativas. 2. Competências expressas da União e dos Municípios. 3. Competências administrativas concorrentes (art. 23): 3.1 Competências concorrentes para legislar (art. 24). 4. Competências remanescentes dos Estados. 5. A legislação federal sobre telecomunicações. 5.1 Breve escorço histórico sobre as telecomunicações – 5.2 A Lei 9.472/1997 (Lei Geral das Telecomunicações). 6. Questões decorrentes dos arts. 73 e 74 da Lei 9.472/1997: 6.1 O Município e a instalação da infra-estrutura necessária para as telecomunicações – 6.2 A prestação de serviços em regime de direito privado: 6.2.1 Implantação da infra-estrutura na superfície – 6.3 Áreas contíguas às estradas ("area non aedificandi") – 6.4 Competência do DNER para instituir cobrança – 6.5 Estradas privatizadas – 6.6 Quanto à incidência de tributos – 6.7 Há diferenças entre os meios de telecomunicações implantados antes e depois da privatização do setor? 7. Síntese conclusiva.

1. Introdução

O enfrentamento do tema exige, sem dúvida, que se verifiquem as competências constitucionais, pois no Brasil, República Federativa, convivem ordens jurídicas parciais, que se devem concertar em um todo sistemático.

Comecemos, pois, com o exame da Federação Brasileira.

1.1 A Federação Brasileira

A Federação Brasileira, nos termos da Constituição de 1988, tem particularidade e anomalia que a diferenciam do conceito lógico-jurídico de Federação.

Federação é o modelo constitucional em que se prevê a descentralização do poder estatal, tal seja, a pluralidade de centros de poderes autônomos, coordenados pelo poder central – este, sim, exercendo a soberania externa.

Assinala Lúcio Levi, no *Dicionário Político*, organizado por Norberto Bobbio: "(...) o equilíbrio constitucional não pode se manter sem a primazia da Constituição em todos os poderes. Com efeito, a autonomia desse modelo se traduz no fato de que o poder de decidir concretamente, em caso de conflito, quais sejam os limites que as duas ordens de poderes soberanos não podem ultrapassar não pertence nem ao poder central, como acontece no Estado Unitário, onde as coletividades territoriais menores usufruem de uma autonomia delegada, nem aos Estados Federados (como acontece no sistema confederativo, que não limita a soberania absoluta dos Estados). Este poder pertence a uma autoridade neutral, os tribunais, aos quais é conferido o poder de revisão constitucional das leis".[1]

Característica essencial do Estado Federal é a coexistência pacífica de ordens jurídicas parciais, normalmente União e Estados.

Todavia, em termos jurídico-positivos, é o Município ente da Federação, embora não se faça representar; por esse motivo, a anomalia a que nos referimos: a forma federativa é tão importante na Constituição Brasileira que não admite modificações, constituindo-se, pois, em cerne fixo ou "cláusula pétrea", como se verifica do art. 60, § 4º, I: "§ 4º. Não será objeto de deliberação a proposta de emenda tendente a abolir: I – a forma federativa de Estado; (...)".

Impende assinalar que a Federação, apesar de ter, pelo menos, conteúdo mínimo, para assim se poder chamar, deverá ser analisada precipuamente a lume da Constituição vigente, sobretudo no pertinente à partilha constitucional, essencial à Federação.

1. *Dicionário Político*, de Norberto Bobbio, Nicola Matteucci e Gianfranco Pasquino, 2ª ed., trad. de Cármen C. Varriale e outros, Brasília, UnB, verbete "Federação", p. 481. Está o autor a se referir às Federações como normalmente concebidas – tal seja, União e Estados.

1.2 A partilha constitucional de competências

No que tange à partilha constitucional, verificamos que a Constituição distingue as competências da União, dos Estados e dos Municípios, reservando à primeira (art. 21) e aos últimos (art. 30) competências expressas. Os Estados ficam com as competências residuais (art. 25, § 1º).

1.3 Competências administrativas e legislativas

Demais disso, a Constituição atribui *competências administrativas comuns à União, Estados, Distrito Federal e Municípios (art. 23)* e *competências legislativas concorrentes à União, Estados e Distrito Federal (art. 24).*

Todavia, no art. 30 a competência do Município para legislar sobre *assuntos de interesse local* torna a *competência municipal também concorrente* ou, em certas hipóteses, *específica, se a matéria for exclusiva ou preponderantemente de interesse local*, como é a do art. 182, ordenação urbanística de território (§ 1º do artigo mencionado).

Ademais, pelo inciso II do mencionado art. 30, compete ao Município *suplementar a legislação federal e a estadual no que couber.*

2. Competências expressas da União e dos Municípios

Vejamos, ainda que sumariamente, pelo menos as competências expressas da União e dos Municípios que se façam necessárias, indispensáveis mesmo, ao exame de que se cogita.

Quanto às competências da União, listadas no art. 21 da Constituição, incisos I (*manter relações com Estados estrangeiros e participar de organizações internacio-*

nais), II (*declarar a guerra e celebrar a paz*), III (*assegurar a defesa nacional*) e IV (*permitir, nos casos previstos em lei complementar que forças estrangeiras ...*), *são inerentes à situação de soberania.*

No inciso V ainda do mesmo artigo as decretações do estado de sítio e de defesa e a intervenção federal também não podem estar ligadas, pela própria natureza das medidas, quer à competência dos Estados, autônomos para gerir os interesses de seu território, quer à dos Municípios, autônomos para gerenciamento dos interesses locais, pois transcendem, e muito, interesses regionais ou locais.

Todavia, cumpre assinalar que o inciso IX desse mesmo art. 21 (tal seja, *elaboração e execução de planos nacionais e regionais de ordenação do território e de desenvolvimento econômico e social*) bem como o inciso XX do mesmo artigo (*instituir diretrizes para o desenvolvimento urbano, inclusive habitação, saneamento básico e transportes urbanos*) podem ensejar alguma dificuldade, porque acabam por se imbricar com competências estaduais (planos regionais) e com *competências municipais, como as do inciso XX.*

Entretanto, *imbricar* é sobrepor-se, como as telhas de um telhado. Não é *tomar o lugar de, invadir, intrometer-se, imiscuir-se.* Portanto, constitucionalmente atribuída a competência, é mister que se mantenha a União estritamente dentro do campo do interesse nacional.

É, entretanto, a competência da União enunciada no inciso XI (*explorar, diretamente ou mediante autorização, concessão ou permissão, os serviços de telecomunicação, nos termos da lei, que disporá sobre a organização dos serviços, a criação de um órgão regulador e outros aspectos institucionais*), redação dada pela Emenda 8, de 15.8.1995, que vai diretamente nos interessar.

A legislação é, outrossim, também competência da União (art. 22, III).

3. Competências administrativas concorrentes (art. 23)

É ainda no âmbito das competências administrativas concorrentes (no art. 23 da CF) que podem residir problemas no tema ora examinado.

Vejamos os diversos incisos, naquilo que nos interessa.

"Art. 23. É competência comum da União, dos Estados, do Distrito Federal e dos Municípios:

"I – (...) e *conservar o patrimônio público*; *[utilização dos bens públicos]*

"(...);

"III – proteger os documentos, as obras e outros bens de valor histórico, artístico e cultural, os monumentos, as paisagens naturais notáveis e os sítios arqueológicos; *[tombamento]*

"IV – impedir a evasão, a destruição e a descaracterização de obras de arte e de outros bens de valor histórico, artístico ou cultural; *[preservação da memória]*

"(...);

"VI – proteger o meio ambiente e combater a poluição em qualquer de suas formas; *[preservação ambiental]*

"(...)."

No parágrafo único verifica-se o comando determinando que a lei complementar fixe normas para cooperação entre a União, os Estados, o Distrito Federal e os Municípios tendo em vista o equilíbrio do desenvolvimento do bem-estar em âmbito nacional.

Nunca será demais repetir que exercem os entes políticos *função*. E *função* é "atividade de quem não é dono" (Cirne Lima); assim, seu desempenho é obrigatório.

Entendidas as normas constitucionais como dotadas de eficácia e, em várias das hipóteses, com ratificação expressa de outras normas constitucionais, como, por exemplo, a do art. 225, *caput*, e §§ 1º, 2º e

3º,[2] verificamos que as pessoas enumeradas no art. 23 *devem exercitar plenamente as competências outorgadas constitucionalmente*, mesmo sem se considerar a cooperação, que se deveria dar, se editada fosse a lei complementar.

Também lembremos que aos Municípios, por força do art. 182 da Constituição, *compete exclusivamente o ordenamento do solo urbano*. Pós-Constituição de 1988 o subsolo acompanha a propriedade do solo, exceção feita apenas no art. 20, IX (referente aos recursos minerais de propriedade da União).

3.1 Competências concorrentes para legislar (art. 24)

É, todavia, no âmbito das competências concorrentes para legislar que problemas de certa complexidade podem ocorrer. Comece-se pelo *caput* do artigo: "Compete à União, aos Estados e ao Distrito Federal legislar concorrentemente (...)".

Verificamos possibilidade de existência de legislação municipal, em assuntos de interesse local, na esfera do direito administrativo como no direito urbanístico e ambiental (inciso I), legislação sobre florestas, caça, pesca, fauna, conservação da natureza, *defesa do solo* e dos *recursos naturais*, *proteção do meio ambiente* e *controle da poluição* (inciso VI), proteção ao patrimônio histórico, cultural, artístico, turístico e paisagístico (inciso VII), responsabilidade por dano ao meio ambiente, (...) a bens e direitos de valor artístico, estético, histórico, turístico e paisagístico (inciso VIII).

O socorro deverá vir da interpretação sistemática com o art. 30, I (*legislar sobre assuntos de interesse local*), II (*suplementar a legislação federal e a estadual no que couber*) e VIII (*promover, no que couber, adequado ordenamento territorial, mediante planejamento e controle do uso, do parcelamento e da ocupação do solo urbano*), em consonância com o art. 182,[3] § 1º.[4] E assim segue.

Entretanto, o maior problema reside, sem sombra de dúvida, no § 1º do art. 24, que transcrevemos: "§ 1º. No âmbito da legislação concorrente, a competência da União limitar-se-á a estabelecer *normas gerais*" (grifamos).

O § 2º não desperta problema maior, quando é afirmado que: "§ 2º. A competência da União para legislar sobre normas gerais *não exclui a competência suplementar* dos Estados" (grifamos).

E os §§ 3º e 4º estão assim enunciados:

"§ 3º. Inexistindo lei federal sobre normas gerais, os Estados exercerão a competência legislativa plena, para atender a suas peculiaridades.

"§ 4º. A superveniência de lei federal sobre normas gerais suspende a eficácia da lei estadual, no que lhe for contrário."

A Constituição admite, expressamente, que os Estados legislem também sobre normas gerais, suplementarmente, vez que "a competência da União não exclui a competência suplementar dos Estados".

Suplementar é *preencher claros*, é *adicionar*, *esclarecer*, *aperfeiçoar*. Portanto, ao Estado cabe o aperfeiçoamento regional das normas gerais estabelecidas pela União.

Ainda há mais. Na inexistência de normas gerais exerce o Estado a competência

2. O artigo enumerado, com os parágrafos indicados, refere-se ao meio ambiente ecologicamente equilibrado e à sua defesa.

3. "A política de desenvolvimento urbano, executada pelo Poder Público Municipal, conforme diretrizes gerais fixadas em lei, tem por objetivo ordenar o pleno desenvolvimento das funções sociais da cidade e garantir o bem-estar de seus habitantes."

4. "O plano diretor, aprovado pela Câmara Municipal, obrigatório para cidades com mais de vinte mil habitantes, é o instrumento básico da política de desenvolvimento e de expansão urbana do Município."

plena, para atendimento de suas peculiaridades (§ 3º do art. 24). Todavia, a superveniência de lei federal (nacional) sobre normas gerais *suspende a eficácia da lei estadual, no que esta for contrária à lei federal.*

Aos Municípios, também no que couber, compete suplementar a legislação federal e estadual. É dizer, no que não exceda os limites dos procedimentos locais (legislação sobre assuntos de interesse local, art. 30, I, conjugado com o inciso II).

4. Competências remanescentes dos Estados

Segundo os constitucionalistas, as competências remanescentes dos Estados têm abrangência pequena. Em Constituição – como a nossa – *em que os poderes da União são expressos* e *a legislação municipal também é expressa* pouco remanesce ao Estado, a não ser, certamente, seu direito administrativo, neste podendo incluir-se a legislação sobre meio ambiente (art. 24, VI), a proteção do patrimônio histórico, cultural, paisagístico e controle de poluição (art. 24, VII), a responsabilidade por dano ao meio ambiente, ao consumidor, a bens e direitos de valor artístico, estético, histórico, turístico e paisagístico (que pode estar presente quando se tratar da colocação da infra-estrutura para as telecomunicações).

Enfim, o enumerado no prefalado art. 24, desde que não atinja o interesse local dos Municípios.

Com relação às normas gerais, em breve síntese, podemos afirmar:

Normas gerais, no ordenamento brasileiro, têm características diferenciadas das normas (classicamente também denominadas de gerais), pois (1) dispõem de forma homogênea para determinadas situações para garantia da segurança e certeza jurídicas, (2) estabelecem diretrizes para o cumprimento dos princípios constitucionais expressos e implícitos, (3) porém não podem se imiscuir no âmbito de competências específicas dos outros entes federativos.[5]

Portanto, conforme se verifica do próprio conceito e do abordado anteriormente sobre as competências, não se pode cogitar que as normas da União, gerais ou não, sejam hierarquicamente superiores às normas estaduais ou municipais.

Trata-se – como examinado – de delimitação constitucional de competências federativas para que as ordens jurídicas parciais convivam harmoniosamente.

5. A legislação federal sobre telecomunicações

Dispostas, ainda que brevemente, as premissas necessárias à elaboração deste estudo, vamos verificar como a União legislou *em sua competência privativa* sobre as *telecomunicações* (art. 22, IV); e, mais precisamente, no ponto que nos interessa, tal seja, qual a possibilidade de utilização da infra-estrutura dos Municípios para implementação desses serviços (art. 73 da Lei 9.472/1997).

5.1 Breve escorço histórico sobre as telecomunicações

Cabe-nos, inicialmente, a fim de alojarmos o assunto que está a nos preocupar, breve escorço histórico.

À União, consoante a redação original da Constituição de 1988, competia explorar, diretamente ou mediante autorização, concessão ou permissão, os serviços de telefonia, transmissão de dados e demais servi-

5. Se houver interesse, consulte-se trabalho de nossa autoria "Competências administrativas dos Estados e Municípios", *Revista de Direito Administrativo Aplicado* 3/702-718, ano 01, Curitiba/PR, Genesis, dezembro de 1994; *Boletim de Direito Administrativo* 11/658-671, São Paulo, NDJ, novembro de 1994.

ços públicos de telecomunicações, nos termos do seu art. 21, XI – o que era feito.

A Emenda Constitucional 8, de 15.8.1995, alterou o mencionado artigo, tendo em vista a Reforma do Estado e a Desestatização, que se prenunciavam, dispondo que à União caberia "explorar, diretamente ou mediante autorização, concessão ou permissão, os serviços de telecomunicações, nos termos da lei, que disporá sobre a organização dos serviços, a criação de um órgão regulador e outros aspectos institucionais".

De seu turno, a Lei 8.987/1995 já disciplinara o regime da concessão[6] e permissão[7] da prestação de serviços públicos em geral para a União, e, em obediência ao comando constitucional do art. 175 da Constituição da República, serve como normas gerais para Estados e Municípios.

5.2 A Lei 9.472/1997 (Lei Geral das Telecomunicações)

Entretanto, é a Lei 9.472, de 16.7.1997, que "dispõe sobre a organização dos Serviços de Telecomunicações, a criação e o funcionamento de um órgão regulador e outros aspectos institucionais", nos termos da Emenda 8/1995.

O art. 62 da Lei de Telecomunicações, supracitada, divide os serviços em (1) *serviços de interesse coletivo* e (2) *de interesse restrito*, subordinando este último aos condicionamentos necessários para que sua exploração não prejudique o interesse coletivo.

O regime dos serviços de telecomunicações, segundo classificou a lei, pode ser *público* ou *privado*. Quanto ao primeiro obriga-se à universalização e à continuidade e deve ser prestado por concessão ou permissão.

Essas modalidades de interesse coletivo, cuja prestação dá-se *em regime de direito público*, a União compromete-se a assegurar. Os serviços telefônicos fixos comutados estão nesse regime.

Ainda reconhece a lei três modalidades de regime jurídico de prestação: 1) *exclusivamente no regime público*; 2) *exclusivamente no regime privado*; 3) *concomitantemente em regime público e privado.*

De outra parte, os *serviços de telecomunicações de interesse restrito não comportarão prestação no regime público.*

Somente as prestadoras de serviços de telecomunicações de interesse coletivo terão direito à utilização de dutos, condutos e servidões pertencentes ou controlados por prestadoras de serviços de telecomunicações ou de outros serviços de interesse público.

O órgão regulador do cessionário ficará com a competência de atribuir os meios a serem utilizados e definir as condições para o adequado atendimento do disposto no *caput* do art. 73.[8]

6. *Concessão de serviço público* já conceituamos alhures como espécie de contrato administrativo por meio do qual o Poder Público concedente, sempre precedido de licitação, salvo as exceções legais (dispensa e inexigibilidade), transfere o exercício de determinados serviços ao concessionário, pessoa jurídica privada, para que os execute em seu nome, por sua conta e risco.

7. De seu turno, a *permissão de serviço público*, consoante já afirmamos, "(não toda e qualquer permissão) foi colocada, neste texto constitucional, *pari passu* com a concessão de serviço público. (...). Mas, se assim está, devemos concluir pelo regime jurídico assemelhado". O conceito doutrinário de autorização, de outra parte, foi alterado, porque deverá ter, esta (autorização), categoria de ato vinculado.

8. A íntegra dos arts. 73 e 74 é a seguinte:

"Art.73. As prestadoras de serviços de telecomunicações de interesse coletivo terão direito à utilização de postes, dutos, condutos e servidões pertencentes ou controlados por prestadora de serviços de telecomunicações ou de outros serviços de interesse público, de forma não-discriminatória e a preços e condições justos e razoáveis.

"Parágrafo único. Caberá ao órgão regulador do cessionário dos meios a serem utilizados definir as condições para adequado atendimento do disposto no *caput*.

O art. 74 deixa claro – como não poderia deixar de ser – que as prestadoras, *quer concessionárias, quer permissionárias*, devem atendimento às normas de Engenharia e às leis municipais, estaduais ou do Distrito Federal relativas à construção civil e à instalação de cabos e equipamentos em logradouros públicos.

6. Questões decorrentes dos arts. 73 e 74 da Lei 9.472/1997

Cabe questionar os problemas que podem ser suscitados. Vejamos alguns deles:

1. São os Municípios obrigados a permitir a passagem pelo solo ou subsolo dos dutos necessários às telecomunicações?

2. Podem os Municípios cobrar remuneração pela instalação dos meios necessários para a prestação de serviços de telecomunicações nos bens de seu domínio?

3. Teria o DNER competência para instituir cobrança no tocante às faixas de domínio reservado das rodovias?

4. E, se houver sido a estrada privatizada, teriam as concessionárias competência para instituir cobrança?

5. Haveria soluções diversas nas hipóteses de serviços implantados antes ou depois da privatização do setor?

6.1 O Município e a instalação da infra-estrutura necessária para as telecomunicações

Há, certamente, diferenças nas hipóteses de os serviços serem executados por concessionárias obrigadas à *universalidade de serviços*, até mesmo porque, nesses casos, a União, concedente, se responsabilizará, nos termos do art. 73 da Lei 9.472/1997, por possibilitar os meios de forma não-discriminatória "e a preços e condições justos e razoáveis".

De que modo poderá fazê-lo sem atingir a autonomia dos Municípios? Creio que uma das maneiras seria a instituição de servidão de passagem, arcando com os preços referentes a essa instituição, ou transferindo-os aos concessionários, dependendo do que for estipulado no edital da licitação e no contrato de concessão.[9]

A Lei de Desapropriações – Decreto-lei 3.365/1941 – permite que a União desaproprie bens municipais (art. 2º, § 2º) desde que haja declaração de utilidade pública, que poderá ser calcada no art. 5º, "h", da mesma lei. E o art. 40 também da Lei Geral de Desapropriações permite ao expropriante constituir servidões.[10]

Quando se tratar de implantação de infra-estrutura no subsolo, parece-nos hipótese típica de servidão de passagem. A servidão, tanto quanto a desapropriação, poderá ser feita por acordo entre as pessoas jurídicas de direito público, homologado judicialmente.

Se não houver tal possibilidade de acordo deverá ser feito o processo de constituição de servidão, com a declaração de uti-

"Art. 74. A concessão, permissão ou autorização de serviço de telecomunicações não isenta a prestadora do atendimento às normas de Engenharia e às leis municipais, estaduais ou do Distrito Federal relativas à construção civil e à instalação de cabos e equipamentos em logradouros públicos."

9. Ainda há mais: o art. 100 da Lei de Telecomunicações (Lei 9.472/1997) dispõe que aos concessionários cabem os ônus. Nada impediria, contudo, consoante pensamos, quando se tratasse de concessionário de serviço *em regime de direito público*, a fim de que as tarifas cobradas dos usuários pudessem ser mais baixas, fosse pactuado, para aquelas hipóteses – desapropriação ou servidão –, que o concedente assumisse as indenizações, se isso constasse expressamente da composição econômico-financeira para determinação tarifária. Naturalmente, nessa hipótese, na reversão dos bens não incidiria o parágrafo único do art. 102 da lei (indenização ao concessionário dos bens revertidos).

10. Ademais, há previsão expressa na Lei 9.472/1997, em seu art. 100, o que configuraria uma das hipóteses explícitas de desapropriação.

lidade pública, a avaliação dos ônus à Municipalidade e pedido de imissão provisória, feito o depósito inicial, e fixado posteriormente o *quantum* indenizatório.

6.2 A prestação de serviços em regime de direito privado

Se o regime da prestação de serviços for de autorização ou permissão, e o serviço prestado em *regime de direito privado*, ainda assim não me parece possam os Municípios se recusar a conceder a permissão de passagem, que, na verdade assemelha-se, em tudo e por tudo, também à servidão. O tempo de duração deverá ser fixado da mesma forma que o for na concessão, permissão ou na autorização, e os preços devem ser proporcionais, razoáveis aos incômodos causados.

Os valores seriam definidos levandose em conta que as tarifas, que serão pagas pelos usuários, devem, em decorrência dos princípios constitucionais (EC 19/1998) e de determinação legal (Lei 8.987/1995, art. 6º, § 1º), ser módicas. Portanto, os custos da passagem devem ser razoáveis.

Quando não houver possibilidade de composição somente o Judiciário poderá dirimir a contenda, pois, quando estiver em jogo pessoa de direito público, esta não poderá se submeter a arbitragem, consoante pensamos – vênia devida daqueles que pensam contrariamente. E, de qualquer modo, seja o concessionário que arque com os ônus, seja o concedente, sempre haverá, do outro lado, a União, o Estado Federado ou o Município, detentores de direitos indisponíveis.

6.2.1 Implantação da infra-estrutura na superfície

Pode ocorrer que o problema seja de implantação na superfície, o que obrigará a maiores cautelas do Município, tendo em vista seu planejamento urbano e as conseqüências ambientais.

Trata-se, na hipótese, de edificação a ser licenciada pela Municipalidade, e poderá ser exigido preço público de ocupação. Taxas somente serão devidas pelo licenciamento (competência fiscalizatória do Município), da mesma maneira que são exigidas de todos os que precisam ter aprovadas edificações e/ou atividades licenciadas.

O Município[11] não pode impedir a passagem dos equipamentos urbanos, porém deverá expedir sempre licença municipal, a fim de, em certos casos, admitir a utilização de seu solo ou subsolo, porém, se necessário for, com alterações do traçado, em virtude de causas impeditivas, como, por exemplo, tombamentos.

6.3 Áreas contíguas às estradas ("area non aedificandi")

Na construção de estradas prevê-se *aerea non aedificandi*, que é para aumentar a segurança dos usuários. Esta área já foi ou não indenizada ao proprietário primitivo do imóvel (conforme o caso),[12] passan-

11. Consulte-se, a respeito do tema examinado, excelente artigo da Procuradora do Município de Porto Alegre, Vanesca Buzelato Prestes, na revista *Interesse Público* 7/162-179.

12. O Min. Carlos Mário Velloso, enquanto Ministro do egrégio Tribunal Federal de Recursos, decidiu: "(...) – fundamentou na Súmula n. 142/TRF. (...). Esta é a regra, que apresenta, entretanto, exceções, podendo a questão ser assim equacionada: a) tratando-se de área rural, a cláusula *non aedificandi* se impõe sem indenização, tal como enunciado na Súmula n. 142/TFR; b) se a rodovia preexistia à inclusão da área no perímetro urbano, a restrição edilícia continua prevalecendo, sem indenização; c) todavia, se a rodovia penetra em zona urbana, a indenização terá lugar, da seguinte forma: c.1) pelo seu valor total, passando ao expropriante o respectivo domínio, no caso de aniquilamento integral da propriedade; c.2) indenização parcial, pela imposição do uso restrito, permanecendo o domínio com o proprietário, com a aplicação, neste caso, do art. 37 do Decreto-lei n. 3.365/1941. (...)" (TFR, Ap. cível 84.339, j. 4.9.1985, *DJU* 3.10.1985).

do ao domínio pleno do expropriante, seja a União, Estados ou Municípios, dependendo de a estrada ser federal, estadual ou municipal (estradas vicinais).

Conseqüentemente, se a estrada for de domínio da União, e como esta deverá assegurar os meios de implantação (art. 73 da Lei 9.472/1997), afigura-se-nos possa haver custo para o concessionário, se tal custo houver sido previsto no edital ou na aferição das tarifas a serem cobradas do usuário.

Se for de domínio estadual ou municipal a colocação será idêntica à efetuada no item 6.1, tal seja, acordo ou declaração de utilidade pública seguida de servidão de passagem.

6.4 Competência do DNER para instituir cobrança

O DNER tem competência para instituir cobrança pelas faixas de domínio, porque tais faixas estão na sua administração, se federais forem as estradas e remanescentes de desapropriações efetuadas (art. 4º do Decreto-lei 512, de 21.3.1969).

Tratar-se-á de preço público. Tudo, entretanto, dependerá do edital de licitação e da pactuação efetuada quando da outorga da concessão ou permissão.

6.5 Estradas privatizadas

No caso das estradas privatizadas, em nossa opinião, o problema parece ser absolutamente semelhante.

Na verdade, a exploração da estrada é que é privatizada. É preciso não esquecer que o bem é público, e continuará público, por força do regime jurídico dos bens públicos.

As concessionárias, na medida em que a infra-estrutura passe subterraneamente na estrada objeto de concessão, e não em área *non aedificandi*, ou se situem no solo, caso das torres, teriam competência para instituir preços públicos nas hipóteses de serviços prestados por outros concessionários em *regime de direito privado*. Todavia, nos serviços de interesse coletivo, *regime de direito público*, na verdade, no próprio instrumento celebrado, por ocasião da privatização, já deveria ter sido estipulado.

6.6 Quanto à incidência de tributos

Se as concessionárias são entidades privadas não há qualquer imunidade no tocante aos tributos devidos, seja o ICMS, imposto de renda,[13] contribuições para a seguridade social (como já decidiu o STF na hipótese dos derivados de petróleo) etc.

De outra parte, não haveria mesmo aplicabilidade do art. 155, § 3º,[14] pois não será cobrado *tributo* pelo Município, mas, sim, *preço público* pela utilização de seu solo e subsolo urbanos; ou, então, será a hipótese de indenizações pela desapropriação ou servidão instituídas.

13. O imposto sobre a renda – a nosso ver – incidiria, por não se tratar de *tributos sobre operações*.

14. O teor do art. 155, § 3º, é o seguinte:

"Art. 155. Compete aos Estados e ao Distrito Federal instituir impostos sobre:

"(...).

"§ 3º. À exceção dos impostos de que tratam o inciso II do *caput* deste artigo e o art. 153, I e II, nenhum outro tributo poderá incidir sobre *operações relativas a energia elétrica, serviços de telecomunicações, derivados de petróleo, combustíveis e minerais do país*" (grifos nossos).

No tocante à imunidade prevista pelo art. 155, § 3º, da Constituição, salvo opiniões judiciosas em contrário, a Suprema Corte entendeu que a mesma não afeta a competência impositiva outorgada à União para as contribuições da seguridade social, como se pode verificar do *Informativo* 155 daquele egrégio Tribunal:

"1. *COFINS: incidência*. Concluído o julgamento de recursos em que se discute a legitimidade da cobrança da COFINS, do PIS e do FINSOCIAL sobre as operações relativas a energia elétrica, serviços de telecomunicações, *derivados de petróleo*,

6.7 Há diferenças entre os meios de telecomunicações implantados antes e depois da privatização do setor?

Se houver necessidade de expansão ou alteração, a questão será solvida da mesma forma. Se, por acaso (o que dificilmente acontecerá), não houver tal necessidade a concessão já teria sido atribuída *rebus sic stantibus* – portanto, com os equipamentos já instalados, a não ser que o edital tenha disposto diferentemente.

Todavia, não há possibilidade de resposta simples e geral para todo e qualquer caso, pois somente diante de casos concretos das concessionárias, permissionárias ou autorizadas, e das questões de cada Município, o problema poderá ser melhor equacionado e resolvido.

O que fica esclarecido é que o Município não pode se opor à passagem ou colocação dos equipamentos, mesmo se o serviço for executado em regime de direito privado. Entretanto, como o Município é ente da Federação, não existindo hierarquia com relação às pessoas jurídicas, mas somente preponderância de interesses, se o equipamento afetar o interesse local deverá ser procurada situação conciliatória para solução dos litígios. Se impossível, somente o Judiciário poderá dirimi-los, se estiver em jogo pessoa de direito público, como já acentuado, em face, portanto, de direitos indisponíveis.

Fique claro que o mesmo não acontecerá quando se tratar de *questões entre concessionárias ou permissionárias de serviço público, que podem ser resolvidas por arbitragem*.

O limite para a o Município cobrar, certamente, será a fixação de preços (tarifas) dentro do critério de razoabilidade e proporcionalidade,[15] a fim de não onerar as tarifas cobradas aos usuários pelas concessionárias.

combustíveis e minerais (v. *Informativos* 128 e 130). O Tribunal entendeu que a imunidade prevista no § 3º do art. 155 da CF/1988 – que, à exceção do ICMS e dos impostos de importação e exportação, determina que nenhum outro tributo poderá incidir sobre operações relativas a energia elétrica, serviços de telecomunicações, derivados de petróleo, combustíveis e minerais do país – não impede a cobrança das *referidas contribuições sobre o faturamento das empresas que realizem essas atividades, tendo em vista o disposto no art. 195, 'caput', da CF, que prevê o financiamento da seguridade social por toda a sociedade, de forma direta e indireta*. Vencidos os Mins. Moreira Alves, Marco Aurélio e Sydney Sanches, por entenderem que a vedação contida no § 3º do art. 155 da CF abrange as contribuições representadas pela COFINS, PIS e FINSOCIAL. Leia em 'Transcrições' a íntegra do relatório e voto do Min. Carlos Velloso, relator" (RE (AgRg) 205.355-DF, RE 227.832-PR, 230.337-RN, 233.807-RN, rel. Min. Carlos Velloso, 1.7.1999).

"*COFINS: incidência*. (...).

"*Ementa*: Constitucional – Tributário – COFINS – Distribuidoras de derivados de petróleo, mineradoras, distribuidoras de energia elétrica e executoras de serviços de telecomunicações – CF, art. 155, § 3º – Lei Complementar n. 70, de 1991.

"I – Legítima a incidência da COFINS *sobre o faturamento da empresa* – Inteligência do disposto no § 3º do art. 155 da CF, em harmonia com a disposição do art. 195, *caput*, da mesma Carta – Precedente do STF: RE n. 144.971-DF, Velloso, 2ª T., *RTJ* 162/1.075.

"II – Recurso extraordinário conhecido e provido" (grifamos).

15. A Suprema Corte de nosso país está a construir a aplicação da teoria da razoabilidade e da proporcionalidade em casos como esses (pelo menos, assim nos parece.) Citem-se os seguintes acórdãos (não referentes ao que ora se discute, porém à aplicabilidade dos princípios).

"ADIn/MC n. 855-PR, rel. Min. Sepúlveda Pertence, j. 1.7.1993. (...): argüição de inconstitucionalidade nos arts. 22, IV e VI (energia e metrologia), 24 e parágrafos., 25, § 2º, 238, *além de violação ao princípio de proporcionalidade e razoabilidade* das leis restritivas de direitos: (...) (grifamos). Resultado: deferida. Votação: por maioria."

"ADIn/MC n. 1.158-AM, rel. Min. Celso de Mello, j. 19.12.1994. *Ementa*: Ação direta de inconstitucionalidade – (...). A norma legal que concede a servidor público inativo gratificação de férias, correspondente a um terço do valor da remuneração mensal, ofende o critério da *razoabilidade* que

Por outro lado, o preço deverá remunerar os ônus suportados pelo Município e não se constituir em fonte de arrecadação e lucro, sem quaisquer peias ou amarras.

7. Síntese conclusiva

7.1 A análise da questão proposta – tal seja, a implantação de infra-estrutura para as telecomunicações – deve passar, necessária e rigorosamente, pelo exame das competências constitucionais, pois o Brasil é uma Federação e, ademais disso, atípica, porque o Município é seu ente integrante.

7.2 A competência municipal há que ser preservada da forma com que foi atribuída constitucionalmente, pois não há hierarquia entre as pessoas políticas, mas, sim, competências demarcadas e interesses mais ou menos preponderantes, dado seu âmbito de abrangência.

7.3 A única pessoa competente para legislar sobre *telecomunicações* é a União, mas nem por isso poderá a agência reguladora – como, aliás, a própria lei reconhece (art. 74 da Lei 9.472/1997) – passar por cima das competências municipais e, sobretudo, da competência veiculada no art. 182 da Constituição (ordenação do solo territorial do Município).

atua, enquanto projeção concretizadora da *cláusula do 'substantive due process of law'*, como insuperável limitação ao poder normativo do Estado (grifamos). (...). Resultado: deferido. Votação: unânime."

"ADIn/MC n. 1.753-DF, rel. Min. Sepúlveda Pertence, j. 16.4.1998. *Ementa*: (...). 2. A igualdade das partes é imanente ao *procedural due process of law*; quando uma das partes é o Estado, a jurisprudência tem transigido com alguns fatores legais que, além da vetustez, têm sido reputados não-arbitrários por visarem a compensar dificuldades da defesa em juízo das entidades públicas; *se, ao contrário, desafiam a medida da razoabilidade ou da proporcionalidade*, caracterizadas inovações discutíveis, (...)" (grifamos).

7.4 Há diferença entre os serviços concedidos com o caráter de universalidade, no regime de direito público, e os que não têm tal característica, submetendo-se ao regime de direito privado (claro que a preponderância de regime será de direito privado, mas não é possível esquecer ter o serviço de telecomunicações assento constitucional; portanto, sempre haverá princípios constitucionais a serem obedecidos).

7.5 Desapropriações e instituições de servidões de passagem, em obediência ao art. 100 da Lei de Telecomunicações, podem haver para os serviços concedidos em regime de direito público, ou, eventualmente, no regime de direito privado, como, também, na própria Lei de Desapropriações (Decreto-lei 3.365/1941 e suas alterações posteriores).

7.6 Quando a infra-estrutura for implantada na superfície maiores exigências serão feitas pelos Municípios, em decorrência de sua legislação específica (licença para edificações e instalações, defesa do meio ambiente etc.).

Deixe-se claro que o Município não pode inviabilizar a concessão – portanto, a própria prestação do serviço. Suas decisões, quando houver necessidade de alterações de traçados etc., *devem ser motivadas e sempre obedientes aos princípios da igualdade, razoabilidade e proporcionalidade*, possibilitando amplamente a defesa do concessionário (*devido processo legal*).

A cobrança será feita por *preços públicos*, e não por taxas. As taxas serão devidas, conforme já acentuamos, somente em função do poder fiscalizatório (licença de edificação e instalação das infra-estruturas).

7.7 Em relação às áreas contíguas às estradas, que se destinam à segurança dos usuários, quando suportarem a infra-estrutura, poderá ser efetuada a cobrança. Tal remuneração será por meio de *preço público*, e não de taxa, por ausência de previsão constitucional para tal fim.

7.8 O DNER tem competência para instituir cobrança pela utilização das faixas de domínio, se federais, porque tais faixas estão sob sua administração. Tal possibilidade dependerá do contrato de concessão surgido da licitação precedente.

7.9 Quanto às estradas privatizadas remetemo-nos ao item 6.5 deste estudo.

7.10 No tocante aos tributos, são estes devidos, ou seja, devidos o ICMS, imposto de renda, contribuição para a seguridade social, como se verificou de decisão do Supremo Tribunal Federal (acerca, especificamente, da seguridade social), porque não gozam as concessionárias de imunidade tributária.

Taxas não são devidas, pois ausente previsão constitucional, exclusão feita às taxas de licenciamento de edificações, licenças ambientais, porventura necessárias, em decorrência do exercício do chamado "poder de polícia", por nós denominado de competência fiscalizatória.

7.11 Os Municípios não podem se opor à instalação da infra-estrutura, mesmo diante de serviços executados em regime de direito privado, porém devem examinar se a implantação pretendida está adequada ou não à ordenação de seu território, se respeita edifícios tombados, a higidez ambiental etc.

Por outro lado, o preço cobrado deverá remunerar os ônus suportados pelo Município e não se constituir em fonte de arrecadação e lucro, sem quaisquer peias ou amarras.

Finalmente, queremos enfatizar que estas são apenas reflexões das questões propostas por nós, de forma geral, e não diante de casos concretos, em que outras soluções poderão, certamente, surgir ou estas, ora feitas, ser complementadas e/ou aprimoradas diante de determinadas peculiaridades de hipóteses específicas.

Nosso intuito foi, apenas, o de levantar questões para possibilitar reflexões e debates.

A LEI DE RESPONSABILIDADE FISCAL E AS EMPRESAS ESTATAIS

EROS ROBERTO GRAU

Professor Titular da Faculdade de Direito da USP
– Professor Visitante da Faculdade de Direito
da Universidade de Montpellier I, França (1995-1998)

I – Os textos normativos. II – Textos normativos e normas. III – As definições legislativas. IV – Empresa estatal dependente.

00. Uma das inúmeras questões suscitadas no advento da Lei de Responsabilidade Fiscal (Lei Complementar 101, de 4.5.2000) respeita à identificação de quais entre as empresas estatais estão sujeitas às suas disposições.

Passo, no breve ensaio que segue, a enunciar breves considerações a propósito do tema.

I – Os textos normativos

01. Diz o § 2º do art. 1º da Lei Complementar 101/2000 que suas disposições obrigam a União, os Estados, o Distrito Federal e os Municípios.

Por outro lado, o § 3º, I, "b", ainda desse art. 1º afirma estarem compreendidas na referência à União, aos Estados, ao Distrito Federal e aos Municípios "as respectivas Administrações diretas, fundos, autarquias, fundações e empresas estatais dependentes".

E o art. 2º, III, diz entender-se como "empresa estatal dependente" a "empresa controlada que receba do ente controlador recursos financeiros para pagamentos de despesa com pessoal ou de custeio em geral ou de capital, excluídos, no último caso, aqueles provenientes de aumento de participação acionária".

II – Textos normativos e normas

02. A leitura dos dois primeiros textos (§§ 2º e 3º, I, "b", do art. 1º) torna evidente que nem sempre – senão raramente – coincidem texto normativo e norma jurídica dele extraída.

Norma jurídica extraída exclusivamente do primeiro texto normativo diria que as disposições da lei complementar obrigam a União, os Estados, o Distrito Federal e os Municípios – logo as suas Administrações direta e indireta, logo as empresas estatais por eles controladas.

Mas assim não pode ser, já que as normas jurídicas – disse acima – raramente são recolhidas em textos normativos isolados.

Assim, a norma jurídica que importa no caso considerarmos[1] é extraída da conjugação daqueles dois primeiros textos: as disposições da lei complementar obrigam as empresas estatais dependentes.

O conhecimento dessa norma torna de pronto evidente que nem todas as empresas controladas pela União, pelos Estados, pelo Distrito Federal e pelos Municípios estão abrangidas pela Lei de Responsabilidade Fiscal. Suas disposições obrigam apenas aquelas entendidas como "dependentes", ou seja, aquelas que recebam do ente controlador "recursos financeiros para pagamentos de despesa com pessoal ou de custeio em geral ou de capital, excluídos, no último caso, aqueles provenientes de aumento de participação acionária".

Para excluir algumas delas do âmbito de incidência do preceito as disposições da lei complementar obrigam as empresas estatais, a lei define "empresa estatal dependente".

III – As definições legislativas

03. Os conceitos jurídicos – todos eles, tanto os meramente formais quanto as *regulae juris* e os tipológicos (*fattispecie*)[2] – são signos de significações. De outra banda, os conceitos jurídicos são expressados através de termos: o termo é o signo do conceito.[3]

Ora, porque esses termos são colhidos na linguagem natural, que é virtualmente ambígua e imprecisa, inúmeras vezes textos normativos operam a enunciação estipulativa de conceitos, ou seja, definem os seus respectivos termos. O que se tem referido por "conceito estipulativo ou legal" corresponde, em regra, a uma definição que o texto normativo contempla visando a superar a ambigüidade ou imprecisão do termo de certo conceito.

A definição legislativa, pois – "Para os efeitos desta Lei entende-se por (...)" –, é a explicitação do termo do conceito e não deve ser confundida com o conceito. Este é o signo de uma significação, expressado pela mediação do termo. A definição legislativa

1. Inúmeras outras normas podem ser extraídas desses textos. *V.g.*: *as disposições da lei complementar obrigam as autarquias federais*; *as disposições da lei complementar obrigam as Administrações diretas municipais*; etc.

2. Permito-me, neste ponto, observar, parenteticamente, que temos indevidamente chamado de *conceito* as *noções* às quais correspondem os *fattispecie* ou conceitos tipológicos. Disso agora me dou conta, ao ler as seguintes observações de Sartre (entrevista concedida a Bernard Pingaud, in *Estruturalismo – Antologia de Textos Teóricos*, seleção e introdução de Eduardo Prado Coelho, Barcelos, Portugália Editora, 1968, p. 134): "Althusser sustenta que o homem faz a história sem o saber. Não é a história que o reclama, mas o conjunto estrutural em que está situado que o condiciona. Mas Althusser não vê que há uma contradição permanente entre a estrutura prático-inerte e o homem que descobre estar condicionado por ela. Cada geração toma, em relação a essas estruturas, uma outra posição, e é esta posição que permite as mudanças das próprias estruturas. Althusser, como Foucault, atém-se à análise das estruturas. Do ponto de vista epistemológico, isso resulta em tomar partido pelo *conceito* contra a *noção*. O conceito é atemporal. Pode estudar-se como os conceitos se engendram uns aos outros no interior de categorias determinadas. Mas nem o tempo nem, por conseqüência, a história podem ser objecto de um conceito. Aí há uma contradição nos termos. Desde que se introduz a temporalidade, deve considerar-se que no interior do desenvolvimento temporal o conceito se modifica. A *noção*, pelo contrário, pode definir-se como o esforço sintético para produzir uma idéia que se desenvolve a si mesma por contradições e superações sucessivas e que é, pois, homogênea ao desenvolvimento das coisas. É o que Foucault chama de 'doxologia', e que ele 'recusa'. Por isso mesmo é que a questão da *indeterminação* dos *conceitos* se resolve na *historicidade* das *noções* – lá, onde a doutrina brasileira erroneamente pensa que há '*conceito indeterminado*', há, na verdade, *noção*. E a *noção* jurídica deve ser definida como *idéia que se desenvolve a si mesma por contradições e superações sucessivas e que é, pois, homogênea ao desenvolvimento das coisas*.

3. V. meu *Direito, Conceitos e Normas Jurídicas*, São Paulo, Ed. RT, 1988, pp. 61 e ss.

está referida ao termo, e não diretamente ao conceito; consubstancia – repita-se – uma explicitação do termo do conceito.[4]

04. Estamos, no caso, diante de uma definição legislativa do tipo que Natalino Irti[5] refere como *definizione-descrizione degli elementi della fattispecie*, que descreve, com palavras da língua comum ou do léxico jurídico, modalidade e elementos da *fattispecie*.

Note-se que ao mencionarmos *fattispecie* estamos aludindo à hipótese da norma.

A norma jurídica (proposição normativa) é dotada de uma estrutura peculiar: representa determinada situação objetiva, hipotética (o *Tatbestand*, hipótese, pressuposto de fato, *facti species*), à qual estão ligadas certas conseqüências práticas, ou seja, os efeitos por ela prescritos (*Rechtsfolge*, estatuição, injunção). A norma jurídica prescreve os efeitos enunciados na estatuição ou injunção em relação à situação de fato que prevê possa vir a se verificar, desde que ela se verifique. Por isso é dotada de caráter logicamente hipotético: enuncia hipótese que produz conseqüências jurídicas.[6] O caráter formal das proposições jurídicas é expresso na conexão entre uma hipótese e uma estatuição de conseqüência jurídica.[7]

05. A norma jurídica que importa no caso considerarmos é a seguinte: as disposições da Lei de Responsabilidade Fiscal obrigam as empresas estatais dependentes.

À hipótese (*fattispecie*) "ser empresa estatal dependente" corresponde a estatuição, ou injunção, "estar sujeita às disposições da Lei de Responsabilidade Fiscal".

Por isso a definição legislativa veiculada pelo art. 2º, III, da Lei de Responsabilidade Fiscal é vinculante para o intérprete, reduzindo as bordas daquilo que Kelsen[8] chamou de "moldura da norma" e que denomino "moldura do texto e dos fatos".[9]

Ora, se a definição legislativa de *empresa estatal dependente* – definição que descreve, com palavras da língua comum ou do léxico jurídico, os elementos da *fattispecie* da norma que ora importa considerarmos[10] – afirma ser ela a "empresa controlada que receba do ente controlador recursos financeiros para pagamentos de despesa com pessoal ou de custeio em geral ou de capital, excluídos, no último caso, aqueles provenientes de aumento de participação acionária", ao intérprete resulta vedada a adoção de qualquer outro critério, senão

4. Não fora virtualmente ambígua e imprecisa a linguagem jurídica, bastar-nos-iam os conceitos jurídicos, sendo prescindíveis as definições ou "conceitos estipulativos ou legais". Mas não é bem e apenas assim, contudo. Muitas vezes o ordenamento jurídico alberga conceitos que, embora diversos, são expressados por um mesmo termo. Nesta hipótese, sob o mesmo termo conceitual – o que torna ainda mais complexo e desafiador, para o intérprete, o problema da ambigüidade dos termos e expressões jurídicas –, sob o mesmo termo conceitual, dizia eu, repousam, plasmados pelo ordenamento, distintos conceitos jurídicos. A distinção entre tais conceitos é evidente, visto que, embora destacados de um núcleo conceitual comum, as coisas, estados ou situações a que são aplicados sujeitam-se a diversos regimes jurídicos ou a diversas normas jurídicas. Para exemplos disso, meu *Direito*, ..., pp. 85 e ss. e 166-171.

5. *Apud* Giovanni Tarello, *L'Interpretazione della Lgge*, Milão, Giuffrè, 1980, p. 177.

6. Castanheira Neves, *Curso de Introdução ao Estudo do Direito*, Coimbra, ed. policopiada, 1971-1972, p. 269.

7. Karl Larenz, *Methodenlehre der Rechtswissenschaft*, 5ª ed., Berlim, Springer, 1983, p. 33.

8. *Teoria Pura do Direito*, 4ª ed., trad. de João Baptista Machado, Coimbra, Arménio Amado Editor, 1979, p. 467.

9. Tomo a interpretação como atividade que opera a transformação de textos normativos em normas. V. meus *La Doppia Destrutturazione del Diritto (Una Teoria Brasiliana sull'Interpretazione)*, Milão, Edizioni Unicopli, 1996, pp. 55 e ss.; *La Doble Desestructuración y la Interpretación del Derecho*, trad. de Barbara Rosenberg, Barcelona, Bosch, 1998, pp. 65 e ss.; e *O Direito Posto e o Direito Pressuposto*, 4ª ed., São Paulo, Malheiros Editores, 2002, pp. 207 e ss.

10. Relembro a norma: "as disposições da lei complementar obrigam as empresas estatais dependentes".

rigorosamente esse, para determinar quais empresas estatais sejam "dependentes", quais não o sejam.

06. Cumpre portanto, diante disso, verificarmos, caso a caso, se essa e aquela empresa estatal configuram, ou não configuram, uma empresa estatal dependente.

E assim há de ser porque, como vimos, estão excluídas do âmbito de incidência da norma as disposições da lei complementar que obrigam as empresas estatais e as empresas estatais não-dependentes.

IV – Empresa estatal dependente

07. Diz o inciso II do art. 2º da Lei de Responsabilidade Fiscal que *empresa controlada* é a "sociedade cuja maioria de capital social com direito a voto pertença, direta ou indiretamente, a ente da Federação".

E o inciso II desse mesmo art. 2º, já acima transcrito, define *empresa estatal dependente* como a "empresa controlada que receba do ente controlador recursos financeiros para pagamentos de despesa com pessoal ou de custeio em geral ou de capital, excluídos, no último caso, aqueles provenientes de aumento de participação acionária".

Vê-se para logo que podem existir empresas controladas que não configuram empresa estatal dependente. Outras hão de ser também entendidas como "empresa controlada dependente", na medida em que a elas se amoldem, concomitantemente, as definições legislativas de *empresa controlada* e de *empresa estatal dependente*.

E logo a seguir veremos que do texto do inciso III do art. 2º da lei complementar poderemos extrair dois "pedaços de norma".

A propósito, relembro: as normas jurídicas raramente são recolhidas em textos normativos isolados; assim, a norma jurídica das disposições da lei complementar que obrigam as empresas estatais é extraída da conjugação dos textos do § 2º do art. 1º e do § 3º, I, "b", da lei complementar; a estatuição de conseqüência jurídica está no primeiro texto, a hipótese (*facti species*) no segundo; por isso ambos os textos são "pedaços de norma".[11]

08. Esse inciso III, que define empresa estatal dependente, menciona "despesa com pessoal ou de custeio em geral ou de capital".

O art. 12 da Lei 4.320, de 17.3.1964, classifica a despesa pública nas seguintes categorias: *Despesas Correntes*: despesas de custeio, transferências correntes; *Despesas de Capital*: investimentos, inversões financeiras, transferências de capital.

As despesas com pessoal são classificadas, nos termos do art. 13 da Lei 4.320/1964, como despesas correntes.

Daí teremos que, como linhas acima observei, poderemos extrair dois "pedaços de norma" do texto do inciso III do art. 2º da Lei de Responsabilidade Fiscal:

(i) primeiro "pedaço de norma" – entende-se como *empresa estatal dependente* a empresa controlada que receba do ente controlador recursos financeiros para pagamentos de despesa com pessoal ou de custeio em geral (despesas correntes);

(ii) segundo "pedaço de norma" – entende-se como *empresa estatal dependente* a empresa controlada que receba do ente controlador recursos financeiros para pagamentos de despesa de capital, excluídos aqueles provenientes de aumento de participação acionária.

09. Esses dois "pedaços de norma" definem a hipótese (*facti species*) das seguintes normas:

(i) as disposições da lei complementar obrigam as empresas estatais (empresas controladas) que recebam do ente controlador

11. Sobre "fragmentos" e "segmentos" de norma, v. José Joaquim Gomes Canotilho, *Direito Constitucional*, 5ª ed., Coimbra, Almedina, 1991, p. 211.

recursos financeiros para pagamentos de despesa com pessoal ou de custeio em geral (despesas correntes);

(ii) as disposições da lei complementar obrigam as empresas estatais (empresas controladas) que recebam do ente controlador recursos financeiros para pagamentos de despesa de capital, excluídos aqueles provenientes de aumento de participação acionária.

A cláusula de exceção "excluídos aqueles provenientes de aumento de participação acionária" respeita exclusivamente, como se pode ver, à segunda norma.

Daí a conclusão que se alcança:

a) A empresa estatal (empresa controlada) que receber do ente controlador recursos financeiros para pagamentos de despesa com pessoal ou de custeio em geral (despesas correntes) será entendida, em qualquer caso, como empresa estatal dependente.

b) A empresa estatal (empresa controlada) que receber do ente controlador recursos financeiros para pagamentos de despesa de capital será entendida – se tais recursos financeiros não forem provenientes de aumento de participação acionária – como empresa estatal dependente.

ANISTIA ELEITORAL – ART. 2º DA LEI 9.996/2000 – SUA INCONSTITUCIONALIDADE, POR "ABUSO DE PODER LEGISLATIVO"

ROQUE ANTONIO CARRAZZA

Professor Titular da Cadeira de Direito Tributário
da Faculdade de Direito da PUC/SP – Consultor Jurídico

EDUARDO BOTTALLO

Professor Assistente do Departamento de Filosofia e Teoria Geral do Direito
da Faculdade de Direito da USP – Juiz do TRE/SP

1. Introdução. 2. Iniciativa do Legislativo em matéria eleitoral e "abuso de poder": 2.1 Considerações gerais – 2.2 O "abuso de poder" e a função legislativa. 3. O assunto em exame. 4. Conclusão.

1. Introdução

Procuraremos demonstrar, neste estudo, a inconstitucionalidade, por *abuso de poder legislativo*, de que padece o art. 2º da Lei 9.996, de 14.8.2000, que concedeu anistia aos "débitos resultantes das multas aplicadas pela Justiça Eleitoral, a qualquer título, em decorrência de infrações praticadas nos anos eleitorais de 1996 e 1998".

2. Iniciativa do Legislativo em matéria eleitoral e "abuso de poder"

Não temos dúvidas em proclamar que o art. 2º da Lei 9.996/2000 parece de inconstitucionalidade, por *abuso de poder*, também chamado, em doutrina, *desvio de poder*.

Antes de fazermos a necessária demonstração desta assertiva, algumas considerações teóricas se impõem.

2.1 Considerações gerais

Ao feixe de competências detidas pelos órgãos que exercem o poder do Estado os publicistas denominam "função". Afirmam, sinteticamente, que o Poder Legislativo tem por função predominante a feitura de leis; o Poder Judiciário, a jurisdicional (dizer, com força institucional, o Direito aplicável ao caso concreto); o Poder Executivo, a administrativa ("aplicar a lei de ofício", conforme Seabra Fagundes).

Conquanto a palavra "função" seja utilizada em várias acepções, Celso Antônio Bandeira de Mello observa, com propriedade, que ela encerra um sentido nuclear. Ouçamo-lo: "*Existe função, em Direito, quando alguém dispõe de um poder à conta de dever, para satisfazer o interesse de outrem, isto é, um interesse alheio*".[1]

Ensina, ainda, o ilustre juspublicista que essa idéia de função obriga o intérprete a considerar que o ente que a exerce recebeu, na verdade, da ordem jurídica, antes de tudo, um dever de "alcançar certa finalidade preestabelecida".[2]

Tal idéia, de seu turno, conduz à inexorável conclusão de que, apontando a norma (outorgadora de poderes inerentes ao exercício de dada função) uma determinada finalidade, os poderes daquele que desempenha a função são-lhe "deferidos para serem manejados instrumentalmente, isto é, como meios reputados aptos para atender à finalidade que lhes justificou a outorga".[3]

Quer com isto significar que os órgãos que exercitam o poder do Estado são titulares, na realidade, *não* de *poderes-deveres*, mas *sim* de *deveres-poderes*, "locução que expressa com maior finalidade que a anterior a verdadeira índole de suas competências".[4]

Notamos, portanto, que a *função*, enquanto feixe de competências outorgadas à vista de certas finalidades, compreende os *deveres* (de prossecução dessas finalidades) e os *poderes* (faculdades instrumentais que capacitam o órgão competente ao bom desempenho daqueles correspondentes deveres).

Muito bem, também o legislador federal deverá atender às finalidades apontadas pelas normas constitucionais, máxime àquelas que visam a preservar o interesse e a moralidade pública e a soberania do Poder Judiciário. Fora disso sua atuação importará *abuso de poder*, mais precisamente, *abuso de poder do ato legislativo*.

1. "Desvio de poder", *RDP* 89/26 (os grifos estão no original).

2. Idem, ibidem.

3. Idem, ibidem.

4. Idem, ibidem.

Parafraseando Celso Antônio Bandeira de Mello, temos que se trata de vício "que pode afetar comportamento oriundo das funções típicas de quaisquer dos Poderes", porquanto no *Estado de Direito* "as competências públicas não são 'propriedade' de seus titulares, mas simples situações subjetivas ativas, compostas em vista da satisfação dos fins previstos nas normas superiores que lhes presidem a instituição". Qualquer que seja a competência de que se cuide, o "descompasso teleológico entre as finalidades da regra" que a institui "e as finalidades do comportamento expendido a título de cumpri-la macula a conduta do agente, viciando-a com desvio *[abuso]* de poder".[5]

Incontroverso, pois, que o *abuso de poder* também pode fazer-se sentir no âmbito do Legislativo, como a seguir melhor veremos.

2.2 O "abuso de poder" e a função legislativa

Conforme antecipamos, é perfeitamente possível haver *abuso de poder* por parte do Legislativo.

Deveras, a ação censurável do Legislativo pode consistir na adoção de manobras na aparência lídimas, mas que ardilosamente colimam obter resultados que a ordem jurídica condena.

É o que, *venia concessa*, nitidamente ocorreu no caso em exame. A Lei 9.996/2000, a pretexto de favorecer os eleitores que deixaram de votar nas eleições de 1996 e 1998, bem como aos que nelas não atenderam à convocação da Justiça Eleitoral (art. 1º), serviu, na real verdade, para beneficiar, em causa própria, os políticos que nesses

5. "Desvio de poder", *RDP* 89/36 (esclarecemos no parêntese).

mesmos pleitos violaram a legislação eleitoral e, por isso, foram submetidos, pelo Poder Judiciário, a penalidades pecuniárias (art. 2º).

Quanto à anistia aos eleitores, aceitamos que o Congresso Nacional agiu dentro de parâmetros que, embora questionáveis, não comportam apreciação judicial. O mesmo, no entanto, não podemos dizer da anistia aos políticos, decretada pelo aludido art. 2º.

Salta aos olhos o casuísmo que permeia esse dispositivo, afastando-o do interesse público e, por via de conseqüência, do regular exercício da *função legislativa*.

Com efeito, a função legislativa possui fronteiras e limites. Ultrapassá-los implica *violação de direito*, no sentido próprio da expressão.

Não questionamos que o Poder Legislativo, em razão da natureza eminentemente política das funções que desempenha, goza de grande discricionariedade para editar leis. Desde que não ultrapasse as raias constitucionais, pode inovar inauguralmente a ordem jurídica.

Realmente, muito poucos os temas que escapam ao alcance das leis. Não é à toa que se costuma dizer que a lei é a *expressão da vontade geral*. Este, aliás, o título que Carré de Malberg empresta à sua obra clássica sobre o assunto (*La Loi, Expression de la Volonté Générale*).

A presença da lei é indispensável no cenário jurídico dos regimes constitucionais democráticos que – como o brasileiro – floresceram à sombra dos ideários das Revoluções Francesa e Norte-Americana, que, dentre outras coisas, visavam a instituir "o governo das leis e não dos homens".

Em suma, é a lei que vai colmear as estruturas constitucionais, inclusive no que concerne ao exercício da atividade política.

Entretanto, ao alterar a ordem jurídica o Poder Legislativo deve levar em conta os supernos objetivos constitucionais, sob pena de perpetrar verdadeiro *abuso de poder*.

O *abuso de poder* – conquanto mais freqüentemente associado aos atos administrativos – também pode fazer-se presente como vício dos atos legislativos, de modo a tisná-los de inconstitucionalidade.

Noutras palavras, o *abuso de poder* no que concerne ao Legislativo é um vício, de natureza objetiva, caracterizado pelo desencontro entre o conteúdo da lei e aquele que seria o adequado à consecução dos fins traçados pela Constituição.

Pedro Estevam A. P. Serrano, em excelente monografia, pondera: "Por mais evidente que seja o exercício das competências legiferantes – e ainda que cobertas pelo Judiciário com o manto da intangibilidade dos elementos subjetivos da vontade política do legislador –, elas não podem ser tidas com a capa protetora do arbítrio, da irrazoabilidade e da desproporção, e muito menos do descumprimento dos fins constitucionais".[6]

Portanto, o legislador deve fazer uso de sua competência tendo em mira os fins assinalados pela Constituição.

Assinalamos que inexiste competência sem limites, uma vez que o Estado de Direito não se compadece com a atuação voltada exclusivamente a atender aos interesses particulares do produtor da norma.

Estamos sempre mais percebendo, pois, que onde há discricionariedade, inclusive legislativa, há campo próprio para que surja (embora isto não seja desejável) o *abuso de poder*.

Em suma, a validade da lei também depende da observância da finalidade apontada na norma constitucional, que lhe dá respaldo.

Tal a lição do pranteado administrativista Caio Tácito:

"No exercício de suas atribuições e nas matérias a eles afetas, os órgãos legislativos

6. *O Desvio de Poder na Função Legislativa*, São Paulo, FTD, 1997, p. 88.

gozam de discricionariedade peculiar à função política que desempenham.

"Temos, contudo, sustentado a necessidade de temperamento da latitude discricionária de ato do Poder Legislativo, ainda que fundado em competência constitucional e formalmente válida.

"O princípio geral de Direito de que toda e qualquer competência discricionária tem como limite a observância da finalidade que lhe é própria, embora historicamente vinculado à atividade administrativa, também se compadece, a nosso ver, com a legitimidade da ação do legislador."[7]

Em face de tão autorizado respaldo doutrinário, não estamos proclamando novidade alguma quando afirmarmos ser perfeitamente possível haver, como no caso em análise, *abuso de poder legislativo* fora dos casos clássicos de inconstitucionalidade.

O já citado Pedro Estevam A. P. Serrano é de idêntico pensar:

"*Não vemos excesso ou desvio de poder legislativo como algo que se realiza fora do campo significacional da inconstitucionalidade material*, da mesma forma, entendemos que o desvio de poder administrativo não é um fenômeno distinto da ilegalidade.

"*As normas constitucionais*, em seu conteúdo dispositivo, *não admitem o uso abusivo ou teleologicamente inadequado das competências legislativas. A Constituição repudia* o abuso, a incongruência, a desproporção e *o desvio de seus fins*."[8]

Esta é uma forma sutil – e, bem por isso, muito mais insidiosa – de inconstitucionalidade da lei. Afinal, o respeito à finalidade constitucional é *conditio sine qua non* de constitucionalidade dos atos legislativos.

Reforçando a assertiva, a adoção, pelo Poder Legislativo, de finalidade diversa daquela que a Lei Magna aponta é causa de inconstitucionalidade da lei, a ser declarada pelo Poder Judiciário.

O abuso de poder torna inconstitucional a lei justamente pelo descompasso entre os interesses subalternos a que atende e os objetivos superiores que a Carta Magna a manda perseguir.

Apliquemos estas noções, apenas bosquejadas, ao assunto em exame.

3. O assunto em exame

No caso concreto, a competência (*dever-poder*) do Legislativo para conceder anistias, inclusive em matéria eleitoral, não foi exercida de modo a atender ao interesse e à moralidade pública. Foi exercida, sim, em atenção a objetivos privados – circunstância que, a nosso ver, configura irremissível *abuso de poder*.

Como ninguém pode questionar, as multas eleitorais são aplicadas pelo Poder Judiciário com total observância ao *devido processo legal*, em que se faculta ao acusado o pleno exercício do sagrado direito à ampla defesa.

Portanto, as penalidades pecuniárias que agora estão sendo *anistiadas* decorrem de infrações comprovadas, em regular processo, perante a Justiça Eleitoral.

Vai daí que o art. 2º da Lei 9.996/2000, em última análise, está pretendendo *cassar* decisões judiciais, muitas já transitadas em julgado.

Tamanho *despautério jurídico* evoca o *Estado Novo*, quando, como é de comum sabença, o ditador Getúlio Vargas *revogou*, por meio de decreto-lei, decisões do Supremo Tribunal Federal.

O clima da época não permitiu que o Poder Judiciário reagisse ao gravame sofrido, até porque a Constituição então vigente não prestigiava, senão de forma retórica, o *princípio da harmonia e da separação dos Poderes*.

7. "Desvio de poder legislativo", *RTDP* 1/66, 1993.

8. *O Desvio* ..., p. 77 (grifamos).

Agora, felizmente, a Carta-Cidadã valoriza sobremodo esta viga-mestra do edifício jurídico nacional (art. 2º), motivo pelo qual estamos certos de que a afronta perpetrada pelo Congresso Nacional por meio da Lei 9.996/2000 (que, com boas razões, o Executivo vetou e, uma vez derrubado o veto, se recusou a promulgar) não passará incólume.

Relembramos que o *abuso de poder* é um comportamento que se desgarra do fim legal, transgredindo, destarte, a ordem jurídica.

Sabemos que nem sempre é fácil demonstrar o *abuso de poder*, especialmente quando o Legislativo, a pretexto de atender ao interesse público, age movido por intuitos pessoais de favoritismo – ou, se preferirmos, em causa própria.

A respeito, Celso Antônio Bandeira de Mello faz, como de hábito, uma observação lapidar: "(...) é preciso, de um lado, identificar a má intenção e, de outro, fazer-lhe a prova. Ressaltam os estudiosos que, de regra, quem age mal-intencionado procura cintar-se de cautelas, precatando-se contra os riscos de exibir ou entremostrar sua incorreção. Daí que procura disfarçar o vício, cercando-se de pretensas justificativas para o ato, a fim de encobrir-lhe a mácula". [9]

Jean Rivero, em passagem sempre lembrada, observa que a intenção é um elemento psicológico difícil de ser caracterizado.[10]

É, por isso que, segundo esclarece esse autor, o *Conselho de Estado* em França procura menos uma prova manifesta do que uma convicção que pode resultar de um *feixe de indícios convergentes*.

Também García de Enterría observa que no *abuso de poder* a prova não pode ser plena, uma vez que não é presumível que o ato viciado traga "confissão expressa" de que o fim que o anima é outro, distinto daquele preconizado na ordem jurídica.[11]

O mesmo diz Agustín Gordillo quando pondera que para a constatação do vício do *abuso de poder* são suficientes provas indiciárias ou elementos circunstanciais.[12]

Assim, a bem da verdade, não poderemos pretender, no caso *sub examine*, uma demonstração probatória cabal da ocorrência daquilo que os administrativistas franceses chamam de *détournement de pouvoir*. Mas apenas a constatação de uma série de indícios e elementos circunstanciais que, somados, possam conduzir-nos à convicção de estar o art. 2º da Lei 9.996/2000 inquinado pelo vício do *abuso de poder*.

I – Observe-se, antes de mais nada, que o dispositivo foi vetado pelo Presidente da República, por considerá-lo, nos termos do art. 66, § 1º, da Constituição Federal, "contrário ao interesse público".

Some-se a isso a circunstância de o veto ter sido aplaudido não só pela opinião pública, como pelos sempre vigilantes meios de comunicação e os próprios partidos de Oposição, que, como é público e notório, têm, nos últimos tempos, desenvolvido uma guerra sem quartel contra o Chefe do Executivo Federal. Nada obstante, desta feita concordaram com esta autoridade.

Como se tudo não bastasse, o mesmo Presidente da República, uma vez derrubado o veto, negou-se a promulgar a lei, renovando, assim, seu frontal repúdio à decisão do Legislativo.

II – Consignamos, ademais, que o projeto original da lei em pauta apenas beneficiava políticos não-eleitos nos aludidos pleitos, ao argumento de que já foram sancionados pelo *tribunal das urnas*. A idéia então

9. *Discricionariedade e Controle Jurisdicional*, 2ª ed., 5ª tir., São Paulo, Malheiros Editores, 2001, pp. 77-78.

10. *Droit Administratif*, 13ª ed., Paris, Dalloz, 1990, p. 322.

11. *Curso de Derecho Administrativo*, 4ª ed., Madri, Civitas, 1983, p. 443.

12. *Tratado de Derecho Administrativo*, t. I, Buenos Aires, Macchi, 1975, p. 33.

esgrimida era que ao prejuízo eleitoral não se deveria somar o pecuniário.

A partir desta esdrúxula linha de raciocínio, logo foi dado o passo seguinte: estendeu-se o benefício indiscriminadamente a todos os violadores da legislação eleitoral, inclusive aos eleitos (muitos dos quais responsáveis diretos pela aprovação do projeto e ulterior derrubada do veto).

Assim, a própria justificativa do projeto de lei, se já era precária no seu nascedouro, deixou de existir quando, por força de emenda, a "anistia" passou a favorecer a todos os infratores (os eleitos e os não-eleitos).

III – Logo, o Legislativo, a pretexto de usar de seus poderes, editou o precitado art. 2º, com fim completamente divorciado de sua competência constitucional, já que afrontou tanto o interesse público e a soberania do Poder Judiciário quanto o próprio *princípio da moralidade pública*, insculpido no art. 37, *caput*, da Carta Magna.

A propósito, aliás, calham perfeitamente as seguintes reflexões de Marçal Justen Filho: "A liberdade do legislador não é absoluta, nem se restringe ao condicionamento textual e explícito das regras constitucionais. O exercício da competência legislativa encontra delimitação na natureza pública da função desempenhada. Entre as barreiras que restringem o poder legiferante encontra-se o princípio da moralidade. Estado de Direito significa não apenas a limitação das competências administrativas, mas de todos os poderes estatais. A discricionariedade administrativa é limitada pelo princípio da moralidade não em virtude de uma especial ou peculiar característica da função administrativa, mas porque se trata de uma função, sendo inconcebível que o administrador desnature os poderes recebidos. Pelos mesmos fundamentos, a atividade legislativa do Estado sujeita-se ao influxo do princípio da moralidade".[13]

13. "O princípio da moralidade pública e o direito tributário", *RDTributário* 67/70.

A Constituição vigente preocupou-se, de modo especial, com a conduta moral de nossos dirigentes, aí incluídos os legisladores. Não é por outro motivo que seu art. 14, § 9º, alude à inelegibilidade com o fim de proteger "a moralidade para o exercício do mandato". No mesmo sentido, seu art. 55, § 1º, declara incompatível com o decoro parlamentar o "abuso das prerrogativas asseguradas a membros do Congresso Nacional ou a percepção de vantagens indevidas" – o que, em última análise, também sanciona a conduta incompatível com a moralidade pública.

Estes preceitos mostram claramente que a moralidade que se exige dos parlamentares estende-se às leis que editam.

4. Conclusão

A análise cuidadosa do art. 2º da Lei 9.996/2000 revela que ele teve o propósito de favorecer, em causa própria, infratores da legislação eleitoral, punidos, após regular processo, pelo Poder Judiciário.

Sob a aparência de favorecer a sociedade como um todo, o artigo em exame buscou alcançar finalidades escusas – quais sejam: a impunidade dos políticos (dentre os quais muitos dos próprios legisladores), o escárnio à moralidade pública e a desmoralização da Justiça Eleitoral.

A lei em foco não obedeceu ao presumido escopo de interesse público, e sim a uma inspiração que, conquanto agrade a alguns (aos infratores), é flagrantemente particularista e, por isso mesmo, estranha ao âmbito da *res publica*.

Por todo o exposto, entendemos que a lei em questão deve ser imediatamente anulada, por *abuso de poder legislativo*, que deixou o interesse público à deriva.

Estamos certos de que nosso Judiciário assegurará a prevalência do Estado de Direito e fulminará, quando provocado, o art. 2º da Lei 9.996/2000, restabelecendo, destarte, o primado da Constituição.

TETO CONSTITUCIONAL DE REMUNERAÇÃO DOS AGENTES PÚBLICOS: uma crônica de mutações e emendas constitucionais[1]

PAULO MODESTO

Professor de Direito Administrativo da Universidade Federal da Bahia (UFBA) e Universidade Salvador (UNIFACS). Coordenador do Curso de Especialização em Direito Público da UNIFACS. Membro do Ministério Público da Bahia, do Instituto Brasileiro de Direito Administrativo e do Instituto dos Advogados da Bahia. Conselheiro Técnico da Sociedade Brasileira de Direito Público (SBDP). Ex-Assessor Especial do Ministério da Administração Federal e Reforma do Estado

1. Impropriedade da expressão teto de remuneração. 2. Fixação de limites máximos de remuneração na redação original da Constituição de 1988. 3. Sistema de estabelecimento de limites máximos de retribuição previstos pela Emenda Constitucional n. 19, de 4 de junho de 1998. 4. Parcelas excluídas dos limites máximos no novo regime constitucional. 5. Previsão de limites inferiores ao teto constitucional nacional (subteto); 6. Diferenças e semelhanças entre o novo sistema e o previsto originalmente pela Constituição de 1988. 7. A posição do Supremo Tribunal Federal sobre a eficácia das novas disposições constitucionais sobre teto de retribuição. 8. Impasse na definição do teto constitucional. 9. Impropriedade da fixação de tetos constitucionais estaduais. 10. Alteração do novo teto constitucional.

1. Impropriedade da expressão teto de remuneração

A Constituição Federal de 1988, em sua redação original, não empregava a expressão "teto de remuneração". Mas contemplava um sistema de estabelecimento de limites à retribuição dos agentes públicos freqüentemente associado à fórmula "teto de remuneração". Esta expressão nunca foi precisa ou fiel à complexidade do sistema constitucional na matéria, mas nesse momento parece ainda mais equívoca e impró-

1. Texto base da exposição realizada no XXVI Encontro Nacional de Procuradores Municipais, realizado em Vitória, Estado do Espírito Santo, em 3 de agosto de 2000. O texto sintetiza considerações e apontamentos que vimos fazendo sobre o tema desde 1998, em diversos congressos e seminários, mas sem registro formal, salvo alguns trechos divulgados em documentos apresentados durante a discussão da Reforma Administrativa no Senado Federal. Contempla, ainda, observações inéditas sobre a Proposta de Emenda Constitucional n. 137-A, de 1999, relatada pelo Deputado Vicente Arruda, recentemente aprovada na Comissão Especial da Câmara dos Deputados e breve referência à Emenda Constitucional n. 25, de 14.2.2000.

pria. Com a promulgação da Emenda Constitucional n. 19 (Reforma Administrativa), o sistema constitucional passou a cuidar de duas espécies distintas de retribuição pelo exercício de cargo, emprego, função ou mandato público: "remuneração" e "subsídio". A distinção clara entre essas duas formas de retribuição, explícita no novo sistema, obrigaria no tratamento da matéria ao emprego da expressão "teto de retribuição", "limites constitucionais à retribuição" e não a simples utilização da expressão tradicional "teto de remuneração". Mas quem escrever deste modo novo, sem maiores advertências, corre o risco de não ser entendido. Por isso, a locução "teto de remuneração", mais conhecida e ainda usual, continuará a ser empregada neste trabalho com as ressalvas referidas.

2. *Fixação de limites máximos de remuneração na redação original da Constituição de 1988*

A fixação de limites máximos de remuneração para os agentes públicos recebeu do constituinte de 1988 uma atenção especial. São diversos os dispositivos dedicados ao assunto. O preceito central na matéria, contemplado no art. 37, XI, vinha assim expresso:

"Art. 37. (...)

"XI — A lei fixará o limite máximo e a relação de valores entre a maior e a menor remuneração dos servidores públicos, observados, como limites máximos e no âmbito dos respectivos poderes, os valores percebidos como remuneração, em espécie, a qualquer título, por membros do Congresso Nacional, Ministros de Estado e Ministros do Supremo Tribunal Federal e seus correspondentes nos Estados, no Distrito Federal e nos Territórios, e, nos Municípios, os valores percebidos como remuneração, em espécie, pelo Prefeito."

A redação original do inciso XI do art. 37 da Constituição Federal sugeria um comando *inflexível* ("remuneração, em espécie, a qualquer título"), com abertura apenas para maiores restrições em termos do valor limite admitido ("a lei fixará o limite máximo e a relação de valores entre a maior e a menor remuneração"). A rigidez do texto original do art. 37, XI, da Constituição Federal era fortalecida pelo art. 17 do ADCT, ainda vigente, que impunha a aplicação dos *limites decorrentes da Constituição* aos servidores ativos e inativos e recusava, havendo excesso, a invocação de direito adquirido ou de imunidade a qualquer outro título.

O enunciado do art. 17 do Ato das Disposições Constitucionais Transitórias merece ser referido: "Os vencimentos, a remuneração, as vantagens e os adicionais, bem como os proventos de aposentadoria que estejam sendo percebidos em desacordo com a Constituição, serão imediatamente reduzidos aos limites dela decorrentes, não se admitindo, neste caso, invocação de direito adquirido ou percepção de excesso a qualquer título".

O texto original do art. 37, XI, da Constituição Federal de 1988 contemplava a referência a *dois tipos de limites máximos de remuneração*: um limite que foi delegado à lei ordinária estabelecer e um limite imposto desde logo à lei pelo estatuto constitucional.

A todo rigor, a lei ordinária poderia fixar um "limite máximo" de remuneração *igual*[2] ou *inferior*[3] à remuneração dos *paradigmas* apontados na Constituição: na *União*, os Ministros de Estado, Ministros do Supremo Tribunal Federal e Congressistas; nos *Estados*, os agentes correspondentes (Secretários de Estado, Desembargadores e Deputados Estaduais); nos *Municípios*, o Prefeito. Quando a lei ordinária fixava o

2. Cf. na União Federal, Lei n. 8.112/90, art. 42.

3. Cf. na União Federal, art. 2º da Lei n. 8.852, de 4.2.1994, e art. 10 da Lei n. 9.624, de 8.4.1998. Cf., também, arts. 3º e 5º da Lei n. 8.448, de 21.7.1992.

limite máximo de remuneração em valor abaixo do pago aos agentes referidos pela Constituição Federal como paradigmas finais ou teto, dizia-se que a lei fixava um *redutor* ou *subteto*.

Como a Constituição Federal não especificava a quem caberia a iniciativa dessa lei, entendeu-se que ela competia a quem detinha a iniciativa de lei ou competência para edição de ato normativo com eficácia equivalente para fixação da remuneração dos servidores em geral: na *União*, o Presidente da República para os servidores do *Executivo* (art. 61, § 1º, II, "a"), a Câmara e o Senado Federal para os servidores do *Legislativo* (arts. 51, IV e 52, XIII), o Supremo Tribunal Federal e os Tribunais Superiores para os servidores do *Judiciário* (art. 96, II, "b"); o Procurador-Geral da República, para os servidores do Ministério Público Federal (art. 127, § 2º); nos *Estados*, respectivamente, os Governadores, as Assembléias Legislativas, os Tribunais de Justiça, os Procuradores-Gerais de Justiça; nos *Municípios*, os Prefeitos e as Câmaras Municipais.

Na *União Federal*, apenas o Poder Executivo tomou a iniciativa de assegurar a definição de um subteto para os vencimentos dos servidores. O primeiro redutor (10%) foi estabelecido pela *Lei n. 8.852, de 4.2.1994* (art. 2º) e foi posteriormente ampliado (20%), mediante sucessivas medidas provisórias, até a conversão da Medida Provisória n. 1.480-40 na *Lei n. 9.624, de 8.4.1998* (art. 10).[4] Os demais Poderes não apresentaram projeto de lei com vistas à definição de *limite máximo* de remuneração abaixo do patamar constitucional permitido.[5]

O legislador ordinário, no entanto, estava autorizado pela Constituição Federal a estabelecer não apenas um *limite fixo*, definido a partir da determinação de um valor nominal certo ou definido mediante a aplicação de percentual determinado sobre a remuneração de um dos limites constitucionais máximos. Na verdade, repita-se, o legislador ordinário recebia da Constituição duas "tarefas": "fixar os limites máximos" e "estabelecer a relação entre a maior e a menor remuneração". A primeira competência permitia a fixação do que venho chamando de *subteto fixo*.[6] A segunda competência, diversamente, dizia respeito à fixação de uma *escala móvel de limites*, de um *limite móvel de remuneração* (ou *subteto móvel*), pois apenas poderia consistir numa equação de relação entre a menor e a maior remuneração para fins de definição de limites abaixo

4. Prescreve o referido art. 10 da Lei n. 9.624, em vigor: "Art. 10. O maior valor de vencimentos a que se refere o art. 2º da Lei n. 8.852, de 4.2.1994, passa a corresponder a, no máximo, oitenta por cento da remuneração devida a Ministro de Estado".

5. A Lei n. 8.448, de 21.7.1992, conhecida também como Lei da Isonomia, poderia sugerir entendimento diverso, pois previa em seu art. 3º, de forma expressa, limite de remuneração para todos os servidores civis da administração pública direta, autárquica e fundacional dos Poderes da União e aplicável também ao pessoal militar. No entanto, não produziu qualquer efeito prático, pois contemplava paradoxalmente norma que resguardava os servidores que ultrapassassem os limites estabelecidos de qualquer redução de remuneração. Com efeito, no seu art. 5º enunciava: "Art. 5º. A parcela de remuneração que, na data da promulgação desta lei, exceder o limite fixado no inciso II do art. 3º, será mantida como diferença individual, em valor fixo e irreajustável". É discutível a constitucionalidade dessa ressalva da lei ante os termos abrangentes do art. 17 do Ato das Disposições Constitucionais Transitórias. É discutível também a constitucionalidade da fixação de subteto para os servidores do Poder Legislativo, do Poder Judiciário e do Ministério Público por lei de iniciativa do Presidente da República, diante do princípio da separação dos Poderes e das competências privativas previstas nos arts. 51, IV; 52, XIII; 96, II, *b*; 127, § 2º.

6. Essa modalidade foi a mais utilizada durante toda a vigência do texto original do art. 37, XI, da Constituição, conhecendo diversas aplicações também nos Estados e Municípios, sendo muitas vezes confundida com o próprio conceito de subteto, de que era apenas espécie. Na União, como referido, foi adotada pela Lei n. 8.852, de 4.2.1994 (art. 2º) e pela Lei n. 9.624, de 8.4.1998 (art. 10).

do limite constitucional máximo de remuneração.[7] O sistema apresentava, efetivamente, uma flexibilidade elogiável.[8]

Nada disso impediu, no entanto, o completo descrédito da norma constitucional referente aos limites gerais de remuneração. Poucos meses após a promulgação do texto constitucional de 1988, o Supremo Tribunal Federal decidiu que os limites de remuneração, fixados de modo a impedir a percepção de excessos "a qualquer título", admitiam exceções e atenuações relevantes. O acórdão inaugural dessa orientação foi proferido na ADIn 14, relatada pelo Ministro Célio Borja (STF, Tribunal Pleno, j. 28.9.1989, v.u., *DJ* 1.12.1989, p. 17.759, *RTJ* 130/475, de 1989). Nesta decisão, assentou o Supremo Tribunal várias conclusões importantes, que podem ser resumidas no seguinte:

a) a conjugação do art. 37, XI com o art. 39, § 1º, da Constituição Federal importa na *exclusão das vantagens individuais* (também chamadas "vantagens pessoais") e das vantagens relativas à natureza e local de trabalho dos limites máximos de remuneração;

b) os paradigmas máximos, pela mesma conjugação, devem guardar vencimentos equivalentes (princípio da equivalência).

7. Essa via foi adotada pela Lei n. 8.448, de 21.7.1992, art. 3º, *verbis*: "Art. 3º. A relação de valores entre a maior e a menor remuneração dos servidores públicos referidos no artigo anterior é fixada da forma seguinte: I — o valor do maior vencimento básico ou soldo não poderá ser superior a vinte vezes o menor vencimento básico ou soldo; II — a soma das vantagens percebidas pelo servidor não poderá exceder a duas vezes o valor do maior vencimento básico ou soldo permitido como teto nos termos do inciso anterior, excluídos: a) salário-família; b) diárias; c) ajuda-de-custo em razão de mudança de sede; d) indenização de transporte; e) adicional ou gratificação de tempo de serviço; f) gratificação ou adicional natalinos; g) abono pecuniário, auxílio ou adicional de natalidade e de funeral; h) adicional de férias; i) auxílio-fardamento; j) adicional pela prestação de serviço extraordinário; l) adicional noturno; m) gratificação de compensação orgânica; n) gratificação de habilitação militar; o) gratificação prevista no art. 62 da Lei n. 8.112, de 11.12.1990; p) vantagens incorporáveis das parcelas de quintos". Vale observar, ainda, a utilização que a Lei n. 8.112/90 fez dessa abertura dada pela lei fundamental: sem fixar um subteto fixo ou móvel, vale dizer, um valor de remuneração inferior ao máximo admitido, a lei instituiu um piso de remuneração relacionado ao teto máximo, prescrevendo que "a menor remuneração atribuída aos cargos de carreira não será inferior a 1/40 (um quarenta avos) do teto de remuneração fixado no artigo anterior" (art. 43).

8. Tratava-se de sistema flexível, marcado pela consideração do princípio da separação dos Poderes e pelo princípio federativo, pois entregava ao legislador ordinário, mediante iniciativas específicas, a definição de "limites máximos" e da "relação entre a maior e a menor remuneração" dos agentes públicos, sem embargo da definição de limites rígidos de matriz constitucional distintos entre os Poderes e entre as unidades da Federação. Essa flexibilidade explica porque, disciplinando as situações em curso, entendeu o constituinte de fixar no art. 17 do Ato das Disposições Transitórias que os "limites decorrentes da Constituição" (e não apenas os nela previstos) estariam imunes à incidência da garantia do direito adquirido, recusando a percepção de excesso "a qualquer título". Trata-se da única exceção aberta pelo constituinte originário à tutela de direitos adquiridos contra a incidência imediata de norma gravosa aprovada pelo legislativo ordinário. Sem ela, a delegação feita ao legislador ordinário para fixar "limites máximos" seria inócua. Sobre a questão, conferir artigo que escrevi sob o título "Reforma Administrativa e Direito Adquirido", publicado *RTDP* 18/165-178, 1997; *RDA* 211, jan./mar. 1998; *Revista de Direito Administrativo & Constitucional* 1/23-48, ano 1, Curitiba, Ed. Juruá, 1999. A flexibilidade legislativa, porém, além dessa maior insegurança jurídica, contemplava outros aspectos negativos: deixava sem "limite constitucional" os Prefeitos Municipais, os Deputados e Senadores da República, os Ministros de Estado, os Secretários de Estado e os Ministros do Supremo Tribunal Federal. Todos esses agentes eram "paradigmas máximos", faltando um referencial nacional unitário. Essa lacuna deu ocasião a diversos abusos, especialmente na esfera estadual e municipal, tendo motivado a promulgação da Emenda Constitucional n. 1, de 31.3.1992, ocupada na fixação de subtetos específicos para deputados estaduais e vereadores.

A jurisprudência subseqüente corroborou esse entendimento, com detalhamentos adicionais:

a) a norma do art. 37, XI, é *auto-aplicável*, no plano federal, estadual e municipal e no Distrito Federal, porque dotada de suficiente densidade normativa, independentemente da promulgação da lei a que seu texto alude (STF, Tribunal Pleno, ADIMC 1590/SP, rel. Min. Sepúlveda Pertence, j. 19.6.1997, *DJ* 15.8.1997, p. 37.034);

b) teto de retribuição, no Executivo, é a remuneração dos Ministros de Estado atribuída ao cargo por *decreto-legislativo* (CF, art. 49, VIII), não os valores que, mediante opção, percebe efetivamente algum dos seus titulares, em razão de ser parlamentar ou servidor público efetivo (STF, RMS 21946/AL, rel. Min. Sepúlveda Pertence, *DJ* 1.7.1994, p. 17.500);

c) o *princípio da equivalência dos tetos de remuneração é extensivo* aos Estados-membros, Distrito Federal e Municípios (STF, 2ª T., AGRAG 189.110/SC, rel. Min. Marco Aurélio, *DJ* 28.11.1997, p. 62.224; STF, AO 170/GO, rel. Min. Carlos Velloso, j. 8.2.1996, *DJ* 4.4.1997, p. 10.519; AGRAG 194042/SC, *DJ* 15.5.1998, p. 48; RE 0228080/SC, *DJ* 21.8.1998, p. 26);

d) *os limites de remuneração dos servidores ativos é também aplicável aos proventos e às pensões pagas segundo o regime previdenciário especial dos servidores públicos* (STF, 1ª T., RE 118024/SP, rel. Min. Octávio Gallotti, j. 18.2.1992, *DJ* 3.4.1992, p. 4.292, *RTJ* 141-01/264; STF, RE 115807, *RTJ* 127/290; STF, RE 11227; STF, RMS 21.856-1, rel. Min. Celso de Mello, *Informativo* 10; STF, 2ª T., RE 161263/CE, rel. Min. Maurício Correa, j. 11.4.1995, *DJ* 19.5.1995, p. 14.002; STJ, 3ª S., MS 2.517-7/DF, rel. Min. José Dantas, j. 7.10.1993, *R. Sup. Trib. Just.* a. 6(58):105-111, Brasília, jun. 1994, p. 107);

e) a União, os Estados e Municípios podem estabelecer *subtetos por lei*, isto é, limites de remuneração inferiores aos valores percebidos pelos paradigmas referidos na Constituição (STF, RE 228.080/SC, rel. Min. Sepúlveda Pertence; STJ, ROMS 1.290/PR, rel. Min. Demócrito Reinaldo, *DJU* 26.4.1993; STF, 2ª T., ARAI 178.072/MG, rel. Min. Marco Aurélio, *DJ* 9.5.1997; STF, ARAI 192.870/MG, rel. Min. Marco Aurélio, *DJ* 6.2.1998; ADI 1.396-3, rel. Min. Marco Aurélio, *Informativo* 117);

f) *a fixação de limites máximos de remuneração é matéria sujeita à reserva de lei*, descabendo disciplina mediante decreto do Poder Executivo (STF, ADI 482/RJ, rel. Min. Néri da Silveira; ADIMC 1396, rel. Min. Marco Aurélio);

g) *os limites máximos de remuneração são aplicáveis também às empresas públicas e sociedades de economia mista* (STF, ADIn 787/PR, rel. Min. Octávio Gallotti; ADIMC 906/PR, rel. Min. Carlos Velloso);

h) a violação do princípio da equivalência, por eventual diferença entre a remuneração dos Ministros de Estado e Ministros do Supremo, não permite que servidor do Poder Executivo obedeça apenas ao limite eventualmente maior dos Ministros do Supremo; esta situação configura *inconstitucionalidade por omissão* relativa, que não admite suprimento judicial (STF, ADIn 539, 16.9.1991, rel. Min. Sepúlveda Pertence, *Lex* 175/90; STF, Tribunal Pleno, RE 228080/SC, rel. Min. Sepúlveda Pertence, s/d); em sentido contrário, admitiu-se a distinção entre *teto real* e *teto formal*, para o fim de reconhecer aplicação de teto em valor superior decorrente da aplicação do princípio da equivalência dos tetos (STF, AGREG 189110, rel. Min. Marco Aurélio, *DJ* 28.11.1997, p. 62.224, ement. v. 01893-03, p. 643);

i) *as vantagens pessoais devem ser excluídas do limite máximo de remuneração* (STF, RE 185.842/PE, rel. p/ acórdão Maurício Correa, j. 6.11.1996, *DJ* 2.5.1997, p. 16.568; 2ª T., RE-S 61263/CE, rel. Min. Maurício Correa, j. 11.4.1995, *DJ* 19.5.1995, p. 14.002; RE 141788, RMS 21.841, RMS 21.857, RMS 21.943, ADI 1.418, ADI

1443, RE 185.842, ADI 1507, ADI 356/RO, rel. Min. Octávio Gallotti, 25.6.1997, Tribunal Pleno, *DJ* 12.9.1997, p. 43.713);

i.1) são vantagens pessoais:

i.1.1) *adicional por tempo de serviço* (STF, Tribunal Pleno, ADIn 14, rel. Min. Célio Borja, j. 28.9.1989, *DJ* 1.12.1989, p. 17.759, *RTJ* 130/475; STF, Tribunal Pleno, ADIMC 1550/AL, rel. Min. Maurício Correa, j. 16.12.1996, *DJ* 4.4.1997, p. 10.519);

i.1.2) *quintos*, isto é, incorporação de parcela de cargo em comissão exercido (STF, RE 185842/PE, rel. p/ acórdão Maurício Correa, j. 6.11.1996, *DJ* 2.5.1997, p. 16.568);

i.1.3) *estabilidade financeira*, vantagem que garante ao servidor efetivo, depois de determinado tempo de exercício de cargo em comissão ou assemelhado, a continuidade da percepção dos vencimentos dele, ou melhor, da diferença entre estes e o do seu cargo efetivo (STF, ADIn 1.279/MG, rel. Min. Maurício Correa, j. 27.9.1995, *DJ* 15.12.1995; 1ª T., RE 201499, j. 24.4.1998, rel. Min. Sepúlveda Pertence; ADIMC 1264/SC, rel. Min. Sepúlveda Pertence, j. 25.5.1995, *DJ* 30.6.1995, p. 20.408; 1ª T., RE 195886, rel. Min. Ilmar Galvão, j. 2.9.1997; 1ª T., RE 193810, rel. Min Moreira Alves, *Informativos* 66 e 74; 1ª T., RE 218989, j. 9.12.1997, rel. Min Ilmar Galvão; 1ª T., RE 197739/SC, rel. Min. Sepúlveda Pertence);

i.1.4) *adicional na aposentadoria* (art. 174 da Lei n. 1.711);

i.1.5) *gratificações de gabinete e função incorporadas* (ADIMC 1.344/AL, *DJU* 19.4.1996; ADIMC 1.833/PE, j. 27.5.1998, não publicado, v. *Informativo* 112; RE 226.473/SC, j. 13.5.1998, não publicado, v. *Informativo* 110; RMS 21.840/DF, *RTJ* 156/518; RE 220.397/SP, rel. Min. Ilmar Galvão, j. 9.12.1998, *Informativo* 135; RE 220.397/SP, rel. Min. Ilmar Galvão, j. 9.12.1998, *Informativo* 135);

i.1.6.) *gratificação de risco de vida*, correspondente à natureza do trabalho (STF, RE 218.465/PR, rel. Min. Octávio Gallotti, *Informativo* 131);

i.2) não são vantagens pessoais:

i.2.1) *gratificação de produtividade e retribuição adicional variável* (RAV) (STF, Tribunal Pleno, RE 185842/PE, Octávio Gallotti, rel. p/ acórdão Maurício Correa, j. 6.11.1996, *DJ* 2.5.1997, p. 16.568);

i.2.2) *as vantagens de função gratificada, representação de gabinete, cargo em comissão, de função gratificada e de tempo integral* (STF, RE 218.465/PR, rel. Min. Octávio Gallotti, *Informativo* 131), consideradas não pessoais "por serem correspondentes ao exercício do cargo ou função, independentemente de quem seja o titular ou do que anteriormente ele tenha sido" (STF, Tribunal Pleno, ADIMC 1344/ES, rel. Min. Moreira Alves, j. 18.12.1995, *DJ* 19.4.1996, p. 12.212);

i.2.3) *verba de honorários advocatícios* (STF, RE 220.397/SP, rel. Min. Ilmar Galvão, j. 9.12.1998, *Informativo* 135);

i.2.4) *indenizações de habilitação* (STF, Tribunal Pleno, AGRSS 530/CE, rel. Min. Octávio Gallotti, j. 2.8.1993, *DJ* 24.9.1993, p. 19.574, ement. v. 01718-01, p. 1).

Na linha dessas decisões, mas sem critério, várias parcelas remuneratórias foram sendo excluídas também pelo *Legislador*. No âmbito da União, a Lei n. 8.112/1990 excluía seis parcelas remuneratórias da incidência do teto de remuneração; poucos anos depois, a Lei n. 8.448/92 já referia a *quinze* exclusões e a Lei n. 8.852/94 previa nada menos de *dezessete* exclusões, algumas mencionadas em cláusulas abertas, a exemplo da permissão, dada ao Poder Executivo, para reconhecer, no âmbito das empresas públicas e sociedades de economia mista, novas exceções mediante acordo ou negociação coletivas. No Poder Judiciário, a par disso, era usual que as condenações judiciais determinassem que a condenação pecuniária deferida deveria ser considerada "vantagem individual", por haver sido concedida em "termos individuais" sendo excluída das contenções do teto de remuneração. Esse último absurdo não contava com aval do Supremo Tribunal Federal (cf. STF, RE-218465/PR, rel. Min. Octávio Gallotti, j. 23.6.1998, *DJ* 13.11.1998, p. 16, ement. v. 01931-06, p. 1132; AGRSS 733, rel. Min. Octávio Gallotti).

O teto estava desmoralizado. De direito rígido (*hard law*), passara a flexível (*soft law*). Sofrera mutação. Concluída a mutação constitucional, constatava-se que a Constituição fora alterada como norma, independente da alteração de seu texto. De norma limitativa de toda e qualquer parcela de remuneração, "a qualquer título", a lei fundamental, nesta parte, assumira a condição de norma claudicante, porosa, aberta a um sem-número de exceções, sem qualquer eficácia para conter remunerações casuísticas de valor vultoso.

Mas não se pense que a definição do teto constitucional de remuneração assumiu alguma vez qualquer relevância maior sob o ponto de vista fiscal. Os casos de remuneração escandalosa sempre foram isolados. Em geral, os servidores públicos ganham mal e não são afetados por qualquer teto de remuneração. A questão tem contornos unicamente morais e jurídicos. As contas públicas não são reequilibradas com nenhum teto de remuneração. No entanto, a opinião pública exige, cada dia com maior impaciência e inflexibilidade, contenção e comedimento no gasto público.

3. Sistema de estabelecimento de limites máximos de retribuição previstos pela Emenda Constitucional n. 19, de 14 de junho de 1998

A Emenda Constitucional n. 19 procurou oferecer uma resposta a este estado de coisas e, de certo modo, confirmar o que a doutrina especializada afirmava ser a intenção do constituinte de 1988 em torno da fixação dos limites máximos de remuneração: a fixação de limites de remuneração, intransponíveis "a qualquer título". É um dos paradoxos da emenda: ocupou-se em alterar o texto da Constituição para confirmar o escopo de normas da Constituição de 1988.[9]

O texto central é novamente o art. 37, XI, com nova redação:

"Art. 37 (...)

"XI – A remuneração e o subsídio dos ocupantes de cargos, funções e empregos públicos da administração direta, autárquica e fundacional, dos membros de qualquer dos Poderes da União, dos Estados, do Distrito Federal e dos Municípios, dos detentores de

9. O trecho diz respeito ao "primeiro paradoxo" referido na exposição que fiz no Congresso Brasileiro de Direito Administrativo, realizado na cidade de Curitiba, em painel de 9.9.1996, intitulada: "A Reforma Administrativa e seus Três Paradoxos". Tratava-se de uma afirmação provocativa, cujo propósito era claro: romper com a unilateralidade dos discursos a favor e contra a proposta de emenda constitucional. Sempre identifiquei méritos e defeitos graves no texto dos projetos relativos a reforma administrativa em curso no Congresso Nacional e, antes disso, no Poder Executivo. A síntese final de uma proposta de emenda constitucional é sempre uma síntese política. Lamentava, de público, no entanto, que a unilateralidade de posições ocultasse do debate público questões técnicas sérias, como os *limites de atuação dos Relatores dos Projetos de Emenda Constitucional no Congresso Nacional*. Entendia, como ainda entendo, que os relatores excedem em muito os seus limites de atuação, modificando e sugerindo modificações nos projetos de emenda constitucional em curso com grande desenvoltura, sem amparo constitucional. Deveriam comportar-se como simples relatores, consolidando propostas feitas por um terço dos deputados ou senadores, pelo Presidente da República ou pela maioria das Assembléias Legislativas, os únicos agentes legitimados pela Constituição para deflagrarem o processo de emenda constitucional (CF, art. 60). Na verdade, comportam-se como se fossem legitimados a *inovar individualmente* no processo, a qualquer tempo, antes da votação final na comissão competente. Esse fato, desconsiderado ainda hoje, passados tantos anos, importa também numa conseqüência de ordem política: menor transparência nos processos de aprovação de emendas constitucionais e maior insegurança jurídica.

mandato eletivo e dos demais agentes políticos e os proventos, pensões ou outra espécie remuneratória, *percebidos cumulativamente ou não, incluídas as vantagens pessoais ou de qualquer outra natureza*, não poderão exceder o subsídio mensal, em espécie, dos Ministros do Supremo Tribunal Federal."

Para o novo sistema também foi formulada disposição transitória, nos seguintes termos: "Art. 30. Os subsídios, vencimentos, remuneração, proventos de aposentadoria e *pensões* e quaisquer outras espécies remuneratórias adequar-se-ão, a partir da promulgação desta emenda, aos limites decorrentes da Constituição Federal, *não se admitindo a percepção de excesso a qualquer título*".

No novo sistema, é simplificado e enrijecido radicalmente o sistema de fixação de limites de retribuição. É estabelecido um único teto nacional, correspondente ao subsídio dos Ministros do Supremo Tribunal Federal. Prefeitos, Governadores, Ministros de Estado, Deputados e Senadores, o próprio Presidente da República, não poderão *perceber* mais do que for definido como subsídio dos Ministros do Supremo Tribunal Federal. No cálculo do teto serão consideradas as vantagens pessoais e toda e qualquer parcela de remuneração. Além disso, nas hipóteses de acumulação, tanto de provento quanto de remuneração, as parcelas serão somadas e consideradas como um todo unitário para fins de abatimento.

A soma das acumulações constitucionais para fins de abate-teto não tem justificativa que a sustente. Nada representa do ponto de vista fiscal ou moral. No plano jurídico, de revés, provoca perplexidade, pois consta da Constituição Federal norma que autoriza os próprios ministros do Supremo Tribunal Federal a acumulação "remunerada" decorrente do exercício de outra função pública (ensino). Fica-se numa situação antinômica: uma norma autoriza a acumulação remunerada, permitindo aos ministros perceberem do Poder Público valores adicionais ao subsídio devido pelo exercício de seus cargos no Poder Judiciário, mas outra norma, a relativa ao teto, aparentemente impede qualquer percepção de valor adicional. A solução terá de ser jurisprudencial, evitando a antinomia interna na lei fundamental, segundo o princípio da unidade da Constituição, provavelmente pela saída interpretativa de considerar o teto aplicável a todos os agentes públicos, ressalvados os ministros do Supremo Tribunal Federal, por serem os próprios paradigmas nesta matéria. Solução incômoda, autêntica lacuna axiológica, mas aparentemente a única solução do ponto de vista lógico.[10]

No entanto, no novo regime não há mais a possibilidade de fixação de um *subteto fixo*, definido em termos nominais ou mediante a aplicação de percentual redutor. Poderão apenas ser fixados *subtetos móveis*, no âmbito da União, dos Estados, do Distrito Federal e dos Municípios, mediante a definição da relação entre a menor e a maior remuneração dos *servidores públicos*, e apenas para eles, sempre a partir de lei ordinária e *considerada a iniciativa privativa em cada caso*, do Poder Executivo, Legislativo e Judiciário, bem como do Ministério Público,

10. Em sentido contrário, Jesse Torres Pereira Júnior propõe uma "exegese conciliatória" diversa: restringe a proibição da percepção cumulativa ao âmbito de cada carreira, admitindo que quando a acumulação ocorra entre cargos de carreiras distintas podem superar o valor fixado para o teto (*Da Reforma Administrativa Constitucional*, Rio de Janeiro, Renovar, 1999, p. 120). A solução não convence: atenderia as hipóteses de acumulação dos magistrados e membros do Ministério Público, mas não resolveria a questão para os que estão autorizados a acumular (a) dois cargos de professor; (b) dois cargos privativos de médico; (c) dois cargos ou empregos privativos de médico militar que estivessem sendo exercidos na data da promulgação da Constituição; (d) dois cargos ou empregos privativos de profissionais de saúde que estivessem sendo exercidos na data da promulgação da Constituição. Essa solução interpretativa importa também em "lacuna axiológica", pois trata as acumulações de modo desigual, conforme sejam exercidas ou não na mesma carreira.

obedecido o limite máximo constitucional. Este subteto está previsto em outra disposição da emenda, que acrescentou um § 5º ao art. 39 da Constituição Federal, e será analisado em detalhe adiante.

Sobremais, o novo teto é aplicável ordinariamente apenas para a *administração direta, autárquica e fundacional*, somente incidindo sobre as *empresas públicas e sociedades de economia mista*, ou suas subsidiárias, quando estas entidades *recebem recursos da União, dos Estados, do Distrito Federal ou dos Municípios para pagamento de despesas de pessoal ou custeio em geral* (art. 37, § 9º, introduzido pelo art. 3º do Substitutivo).

O fato de atualmente o teto constitucional incluir expressamente as vantagens pessoais e, ademais, as acumulações constitucionais, aparentemente torna o teto absoluto. Na verdade, a resposta é negativa, se se pensa em todas as parcelas percebidas pelos agentes públicos; positiva, se se pensa em termos de parcelas mensais, gerais e permanentes componentes da remuneração dos agentes públicos. Vamos tentar precisar esse ponto.

4. Parcelas excluídas dos limites máximos no novo regime constitucional

A rigidez do novo sistema não pode ser compreendida contra a própria administração pública e contra princípios que remarcam a inteligência do sistema jurídico. Na verdade, as parcelas percebidas pelos servidores públicos que não constituírem remuneração, ou subsídio, mas simples *indenizações* não poderão ser computadas para fins de cálculo do abate-teto.

As indenizações não poderão ser consideradas no limite constitucional de remuneração por razões singelas:

a) em razão do *princípio da igualdade*, pois se despesas adicionais e trabalho adicional não autorizarem ressarcimento ou compensações, haveria desequilíbrio de situações jurídicas (ex. direito de utilização de apartamento funcional e direito a ressarcimento de despesa com moradia se inexiste apartamento funcional disponível; despesas de diária, locomoção etc.);

b) pela razão de que as parcelas indenizatórias não integram, a todo rigor, a remuneração do agente público, constituindo valores *pagos em caráter eventual* (ex. diárias de viagem), não devendo integrar os limites constitucionais de remuneração.

O conceito de indenização não é elástico, vago ou fluido na medida do conceito das famosas "vantagens pessoais".

As indenizações são valores ou vantagens pecuniárias que apresentam as seguintes *características definitórias*:

a) são *eventuais* (não são necessárias, ou inerentes, ao exercício do cargo público, mas decorrentes de fatos ou acontecimentos especiais previstos na norma);

b) são *isoladas*, não se incorporando ou integrando aos vencimentos, subsídios ou proventos para qualquer fim;

c) são *compensatórias*, pois estão sempre relacionadas a acontecimentos, atividades ou despesas extraordinárias feitas pelo servidor ou agente pelo exercício da função;

d) são *referenciadas* a fatos e não à pessoa do servidor.

Exemplos de parcelas indenizatórias:

a) diárias;

b) ajuda de custo de mudança;

c) auxílio moradia, na forma de ressarcimento, quando inexiste apartamento funcional disponível;

d) remuneração do serviço extraordinário, que a própria Constituição obriga que seja superior, no mínimo, em cinqüenta por cento à do normal;

e) "gratificações eleitorais", na verdade, parcelas percebidas em caráter compensatório por agentes em função especial temporária, paralelamente ao exercício de função permanente, sem possibilidade de incorporação ao provento, vencimento ou subsídio.

A exclusão das parcelas indenizatórias da consideração do limite de remuneração não é uma construção artificial. Na verdade, a própria Emenda n. 19 sugere a exclusão quando trata do pagamento da indenização do parlamentar que comparece à sessão legislativa extraordinária. Segundo o art. 57, § 7º, da Constituição, com a redação que lhe deu a emenda:

"Art. 57. (...)

"§ 7º. Na sessão legislativa extraordinária, o Congresso Nacional somente deliberará sobre a matéria para a qual foi convocado, vedado o pagamento de parcela indenizatória em valor superior ao do subsídio mensal."

Ora, se o subsídio é uma espécie de retribuição pecuniária definida em termos tendencialmente completos, pois recusa qualquer outra vantagem, adicional, gratificação ou abono, ressalvadas as vantagens adicionais autorizadas pela própria Constituição (art. 39, § 3º; c/c art. 7º, da CF); se, por essas qualidades de transparência e fixidez, foi eleito para referenciar o teto de retribuição (os subsídios dos Ministros do Supremo); quando a Constituição permite sua acumulação, no período da sessão legislativa extraordinária, com parcela compensatória dessa ocupação adicional ou serviço extraordinário, qualificando expressamente essa parcela como indenização, parece plausível inferir que as indenizações escapam ao conceito constitucional de remuneração e devem ser consideradas vantagens extraordinárias imunes ao teto.

Não fosse assim, o servidor próximo ao teto teria de arcar, por exemplo, com despesas eventuais e extraordinárias de viagem sem ressarcimento do Estado, criando situações de enriquecimento sem causa do erário público completamente sem sentido e manifestamente injustas.

5. *Previsão de limites inferiores ao teto constitucional nacional (subteto)*

A Emenda Constitucional n. 19 retirou do texto constitucional a competência para fixação dos limites nominais máximos de remuneração mediante lei. Mas manteve a previsão de estabelecimento de uma relação entre a menor e maior remuneração, deslocando a matéria para o art. 39, § 5º, com a seguinte redação:

"Art. 39. (...)

"§ 5º. Lei da União, dos Estados, do Distrito Federal e dos Municípios poderá estabelecer a relação entre a maior e a menor remuneração dos servidores públicos, obedecido, em qualquer caso, o disposto no art. 37, XI."

O dispositivo transcrito possui a finalidade do subteto móvel previsto na redação original da Constituição Federal, constante da parte inicial do art. 37, XI. Num e noutro preceito o que se pretende é evitar disparidades excessivas entre a menor e a maior remuneração dos servidores públicos, com o estabelecimento de limites. Estes limites, mínimos e máximos, ficam atrelados, o que termina por atribuir aos valores uma natureza "móvel" (ex. aumento do salário mínimo, aplicável também ao servidor público, aumenta o limite máximo de remuneração). Fixa é apenas a relação entre os limites mínimos e máximos de remuneração, não os valores nominais resultantes.

O texto aprovado deixa claro no art. 39, § 5º, que as leis que estabelecerem a "relação entre a maior e a menor remuneração" devem obedecer, em qualquer caso, o disposto no art. 37, XI (teto). Ora, se a relação entre a menor e a maior remuneração tivesse necessariamente de produzir o mesmo efeito da aplicação do teto previsto no art. 37, XI, a disposição sobre os limites mínimos e máximos seria ociosa, redundante, descritiva e não prescritiva. Não se pode postular, entretanto, que a Constituição estabeleça normas inúteis. A relação entre a menor e a maior remuneração, por isso, pode estabelecer limites máximos inferiores ou iguais ao teto constitucional estabelecido, bastando que a relação definida conduza a este resultado nominal. Mas o *alcance do subteto móvel, no novo sistema, é inferior ao da redação original do art. 37, XI.*

Com a Emenda Constitucional n. 19, o sistema constitucional de fixação do teto passa a ser *analítico*. Na nova redação do art. 37, XI, não se menciona mais "servidores públicos" em sentido genérico, mas a "servidores públicos", "agentes políticos" e "membros de poder", muitas vezes de forma redundante. Não se aponta apenas a existência de limites, mas quais são eles (faz-se a inclusão das vantagens pessoais, das acumulações constitucionais e das parcelas de qualquer natureza). Essa nova postura do legislador não pode ser desconsiderada na interpretação da nova redação do dispositivo sobre fixação da relação entre a menor e a maior remuneração. Nesta regra, de forma intencional ("teoria do silêncio eloqüente"), o legislador não incluiu as acumulações constitucionais nem fez referência às vantagens pessoais, restringindo-se a mencionar apenas os servidores públicos. Na nova regra, portanto, diante do contexto sistemático em que ela se move, *não* estão incluídas as *vantagens pessoais, nem as acumulações, nem mencionados os agentes políticos e membros de poder, mas apenas os servidores públicos*. Tudo isso lhe diminuirá o impacto e a importância.

6. Diferenças e semelhanças entre o novo sistema e o previsto originalmente pela Constituição de 1988

Essas considerações permitem identificar diferenças e semelhanças entre os tetos de remuneração na redação original e na redação da Emenda Constitucional n. 19.

No texto original, existem três limites máximos de remuneração na União, no Distrito Federal e nos Estados e um nos Municípios. No texto reformado, há um único teto constitucional nacional: o valor definido para subsídio dos Ministros do Supremo Tribunal Federal. A redação do texto original permitiu ainda que se falasse em princípio da paridade ou equivalência dos tetos constitucionais, mecanismo de iludir o princípio que exigia aumento por lei específica, o que termina com a nova redação.

No texto original, embora fossem afirmados limites máximos capazes de conter os valores percebidos como remuneração, a qualquer título, deixava-se escapar, por interpretação conjugada do art. 37, XI, com o art. 39, § 1º, as vantagens pessoais (individuais) e as relativas à natureza ou ao local de trabalho. No novo sistema estão incluídas expressamente na consideração do teto de remuneração as vantagens pessoais ou de qualquer outra natureza.

No regime original, a aplicação do teto era feita para cada cargo isolado ou provento, desconsiderando-se eventuais situações de acumulação. No novo texto, as acumulações constitucionais, de qualquer natureza, inclusive de proventos, de pensões e vencimentos, são somadas para se obter um valor total que é contido nos limites do teto.

No texto original, como no texto reformado, são apresentadas disposições transitórias que afastam a invocação de direito adquirido quanto à aplicação do teto constitucional. No texto reformado, passa a constar expressamente também referência às pensões, não mencionadas explicitamente no art. 17 do ADCT, embora considerada implícita pela jurisprudência do Supremo Tribunal Federal.

No texto original, era permitido à lei ordinária, da União, dos Estados, do Distrito Federal e dos Municípios a fixação de subtetos nominais, ou limites inferiores ao teto constitucional máximo de forma abrangente, alcançando todos os agentes públicos (segundo entendimento do Supremo Tribunal Federal). Além disso, era autorizada a fixação de subtetos móveis, mediante a fixação de uma relação a ser respeitada entre a menor e maior remuneração. No novo texto, não é mais permitida a fixação de subteto nominal, o que diminui a flexibilidade do sistema na Federação. Permite-se apenas a fixação de subteto móvel, mas em termos mais limitados, alcançando apenas os servidores públicos e sem a consideração das vantagens pessoais e das acumulações constitucionais.

O novo teto produziu problemas graves, especialmente por contabilizar as acumulações constitucionais. Além de desestímulo profissional para pessoas qualificadas, próximas ao teto, a restrição, se não for objeto de imediata modificação ou temperamento jurisprudencial, importará uma contradição clara entre normas constitucionais. Ademais, criou-se a *extravagância* de uma lei de iniciativa conjunta do Presidente da República, do Presidente do Supremo Tribunal Federal e dos Presidentes da Câmara e do Senado Federal para definição do valor do teto constitucional nacional, correspondente ao subsídio dos Ministros do Supremo Tribunal Federal.

7. A posição do Supremo Tribunal Federal sobre a eficácia das novas disposições constitucionais sobre teto de retribuição

No dia 24 de junho de 1998, o Supremo Tribunal Federal, em sessão administrativa, ao ser indagado pelos presidentes da Câmara dos Deputados e do Senado Federal sobre o maior valor remuneratório dos seus membros, para aplicação do teto constitucional (art. 37, XI), respondeu o seguinte:

"O Supremo Tribunal Federal, reunido em sessão administrativa, deliberou por 7 votos a 4, vencidos os Ministros Sepúlveda Pertence, Carlos Velloso, Marco Aurélio e Ilmar Galvão, que não é auto-aplicável a norma constante do art. 24 da Emenda Constitucional n. 19/98, por entender que essa regra depende, para efeito de sua plena incidência e integral eficácia, da necessária edição de lei, pelo Congresso Nacional, lei essa que deverá resultar de projeto de iniciativa conjunta do Presidente da República, do Presidente da Câmara dos Deputados, do Presidente do Senado Federal e do Presidente do Supremo Tribunal Federal.

"O Supremo Tribunal Federal nessa mesma sessão administrativa, entendeu que, até que se edite a lei definitiva do subsídio mensal a ser pago a Ministro do Supremo Tribunal Federal, prevalecerão os três (3) tetos estabelecidos para os três poderes da República, no art. 37, XI, da Constituição, na redação anterior à que lhe foi dada pela EC n. 19/98, vale dizer: no Poder Executivo da União, o teto corresponderá à remuneração paga a Ministro de Estado; no Poder Legislativo da União, o teto corresponderá à remuneração paga aos membros do Congresso Nacional; e no Poder Judiciário, o teto corresponderá à remuneração paga atualmente a Ministro do Supremo Tribunal Federal".

"O Supremo Tribunal Federal na Sessão administrativa hoje realizada declarou que não dispõe de competência, para, mediante ato declaratório próprio, definir o valor do subsídio mensal. Essa é matéria expressamente sujeita à reserva constitucional de lei em sentido formal."

As razões motivadoras da indagação feita pelos Presidentes da Câmara e do Senado Federal eram conhecidas:

a) incerteza quanto ao valor do novo teto, pois discutia-se se o valor era o fixado para a remuneração dos Ministros do Supremo, incluídas todas as vantagens do cargo (R$ 10.800) ou esse valor deveria ser acrescido da gratificação eleitoral percebida, em caráter temporário, por três ministros do Supremo Tribunal Federal em exercício no Tribunal Superior Eleitoral (totalizando R$ 12.720);

b) incerteza quanto à eficácia imediata do novo valor do teto, tendo em vista as limitações que o novo valor trazia, somando as acumulações constitucionais e os proventos de aposentadoria para fins do abateteto, bem como a exigência de lei formal conjunta para definição dos subsídios dos Ministros do Supremo Tribunal Federal e a ausência de norma transitória específica sobre a matéria.

Sobre esse tópico, no entanto, desde a promulgação da emenda, tenho sustentado entendimento radicalmente distinto do adotado pelo Colendo Supremo Tribunal Federal.

Os argumentos podem ser resumidos nos seguintes:

a) a norma do art. 37, XI, com a redação dada pela Emenda Constitucional n. 19 é *auto-aplicável*, no plano federal, estadual e municipal e no Distrito Federal, porque dotada de suficiente densidade normativa, independentemente da promulgação da lei a que seu texto alude, à semelhança do que entendera o Supremo Tribunal Federal em relação ao art. 37, XI, na redação primitiva da Constituição (STF, Tribunal Pleno, ADIMC 1590/SP, rel. Min. Sepúlveda Pertence, *DJ* 15.8.1997, p. 37.034, j. 19.6.1997);

b) a maior remuneração paga a Ministro do Supremo Tribunal Federal, por ocasião da promulgação da Emenda Constitucional n. 19 deve ser tida como paradigma, para fins de aplicação do novo teto de remuneração;

c) as "gratificações eleitorais" pagas a três ministros do Supremo Tribunal Federal, em caráter temporário, pelo exercício de funções no Tribunal Superior Eleitoral não integram a remuneração do cargo de Ministro do Supremo Tribunal Federal, constituindo vantagem indenizatória pelo exercício concomitante de função diversa, com acréscimo de tarefas, não sendo de incorporar ao subsídio devido pelo cargo efetivo de Ministro do STF, nem ter o seu pagamento suspenso pela definição do referido subsídio ou teto;

d) a consideração das acumulações de vencimentos ou de vencimentos e proventos para fins de abate-teto deve ser objeto de temperamentos interpretativos ou de rápida supressão, por via de emenda constitucional, tendo em vista a necessidade de conferir sentido útil às normas que autorizam a "acumulação remunerada" na Constituição, inclusive para os Ministros do Supremo Tribunal Federal (CF, art. 95, I);

e) viola o princípio da separação dos Poderes, impedindo o exercício de uma das prerrogativas inerentes à autonomia do Poder Judiciário, a exigência de iniciativa conjunta dos Presidentes da República, do Supremo, da Câmara dos Deputados e do Senado Federal para deflagração do processo legislativo de definição dos subsídios devidos aos Ministros do Supremo Tribunal Federal.

O último argumento merece uma consideração isolada, uma vez que tenta explicar porque, passados mais de dois anos da promulgação da Emenda n. 19, não foi dada qualquer aplicação ao teto constitucional e há autêntico impasse na definição do subsídio dos Ministros do Supremo Tribunal Federal.

8. Impasse na definição do teto constitucional

O impasse para a definição do teto não diz respeito ao valor a ser fixado. Esta é apenas a parte visível da discussão. O impasse resulta basicamente da exigência de um concerto absoluto, um entendimento prévio, formal, entre o Presidente da República, o Presidente do Supremo Tribunal Federal, o Presidente da Câmara dos Deputados e do Senado Federal sobre o projeto de lei fixador dos limites. É a exigência da "iniciativa conjunta" para fixação dos subsídios dos ministros do Supremo Tribunal Federal, contemplada no art. 48, inciso XV, da Lei Fundamental, a razão primeira do dissídio na matéria. Trata-se de uma disposição anômala, introduzida na Câmara dos Deputados durante a tramitação da emenda constitucional da reforma administrativa, objeto permanente de questionamento das assessorias técnicas da Câmara, do Senado e do Executivo. Por ela é possível a qualquer das autoridades envolvidas na discussão do tema uma espécie de "recusa prévia", obstaculizadora de qualquer iniciativa das demais autoridades envolvidas. Basta que uma das autoridades recuse a sua assinatura ao projeto de lei e o impasse se afirma. A norma criou um esdrúxulo "veto a projeto de lei". Mais do que isso: retirou do Supremo Tribunal Federal a iniciativa privativa de lei para definição da retribuição dos seus membros, com repercussão direta para o restante da magistratura.

Como é sabido, segundo o art. 96, inciso II, alínea *b*, da Constituição da República, compete privativamente ao Supremo Tribunal Federal, aos Tribunais Superiores e aos Tribunais de Justiça propor ao Poder Legislativo respectivo, a criação e a extinção de cargos e a remuneração dos seus serviços auxiliares e dos juízos que lhes forem vinculados, bem como a fixação do subsídio de seus membros e dos juízes, inclusive dos tribunais inferiores. A norma faz apenas uma ressalva: o disposto no art. 48, XV (a fixação, por iniciativa conjunta, do subsídio dos ministros do STF). Essa ressalva do art. 96 e a iniciativa conjunta prevista no art. 48 devem ser objeto de *expurgo constitucional*, vale dizer, de declaração de inconstitucionalidade, com fundamento no princípio da separação dos Poderes, restabelecendo-se a iniciativa reservada da Suprema Corte na matéria.

É óbvio que qualquer iniciativa do Supremo Tribunal Federal, quanto à definição do subsídio dos ministros da corte, como as demais hipóteses referentes à magistratura, exige votação nas duas casas legislativas e sanção ou veto pelo Poder Executivo. Mas o que resvala para a ilegitimidade constitucional é a exigência de que a própria iniciativa do projeto de lei dependa da concordância plena de todos os presidentes referidos. Como as divergências partidárias entre esses atores políticos são comuns, esse entendimento mútuo prévio e formal, fora do processo de discussão parlamentar, é praticamente inviável. Com a exigência formal, tolhe-se a iniciativa da corte na origem, acanhando desarrazoadamente as garantias da magistratura e violando diretamente a autonomia administrativa do Poder Judiciário. Torna-se letra morta a iniciativa privativa de lei prevista para os demais Tribunais (CF, art. 96, inciso II, alínea *b*), pois ela permanece indiretamente dependente da decisão unipessoal de chefes políticos de outros órgãos constitucionais. Constrangem-se princípios que nem mesmo uma emenda constitucional pode desconsiderar.

Essa compreensão do tema não é nova, nem resulta de uma "hermenêutica de interesse", de uma posição corporativa ou reativa, pois a venho sustentando há mais de dois anos em quase duas dezenas de congressos acadêmicos, e a apresentei, desde 1996, de forma privada, ao próprio relator da proposta de emenda constitucional na Câmara dos Deputados, Dep. Moreira Franco. É triste constatar, porém, que o problema continua praticamente no mesmo estado em que se encontrava anos atrás.

O impasse, no entanto, é artificial, pois foi estimulado por norma inválida, que pode e deve ser removida mediante a plena restauração da ordem constitucional. Basta que as entidades ou as autoridades legitimadas para uma ação direta de inconstitucionalidade provoquem a Suprema Corte a eliminar a exigência de participação dos demais Poderes na iniciativa da lei fixadora do subsídio dos Ministros do Supremo Tribunal Federal. A Corte certamente preservará a autonomia da magistratura, elemento indiscutível e inegociável do Estado de Direito, criando condições para uma discussão mais democrática e serena do tema dentro do Congresso Nacional, segundo a regra da maioria e não segundo uma exigência prévia de unanimidade.[11]

11. Recentemente, a tese que sustentamos foi adotada pelo Partido Social Liberal-PSL, que apresentou ação direta de inconstitucionalidade perante o Supremo Tribunal Federal sobre este específico ponto da Emenda Constitucional n. 19. Trata-se da Ação Direta de Inconstitucionalidade (Medida Liminar) 2.159-1, a ser relatada pelo Min. Néri da Silveira. Não houve ainda pronunciamento sobre o pedido de medida liminar ou o julgamento do mérito da ação.

9. Impropriedade da fixação de tetos constitucionais estaduais

A demora na definição de teto de remuneração previsto na Emenda Constitucional n. 19 tem ensejado algumas *aventuras constitucionais* no plano estadual.

No Estado da Bahia, a título de adaptar a Constituição do Estado às normas constantes da Emenda Constitucional n. 19, foi aprovada a Emenda Constitucional n. 7, publicada no *Diário do Legislativo* de 18.1.1999, contemplando norma específica sobre a fixação de limites de remuneração no plano estadual. Reza o dispositivo:

"Art. 34. (...)

"§ 5º. A remuneração e o subsídio dos ocupantes de cargos, funções e empregos públicos da administração direta, autárquica e fundacional, dos membros de qualquer dos Poderes do Estado e dos Municípios, dos detentores de mandato eletivo e dos demais agentes políticos e os proventos, pensões ou outra espécie remuneratória, percebidos cumulativamente ou não incluídas as vantagens pessoais ou de qualquer outra natureza, não poderão exceder o subsídio mensal, em espécie, dos Desembargadores."

O dispositivo transcrito, constante da emenda estadual, parece confundir o velho e o novo sistema de imposição de limites à remuneração dos agentes públicos.

No antigo sistema, ainda ultra-ativo pela negativa dada no Supremo Tribunal Federal à auto-aplicabilidade das novas normas constitucionais (cf. ADInMC 1.898/DF, rel. Min. Octávio Gallotti, j. 21.10.1998), haviam tetos estaduais e um teto municipal, além dos limites previstos para a União. Entre os tetos estaduais, a retribuição dos desembargadores servia de limite apenas para os membros e servidores do Poder Judiciário. No entanto, os vencimentos dos desembargadores, mesmo no âmbito do Poder Judiciário, não limitava as vantagens pessoais nem considerava as acumulações constitucionais, segundo a jurisprudência firme do Supremo Tribunal Federal.

No atual sistema, pela nova redação do art. 37, XI, há apenas um teto nacional, o equivalente ao subsídio fixado para os Ministros do Supremo Tribunal Federal. A regra do atual art. 37, XI, ao contrário do que ocorria na redação original da lei fundamental, não menciona outros paradigmas para os Estados e Municípios. Muito menos a unificação do teto dos três poderes do Estado em um único referencial.

Não se trata de uma omissão. Na verdade, ao romper com o sistema anterior, que contemplava tetos diversos no interior da Federação, unificando o teto constitucional num paradigma nacional, a Emenda Constitucional n. 19 derrogou o sistema anterior e contrastará imediatamente com qualquer tentativa de ressuscitá-lo.

A unificação do teto é medida extrema, polêmica mesmo no plano da reforma constitucional federal, na medida em que coloca o Poder Legislativo e o Poder Executivo na dependência da iniciativa do Poder Judiciário para a definição do valor do teto de remuneração dos seus respectivos servidores. No plano estadual esta regra não encontra paralelo e nem parece possível introduzi-la mediante emenda à Constituição Estadual.

Não se entende, portanto, como pretendeu a Emenda Constitucional Estadual n. 7 mesclar um sistema com o outro. Por um lado, conter expressamente no limite que estabelece os valores relativos a vantagens pessoais e acumulações constitucionais. Por outro, referir ao valor dos subsídios dos Desembargadores, e não dos Ministros do STF, como teto para o plano estadual.

Não se diga que se trata de subteto estadual. Mais precisamente, um subteto nominal constitucional estadual. Não teria qualquer sentido. Primeiro, porque não mais existe na Constituição Federal autorização para edição de subtetos nominais pela União, os Estados, o Distrito Federal e os Municípios. Segundo, porque quando esta autorização existia ela referia ao veículo da lei, flexível, mutável, e não ao texto constitucional estadual. Terceiro, porque a previsão hoje existente para fixação de uma relação entre a maior e a menor remuneração exige lei especial, de iniciativa de cada um dos Poderes e do Ministério Público, não podendo esta iniciativa ser suprimida por emenda constitucional. Quarto, porque a previsão de fixação facultativa de subteto móvel, diferenciado em cada um dos Poderes e no Ministério Público, não autoriza a inclusão no seu cálculo das vantagens pessoais e das acumulações constitucionais, até pelo caráter diferenciado dentro e fora do Estado para os valores dos subtetos móveis. O equívoco não deve ser seguido.

10. Alteração do novo teto constitucional

O teto constitucional estabelecido pela Emenda Constitucional n. 19 corre o risco de ser revogado sem nunca ter sido implementado. Resultante de um complexo processo de negociação política, impulsionado pela opinião pública e por interesses políticos contraditórios, mostrou-se irrealista e demagógico, pouco flexível e de difícil operacionalização. Não são vícios desprezíveis e, o mais espantoso, não constavam da proposta original de emenda constitucional da reforma administrativa: foram adquiridos sobretudo pela iniciativa individual do Relator da Proposta de Emenda Constitucional da Reforma Administrativa na Câmara dos Deputados, personagem sem legitimação constitucional para iniciativas individuais em propostas de emenda constitucional (CF, art. 60).

Seja como for, as mudanças não tardaram: a Emenda Constitucional n. 25, de 14.2.2000, estabeleceu nova sistemática de subtetos para os Vereadores Municipais, *graduando o limite máximo de remuneração desses agentes ao número de habitantes do Município*. A referida emenda, ainda, retornou à sistemática de exigir que o subsídio dos Vereadores seja fixado pela Câmara Municipal em cada legislatura para vigorar na subseqüente, medida restauradora que somente merece elogios. A Emenda 25 entrará em vigor em 1º de janeiro de 2001.

Nada obstante, as atenções se concentram hoje na Proposta de Emenda Constitucional n. 137-A, de 1999, em curso no Congresso Nacional. Essa Proposta de Emenda, cuidando de modo praticamente exclusivo da revisão do sistema de fixação do teto constitucional de remuneração, altera e complementa a Emenda Constitucional n. 19, corrigindo vários dos desvios apontados. Corre o risco, porém, de também fracassar, por não reunir o consenso político necessário para a sua aprovação.

No substitutivo aprovado do Relator, Deputado Vicente Arruda, constam propostas de modificação relevantes:

a) fixa-se subteto aplicável a toda remuneração, subsídio, provento e pensão devida por Estados, Distrito Federal e Municípios equivalente ao subsídio do Governador do Estado, ressalvado o disposto nos arts. 27, § 2º, 29, VI e 93, V, esvaziando parcialmente a importância do teto nacional vinculado ao valor do subsídio dos Ministros do Supremo Tribunal Federal;

b) autoriza-se a fixação de subtetos por lei, observada a iniciativa dos Poderes e do Ministério Público, incluindo todas as vantagens pessoais ou de qualquer outra natureza;

c) exclui do conceito de remuneração, para os fins do abate-teto, as verbas inerentes ao exercício do mandato eletivo e eventual gratificação percebida por magistrado e membro do Ministério Público pela atuação na Justiça Eleitoral;

d) estabelece como valor de incidência imediata para fins de aplicação da norma de teto o correspondente à maior remuneração percebida por Ministro do Supremo Tribunal Federal, incluídas todas as vantagens pessoais e funcionais, desde logo arbitrando o valor em termos certos (R$ 11.500);

e) recusa a soma do valor dos proventos, pensões e demais benefícios previdenciários com o valor da remuneração ou subsídio, dos servidores ativos, quando a acumulação for autorizada pela Constituição e for exercida à data da promulgação da Emenda;

f) fixa escalonamento, ou subtetos específicos, para a estrutura do Poder Judiciário, definindo que os Ministros dos Tribunais Superiores perceberão noventa e cinco por cento do subsídio mensal dos Ministros do Supremo Tribunal, observando-se os mesmos limites percentuais nos demais escalões do Poder Judiciário.

O Substitutivo foi aprovado em 5.4.2000 e em 14.6.2000 foi encerrada a discussão dos destaques. A matéria irá a Plenário da Câmara dos Deputados para a votação em primeiro turno. Dois destaques aprovados, no entanto, retiraram do texto elementos importantes, que podem comprometer a sua aprovação em plenário: o primeiro, da bancada do PTB, excluiu referência às vantagens pessoais ou de qualquer outra natureza pelo subteto a ser definido por lei dos Estados, do Distrito Federal e dos Municípios; o segundo, da bancada do PSDB, retirou do texto norma que excluía dos efeitos da definição do novo valor de subsídio dos Ministros do Supremo Tribunal os juízes classistas de primeira instância, ativos ou inativos, bem como os seus pensionistas.

A discussão dessas propostas, difícil e demorada, demonstra bem a distância existente entre a racionalidade dos juristas e a necessidade de negociação pragmática que cerca todos os projetos de emenda constitucional sobre o assunto. Há consenso de que a mais precisa definição dos limites de remuneração no setor público constitui um imperativo ético, sem o qual é impossível conter hipóteses de apropriação da coisa pública por grupos restritos de agentes, especialmente nos estratos mais elevados do Estado. Mas esse consenso, infelizmente, não tem se mostrado suficiente para assegurar a efetividade das normas dedicadas ao tema. O teto constitucional de remuneração permanece incerto e sua definição prática continua sujeita a constantes mutações (por ação ou por omissão) e emendas constitucionais. Trata-se de tema ainda em aberto, cuja crônica instrui e incomoda, sem que se possa antecipar qualquer desfecho ou solução de consenso em curto prazo (Salvador, 4.8.2000).

LIBERDADE, AUTOPROPRIEDADE, E A DIÁSPORA FILOSÓFICA DO LIBERTARIANISMO*

JUSTIN WEINBERG

Professor de Filosofia na Georgetown University, Washington

Resumo: em *Autopropriedade, liberdade e igualdade*, G. A. Cohen sustenta que o libertarianismo não se baseia no respeito pela liberdade, e também não pode estar fundamentado na autopropriedade, ou propriedade de si mesmo (*self-ownership*). Os argumentos de Cohen, em sua maior parte, são irrespondíveis. Isso deixa aos filósofos libertarianos as opções ou de deslocar-se para a esquerda — por exemplo, na direção de Philippe Van Parijs no seu *Liberdade real para todos* — ou assumindo alguma forma de conseqüencialismo. De qualquer modo, o resultado é o abandono da filosofia política caracteristicamente libertariana.

Ao ser publicado em 1974, o livro *Anarquia, Estado e Utopia*, de Robert Nozick, foi aclamado como uma brilhante crítica libertariana ao tipo de liberalismo proposto por John Rawls em sua *Teoria da Justiça*. Contudo, em *Political liberalism*, uma continuação da *Teoria da Justiça*, em que Rawls responde aos seus críticos, o nome de Nozick não aparece sequer no índice, e concedem-se apenas sete páginas de atenção ao libertarianismo.[1] Na verdade, o próprio Nozick parece haver renunciado ao seu libertarianismo (Nozick 1989, 286-87; 1997, 1-2). Isso significa que os filósofos da política deixaram de levar a sério o libertarianismo? Que ele já foi esquecido?

Bem, há boas e más notícias para o libertarianismo.

As boas são no sentido de que ele não foi esquecido. Em *Self-Ownership, Freedom, and Equality* (Cambridge, Cambridge University Press, 1995), o filósofo de Oxford G. A. Cohen apresenta os resultados de mais de duas décadas de elaboração sobre o libertarianismo de Nozick, seus conceitos nucleares de liberdade e autopropriedade (*self-ownership*), e os desafios que coloca para outras teorias políticas, especialmente ao marxismo. O livro consiste na versão revista de sete artigos publicados anteriormente por Cohen, mais quatro capítulos recentemente escritos e uma introdução que descreve a trajetória intelectual de Cohen e indica porque veio a tomar o libertarianismo tão a sério. Ele é densamente fundamenta-

* Este artigo foi publicado em *Critical Review II*, n. 3 (verão de 1997). A tradução é de Sérgio Sérvulo da Cunha.

1. Nozick é mencionado em nota de rodapé na p. 263. O libertarianismo é abordado nas pp. 262-69, principalmente por contraste com a concepção de Rawls de que o objeto próprio dos princípios de justiça é a estrutura básica da sociedade.

do e em sua maior parte bem convincente. E isso nos traz às más notícias.

Elas são as seguintes: Cohen mostra que o libertarianismo não pode ser defendido ao modo como pretendem muitos dos seus filósofos. A menos que Cohen possa ser refutado, esses filósofos — que gostam de dizer-se "politicamente descomprometidos" (*politically homeless*) — poderiam da mesma forma considerar-se filosoficamente descomprometidos (*philosophically homeless*).

Embora o livro de Cohen também discuta teses marxistas (principalmente nos capítulos de 5 a 8), eu me deterei nos problemas que suscita para o libertarianismo. Tratarei, na seqüência, de duas teses de Cohen: que o libertarianismo não é de modo algum *a* filosofia da liberdade, e que ele não pode ser construído sobre o conceito de autopropriedade.[2] Embora seus argumentos contenham imperfeições, elas são secundárias e não ensejam um revide do libertarianismo. Na verdade, decorrem do que pode ser interpretado como uma análise demasiadamente simpática sobre determinados conceitos-chave do libertarianismo.[3] Assim, os argumentos de Cohen são válidos. Isso deixa ao filósofo do libertarianismo a escolha entre estas opções: desistir dele (isto é, de suas *formulações* e de sua *política*, *e.g.* o *laissez-faire* e o governo mínimo), apegando-se à crença no valor da liberdade e/ou da autopropriedade; ou aferrar-se ao libertarianismo e desistir dos argumentos filosóficos que levam a ele (*e.g.* que ele é exigido pelo respeito à autopropriedade). E naturalmente há uma terceira opção: abandonar o libertarianismo *e* os argumentos que levam a ele. Na última parte deste artigo eu abordo essas opções.

2. Esses não são os únicos argumentos de Cohen, nem os únicos interessantes que apresenta.

3. Brian Barry considera essa característica como essencialmente definidora e arrasadora do livro de Cohen (i.e., que Cohen não leva a sério o conceito de "autopropriedade"). V. Barry 1996. Para a réplica de Coben, v. Cohen 1996.

Libertarianismo e liberdade

No capítulo 1 e na primeira seção do capítulo 2 de seu livro, Cohen examina o argumento de Nozick de que "tudo que decorre de uma situação justa através de etapas justas (*just steps*) é justo em si mesmo". Em abono desse argumento Nozick nos oferece o agora famoso exemplo de Wilt Chamberlain. Imagine um cenário, Dl, em que cada um tem o que você pensa corresponder a uma divisão justa dos recursos sociais — isto é, uma porção igual — e em que cada um escolhe livremente dar uma pequena parte de seus haveres (25%) a Chamberlain, para vê-lo jogar basquete. O resultado é D2, em que Chamberlain tem um patrimônio muito maior do que qualquer um. Como adepto do princípio distributivo correspondente a Dl, com base no que você poderia reclamar? Nozick pergunta: "se D1 era uma distribuição justa e as pessoas voluntariamente deslocaram-se para D2, transferindo parte de seus haveres (...) D2 não é também justo?" (ibid., p. 161). Nozick, obviamente, quer que respondamos "sim". Cohen responde negativamente a essa pergunta, mas não é isso que eu quero registrar aqui.[4] O que pretendo examinar é que Nozick entende como "etapas justas" (*just steps*), que transformam Dl em D2, medidas que consistem em ação "voluntária" ou "livre" (Como veremos adiante nesta mesma seção, isso é problematicamente ambíguo). Desde que

4. Cohen aponta principalmente no capítulo 1 de seu livro os defeitos do exemplo de Wilt Chamberlain, e a tese geral que ele pretende fundamentar. Entre esses defeitos está uma petição de princípio. Nozick pergunta, "Se as pessoas fossem autorizadas a dispor dos recursos com relação aos quais foram legitimadas (conforme D1), isso não incluiria serem autorizadas a dá-los ou a trocá-los com Wilt Chamberlain?" (Nozick, 1974, p. 161). Cohen mostra (28) que a questão é exatamente se (e até que ponto) as pessoas foram autorizadas a dispor de seus recursos, portanto é ilegítimo assumir, como faz Nozick, que sejam ilimitados e absolutos os direitos sobre esses recursos.

apenas os libertarianos sustentam ser justo em si mesmo tudo que decorre (D2) de uma situação justa (Dl) mediante atos livremente escolhidos, somente o libertarianismo, dizem, respeita a liberdade. Ele respeita a liberdade de um modo como, por exemplo, o igualitarismo não o faz, por conter um princípio padronizado de distribuição segundo o qual os haveres de cada um devem ser rigorosamente iguais; uma teoria igualitária nega ser justo D2, que não corresponde ao padrão igualitário de distribuição. Como a liberdade transtorna os padrões, somente de uma teoria não-padronizada, segundo a visão de Nozick, pode-se dizer que realmente respeita a liberdade (ibid., pp. 153-64).[5]

Naturalmente, esse é apenas um dos modos bem conhecidos segundo os quais os libertarianos afirmam ter uma relação especial com a liberdade. À parte as concepções de vários pensadores liberais clássicos, o próprio nome "libertarianismo" sugere que ele seja a teoria da liberdade. Um dicionário de filosofia vai ao ponto de definir libertarianismo como uma concepção política e econômica "oposta a qualquer constrição social e legal sobre a liberdade individual" (Flew 1984, p. 203). A questão levantada por Cohen é se essa reputação é justificada, e sua resposta é negativa.

Qualquer solução para esse problema precisa explicar o que significa "liberdade". Num artigo que põe o pano de fundo para o segundo capítulo do seu livro, Cohen aceita a seguinte caracterização de liberdade: "Fazer aquilo que queremos, sem a interferência de outrem".[6] E acrescenta: "Isso não é posto como uma definição estrita, portanto não precisamos reclamar de sua rusticidade. Podemos sem dúvida aceitar melhor isso: quando um homem não pode fazer aquilo que deseja porque outros interferem, ele não é livre" (Cohen, 1979, II). Baseados nesse entendimento incontroverso de liberdade, que podemos chamar a concepção *ordinária* de liberdade, Cohen assinala a "verdade banal" de que "se o Estado me impede de fazer algo que eu quero fazer, está restringindo minha liberdade" (p. 55).

As implicações dessa verdade banal, entretanto, formam a base de uma séria crítica ao libertarianismo, como Cohen claramente deduz no seguinte exemplo: "Suponhamos, então, que eu preciso praticar uma ação que envolve o uso legalmente proibido da propriedade alheia. Eu quero, digamos, pôr uma tenda no seu enorme quintal, talvez somente para aborrecê-lo, ou talvez pela razão mais substancial de que não tenho onde morar, mas tenho essa tenda, legitimamente ou não. Se quero agora fazer isso, as chances são de que o Estado interfira a seu favor. Se isso acontecer, estarei sofrendo uma restrição à minha liberdade" (pp. 55-56).

Como a instituição da propriedade privada legitima a interferência do Estado nas ações de quem deseja ocupar ou usar propriedade alheia, ela representa restrição à liberdade. Os libertarianos, para quem sua teoria baseia-se na liberdade, apóiam o *laissez-faire* mercadológico, em que tudo (ou quase tudo) é propriedade privada. Logo, apesar de suas afirmações em contrário, apóiam uma enorme constrição à liberdade. "Segue-se que os libertarianos não podem queixar-se de que uma ordem socialista (por exemplo) restringe a liberdade, *por contraste* com a ordem que eles próprios sustentam" (p. 56). Daí resulta que, afinal de contas, a relação dos libertarianos com a liberdade não é tão exclusiva.

O que leva os libertarianos a pensar que é? Para Cohen, eles são vítimas de "uma irrefletida associação de idéias" (Cohen,

5. Nozick admite que alguns requisitos distributivos levemente padronizados não sejam subvertidos pela livre atividade. Escreve: "Quanto mais fraca a padronização, é mais provável que o próprio sistema de legitimação (sua versão do libertarianismo) a satisfaz; uma conjetura plausível é que qualquer padronização ou é instável (reversível pela livre atividade) ou satisfeita pelo sistema de legitimação" (Nozick 1974, p. 164). Mas neste ponto isso não é relevante.

6. A caracterização citada por Cohen é de Jan Narveson.

1979, II). Confundindo liberdade com propriedade privada, ficam cegos para o fato de que a propriedade privada limita a liberdade, e de que as economias *lesseferianas* são "estruturas complexas de liberdade e falta de liberdade" (ibid., p. 12). A penalidade pela violação dos direitos da propriedade capitalista é tão coercitiva quanto a tributação e regulação que os libertarianos julgam odiosas. Assim, ao defender o capitalismo, os "libertarianos" alinham-se com a liberdade tanto quanto os "estatistas", ao propor um conjunto diferente de leis coercitivas (cf. Samuels 1993, pp. 452 ss.).

Neste ponto, os libertarianos provavelmente objetarão à definição de liberdade que adotamos acima. Liberdade, eles poderiam dizer, não é simplesmente fazer o que eu quero, sem interferência de outros — o que sem dúvida é contrariado pelas leis protetivas da propriedade privada. Minha liberdade é restringida apenas quando os outros me impedem de fazer ou de tentar fazer algo que eu tenho o *direito* de fazer. Isso é o que Cohen chama "definição jurídica da liberdade" (*rights definition of freedom*).[7] Entretanto, somente essa correção não consegue o que os libertarianos pretendem (isto é, uma concepção de liberdade que não seja restringida pela propriedade privada), enquanto ficar inespecificado aquilo que, na realidade, eu tenho ou não o direito de fazer. Além da definição jurídica da liberdade, os libertarianos reivindicam direitos absolutos (*inviolate rights*), ou quase absolutos, à propriedade privada. "Se agora combinarmos essa definição jurídica da liberdade (...) com uma pretensão de que, em casos que não fogem à regra, as pessoas têm um direito moral à propriedade que legalmente lhes pertence, então alcançaremos o resultado de que a proteção da (legítima) propriedade privada não contém restrição à liberdade de ninguém" (p. 59). Esse é o resultado pretendido pelos libertarianos, mas, segundo Cohen, inatingido pela definição jurídica da liberdade. Podemos especificar três diferentes argumentos que ele apresenta em contrário: *a réplica da linguagem comum, a réplica do dilema da circularidade e a réplica da liberdade.*

A réplica da linguagem comum (*the ordinary-language reply*) é que a definição jurídica da liberdade é incorreta porque não é assim que essa palavra costuma ser usada. Se eu faço de você uma pessoa não-livre, o que está em jogo não é o tipo de comportamento (*e.g.* justo ou injusto) que eu limito. Minhas ações fazem-no não-livre se o colocam em uma determinada condição. E é perfeitamente inteligível que eu posso fazê-lo *não-livre* quando o proíbo de fazer alguma coisa que você não tem o direito de fazer, ou quando o penalizo por havê-la feito. Tal como Cohen escreve: "Um assassino torna-se não-livre quando é regularmente condenado e justamente encarcerado" (p. 60).

Alguém poderia objetar que Cohen apóia-se em alguma forma de essencialismo lingüístico. Devemos notar, porém, que a réplica de Cohen não depende da noção de que as palavras tenham essências significantes, ou mesmo que o termo "liberdade" seja unívoco. Ele está apenas mostrando que há uma prática estabelecida quanto ao emprego das palavras "livre" e "não-livre". Se os libertarianos quiserem desenvolver um argumento contra o uso convencional de "liberdade", eles são livres para fazê-lo; mas é difícil pensar no que poderia ser uma boa razão para mudar-se a definição de uma palavra. A única razão que eu enxergo, nesse caso, é ruim: que precisamos rejeitar o uso convencional de "liberdade" porque a verdade do libertarianismo como teoria normativa exige essa mudança. Essa é uma razão ruim porque convence apenas aqueles que já acreditam no libertarianismo como uma verdade, e é isso exatamente o que estamos tentando esclarecer.

Se fosse o caso (penso que não) de ser equivocada a réplica de Cohen fundada no uso comum da linguagem, seria bom para

7. Em trabalhos anteriores, Cohen chama-a de "definição moralizada de liberdade".

os libertarianos apresentar algum substitutivo às palavras "*livre*", "*não-livre*" e seus cognatos, para as ocasiões em que alguém é proibido de fazer aquilo que não tem o direito de fazer (ou seja, o que — se não a "liberdade" — é restringido quando, por exemplo, uma pessoa é impedida de atravessar um terreno que não lhe pertence?). Os libertarianos poderiam objetar a essa solicitação dizendo não haver problema em que "liberdade" (definida juridicamente) e "liberdade" (segundo o uso ordinário) sejam homônimos. Mas, como veremos, aqui é grande o risco de confusão conceptual, e os libertarianos fariam um grande bem à filosofia política ao providenciar o solicitado neologismo.

A confusão conceptual acima referida introduz a segunda resposta de Cohen à definição jurídica de liberdade, a réplica do dilema da circularidade. Suponhamos que a definição jurídica de liberdade seja correta. Tem-se então um cenário que ilustra a denúncia de circularidade, feita por Cohen. Os libertarianos dirão que Allison tem o *direito* de não ser incomodada por qualquer interferência na sua propriedade privada, como, por exemplo, seu esbulho por parte do sem-terra Ben. Que Allison tem direito significa que seria errado, para Ben, esbulhar a propriedade de Allison. Seria errado, diriam os libertarianos, porque seria uma violação da sua *liberdade*. Contudo, estando os libertarianos comprometidos com a definição jurídica de liberdade, precisam dizer que o esbulho praticado por Ben seria uma violação à liberdade de Allison somente se ela tivesse um *direito* exclusivo à propriedade que Ben esbulhou. Logo, sendo a definição jurídica ligada a uma certa dose de direitos morais de Allison, não sabemos se Ben está realmente violando sua liberdade. Poderíamos perguntar: "Allison tem esses direitos?" ou "Que direitos Allison tem?" Então, seria possível apenas repetir a primeira sentença descritiva do cenário, a linha que tentamos explicar (ou um sinônimo): "Os libertarianos diriam que Allison tem o direito de não ser incomodada por qualquer interferência na sua propriedade privada, como, por exemplo, seu esbulho por parte do sem-terra Ben". Se perguntarmos "Por quê?", temos a terceira frase do cenário: "Seria errado para Ben esbulhar a propriedade de Allison, diriam os libertarianos, porque seria uma violação da sua *liberdade*" etc. Portanto, se persistimos com a definição jurídica de liberdade, terminamos num argumento circular em que os direitos são definidos em termos de liberdade, que é definida em termos de direitos, que são então definidos em termos de liberdade, e assim por diante, sem perspectiva de qualquer justificação dessa liberdade ou desses direitos particulares.[8]

Existe, para os libertarianos, algum jeito de escapar desse círculo? Existe, mas apenas abandonando a definição jurídica de liberdade. Usando a definição ordinária de liberdade seria fácil explicar porque o esbulho de sua propriedade, por parte de Ben, seria uma violação à liberdade de Allison: esta não poderia fazer mais o que desejasse com relação à propriedade esbulhada, e, destarte, seria menos livre. Entretanto, se retornarem à definição comum de liberdade, os libertarianos precisam admitir que proibir Ben de esbulhar a propriedade de Allison é uma violação à liberdade desta, de fazer o que queira com sua propriedade; e isso seria admitir o que os libertarianos querem negar: que a proteção à propriedade privada restringe a liberdade das pessoas.

Assim, os libertarianos defrontam-se com um dilema: uma definição de liberdade leva à circularidade, a outra contraria o libertarianismo. Mas esse dilema é raramen-

8. Se a natureza circular do cenário apresentado nesse parágrafo não se evidenciar à primeira leitura, note que cada palavra em itálico (exceto a primeira) é a "explicação" para a anterior em itálico. Note ainda que a palavra anterior em itálico tem o mesmo referente (*e.g.*, todas as ocorrências de "direito" e "direitos" referem-se ao mesmo estágio da explicação que a palavra *direito* imediatamente anterior).

te enfrentado devido à falha em esclarecer o que significa "liberdade". Daí que "os libertarianos tendem a usar a definição jurídica de liberdade e, ao mesmo tempo, a sustentar que a interferência na propriedade privada diminui a liberdade do proprietário. Mas a segunda afirmação só se justifica na acepção (comum) de liberdade conforme a qual, porém, é óbvio que a proteção à propriedade diminui a liberdade dos *não-proprietários*, conseqüência que tentaram afastar quando adotaram a definição jurídica de propriedade. E assim eles vão de um para outro lado, entre definições inconsistentes de liberdade, não porque não possam ajustar suas concepções à que seja de sua preferência, mas sob o impulso de seu desejo de manter uma posição que na verdade é insustentável" (p. 60).

Na próxima seção veremos se "autopropriedade", ou propriedade de si mesmo (*selfownership*) fornece uma fundamentação mais estável para o libertarianismo do que liberdade. Antes disso, porém, precisamos examinar a réplica da liberdade (*liberty reply*) que Cohen apresenta à definição jurídica de liberdade.

Se aceitassem que a definição jurídica de *freedom* não condiz com o uso comum da linguagem, os libertarianos poderiam pôr em seu lugar uma definição jurídica de *liberty*. Cohen observa: "alguém poderia dizer que embora uma lei contra o estupro possa restringir a *liberdade* (*freedom*) do estuprador, não restringe a sua *liberdade* (*liberty*), visto inexistir liberdade (*liberty*) de estuprar" (p. 61).[9] Entretanto, como também observa Cohen, esse desvio terminológico não consegue evitar a acusação de circularidade. Retornando ao meu exemplo de Allison e Ben, poderíamos agora perguntar: "O esbulho, por parte de Ben, da propriedade de Allison, violaria sua liberdade (*liberty*)?" Isso depende de saber se Allison tem a liberdade (*liberty*) de usar sua propriedade sem interferência de outrem, o que é o mesmo que perguntar se ela tem o *direito* de fazê-lo. De novo abre-se aquele cenário, com os libertarianos afirmando que ela *tem* o direito de fazê-lo. Por quê? Porque de outro modo sua *liberty* (antes *freedom*) é violada. Mas isso é exatamente o que estamos querendo resolver! Os libertarianos estão de novo atolados em um círculo. Pondo o problema em termos gerais, *liberty*, quando não é idêntica a *freedom*, é *freedom* temperada com justiça (ou direito). Mas aí ficamos sem saber o que é *liberty* até que tenhamos uma caracterização da justiça (ou dos direitos das pessoas), e isso é algo que não elaboramos" (p. 62).

Vimos que são insuficientes as tentativas de derivar o libertarianismo de uma relação exclusiva com a liberdade (*freedom*): ou a liberdade (comum) é tanto o domínio do libertarianismo quanto de teorias concorrentes (como o socialismo), ou a definição jurídica de liberdade é incapaz de justificar o libertarianismo de um modo não-circular.[10] Os libertarianos, portanto, precisam

9. Por outro lado, não há problema em dizer "Ben não tem a liberdade de vender a propriedade", já que a propriedade pertence a Allison.

10. Alguns poderiam se queixar de que, com relação ao sentido comum de liberdade, eu deixei de abordar o princípio da "máxima liberdade equivalente". Esse princípio sustenta que cada pessoa deveria ter tanta liberdade quanto seja compatível com a mesma liberdade para todos, e alguns afirmam que o libertarianismo atende a esse princípio. O libertarianismo, entretanto, não atende necessariamente a esse princípio, e, mais importante, não o faz melhor do que as teorias concorrentes. Em primeiro lugar, o libertarianismo (normalmente) nega às pessoas o direito de utilizar a força contra as demais. Mas nada, no princípio da máxima liberdade equivalente proíbe (como pretende o libertarianismo) aquela espécie de ato livre, *e.g.*, a liberdade de socar outras pessoas, porque socar você é compatível com o fato de você me socar, que é compatível com cada pessoa socar a outra. Em segundo lugar, como vimos em nossa discussão sobre a liberdade comum, o libertarianismo não pode pretender que produz mais liberdade do que teorias concorrentes, porque, criando liberdades para uns, elimina a correspondente liberdade para outros. Assim, por exemplo, a minha exclusiva liberdade de usar minha propriedade elimina a liber-

abandonar a crença de que, se precisamos levar a liberdade a sério, precisamos ser comprometidos com a propriedade privada e com o capitalismo *lesseferiano*.

Libertarianismo e autopropriedade

É possível que alguns libertarianos, especialmente de filiação nozickiana, não se impressionem com os argumentos acima. Isso é o que pensa Cohen. Ele acredita que Nozick e os que concordam com ele não baseiam seu libertarianismo exclusivamente na liberdade, mas também, e fundamentalmente, na noção de autopropriedade (*self-ownership*). Nesta seção, veremos se a autopropriedade fundamenta o libertarianismo.

A tese da autopropriedade afirma que "cada pessoa tem moralmente, com relação a si própria, os mesmos direitos que o senhor tem, legalmente falando, sobre o seu escravo, e é moralmente legitimada a dispor de si própria da mesma forma como o senhor é legalmente autorizado a dispor do seu escravo" (p. 68). Para evitar equívocos ontológicos, Cohen esclarece que "a partícula *self* (auto), ao se dizer autopropriedade (*self-ownership*), tem um significado meramente reflexivo. Significa que são os mesmos o sujeito e o objeto da autopropriedade" (p. 69). Pois bem, se uma pessoa se pertence (se é *self-owner*), ela tem sobre si mesma certos direitos, a que pode se reportar, por exemplo, para justificar o tipo de liberdade ou de propriedade que tem. Se isso tudo for verdade, então conseguimos fugir à pseudo-explicação circular que arruinou a definição jurídica de liberdade. Mas ainda sobram duas questões: a) a autopropriedade de fato nos instrui sobre a liberdade ou a propriedade? b) em caso afirmativo, diz-nos algo que um libertariano gostasse de ouvir?

dade de todos os outros de fazê-lo. Para uma discussão crítica mais detalhada do princípio da máxima liberdade equivalente, v. Kymlicka 1990, pp. 137-45.

As respostas de Cohen são, respectivamente, sim e não. Comecemos com a segunda pergunta.

A autopropriedade pode fundamentar o libertarianismo? Nozick certamente acha que sim. Se pertenço a mim mesmo, pertencem-me as partes de mim mesmo, incluindo meus poderes e talentos; e se faço algum trabalho com esses poderes e talentos, segundo Nozick, sou legitimado aos resultados desse trabalho.[11] Negar a alguém o fruto do seu trabalho, segundo Nozick, é negar-lhe a autopropriedade: "Apropriar-se dos resultados do trabalho de outrem equivale a apropriar-se de horas dele, levando-o a executar várias tarefas. Se alguém te força a fazer determinado trabalho ou trabalho não-recompensado, durante um certo período de tempo, ele decide o que você deve fazer, e, independentemente da tua decisão, a que propósito deve servir o teu trabalho. Esse processo pelo qual ele toma de você essa decisão faz dele um co-proprietário de você, dá-lhe um direito de propriedade sobre você" (Nozick 1974, p. 172).

Um modo de divergir de Nozick seria negar que nos pertencemos. Para Cohen, porém, mesmo aceitando como premissa a autopropriedade, podemos negar que ela conduza ao libertarianismo. Com esse objetivo, ele delineia um mundo com apenas duas pessoas: Capaz (*Able*) e Débil (*Infirm*), cujos nomes refletem a extensão da habilidade de cada um para aprovisionar-se. "Com adequados recursos externos, Capaz pode produzir bens de subsistência e poupança, mas Débil não tem qualquer poder produtivo" (p. 94). Embora cada um seja autopertinente, Cohen presume que os dois possuem o mundo em conjunto.[12] Se ambos são ra-

11. Essa afirmação soa como proferida pela boca do proletariado, e isso explica porque um marxista como Cohen acha tão desafiador o libertarianismo de Nozick, baseado na autopropriedade. V. seu capítulo 6.

12. É irrelevante o modo como são impostas as regras da autopropriedade e da co-propriedade.

cionalmente interessados em si mesmos, e mutuamente desinteressados, que esquema de produção e distribuição de recursos irão estabelecer?

Suponhamos que Capaz pode produzir bens suficientes para o sustento dos dois. Débil, então, usaria sua copropriedade sobre todos os recursos para autorizar Capaz a produzir alguma coisa apenas se ele produzir o suficiente para o sustento de ambos. No cenário mas interessante, Capaz pode produzir um excedente além do necessário para que ambos sobrevivam. Capaz e Débil, aqui, irão negociar sobre a produção e distribuição desse excedente. Como antes, se Capaz recusar-se a produzir para Débil, este o proibirá de produzir. Como Cohen ressalta, Capaz "nada lucra com o fato de que seja ele, e não Débil, quem produz. Débil controla uma condição necessária da produção (relaxar seu veto sobre o uso da terra), e Capaz controla duas (relaxar seu veto e usar sua capacidade produtiva), mas isso não lhe dá vantagem na negociação" (p. 96). Cohen desenhou um cenário em que os igualitaristas nada têm a recear das autopropriedades individuais, pois a copropriedade sobre o mundo externo garante ao menos uma tosca igualdade material. Parece, portanto, que a autopropriedade não fundamenta a sociedade capitalista e inegualitária do libertarianismo.

Há uma resposta para esse argumento, ou seja, que a simples idéia da propriedade conjunta sobre o mundo externo violenta a autopropriedade. Na propriedade conjunta, afinal de contas, Capaz nada pode fazer sem a permissão de Débil e vice-versa, mesmo aquilo que não ofenda ninguém. Assim os libertarianos podem perguntar: "O que significa a autopropriedade se eu nada posso fazer sem o consentimento de outrem?" (p. 98). Seguindo essa linha, eles podem objetar que, não obstante Cohen haja estipulado que Capaz é dono de si mesmo, essa autopropriedade é *meramente formal*: sem dúvida, Capaz não é um escravo, mas sua autopropriedade é tão ínfima que nada tem do que nela costuma ser atraente.

Cohen reconhece isso. Mas em resposta traz à tona o tipo "Z" de Nozick, o membro do proletariado que, numa sociedade libertariana, "defronta-se com trabalhar ou morrer de fome" (Nozick 1974, p. 263). Assim como Capaz nada pode fazer sem a concordância de Débil, Z nada pode fazer sem a concordância do capitalista. Como pode-se dizer — Cohen pergunta — que Z é mais autoproprietário do que Capaz? Se os libertarianos opõem-se à copropriedade do mundo, por levar a situações em que a autopropriedade de Capaz é severamente limitada, então deveriam repelir o capitalismo *lesseferiano* porque leva a semelhante limitação da auto-propriedade de Z. Se os libertarianos rejeitam a autopropriedade de Capaz, e por conseqüência a de Z, por ser demasiadamente insubstancial, estão admitindo ser meramente informal a autopropriedade de muitas pessoas na sociedade libertariana. É claro que, antecipando-se ao argumento de Cohen, os libertarianos poderiam trocar as posições, e sustentar que a autopropriedade de Z é a genuína autopropriedade. Mas então "a genuína autopropriedade viabiliza a igualdade de condição (*e.g.*, através da copropriedade do mundo), desde que a autopropriedade de Capaz é no mínimo tão robusta quanto a de Z" (p. 100).[13]

Assim, Cohen de novo arremessa os libertarianos contra os cornos de um dilema: ou a autopropriedade que valorizam é meramente formal, e compatível com uma variedade de teorias igualitárias, ou é uma concepção mais consistente que, se ausente sob o capitalismo, o faz injustificável. Os

Cohen sugere imaginarmos que "uma poderosa e adequada autoridade externa (*e.g.*, Deus) as impõe" (p. 94).

13. Isso faz parte de um argumento negativo contra o libertarianismo, e não pode ser confundido com um argumento positivo em favor do igualitarianismo ou do socialismo. V. Kamolnick 1996, especialmente a nota 26 à p. 90.

libertarianos poderiam pensar em alguma escapatória para eludir o dilema, talvez negar que Capaz e Z ocupem posições semelhantes.[14] Mas ao articular as diferenças entre os predicamentos de Capaz e Z, os libertarianos colidem com o terceiro chifre do que acaba sendo um trilema (uma opção que Cohen não considera). Assim, eles podem assinalar que numa ampla sociedade capitalista contemporânea há mais de um capitalista para o qual alguém como Z pode vender seu trabalho. Tal possibilidade de escolha entrega a Z — ao contrário do que acontece com Capaz — a oportunidade de ter uma palavra sobre o tipo de trabalho que desempenha e para quem, sobre o lugar onde vive, e o tipo de vida que vai levar. Podemos dizer que essa escolha dá a Z alguma "autonomia" (*autonomy*).[15] Mas ao defender a autopropriedade de Z com um apelo à autonomia, o libertariano faz a autonomia fundamental, e produz inadvertidamente uma justificativa para instituições como a tributação redistributiva; porque certamente redistribuindo $10,000 da fortuna de um milionário para o bolso de um sem-teto aumentará a autonomia deste, sem diminuir sequer um pouquinho a do milionário. Ainda assim o libertarianismo rejeita a tributação redistributiva.

Portanto, eis o que podemos chamar de "trilema libertariano da autopropriedade":

Opção 1: O que importa fundamentalmente é a autopropriedade (Capaz e Z assemelham-se em que os dois a têm). Implicação: é aceitável o igualitarismo da propriedade.

Opção 2: O que importa fundamentalmente é a autopropriedade substantiva (Capaz e Z assemelham-se em que nenhum dos dois a tem). Implicação: é inaceitável o capitalismo *lesseferiano*.

Opção 3: O que importa fundamentalmente é algo distinto da autopropriedade, *e.g.*, autonomia (Capaz e Z são dissemelhantes, pois Capaz não a tem e Z a tem). Implicação: é aceitável a tributação redistributiva.

Para os libertarianos, nenhuma dessas opções é palatável. Assim, o libertarianismo não pode ser justificado com base na autopropriedade. Sugeriu-se anteriormente que a autopropriedade poderia resgatar a definição jurídica da liberdade ao vício da circularidade, fornecendo uma fundamentação ao libertarianismo. Isso seria verdadeiro apenas se a autopropriedade justificasse (e, como vimos, não o faz) os tipos de direito — os direitos potencialmente extremamente desiguais da propriedade privada — que os libertarianos defendem.

Autopropriedade: o conceito e a tese

A essa altura os leitores podem estar se perguntando por que Cohen gastou tanto tempo com a autopropriedade. No capítulo 6, ele reproduz seu artigo de 1990, "Marxismo e filosofia política contemporânea, ou por que Nozick dá mais atenção a alguns marxistas do que a liberais igualitarianos". O artigo explica por que, como marxista, Cohen foi obrigado a atracar-se com o argumento de Nozick: porque a autopropriedade está no cerne da crítica marxista ao capitalismo, defendido pelos libertarianos. Tal como os libertarianos, os marxistas acreditam que o trabalhador é senhor de si mesmo por direito, e, por extensão, daquilo que produz (ao contrário daqueles, os marxistas acreditam que o capitalismo infringe a autopropriedade ao expropriar o produto dos trabalhadores e entregá-lo aos capitalistas). Leito-

14. Essa é uma estratégia seguida por Narveson. V. Narveson 1988, p. 72. Eu a critico adiante. Para uma crítica diferente da resposta de Narveson a Cohen, v. Brown 1990, pp. 442-43.

15. Aqui eu emprego "autonomia" como um sítio conveniente para os aspectos da vida de Z; não estou recomendando que autonomia, como ideal normativo, seja entendida dessa forma. Como um ideal normativo, autonomia poderia significar "as liberdades, recursos e capacidades necessários para alguém perseguir seu próprio ideal de vida". Essa concepção é exposta por Abis M. Sharakiya em seu manuscrito inédito *O Estado Moral*.

res que não sejam marxistas ou libertarianos podem surpreender-se com essa preocupação quanto à autopropriedade, se essa noção faz sentido, e, em caso afirmativo, qual seu papel, de modo geral, na filosofia política. Cohen aborda essas questões no novo texto correspondente aos capítulos 9 e 10.

Enquanto Cohen se sai bem ao mostrar que nada há de incoerente no conceito de autopropriedade, tem menos êxito ao defendê-la contra a acusação de indeterminância. Aqui a tese é de que "possuir alguma coisa é fruir de um ou de outro conjunto de direitos com relação a essa coisa. Mas é possível distinguir inúmeros conjuntos diferentes de direitos sobre si mesmo e de poderes em razão dos quais alguém é dono de si mesmo. Por isso, ao princípio de autopropriedade falta um conteúdo determinado" (p. 213). Cohen deseja sustentar que a autopropriedade é determinada, e responde estipulando que ela significa propriedade "completa" ou "máxima" sobre si mesmo.[16] Isso parece desnecessário, por várias razões. Primeiro porque reconhecer a necessidade de estipular uma definição desse termo é admitir que ele é deveras indeterminado. Mas se a autopropriedade é indeterminada, isso não basta para mostrar que dela não decorre o libertarianismo? Segundo, é a indeterminação da autopropriedade que contribui para a persuasividade do exemplo de Capaz e Débil. Em vez de estabelecer regras sobre essas definições, é mais efetivo mostrar que as definições de autopropriedade que os libertarianos possam escolher não alicerçam suas propostas políticas preferidas, como mostra aquele exemplo.

Em terceiro lugar, Cohen está de acordo com os libertarianos no sentido de que a autopropriedade completa implica que "eu não sou completamente dono de mim mesmo se for obrigado a dar parte do que ganhei ao utilizar meus poderes" (p. 216). Essa pressuposição tanto dos marxistas quanto dos libertarianos sobre a propriedade, é normalmente deduzida do seguinte modo: Se eu possuo a mim mesmo, possuo meus talentos; se possuo meus talentos, possuo o que produzo com eles. Portanto, minha autopropriedade garante-me a propriedade do que produzo. Se algo que produzi me é retirado sem minha permissão, através da tributação redistributiva, então não se pode dizer que possuo inteiramente os talentos que utilizei para produzi-lo. E se não possuo inteiramente meus talentos, então não tenho autopropriedade completa. Isso soa convincentemente, mas é tênue a inferência de que violar meu direito com relação às coisas que produzi corresponde a violar a propriedade sobre meus talentos. A autopropriedade não basta para estabelecer a propriedade sobre recursos externos.[17] Aplicar meus talentos a alguma coisa não significa perdê-los. Se uso meus talentos artísticos para pintar um quadro, não perdi esses talentos para o quadro, ou a tela, a tinta, o pincel, ou algo assim. A pintura não "possui" meus talentos. Eu ainda os tenho, e isso é banal. Pois bem, se essa pintura é tomada de mim — suponhamos que é apropriada pelo Estado e redistribuída a alguém cujo bem-estar dela necessita — eu deixo de possuir a pintura, mas ainda possuo inteiramente meus talentos. Pensar diferentemente parece significar (bizarramente) que os talentos são objetos físicos pessoais que possam ser removidos de seu possuidor original. Suponhamos agora que, antes de vir o Ministro da Redistribuição Artística bater à minha porta, eu tenha vendido a pintura. Se o Estado confisca meus ganhos, isso não é materialmente diferente de confiscar minha pintura; eu ainda possuo inteiramente meus talentos, e portan-

16. Ou seja: "a autopropriedade confere o mais amplo direito que uma pessoa (logicamente) pode ter sobre si mesma, suposto que qualquer outra pessoa tem o mesmo direito" (p. 213).

17. Que Cohen pareça negar isso no capítulo 9, é digno de nota face a outros argumentos contidos em seu livro, especialmente no capítulo 3, onde critica severamente a concepção de Nozick sobre o modo pelo qual as pessoas acedem à propriedade dos bens externos.

to ainda me possuo inteiramente. Assim, penso que Cohen está errado ao dizer que "eu não me possuo (inteiramente) se devo dar a outros (parte do) que ganhei ao utilizar meus poderes".

Cohen defende esse ponto de vista com a seguinte analogia: "Suponha que sempre que eu coço minhas costas sou exigido pelo Estado a coçar as de alguém. Segue-se que eu não tenho a inteira propriedade de minha mão. E a implicação de não tê-la inteiramente subsiste se supusermos que se eu coço suas costas em troca de você coçar as minhas, então o Estado pode exigir de qualquer um de nós uma coçadinha posterior nas costas de um terceiro" (pp. 220-21). Tudo que Cohen disse aqui é verdade, mas falha como analogia com relação a uma tributação redistributiva (como Cohen pretende). Nesse exemplo de Cohen o Estado está *lhe* ordenando que use parte de *si* mesmo (isto é, de sua mão) para coçar as costas de outrem, e Cohen corretamente identifica isso como uma violação da autopropriedade, visto que a propriedade de alguma coisa, incluindo a mão de alguém, inclui o controle do seu uso. Mas no caso da tributação redistributiva, Cohen não está sujeito a essa ordem. Suas escolhas sobre o emprego de seus talentos (*e.g.*, pintar e vender uma obra de arte) lhe pertencem, e seus atos são praticados por determinação dele mesmo, não do Estado. Cobrando esse imposto, o Estado não interfere com sua autopropriedade, mas com sua propriedade sobre bens ou ganhos externos. Inexiste aí injunção de fazer algo a si próprio ou consigo próprio, além do que ele já tenha decidido fazer. Assim, não se pode dizer que a tributação redistributiva violenta a autopropriedade.

Depois dessa discussão sobre o que é envolvido pelo conceito de autopropriedade, Cohen pergunta se devemos aceitá-la como uma fonte de pretensões morais. Os filósofos da política devem levá-la a sério, mesmo não sendo libertarianos ou marxistas? Poderíamos pensar que rejeitá-la significa aceitar a escravidão ou negar a autonomia das pessoas, ou que ela ofende a teoria de Kant de que as pessoas devem ser tratadas como fins em si mesmas; essas são boas razões não só para considerar a autopropriedade seriamente, mas para conceder-lhe um grande peso normativo. Todavia, Cohen afirma que a autopropriedade não é tão importante quanto, e é muito diferente de não ser escravo, de ter autonomia, ou de ser tratado como um fim. Não analisarei aqui esses argumentos, que me parecem incontroversos. Sobre o papel normativo e explicativo da autopropriedade na filosofia política, Alan Ryan escreve concisamente: "O ponto simples, mas para mim decisivo, é que embora a terminologia mude quando, em vez de discutir direitos individuais de atuação passamos a discutir a natureza e extensão de sua 'autopropriedade', não se chega a qualquer resultado" (Ryan 1994, p. 241). Chego a essa mesma conclusão ao examinar os argumentos de Cohen sobre o uso libertariano da autopropriedade.

A diáspora filosófica libertariana

Graças a Cohen, vimos que o libertarianismo não pode ser justificado com base na liberdade (*freedom*), e nem pode ser derivado de um compromisso com a autopropriedade. Entretanto, muitas teorias libertarianas concedem a um ou outro desses argumentos um papel crucial de justificação. O que resta ao libertariano para fazer? Isso depende de quem entendamos ser "libertariano". É alguém que deriva as instituições políticas de compromissos normativos com a liberdade ou com a autopropriedade? Ou é alguém que defende a propriedade privada absoluta e o (assim chamado) governo mínimo? A análise de Cohen obriga-nos a abandonar o que muitos davam como certo, durante muito tempo: que esses dois sentidos de "libertariano" referem-se ao mesmo conjunto de pessoas. Já não existe o que chegou a ser o edifício claramente definido do libertarianismo, com seus alicerces de autopropriedade e liberdade, seus andaimes de *laissez-faire*, suas paredes de propriedade privada e cômodos cheios de soluções de livre-mercado, e seus moradores agora devem procurar novo abrigo em algum outro lugar.

Libertarianos do primeiro tipo — podemos chamá-los "libertarianos deontológicos" — podem encontrar um novo lar em alguma das muitas versões da filosofia política de esquerda. Teóricos de esquerda tendem a tomar a liberdade e/ou a autopropriedade como boas em si mesmo, tal como fazem os libertarianos deontológicos, mas reconhecem que esses valores podem exigir medidas governamentais de bem-estar para garantir que todas as pessoas tenham controle adequado sobre suas vidas, de modo que ninguém, por exemplo, venha a achar-se na posição de Z. Isso é o proposto por Philippe Van Parijs em *Real freedom for all* (Oxford: Oxford University Press, 1995). Embora não seja o único, Van Parijs parece um dos libertarianos recentemente despejados. Bem apropriadamente, aliás, ele designa sua concepção como "libertarianismo real". Na verdade, suas propostas preferidas podem ser aquelas que os libertarianos deontológicos podem aceitar, embora, como veremos, Van Parijs seja ambíguo quanto a suas próprias razões para aceitá-las.

Van Parijs começa com duas asserções: "liberdade tem importância preeminente" e "as sociedades capitalistas estão cheias de desigualdades inaceitáveis" (I). Se acreditamos em ambas as proposições, como reconciliá-las, tendo em vista a tradicional oposição entre liberdade e igualdade? Segundo a breve descrição na orelha do seu livro, Van Parijs apresenta uma "solução inovadora". Qual essa solução? Uma renda básica incondicional para todos. Grande parte do livro é uma defesa da renda básica incondicional, conforme argumentos éticos e econômicos. Mas como eu já disse, às vezes Van Parijs é ambíguo. Quando ele escreve que as desigualdades da sociedade capitalista são inaceitáveis, o leitor fica imaginando se é devido ao valor intrínseco da igualdade material, ou se o capitalismo, dadas suas desigualdades, torna inoperante a liberdade de algumas pessoas. No primeiro caso, são indispensáveis alguns argumentos, especialmente contra objeções de "'nivelar por baixo".[18] No segundo, por que toda a retórica sobre o "dilema" de valorizar tanto a liberdade quanto a igualdade? Desnecessário dizer que se os libertarianos acharem aceitável a teoria de Van Parijs, será no segundo sentido.

A ambigüidade também contamina a discussão sobre a estrutura teórica que alicerça sua concepção de uma sociedade livre. Ele diz que uma sociedade livre é aquela que satisfaz três condições:

1. Há uma eficaz estrutura de direitos (*segurança*).

2. Essa estrutura é tal que cada pessoa é dona de si mesma (*autopropriedade*).

3. Essa estrutura é tal que cada um tem a maior oportunidade possível de fazer o que desejar (*oportunidade leximin*) (p. 25).[19]

18. Isso é o que Derek Parfit chama "a objeção de nivelamento por baixo". "Se a desigualdade é ruim, sua extinção, *não importa a maneira como ocorra*, precisa ser uma mudança para melhor. Suponhamos que aqueles que estão melhor sofram algum revés, vindo a ficar tão mal quanto os demais. Como esses acontecimentos afastaram a desigualdade, deveriam ser de certa forma bem-vindos (...) mesmo sendo ruins para alguns, e bons para ninguém. Para muitos essa implicação parece completamente absurda" (Parfit 1991, p. 17).

19. "*Leximin*" descreve como a distribuição de oportunidades é priorizada. Para assegurá-la, é preciso em primeiro lugar assegurar-se de que os membros do pior grupo na sociedade (medido em termos de oportunidades) têm mais oportunidades do que teriam sob qualquer outro tipo disponível de distribuição. Chamemos de L1 a essa situação distributiva. Se a ninguém podem ser dadas mais oportunidades sem privar de oportunidades os que estão na pior, é porque alcançou-se com L1 a situação *leximin*. Se esse não for o caso, examine-se o nível de oportunidade do grupo ruim mais próximo; é preciso assegurar-se de que seus membros têm mais oportunidades do que teriam em qualquer

Van Parijs reconhece que essas condições podem conflitar entre si. Eis sua resposta: "Uma sociedade livre deveria priorizar a segurança acima da autopropriedade, e a autopropriedade acima da oportunidade *leximin*. Mas essa prioridade é sutil. (...) Pequenos desvios da lei e da ordem podem ser tolerados se para desembaraçar-se deles fossem necessárias maiores restrições à autopropriedade, ou maiores afastamentos da oportunidade *leximin* (...) Mais adiante, pequenas restrições à auto-propriedade podem ser incorporadas à estrutura institucional da sociedade livre se isso resultar num aperfeiçoamento da oportunidade *leximin*" (p. 26).

Isso é inaceitavelmente vago, e embora Van Parijs não o desconheça, parece mais ansioso nessa parte do livro em começar a expor sua idéia favorita, a renda básica incondicional. Muitos leitores podem considerar isso como um desapontamento irrelevante; afinal de contas, o livro é "dirigido primariamente" àqueles que partilham das convicções fundamentais do autor (I). Mas para os que possuem outras convicções, essa complacência pode ser inaceitável.

Muito dessa imprecisão desaparece quando Van Parijs volta a sua proposta predileta, a renda básica incondicional. Em sua exposição e defesa ele toma cinco dos seis capítulos do livro, durante os quais aborda quase todas as possíveis objeções. Isso inclui comparações com as propostas preferidas de Rawls, Dworkin e Ackerman (*e.g.*, pp. 65-77, 92-102), e o confronto com desafios econômicos como sustentabilidade (pp. 38-41, 83-84) e desemprego (pp. 213-14). Não me aprofundarei em seus argumentos específicos, o que me levaria longe de minha intenção ao mencioná-lo em primeiro lugar, ou seja, que ele oferece uma interpretação alternativa, antipaternalista, cabal, e adequadamente exposta, sobre as instituições decorrentes dos compromissos teóricos tipicamente libertarianos. Sua teoria é um exemplo de para onde os libertarianos podem agora se dirigir.

Entretanto, podemos tomar "libertariano" também no outro sentido, como comprometido fundamentalmente com a propriedade privada e um governo tão extenso quanto o do Estado "gendarme". Essa espécie de libertarianismo toma como estabelecidas as suas preferências institucionais, e busca a teoria adequada à defesa dessas instituições. Há um limite para essa abordagem, assim como há um limite para o tempo durante o qual uma pessoa pode continuar agarrada a uma saliência depois que sua escada escorregou debaixo dela. Ou o libertariano consegue rapidamente uma nova escada, ou desiste, ou torna-se um propagandista, garimpando e escolhendo provas empíricas para ajustar-se às suas predeterminadas conclusões.

Alguns pensam que outra escada poderia aparecer na forma do conseqüencialismo, em que a felicidade ou o bem-estar (em vez de liberdade ou autopropriedade) são considerados como o bem último, que poderia ser maximizado por uma ordem social caracteristicamente libertariana. Se é esse o caso, trata-se de uma questão empírica que não examinarei aqui. O que desejo observar, e é óbvio, é que pode acontecer que a propriedade privada, mercados-livres e um governo mínimo não sejam os meios que maximizem a felicidade, devendo por isso ser rejeitados. Se, chegados a esse ponto, os nossos libertarianos agora duplamente despejados (*twice-homeless*) voltam-se de novo para aquele conceito de bem, podemos suspeitar no mínimo de que estejam fazendo filosofia para trás, isto é, começando a partir das respostas que desejam. Mas na falta de uma insistência dogmática na adequação das instituições políticas libertarianas, os liberta-

outra situação distributiva que preserve o montante de oportunidades que os piores têm em L1. Chame-se L2 a essa situação distributiva. Se a ninguém mais podem ser dadas mais oportunidades sem privar os piores e os ruins mais próximos, é porque foi atingida a situação distributiva *leximin*. E assim por diante.

rianos conseqüencialistas precisam enfrentar a possibilidade de perder seu libertarianismo.[20]

No início deste artigo mencionei que os libertarianos defrontam-se com três opções. Nesta seção discutimos as duas primeiras: desistir das típicas propostas libertarianas correspondentes ao valor da liberdade e da autopropriedade, ou mantê-las buscando-lhes nova fundamentação. Mas agora podemos ver o quanto a terceira opção — abandonar as propostas libertarianas e sua fundamentação tradicional — não difere basicamente da segunda, porque à falta da necessária prova empírica, não há razão para apegar-se a qualquer conjunto de propostas.

O núcleo deste artigo diz respeito aos argumentos de G. A. Cohen contra o projeto de se edificar o libertarianismo com base na liberdade e na autopropriedade. Se verdadeira sua conclusão quanto a inépcia desse projeto, isso significa o fim do libertarianismo como corpo de filosofia política. Alguns podem não achar isso importante, e alguns libertarianos podem mesmo não achar isso incômodo; afinal de contas, o movimento libertariano sempre foi diversificado, apoiado não só por filósofos, mas pelas variadas razões de cientistas políticos, economistas e historiadores. Outros, ao contrário, podem pensar que a conseqüência é mais séria, ou ao menos perturbadora. Agora que os filósofos libertarianos foram desalojados de seus domínios e empurrados para posições ou conseqüencialistas ou esquerdistas, não é claro que de algum modo possam continuar a se chamar libertarianos.

20. Jeffrey Friedman — que propõe uma agenda de pesquisa conseqüencialista inspirada no libertarianismo, embora não comprometida com ele (o que chama de "pós-libertarianismo") — mostrou isso em várias ocasiões. V. por exemplo Friedman, 1900.

Bibliografia

BARRY, Brian. "You have to be crazy to believe it", *Times Literary Supplement*. October 25, 1996.

BROWN, Grant. "Critical Notice of Jan Narveson, The Libertarian Idea", *Canadian Journal of Philosophy* 20:417-48, 1990.

COHEN, G. A. "Capitalism, Freedom, and the Proletariat", in *The Idea of Freedom*, ed. Alan Ryan, Oxford: Oxford University Press, 1979.

_____. "Self-ownership and the libertarian challenge", *Times Literary Supplement*, November 8th, 1996.

FLEW, Antony. *A Dictionary of Philosophy*, rev. 2nd ed. New York: St. Martin's Press, 1984.

FRIEDMAN, Jeffrey. "The New Consensus: II. The Democratic Welfare State", *Critical Review* 4(4):633-708, 1990.

KAMOLNICK, Paul. "G. A. Cohen's Refutation of Inegalitarianism and the Quest for a Contemporary Socialist Ethic", *Retthinking Marxism* 9 (I):80-100, 1996.

KYMLICKA, Will. *Contemporary Political Philosophy*, Oxford: Oxford University Press, 1990.

NARVESON, Jan. *The Libertarian Idea*. Philadelphia: Temple University Press, 1988.

NOZICK, Robert. *Anarchy, State, and Utopia*. New York: Basic Books, 1974.

_____. *The Examined Life*. New York: Simon and Schuster, 1989.

_____. *Socratic Puzzles*. Cambridge, Mass.: Harvard University Press, 1997.

PARFIT, Derek. "Equality or Priority?". *The Lindley Lecture*, University of Kansas, November 21, 1991.

RAWLS, John. *A Theory of Justice*. Cambridge, Mass.: Harvard University Press, 1971.

_____. *Political Liberalism*. New York: Columbia University Press, 1993.

RYAN, Alan. "Self-Ownership, Autonomy, and Property Rights", *Social Philosophy and Policy* II (2):241-58, 1994.

SAMUELS, Warren. "The Growth of Government". *Critical Review* 7 (4):445-60, 1993.

SHARAKIYA, Abisi M. *The Moral Polity*, Manuscrito inédito.

A ADMINISTRAÇÃO PÚBLICA EM FACE DA RESPONSABILIDADE AMBIENTAL

Toshio Mukai

Mestre e Doutor em Direito (USP) – Membro da Comissão de Meio Ambiente do Conselho Federal da OAB – Secretário da Sociedade Brasileira do Direito do Meio Ambiente – Professor no Curso de Direito Ambiental Pós-Graduação *latu sensu*, na USP – Professor convidado no Curso de Pós-Graduação em Direito Ambiental da UnB/OAB-DF – Membro fundador da Associação Brasileira dos Advogados Ambientalistas (ABAA)

I – Introdução. II – A Administração em face da responsabilidade administrativa do poluidor (ou eventual): II.1 O controle prévio através do licenciamento ambiental – II.2 O Estudo de Impacto Ambiental, nova regras – II.3 As sanções administrativas. III – A Administração Pública e a responsabilidade civil (objetiva) do poluidor. IV – A responsabilidade ou criminalização dos atos danosos ao meio ambiente: IV.1 As recentes sanções penais. V – Comunicabilidade e incomunicabilidade das instâncias penal, administrativa e civil.

I – Introdução

A Administração Pública detém papel relevante em face das responsabilidades decorrentes do dano ambiental.

De um lado, observe-se que a Constituição impõe ao Poder Público (assim como à coletividade) o *dever* de defender o meio ambiente e preservá-lo para as presentes e futuras gerações.

Aqui aparecem, então, as leis administrativas que dizem respeito ao exercício do poder de polícia administrativa em matéria ambiental, que, na espécie, guardam três fundamentais ações da Administração Pública: o licenciamento ambiental (controle prévio), a elaboração e aprovação (ou não) do Estudo de Impacto Ambiental e a aplicação de sanções.

Entretanto, sabemos que a responsabilidade do causador do dano ao meio ambiente, além de ser de ordem administrativa, também é de natureza civil (responsabilidade objetiva) e penal (Lei 9.605/1998).

Já se vê que a Administração Pública, enquanto Poder Executivo, tem a ver com a responsabilidade administrativa apenas, porquanto as duas outras são da alçada, quanto às suas aplicações e concretizações, do Poder Judiciário.

Assim, parece-nos que o tema que enfrentamos diz respeito às ações decorrentes do poder de polícia administrativa. Entretanto, como há complementariedade entre as esferas penal e civil com a administrativa, ainda que sucintamente, haveremos de nos debruçar sobre aquelas duas modalidades de responsabilidade, para, ao final, verificarmos se há ou não influência de uma esfera sobre a outra.

II – A Administração em face da responsabilidade administrativa do poluidor (ou eventual)

Para empenhar a responsabilidade administrativa do eventual poluidor a Administração Pública utiliza-se, como já dito, do seu poder de polícia.

Como o Brasil é uma Federação, compreendendo a União, os Estados, o Distrito Federal e os Municípios, todos autônomos (art. 18 da CF), há que adentrar, ainda que perfunctoriamente, o tema das competências das unidades federadas, no exercício da função administrativa, que – lembre-se – só pode ser exercida em função e nos limites de leis formais autorizativas (princípio da legalidade).

Em tema de exercício do poder de polícia ambiental – matéria administrativa, por excelência – há que se pontuar três tipos de competências das diversas esferas administrativas: a privativa, a concorrente e a comum.

Todas, quanto ao alcance e objetivos básicos de suas concretizações, são diferentes entre si.

Assim, enquanto as normas de competência privativa, previstas nos arts. 21 e 22 (para a União), 25 (para os Estados) e 30 (para os Municípios), são de aplicação de acordo com o interesse predominante de cada qual (União, normas nacionais e regionais supra-Estados; Estados, normas regionais, supramunicipais; e Municípios, locais), as normas de competência concorrente são de aplicação tanto pela União como pelos Estados e Municípios (art. 24), valendo para todo o território nacional; porém, limitam-se às normas gerais. Finalmente, as normas de competência comum (se existentes) devem observar um vetor constitucional que nos é dado pelo parágrafo único do art. 23 – ou seja, como essa disposição prevê uma lei complementar que deverá fixar normas de cooperação entre as unidades federadas em matéria ambiental, dentre outras, conclui-se que o exercício da competência comum, por qualquer delas, deve observar o objetivo da cooperação, e não a disputa de poder para aquele exercício. Não há, aqui, lugar para o exercício isolado e não-cooperativo do poder de polícia ambiental, por qualquer esfera de governo. Esta competência somente será legítima se exercitada em forma de cooperação.

Visto isso, passemos às três fases da responsabilidade administrativa do poluidor: a do controle prévio (licenciamento ambiental), a da antecedência ou não de Estudo de Impacto Ambiental, a da aplicação das sanções administrativas.

II.1 O controle prévio através do licenciamento ambiental

O controle administrativo preventivo das atividades, obras e empreendimentos que possam causar danos ao meio ambiente deve ser efetuado por meio de autorizações, no geral (e não através de licenças, o que ocorre apenas e tão-somente no campo do direito de construir); em casos especiais de utilizações de bens de domínio público (exemplo: recursos hídricos) os instrumentos jurídicos apropriados devem ser a concessão administrativa ou a permissão de uso.

O art. 225, *caput*, da Constituição declarou que o meio ambiente, no Brasil, é bem de uso comum do povo; portanto, ninguém, individualmente, tem o direito subjetivo a ele (e seus componentes) – o que, em conseqüência, faz com que a permissividade do exercício de qualquer atividade de construções de obras e empreendimentos seja feita pelo Poder Público, de modo discricionário, pela via própria, que, no caso, é a da autorização, e não pela via da licença administrativa, que, por remover obstáculos ao livre exercício de um direito subjetivo (por exemplo: direito de construir, que é um direito e garantia constitucional), é um ato administrativo vinculado (à legislação e regulamentos administrativos).

Portanto, como bem salienta Paulo Affonso Leme Machado, "o emprego na legislação e na doutrina do termo 'licenciamento' ambiental não traduz necessariamente a utilização da expressão jurídica 'licença', em seu rigor técnico".[1] E, como invoca ainda o mesmo autor, atente-se que, na matéria, R. Villata afirma que "'o escopo de prevenção sempre foi entendido como típico da categoria da autorização'"; e "M. S. Giannini salienta que 'em todo caso ocorre especial autorização se o estabelecimento produz poluição atmosférica ou hídrica'".[2]

Portanto, quando a Lei 6.938/1981 prevê que o *licenciamento ambiental* e a revisão do *licenciamento* de atividade efetiva ou potencialmente poluidora são instrumentos da Política Nacional do Meio Ambiente, após a Constituição/1988, por força do seu art. 225, *caput*, não resta dúvida alguma de que tais expressões devem ser entendidas como sinônimas de *autorizações*, atos administrativos precários e discricionários.

O mesmo se diga em relação a toda e qualquer legislação de âmbito estadual ou municipal, onde seja empregada a expressão "licença" (ou "licenciamento").

Relativamente aos recursos hídricos – posto que, como já visto, em grande parte, se trata de bens públicos de uso comum ou até dominicais, ou da União, ou dos Estados-membros –, sua utilização deverá ser outorgada mediante concessões (contratos administrativos) ou permissões (atos unilaterias, precários e discricionários).

II.2 O Estudo de Impacto Ambiental, novas regras

1. A Lei 6.938, de 31.8.1981 (que dispõe sobre a Política Nacional do Meio Ambiente), criou o CONAMA como órgão máximo consultivo e deliberativo do Sistema Nacional do Meio Ambiente.

E a ele, dentre outras atribuições (art. 8º), outorgou a atribuição de "estabelecer, mediante proposta do IBAMA, normas e critérios para o licenciamento de atividades efetivas e potencialmente poluidoras, a ser concedido pelos Estados e supervisionado pelo IBAMA".

Tendo em vista que o art. 9º da mencionada lei contemplou, como um dos instrumentos da Política Nacional do Meio Ambiente, a avaliação de impactos ambientais, o CONAMA, em 23.1.1986, baixou a Resolução 001, estabelecendo critérios, competências, hipóteses, definições, diretrizes gerais para a exigência dos Estudos de Impacto Ambiental e para o licenciamento de atividade em face da proteção ambiental.

Assim, logo no art. 2º da referida resolução ficou expresso: "o Estudo de Impacto Ambiental e respectivo Relatório de Impacto Ambiental – RIMA, a serem submetidos à aprovação do *órgão estadual* competente e da SEMA, em caráter supletivo, o licenciamento de atividades modificadoras do meio ambiente, tais como: (...)" (listam-se diversas atividades, de I a XVIII).

Pois bem, como se viu, essa legislação é anterior à Constituição/1988, e, portanto, essa competência privativa do Estado-membro e da SEMA, embora altamente discutível quanto à sua constitucionalidade – já que afasta o Município, em todas as suas hipóteses –, foi fixada tendo em vista que a Emenda Constitucional 1/1969 não era expressa quanto à determinação das competências para aquele mister.

Ocorre que a Constituição/1988 veio declarar, expressamente, que as competências em matéria ambiental são de natureza comum (art. 23), privativas e concorrentes, como vimos.

E, quanto ao Estudo de Impacto Ambiental, somente as atividades ou obras potencialmente causadoras de *significativa de-*

1. *Direito Ambiental Brasileiro*, 9ª ed., São Paulo, Malheiros Editores, 2001, p. 250.

2. Idem, ibidem.

gradação do meio ambiente exigem Estudo Prévio de Impacto Ambiental (inciso IV do § 1º do art. 225 da CF).

Dessa forma, a referida Resolução CONAMA-001, de 31.8.1981, restou desconforme com a Constituição Federal/1988, não tendo sido por ela recepcionada em dois aspectos: no ponto em que fixava a competência exclusiva do Estado-membro para as licenças ambientais – e, portanto, para a exigência do Estudo Prévio de Impacto Ambiental – e no ponto em que exigia o referido Estudo para toda e qualquer atividade simplesmente modificadora do meio ambiente.

Por essa razão, na realidade, a mencionada resolução, nesse aspecto, estava derrogada pela Constituição/1988. Não obstante, a maioria dos órgãos estaduais ambientais – se não todos – dava-lhe aplicação, posto que nenhuma outra a modificara.

Ocorre que, no final de 1997, o CONAMA baixou nova Resolução, de n. 237, de 19.12.1997 (*DOU* 22.12.1997), onde, finalmente, essas defasagens da legislação pertinente foram supridas.

Dentre as várias disposições novas que dela constam, pretendemos, aqui, apenas sublinhar aquelas que corrigiram as distorções da Resolução CONAMA-001 em face da Constituição/1988.

2. A primeira correção é quanto às competências para o licenciamento, que, adaptadas, agora, à competência comum do art. 23 da Constituição Federal, passam a ser:

a) do IBAMA – no caso de empreendimentos e atividades com significativo impacto ambiental de âmbito nacional ou regional: a saber: *[são apontadas cinco hipóteses]*;

b) do órgão ambiental estadual ou do Distrito Federal – apenas e tão-somente nos casos de empreendimentos e atividades:

I – localizados ou desenvolvidos em mais de um Município ou em unidades de conservação de domínio estadual ou do Distrito Federal;

II – localizados ou desenvolvidos nas florestas e demais formas de vegetação natural de preservação permanente relacionadas no art. 2º da Lei 4.771/1965 e em todas as que assim forem consideradas por normas federais, estaduais ou municipais;

III – cujos impactos ambientais diretos ultrapassam os limites de um ou mais Municípios;

c) do órgão ambiental municipal (ouvidos os órgãos competentes da União, dos Estados e do Distrito Federal, quando couber) – o licenciamento ambiental de empreendimentos e atividades de impacto ambiental local e daqueles que lhes forem delegados pelo Estado por instrumento legal ou convênio (art. 6º).

O art. 7º dispõe que os empreendimentos e atividades serão licenciados em um único nível de competência, conforme estabelecido nos artigos anteriores.

O art. 20 da Resolução 237 dispõe, finalmente, quanto à competência, que "os entes federados, para exercerem suas competências licenciatórias, deverão ter implementados os Conselhos de Meio Ambiente, com caráter deliberativo e participação social e, ainda, possuam em seus quadros, ou à sua disposição, profissionais legalmente habilitados".

3. A segunda correção é quanto aos empreendimentos e atividades considerados efetiva e potencialmente causadores de significativa degradação do meio ambiente, que dependerão de prévio Estudo de Impacto Ambiental e respectivo Relatório sobre o meio ambiente (EIA/RIMA), ao qual dar-se-á publicidade, garantida a realização de audiências públicas, quando couber, de acordo com a regulamentação.

E o parágrafo único: "O órgão ambiental competente, verificando que a atividade ou empreendimento não é potencialmente causador de significativa degradação do meio ambiente, definirá os estudos ambientais pertinentes ao respectivo processo de licenciamento".

Verifica-se, assim, que a nova resolução disciplinou de modo diferente a questão da exigência do Estudo de Impacto Ambiental, pois agora não há mais, para qualquer empreendimento ou atividade, a referida exigência, adaptando-se à Constituição Federal, que só o exige para casos de significativa degradação do meio ambiente.

E, nesse sentido, aquela relação prevista de obras e atividades sujeitas ao referido Estudo, pelo art. 2º da Resolução 001/1986, não mais prevalece, pelo menos na sua generalidade.

Ademais, o § 1º do art. 2º da nova resolução fixou, no Anexo 1, o rol de empreendimentos e atividades que estão sujeitos ao licenciamento ambiental e, portanto, à eventual exigência do Estudo Prévio de Impacto Ambiental.

Observe-se que a questão de se saber quando determinada atividade pode ou não causar significativa degradação do meio ambiente é da competência discricionária e exclusiva do órgão ambiental competente.

Portanto, a exigência ou não do Estudo mencionado, uma vez feita por esse órgão, não pode ser objeto de reforma judicial alguma, sob pena de invasão da competência exclusiva dada pela legislação à Administração Ambiental, violando-se, assim, o princípio da independência e harmonia dos Poderes (art. 2º da CF).

Um terceiro e último aspecto, relevante, da resolução é que ela incide imediatamente sobre os casos em tramitação nos órgãos competentes.

Com efeito, o art. 21 da resolução dispõe que ela entra em vigor na data de sua publicação, aplicando seus efeitos aos processos de licenciamento em tramitação nos órgãos ambientais competentes, revogadas as disposições em contrário, em especial os arts. 3º e 7º da Resolução CONAMA-001, de 23.1.1986.

II.3 As sanções administrativas

1. Finalmente, foi publicado o Regulamento da Lei 9.605, de 12.2.1998, que dispõe sobre as sanções administrativas e penais em matéria ambiental.

Sabe-se que o Governo Federal produziu uma primeira versão para o Regulamento, que pretendia ser aplicável a todas as esferas administrativas, o que foi abandonado logo depois.

Tendo surgido agora a versão final do Regulamento, convém verificar se o Decreto 3.179, de 21.9.1999 (*DOU* 22.9.1999), manteve-se dentro dos cânones constitucionais, não atropelando as competências estaduais e/ou municipais quanto à aplicação das sanções administrativas ambientais.

2. Quando surgiu a Lei 9.605/1998, a propósito das sanções administrativas escrevemos:

"Portanto, a Lei 9.605/1998, a par de ter estatuído um leque de sanções penais, com base na competência privativa da União (art. 22 da CF), estabeleceu uma série de disposições de natureza administrativa-sancionatória, ambiental, que funcionam como normas gerais para a União, Estados, Distrito Federal e Municípios.

"Assim, considerando esse aspecto relevante é que teceremos comentários sobre as demais normas da lei, relativas às sanções administrativas.

"O § 1º do art. 70 indica as autoridades competentes para a lavratura dos autos de infração ambiental e instauração do processo administrativo correspondente. São os funcionários dos órgãos ambientais integrantes do SISNAMA, designados para as atividades de fiscalização, bem como os agentes das Capitanias dos Portos.

"Esses e somente esses são os funcionários competentes para aplicar as sanções administrativas de natureza ambiental no país, posto que o § 1º é norma geral de direito ambiental.

"O § 4º impõe o contraditório e a ampla defesa na apuração das infrações ambientais.

"O art. 71 dispõe sobre o processo de apuração da infração ambiental, impondolhe prazos máximos.

"O inciso III, que prevê recurso da decisão condenatória à instância superior do SISNAMA, é inconstitucional, pois não pode haver hierarquia entre um órgão (ou funcionário) municipal e outro estadual. O recurso, se houver, deverá ser decidido no âmbito da entidade política que impôs a decisão condenatória."[3]

E, mais adiante:

"O art. 72 elenca os tipos de sanções administrativas ambientais. São, ao todo, 11 tipos de sanções, valendo sublinhar as do inciso XI, aquelas restritivas de direitos.

"Duas observações da maior importância, sob o ponto de vista jurídico: a) esses tipos sancionatórios são normas gerais, e, como tal, não admitem que Estados e Municípios criem outros diferentes, em matéria ambiental; b) a aplicação concreta dessas sanções tão-só com base direta na Lei 9.605/1998 só pode ser levada a efeito pela União, pois se trata de lei federal; c) em relação a Estados, Distrito Federal e Municípios tais sanções-tipo são normas gerais, e, como tal, não têm aptidão para poderem ser aplicadas por tais entidades políticas tão-só com base direta na Lei 9.605/1998; há que se concretizar, antes, nas suas legislações próprias, tais sanções, inclusive quanto ao seu *quantum* (no caso da multa, por exemplo), para somente depois poderem tais entidades federativas aplicar tais sanções aos infratores da regra de proteção ambiental."[4]

3. Pois bem. O Regulamento baixado pelo Decreto 3.179/1999 repete que as sanções administrativas são aquelas 11, acrescentando a décima-segunda: reparação dos danos causados. Esta sanção já vem prevista na Lei 6.938/1981 (Lei da Política Nacional do Meio Ambiente), que elege a responsabilidade pelo dano ambiental como sendo objetiva – o que é repetido pelo § 10 do art. 2º do decreto. As sanções restritivas de direitos previstas na Lei 9.605/1998 (§ 8º do art. 72) são repetidas pelo § 9º do art. 2º do decreto.

O art. 8º do decreto repete disposição da Lei 9.605/1998 (art. 76): "O pagamento da multa por infração ambiental imposta pelos Estados, Municípios, Distrito Federal ou Territórios substitui a aplicação de penalidade pecuniária pelo órgão federal, em decorrência do mesmo fato, respeitados os limites estabelecidos neste Decreto"; mas com o acréscimo da parte final – sendo esse acréscimo, portanto, ilegal.

Com efeito, o art. 76 da Lei 9.605/1998 reza: "O pagamento de multa imposta pelos Estados, Municípios, Distrito Federal ou Territórios substitui a multa federal na mesma hipótese de incidência".

Ou seja, a lei respeita as autonomias legislativas e administrativas dos Estados, Municípios, Distrito Federal e Territórios (para mais ou para menos das multas previstas no decreto).

O decreto pretende que, se a multa municipal (fixada em lei) for menor do que a prevista nele, a União poderá cobrar o faltante – o que a lei não prevê. Segundo esta, deverá haver a substituição pura e simples.

Mas a importância dessa disposição (constante do decreto) é que ela respeita as autonomias municipais e estaduais na fixação dos *quantum* das multas.

4. Quanto às infrações administrativas, a Lei 9.605/1998 contém uma norma geral a respeito: "Art. 70. Considera-se infração administrativa ambiental toda ação ou omissão que viole as regras jurídicas de uso, gozo, promoção, proteção e recuperação do meio ambiente".

O detalhamento dessas infrações a lei deixou para o Regulamento, valendo este somente para o nível federal, inclusive, relativamente aos *quantum* das multas correspondentes.

Assim, o Decreto 3.179/1999, no Capítulo II, dispõe sobre as sanções aplicáveis às infrações cometidas contra o meio ambiente, indicando, detalhadamente, as infra-

3. Cf. nosso *Direito Ambiental Sistematizado*, 3ª ed., Rio de Janeiro, Forense Universitária, 1998, pp. 92-93.

4. Idem, p. 93.

ções específicas (arts. 11-24) contra a fauna (Seção I); idem contra a flora (arts. 25-48); idem em relação a outras infrações ambientais (arts. 41-48); idem contra o ordenamento urbano e o patrimônio cultural (arts. 49-52); idem contra a Administração Ambiental (arts. 53-59).

Portanto, todas essas infrações e as respectivas multas só podem ser aplicadas pelo órgão federal competente, não sendo dado aos órgãos estaduais, municipais, do Distrito Federal e dos Territórios o direito de aplicar tais sanções, nos casos indicados, com base diretamente no decreto federal, pena de inconstitucionalidade do auto de infração.

5. Um último aspecto, relativo ao novo decreto, haverá de ser analisado.

Será possível, em princípio, que alguém, ao examinar as diversas hipóteses de infrações detalhadas, de natureza administrativa, relativas ao meio ambiente encontre, em algumas delas, conteúdos puramente locais e/ou estaduais, e que, portanto, possa entender que não seria dado à União (no caso do IBAMA) vir a aplicar as sanções mencionadas em casos que tais. Estará correta tal interpretação, tendo em vista a distribuição de competências constitucional.

III – A Administração Pública e a responsabilidade civil (objetiva) do poluidor

Na legislação brasileira apareceu pela primeira vez a eleição da modalidade denominada *responsabilidade objetiva* (em contraposição à *subjetiva*, que depende sempre da demonstração da culpa do autor do prejuízo) no Decreto 79.347, de 28.3.1977, que promulgou a Convenção Internacional sobre Responsabilidade Civil em Danos Causados por Poluição por Óleo, de 1969. Posteriormente, também a Lei 6.453, de 17.10.1977, no seu art. 4º, *caput*, acolheu a responsabilidade objetiva relativamente aos danos provenientes de atividades nucleares.

Finalmente, a Lei 6.938/1981, que dispõe sobre a Política Nacional do Meio Ambiente, consagrou, em termos gerais, a responsabilidade civil objetiva relativamente a todo e qualquer dano ao meio ambiente. Essa idéia foi de nossa autoria, quando efetuamos sugestões ao então projeto de lei, que nos foi solicitado para exame, no sentido de apresentarmos sugestões, pela então existente SEMA.

O art. 14, § 1º, dispõe: "Sem obstar à aplicação das penalidades previstas neste artigo, é o poluidor obrigado, *independentemente da existência de culpa*, a indenizar ou reparar os danos causados ao meio ambiente e a terceiros, afetados por sua atividade (...)".

Tal como foi redigida – confessamos –, a disposição não esclarece se o direito positivo brasileiro abraçou a teoria da responsabilidade objetiva do risco (que admite as excludentes da culpa da vítima e da força maior) ou a do risco integral (que inadmite excludentes).

Por essa razão, sentimo-nos na obrigação indeclinável de, aqui e agora, enfrentarmos tal questão: teria o § 1º do art. 14 da Lei 6.938/1981 acolhido a teoria do risco-proveito ou a do risco integral, com a expressão "independentemente da existência de culpa"?

Necessitamos, aqui, nos socorrer dos estudos (vários) efetuados pela doutrina no campo da responsabilidade civil do Estado, que, como sabemos, é, de longa data, de ordem objetiva.

Aqui, assevera o Desembargador do Tribunal de Justiça de São Paulo Álvaro Lazzarini: "Das diversas teorias filiadas ao direito público, e que não cabe aqui ser examinadas, duas porém, pelo menos no Brasil de hoje, têm causado polêmicas, vale dizer, é ainda debatida a questão se o constituinte brasileiro acolheu a teoria do risco integral ou da teoria do risco administrativo".[5]

5. "Responsabilidade civil do Estado por atos omissivos dos agentes", *Boletim de Direito Municipal* setembro de 1991, p. 481.

Tratando do assunto, o professot Ulderico Pires dos Santos adianta, em excelente análise de toda a doutrina e da jurisprudência brasileira, que:

"171. *Responsabilidade civil do Estado* – O julgado retrotranscrito tem absoluta pertinência com o critério que deve ser observado sobre o reconhecimento da responsabilidade civil dos concessionários de serviços públicos, que, para esse fim, se equiparam às pessoas jurídicas de direito público.

"Estas, como aquelas, só podem desonerar-se do dever de indenizar fazendo a prova de que o evento se deu exclusivamente por culpa de terceiros, ou em razão de fenômenos da Natureza absolutamente imprescindíveis."[6]

Comenta, após, o acórdão do 1º Grupo de Câmaras Cíveis do Tribunal de Justiça do Estado do Rio de Janeiro cuja ementa era a seguinte: "Responsabilidade civil do Estado: independe de culpa, embora as pessoas jurídicas de direito público possam desonerar-se da obrigação se provarem culpa de terceiros ou fenômenos da Natureza – Ônus da prova – Atos de império e atos de gestão – Irrelevância da distinção" (Ap. cível 87.990).

Sabe-se que, com efeito, é pacífica tanto na doutrina como na jurisprudência brasileiras a tese de que desde a Constituição/1946 o Direito Pátrio sufragou a teoria do risco administrativo, e não a do risco integral.

Assim, Seabra Fagundes já assentou: "Desde que haja um dano, haverá um lugar para a indenização, resulte isto da violação da lei ou não".[7]

Nesse sentido as opiniões de Orozimbo Nonato, Philadelpho Azevedo, Aguiar Dias, Amaro Cavalcanti, San Tiago Dantas, Alcino Paulo Salazar, Martinho Garcez Neto, entre outros. Aguiar Dias afirmou: "Somos, assim, pela aplicação, entre nós, da doutrina do risco administrativo, como a difundida pelo insigne Amaro Cavalcanti, escrevendo que, 'assim como a igualdade de direitos, assim também a igualdade de encargos é hoje fundamental no direito constitucional dos povos civilizados'".[8]

Enfim – como assevera o professor Ulderico Pires do Santos –, "é pacífico na doutrina e na jurisprudência que, no tocante à responsabilidade civil das pessoas jurídicas de direito público interno, o princípio sobranceiro, de maior autoridade, é o que consagra o risco administrativo. Este, como se sabe, coloca em ordem inversa o *onus probandi*, pois atribui exclusivamente ao Estado a obrigação de provar a ocorrência de caso fortuito, a força maior ou a culpa exclusiva da vítima".[9]

Mas por que a teoria do risco administrativo, e não a do risco integral?

Se formos a Hely Lopes Meirelles veremos esta sutil explicação: "A Constituição acolheu a teoria objetiva do risco administrativo, revogando em parte o art. 15 do Código Civil", mas "não chegou aos extremos do risco integral", porque "o que a Constituição distingue é o dano causado pelos agentes da Administração (funcionários) dos danos causados por atos de terceiros, ou por fenômenos da Natureza. Observe-se que o art. 194 *[da Carta de 1946]* só atribui responsabilidade objetiva à Administração pelos danos que seus funcionários, nessa qualidade, causem a terceiros. Portanto, o legislador constituinte só cobriu o risco administrativo da atuação, ou inação, dos servidores públicos; não responsabilizou objetivamente a Administração por atos predatórios de terceiros, nem por fenômenos naturais que causem danos aos particulares".[10]

6. *A Responsabilidade Civil na Doutrina e na Jurisprudência*, 2ª ed., Rio de Janeiro, Forense, 1987, p. 514.

7. *O Controle dos Atos Administrativos pelo Poder Judiciário*, 1957, p. 221.

8. *Da Responsabilidade Civil*, v. II, p. 192.

9. *A Responsabilidade ...*, 2ª ed., p. 600.

10. *Direito Administrativo Brasileiro*, 1ª ed., p. 494.

Nota da Redação: cf., na 26ª ed. (São Paulo, Malheiros Editores, 2001), p. 614.

E "essa também a orientação que vingou no egrégio Supremo Tribunal, onde o acatado administrativista é invocado, acrescentando um aresto que *a contrario sensu* seria admitir a teoria do risco integral, forma radical que obrigaria a Administração a indenizar sempre e que, pelo absurdo, levaria Jean Defroidmont (*La Science du Droit Positif*, p. 339) a cognominar de 'brutal' (*RTJ* 55/53)".[11]

Do exame, portanto, dessas lições doutrinárias e jurisprudenciais relativas à responsabilidade objetiva retiramos a orientação objetiva da limitação dessa responsabilidade à teoria do risco administrativo: é a redação do dispositivo constitucional que inadmite o acolhimento da teoria do risco integral.

O texto correspondente ao art. 194 da Constituição/1946 e ao art. 107 da Emenda Constitucional 1/1969 é o do § 6º do art. 37 da Constituição/1988, *verbis*: "As pessoas jurídicas de direito público e as de direito privado prestadoras de serviços públicos responderão pelos *danos que seus agentes, nessa qualidade, causarem a terceiros* (...)" (grifos nossos).

Portanto, diante desse texto, que liga umbilicalmente o empenhamento da responsabilidade estatal aos danos que seus agentes causarem a terceiros, permanece incólume aquela orientação doutrinária e jurisprudencial no Direito Brasileiro.

Voltemos, portanto, ao texto legal que consagra a responsabilidade objetiva relativamente aos danos ambientais.

Como vimos, o § 1º do art. 14 da Lei 6.938/1981, que a contempla, tem a seguinte redação: "Sem obstar à aplicação das penalidades previstas neste artigo, é o poluidor obrigado, independentemente da existência de culpa, a indenizar ou reparar os danos causados ao meio ambiente e a terceiros afetados por sua atividade".

Portanto, segundo esse texto, o poluidor é obrigado a indenizar ou reparar os danos que causar ao meio ambiente e a terceiros, desde que tanto o meio ambiente como os terceiros venham a ser afetados por sua atividade. Tudo isso sem indagação da existência ou não de culpa do poluidor.

Verifica-se, assim, que o que empenha a responsabilidade do poluidor é a atividade lesiva ao meio ambiente e a terceiros. Fica, portanto, de fora desse quadro qualquer atividade que não possa ser debitada ao poluidor, tais como a ação de terceiros, vítima ou não – e, evidentemente, nesse rol ainda se poderia colocar o caso fortuito (evento causado pela ação humana de terceiros) e a força maior (evento causado pela Natureza).

Conclui-se, assim, com base nesses raciocínios jurídicos, à semelhança do que ocorre no âmbito da responsabilidade objetiva do Estado, que no direito positivo pátrio a responsabilidade objetiva pelos danos ambientais é da modalidade do *risco criado* (admitindo as excludentes da culpa da vítima, da força maior e do caso fortuito), e não a do risco integral (que inadmite excludentes), nos exatos e expressos termos do § 1º do art. 14 da Lei federal 6.938/1981, Lei da Política Nacional do Meio Ambiente.

Relativamente à responsabilidade civil por danos nucleares tanto a Constituição Federal (art. 21, XXIII, "c" – "a responsabilidade civil por danos nucleares independe de existência de culpa") como a legislação específica (Lei 6.453, de 17.10.1977, art. 4º, *caput*) contemplam a responsabilidade objetiva.

Aqui, a modalidade é a do risco administrativo ou do risco criado, por obra da própria lei.

Com efeito, é expressa a Lei 6.453/1977 ao estabelecer:

"Art. 4º. Será exclusiva do operador da instalação nuclear, nos termos desta lei, independentemente da existência de culpa, a responsabilidade civil pela reparação de dano nuclear causado por acidente nuclear (...).

11. Cf. Ulderico Pires dos Santos, *A Responsabilidade* ..., 2ª ed., p. 516.

"(...).

"Art.6º. Uma vez provado haver o dano resultado exclusivamente de culpa da vítima, o operador será exonerado, apenas em relação a ela, da obrigação de indenizar.

"(...).

"Art. 8º. O operador não responde pela reparação do dano resultante de acidente nuclear causado diretamente por conflito armado, hostilidades, guerra civil, insurreição ou excepcional fato da Natureza.

"Art. 9º. A responsabilidade do operador pela reparação do dano nuclear é limitada, em cada acidente, ao valor correspondente a um milhão e quinhentas mil ORTNs.

"Parágrafo único. O limite fixado neste artigo não compreende os juros de mora, os honorários advocatícios e as custas judiciais.

"Art. 10. Se a indenização relativa a danos causados por determinado acidente nuclear exceder ao limite fixado no artigo anterior, proceder-se-á ao rateio entre os credores, na proporção de seus direitos.

"(...).

"Art. 12. O direito de pleitear indenização com fundamento nesta Lei prescreve em dez anos, contados da data do acidente nuclear.

"Parágrafo único. Se o acidente for causado por material subtraído, perdido ou abandonado, o prazo prescricional contar-se-á do acidente, mas não excederá a vinte anos contados da data da subtração, perda ou abandono.

"Art. 13. O operador da instalação nuclear é obrigado a manter seguro ou outra garantia financeira que cubra a sua responsabilidade pelas indenizações por danos nucleares."

Cabe, então, afirmar que, segundo a legislação específica, a responsabilidade civil por dano nuclear, por expressa disposição legal, é a da modalidade do risco criado, e não a do risco integral.

Registre-se que o professor Carlos Alberto Bittar, em obra excelente e dedicada exclusivamente ao assunto, analisando a lei brasileira, observa:

"Na diretriz geral encontra-se a lei brasileira, que nada de peculiar oferece a respeito, nas três disposições em que versa a matéria.

"De fato, estabelece, inicialmente, que, 'provado haver o dano resultado exclusivamente de culpa da vítima, o operador será exonerado, apenas em relação a ela, da obrigação de indenizar' (art. 6º).

"Trata-se da exoneração da culpa da vítima, em que admite também a forma *stricto sensu*.

"Estipula-se, ao depois, que o operador 'somente tem direito de regresso contra quem admitiu, por contrato escrito, o exercício desse direito ou contra pessoa física que, dolosamente, deu causa ao acidente' (art. 7º).

"São os mesmos casos previstos na grande maioria das leis referidas, prevalecendo, nesse passo, entre nós, apenas o dolo."[12]

Quanto à limitação da responsabilidade, prevista nos arts. 9º e 10 da Lei 6.453/1977, salienta o autor, em nota de rodapé: "A limitação da responsabilidade – cuja constitucionalidade foi posta em debate judicial nos EUA, conforme discutido em seus diferentes contornos, por Renato Guimarães Jr. ("O seguro nuclear sob risco constitucional", in *RT* 523/275), teve, entre nós, indicação nesse sentido no Instituto dos Advogados Brasileiros, em que se cogitou de possível colisão entre certos textos da Lei 6.453/1977 (arts. 4º, 7º, 8º, 9º e 10) e o art. 107 da Constituição Federal (anterior). Mas Nino Machado Faria (*Responsabilidade Civil por Danos Nucleares*, Rio de Janeiro, IAB, 1981, parecer) demonstrou a inexistência de conflito, enfatizando o caráter especial da responsabilidade em causa e seu restrito campo de aplicação (às atividades nucleares previstas). Ademais, inobstante certas

12. *Responsabilidade Civil nas Atividades Nucleares*, São Paulo, Ed. RT, 1985, p. 211.

formulações – como vimos – destoem do regime normal de responsabilidade civil, a verdade é que, entre nós, inexiste, em qualquer das situações referidas, mandamento constitucional em contrário".[13]

IV – A responsabilidade ou criminalização dos atos danosos ao meio ambiente

Não seria, à evidência, possível uma proteção eficaz do ambiente sem a colaboração do direito penal. Por isso, as legislações dos vários países contemplam diversas condutas atentatórias ao meio ambiente como sendo crimes ou contravenções.

Paulo José da Costa Júnior e Giorgio Gregori afirmam, a propósito: "A previsão de crimes especificamente ecológicos, esteja ela compreendida no Código Penal ou expressa em leis especiais, é, de qualquer modo, a única forma para assegurar aos valores ambientais aquela proteção 'imediata' de que necessitam no momento atual", surgindo, "assim, no direito penal recente uma tipologia de seus interesses ecológicos que se apresentam sempre, em todas as experiências legislativas que se vêm a fazer na matéria".[14]

Asseveram, ainda: "A complexidade e a precariedade da matéria penal ecológica tornam não sempre fácil a exata individualização do bem jurídico tutelado por determinada proposição incriminadora. Na atualidade, em todas as ordenações penais que se mostrem amadurecidas existe um complexo de normas que, mesmo diferindo em seu objeto, integra a categoria 'segurança' da 'conservação' do ambiente natural. Tudo isso se reveste de grande importância de um ponto de vista sistemático".

Esses eminentes penalistas, antes de mais, descrevem e analisam a questão fundamental nesta matéria: a construção do tipo no âmbito do direito penal ecológico.

Indicam que, em primeiro lugar, existe a tendência em acentuar, na construção da norma penal em questão, a indicação do "fim" perseguido, em prejuízo da descrição precisa do "fato" vetado. Entendem que, na aplicação, esse tipo de norma confia grande discricionariedade ao juiz e se presta felizmente aos destinos incertos de uma interpretação evolutiva (o tipo tende, portanto, a assumir um caráter exemplificativo).[15]

Acrescentam que a indeterminação dos tipos demonstra que a atitude legislativa não se deve à incapacidade do legislador moderno de forjar um sistema normativo analítico (exaustivo), mas sim à ansiedade de proteger a qualquer preço bens que estão sendo destruídos de maneira progressiva e irrecuperável. O caráter indeterminado do tipo visa, portanto, em muitos casos, a punir o maior número de condutas poluentes. Assim, concluem que no estado atual das coisas não é possível tutelar diversamente, de forma adequada, os bens ecológicos. Essa constatação termina por enfatizar que na construção da norma penal ecológica deve-se em grande parte prescindir da conduta vetada, para concentrar a maior atenção nas características e nos tipos de lesão que ofendem o bem protegido.[16]

Por isso, por essa questão fundamental, de técnica legislativa em matéria penal vetorializada aos delitos ecológicos, os juristas referidos nos adiantam que a construção da lesão – tipo dos bens jurídicos em questão – aproxima-se muito mais da fronteira do "perigo" que daquela do "dano", e que essa regra vem praticamente generalizada em matéria de crimes de poluição atmosférica ou marítima.[17]

Quanto ao crime de dano ecológico, ocorre sempre que a tutela emprestada ao

13. Carlos Alberto Bittar, *Responsabilidade Civil* ..., p. 199.

14. *Direito Penal Ecológico*, São Paulo, CETESB, 1981, p. 46.

15. Paulo José da Costa Júnior e Giorgio Gregori, *Direito Penal Ecológico*, p. 49.

16. Idem, ibidem, pp. 53-54.

17. Idem ibidem, p. 55.

bem natural considere o momento em que se verificam os fatos da inquinação, e o dano constitui-se numa alteração da situação preexistente em razão da ação de determinado sujeito, o crime comportará a valoração da lesão efetiva de um bem ambiental. Por isso, hipóteses de crimes de danos, nesse campo, não são freqüentes, porque, na prática, são de difícil aplicação.[18]

Quanto ao crime ecológico ser enquadrável como crime de perigo, adiantam os autores que tal concepção exerce sobre o legislador enorme atração, porque torna o problema mais simples.[19]

Doutrinando que se verifica o crime de perigo sempre que a lei transfira o momento consumativo do crime, da "lesão" para aquele da "ameaça", aperfeiçoando-se o crime no instante em que o bem tutelado se encontrar numa condição objetiva de possível ou provável lesão, indicam que dessa forma obtém-se a confortadora perspectiva de vencer a fronteira protetora dos bens e valores merecedores de especial tutela. Concluem que, em verdade, no contexto da sociedade contemporânea torna-se evidente que uma técnica normativa assentada na incriminação do perigo é a mais adequada a enfrentar as ameaças múltiplas trazidas de muitas partes e por meios estranhos ao sistema ecológico.[20]

Por fim, observam que a doutrina tradicional costuma apresentar uma *summa divisio* entre crimes de perigo "concreto" e "abstrato ou presumido", fundamentando a diferença no fato de que nos primeiros a existência do perigo deve ser averiguada caso por caso, ao passo que nos demais se prescinde de tal averiguação, já que a ameaça ao bem tutelado é deduzida da lei, pelo simples fato de estarem os extremos de conduta integrados no tipo (afirmam que a literatura a respeito é vasta).[21] Em ambos os casos, porém, seus fundamentos estão na convicção incontroversa do legislador de que a conduta em exame se constitui numa ameaça ao bem ambiental protegido.

Invocam esses autores o testemunho de Herman (*Die Rolle* ...) quando observou que, via de regra, são os tipos de perigo abstrato que marcam os tipos fundamentais da moderna tutela penal do meio ambiente; ao passo que os tipos de perigo concreto não representam as mais significativas confirmações.[22]

É importante, para se entender as características de proteção penal do meio ambiente no mundo contemporâneo, a observação desses autores: "Note-se: nos termos modernos, a tendência é antecipar a proteção do ambiente natural, do momento do dano ao momento do exercício da atividade perigosa aos bens ecológicos, quando não do instante da simples detenção ou produção de substâncias poluentes. A atenção do legislador tem sido cada vez maior nesse sentido, obcecada que se acha pela necessidade de prevenir o fenômeno, reprimindo as condutas predatórias. Afastam-se os crimes ecológicos, conseqüentemente, sempre mais da lesão efetiva do bem jurídico, para construírem uma linha avançada de defesa contra a poluição".[23]

Mas observam que na doutrina mais atenta e nas experiências legislativas de vanguarda vai-se afirmando um outro modo de considerar o problema. Partidas das dificuldades sabidas de encontrar o legislador penal, para delimitar o âmbito e a intensidade da tutela a ser emprestada aos bens ambientais, sugere-se que a proteção do ambiente seja confiada principalmente à autoridade administrativa, a quem cabe a obrigação de regulamentar os fatores poluentes, de conce-

18. Idem, ibidem.

19. Paulo José da Costa Júnior e Giorgio Gregori, *Direito Penal Ecológico*, p. 56.

20. Idem, p. 57.

21. Idem, ibidem.

22. Paulo José da Costa Júnior e Giorgio Gregori, *Direito Penal Ecológico*, p. 60.

23. Idem, pp. 60-61.

der autorizações para o exercício de atividades perigosas, de impor limitações, cautelas e proibições com relação a eles. O direito penal viria a desenvolver função secundária de punir a violação da prescrição administrativa. O crime ecológico então consistiria em mera desobediência aos preceitos da autoridade estatal competente em disciplinar o uso dos recursos ambientais.[24]

Adentra-se, assim, neste campo, a utilização das denominadas "normas penais em branco", de aceitação pacífica na doutrina, mesmo tradicional, do direito penal. Essa técnica foi a utilizada pelo legislador da Lei 6.766/1979, que disciplina, no Brasil, o parcelamento do solo urbano (arts. 50 e ss.).

Entretanto, para fins de análise e reflexão é importante considerar que essa tendência legislativa – a preferência pelas normas penais em branco – se dá na Europa, enquanto que na América Latina a tendência evolutiva é oposta.

Mostra-nos esse fato, com muita nitidez, o ilustre jurista ambiental brasileiro professor Paulo Affonso Leme Machado: "Os textos das reformas penais introduzidas no Brasil mostram uma sensível diferença entre o conteúdo incriminatório dos arts. 15 e 16 da Lei de Agrotóxicos e o novo art. 15 da Lei 6.938/1981. Na Lei de Agrotóxicos aplicou-se o sistema de um direito penal administrativo, procurando-se diretamente apoiar o corpo de normas administrativas relativas ao registro, comercialização, transporte e aplicação de pesticidas. Já na reforma levada a efeito pela Lei 7.804/1989 está caracterizada a autonomia da norma penal frente às normas administrativas".[25]

Indica-se que na Alemanha Federal, em 1990, foi introduzido um capítulo intitulado "Delitos Contra o Meio Ambiente" no Código Penal; e na Espanha, em 1983, inseriram no Código Penal artigos tratando do meio ambiente. Em ambos os casos vamos verificar que o tipo penal só se realiza se houver descumprimento de normas administrativas protetoras do meio ambiente. Na América Latina, entretanto, ocorre o contrário – ou seja, a menos que a lei não contenha preceitos reguladores e protetores do meio ambiente, os Poderes Executivos não se têm mostrado ágeis e com vontade política determinante para punir a agressão ambiental.

Assim, no México, a Lei de Meio Ambiente, de 11.1.1982, em seu art. 76, não deixa em branco a incriminação penal ambiental. Da mesma forma, no Brasil, com seu art. 15 advindo da Lei 7.804/1989.[26]

Visto isso – considerações fundamentais na matéria, feitas por eminentes e conceituados penalistas pátrios –, vejamos como o direito positivo criminaliza os ilícitos contra o meio ambiente no Brasil.

Desde logo, destaque-se, há não só crimes, como, também, contravenções.

O diploma fundamental aqui é, sem dúvida, a Lei 7.804, de 18.7.1989, que modificando o art. 15 da Lei 6.938, de 31.8.1981, dispôs: "O poluidor que expuser ao perigo a incolumidade humana, animal ou vegetal, ou estiver tornando mais grave a situação de perigo existente, fica sujeito à pena de reclusão de um a três anos e multa de 100 a 1.000 MVR".

Há aumentos da pena em dobro se: I – resultar: a) dano irreversível à fauna, à flora e ao meio ambiente; b) lesão corporal grave; II – a poluição é decorrente de atividade industrial ou de transporte; III – o crime é praticado durante a noite, domingo ou feriado.

As autoridades competentes que deixarem de promover as medidas tendentes a impedir a prática das condutas mencionadas incorrerão no mesmo crime, segundo o § 2º do referido artigo.

Pode-se considerar que a Lei 7.804/1989 veio regulamentar o art. 225, § 3º, da Constituição Federal, em parte, posto que a

24. Idem, p. 67.

25. *Direito Ambiental Brasileiro*, 3ª ed., São Paulo, Ed. RT, 1991, p. 364.

26. Idem, ibidem.

disposição constitucional previu sanção penal também para as pessoas jurídicas, e a disposição transcrita não abrangeu expressamente, o que em direito penal é de rigor, não cabendo ao intérprete pretender incluí-la na expressão "poluidor".

De outro lado, observe-se que é um tipo penal genérico, de perigo concreto, e não abstrato, de resultado e autônomo em relação às regras administrativas (não se trata de norma penal em branco).

Em seguida a Lei de Agrotóxicos tipificou os crimes de poluição e mau uso de agrotóxicos (Lei 7.802, de 11.7.1989). O legislador, aqui, utilizou-se da técnica das normas penais em branco.

Quanto à caça, o Código de Caça (Lei 5.197, de 3.1.1967) ou Lei de Proteção à Fauna, continha normas apenas relativas às contravenções. A Lei 7.653, de 12.2.1988, tornou essas contravenções crimes, tornando-os inafiançáveis, tendo havido revogação parcial dela através da Lei 7.679, de 23.11.1988.

O Decreto 23.793, de 23.1.1934, era o Código Florestal, tendo dividido as infrações penais sobre o assunto em crimes e contravenções penais. O Código Penal de 1940, através do art. 3º da Lei de Introdução, considerou que os crimes do Código Florestal, quando não inseridos nele (Código Penal), passariam a ser contravenções. Com o novo Código Florestal (Lei 4.771, de 15.9.1965) as contravenções ficaram na lei especial e os crimes permaneceram regulados no Código Penal.

O Código Penal (Decreto-lei 2.848, de 7.12.1940, com alterações) prevê vários outros crimes em matéria ambiental, tais como: incêndio doloso em florestas (art. 250, § 1º), com pena de reclusão; incêndio culposo de florestas (art. 250, § 2º); difusão dolosa de epífitos ou pragas (art. 259); difusão culposa (art. 259, § 1º); dano em floresta particular (art. 163); dano em floresta de entes políticos e suas entidades (art. 163); dano por abandono de animais em floresta (art. 164); resistência, desobediência e desacato (arts. 329-331); furto (art. 155); envenenamento de água potável ou de substância alimentícia (art. 270, § 2º – modalidade culposa; Lei 8.072, de 25.7.1990 – crime hediondo, pena de reclusão de 10 a 15 anos); corrupção ou poluição de água potável (comum ou particular – art. 271 do CP); falsidade e uso de documento público (arts. 297 e 304 do CP).

A análise detalhada de todos os crimes e contravenções no Direito Brasileiro pode ser realizada na obra *Crimes contra a Natureza*, de Vladimir Passos de Freitas e Gilberto Passos de Freitas,[27] por todos os títulos o melhor trabalho já produzido entre nós, no assunto.

IV.1 As recentes sanções penais

A Lei 9.605, de 12.2.1998 (*DOU* 13.2.1998), veio dispor sobre as sanções penais e administrativas derivadas de condutas e atividades lesivas ao meio ambiente.

Essa lei veio complementar a Lei 7.804/1989, regulamentando o art. 225, § 3º, da Constituição Federal, disciplinando os crimes ecológicos com maiores detalhamentos, fixando a responsabilidade penal e administrativa das pessoas jurídicas e contemplando normas gerais relativas às sanções administrativas.

Neste ponto faremos rápidas considerações sobre os aspectos gerais da referida lei.

O art. 1º dizia que as condutas e as atividades lesivas ao meio ambiente seriam punidas com sanções administrativas, civis e penais, na forma estabelecida nessa lei. O Presidente da República vetou esse artigo, tendo em vista que o dispositivo abrangia apenas as sanções previstas em lei, e com isto outros ilícitos tipificados em legislações outras deixariam de existir.

O art. 2º contempla a co-autoria, que, neste caso, é sempre culposa (na medida da culpabilidade).

27. 2ª ed., São Paulo, Ed. RT, 1991.

Como se sabe, o art. 29 do Código Penal, em tema de concurso de agentes, adotou a teoria monística ou unitária, equiparando, em princípio, todos aqueles que, de qualquer modo, concorrem para o crime. Autores ou cúmplices respondem, igualmente, pela totalidade do evento criminoso.

De outro lado, aponte-se: a fórmula concisa do art. 29 do Código Penal ("Quem, de qualquer modo, concorre para o crime incide nas penas a este cominadas na medida de sua culpabilidade") é corolário da teoria da equivalência das causas, adotada pelo mesmo Código ("O resultado, de que depende a existência do crime, somente é imputável a quem lhe deu causa. Considera-se causa a ação ou omissão sem a qual o resultado não teria ocorrido" – art. 13 do CP).

Uma característica, entretanto, deste art. 2º é que a co-autoria é de natureza culposa.

A propósito, lembre-se da lição oportuna da professora Ivete Senise Ferreira, da USP: "Sem entrar em maiores considerações a respeito da culpabilidade na moderna doutrina brasileira, que parece ser tanto psicológica quanto normativa, importa sobretudo lembrar que os crimes ecológicos tanto podem ser dolosos como culposos, mas, de acordo com a regra do art. 18 do Código Penal, válida também para a legislação especial, os crimes culposos só serão puníveis quando expressamente forem mencionados na lei; no silêncio desta subentende-se terem sido previstos apenas na forma dolosa".[28]

Ainda, o art. 2º abrange como co-autores o diretor, o administrador, o membro do conselho e do órgão técnico, o auditor, o gerente, o preposto ou mandatário de pessoa jurídica que, sabendo da conduta criminosa de outrem, deixa de impedir sua prática, quando pode agir para evitá-la.

Portanto, especificamente em relação a esses agentes, o crime ocorrerá se eles, sabendo da conduta criminosa de outrem, e podendo agir para evitá-la, se omitirem. Trata-se, no caso, da participação omissiva, que, segundo a doutrina penalista, só pode ser imputada a quem tenha o dever de evitar o evento criminoso. Quem não tem o dever jurídico de evitar o crime não pode ser considerado co-autor ou partícipe por omissão.

O art. 3º, concretizando, como já se disse, o art. 225, § 3º, da Constituição Federal, impõe a responsabilização penal, administrativa e civil da pessoa jurídica, avançando, nesse aspecto, na trilha de uma das modernas legislações a respeito.

Entretanto, a norma é objetiva; tais responsabilidades somente emergirão quando: a) ocorrerem os ilícitos previstos na Lei 9.605/1998; b) nos casos em que a infração seja cometida por decisão de seu representante legal ou contratual, ou de seu órgão colegiado, no interesse ou benefício da sua entidade.

O art. 4º contempla pela primeira vez no direito positivo ambiental a teoria da desconsideração da personalidade jurídica da pessoa coletiva, desde que seu uso constitua obstáculo ao ressarcimento de prejuízos causados à qualidade do meio ambiente.

O art. 5º, vetado pelo Presidente da República, tinha a seguinte dicção: "Sem prejuízo do disposto nesta Lei, o agente, independentemente da existência de culpa, é obrigado a indenizar ou reparar o dano por ele causado ao meio ambiente e a terceiros afetados por seus atos".

O veto oposto sublinhou que a redação do art. 14, § 1º, da Lei 6.938/1981 (que contempla já a responsabilidade objetiva, por redação nossa dada ao então Anteprojeto da Lei de Política Nacional do Meio Ambiente, que nos foi submetida, a nós e ao eminente jurista Paulo Affonso Leme Machado) afigura-se mais consentânea com a terminologia utilizada nas questões ambientais.

O art. 7º contempla uma diretriz fundamental seguida pela lei, e, sob esse aspecto, tal explicação nos foi dada pelo eminente Desembargador Dr. Gilberto Passos de Freitas, Presidente da Comissão que elaborou o

28. "O direito penal ambiental", *Consulex* 7/30, julho de 1997.

então anteprojeto da lei: a substituição das penas privativas de liberdade pelas penas restritivas de direito (que são autônomas), nas hipóteses elencadas (I – quando tratar-se de crime culposo ou for aplicada pena privativa de liberdade inferior a quatro anos; II – quando a culpabilidade, os antecedentes, a conduta social e a personalidade do condenado, bem como os motivos e as circunstâncias do crime, indicarem que a substituição seja suficiente para efeitos de reprovação e prevenção do crime).

O parágrafo único impõe às penas restritivas de direitos, à reprovação e prevenção de direitos, a mesma duração da pena privativa de liberdade a que substituíram.

O art. 8º indica quais são, para as pessoas físicas, as penas restritivas de direitos: I – prestação de serviços à comunidade; II – interdição temporária de direitos; III – suspensão parcial ou total de atividades; IV – prestação pecuniária; V – recolhimento domiciliar.

Já, o art. 21 dispõe que as penas aplicáveis à pessoa jurídica (isolada, cumulativa ou alternativamente), de acordo com o art. 3º, são: I – multa; II – restritivas de direitos; e III – prestação de serviços à comunidade.

O art. 22 diz quais são as penas restritivas de direitos da pessoa jurídica: I – suspensão parcial ou total de atividades; II – interdição temporária de estabelecimento, obra ou atividade; III – proibição de contratar com o Poder Público, bem como dele obter subsídios, subvenções ou doações.

A diferença entre *suspensão* e *interdição* está no seguinte aspecto: na primeira hipótese a atividade não está obedecendo às disposições legais ou regulamentares relativas à proteção do meio ambiente; na segunda hipótese o estabelecimento, obra ou atividade estará funcionando sem a devida autorização ou em desacordo com a concedida, ou com violação de disposição legal ou regulamentar.

A pena do inciso III – ou seja, a proibição de contratar com o Poder Público – não poderá exceder o prazo de 10 anos (§ 3º).

O art. 23 indica no que consistirá a pena de prestação de serviços à comunidade: I – custeio de programas e projetos ambientais; II – execução de obras de recuperação de áreas degradadas; III – manutenção de espaços públicos; IV – contribuição às entidades ambientais ou culturais públicas.

O art. 25 trata da apreensão do produto e do instrumento do crime ou de infração administrativa.

Os arts. 26 a 28 dão nova disciplina aos crimes ambientais de menor potencial ofensivo (Lei 9.099, de 26.9.1995).

O Capítulo V dispõe, especificamente, sobre os "Crimes contra o Meio Ambiente".

Na Seção I, através dos arts. 29 a 37, são elencados os tipos penais relacionados aos crimes contra a fauna. Na Seção II, aqueles relacionados com a flora.

A Seção III tipifica (arts. 54-61) os crimes de poluição e outros. Aqui, é de ser salientado o art. 60, que se constitui numa norma penal em branco, posto que remete a sua complementação à área administrativa.

A Seção IV trata dos crimes contra o ordenamento urbano e o patrimônio cultural.

O art. 62 tipifica o crime de destruição, inutilização ou deterioração de bens culturais ou monumentais.

O art. 63 completa o anterior, com a mesma preocupação, abrangendo bens de valor turístico, paisagístico, histórico, religioso, arqueológico, etnográfico e ecológico. O art. 64 protege o entorno de bens daquelas espécies.

A Seção V dispõe sobre os crimes contra a Administração Ambiental.

O art. 67 contempla norma penal em branco; e o art. 68, crime de omissão funcional ou contratual.

V – Comunicabilidade e incomunicabilidade das instâncias penal, administrativa e civil

Vimos que o poluidor ou depredador do meio ambiente pode ser responsabilizado administrativamente, civil e penalmente.

Necessitamos agora saber, no caso de haver a responsabilização administrativa, a penal e a civil, se em cada uma dessas instâncias, relativamente às decisões nelas proferidas em relação a determinado poluidor ou depredador do meio ambiente, têm ou não influência as decisões respectivas umas sobre as outras.

O Código de Processo Penal trata da questão no seu art. 386, I a VI, *in verbis*:

"Art. 386. O juiz absolverá o réu, mencionando a causa na parte dispositiva, desde que reconheça:

"I – estar provada a inexistência do fato;

"II – não haver prova da existência do fato;

"III – não constituir, o fato, infração penal;

"IV – não existir prova de ter o réu concorrido para a infração penal;

"V – existir circunstância que exclua o crime ou isente o réu de penas (arts. 17, 18, 19, 22 e 24, § 1º, do CP);

"VI – não existir prova suficiente para a condenação."

Vejamos, em primeiro lugar, a repercussão da sentença penal, condenatória ou absolutória, no juízo administrativo.

Assim, segundo tais regras, uma primeira hipótese é aquela em que o juízo criminal reconhece a inexistência do fato, e a segunda é aquela em que o juízo criminal reconhece a existência do fato, mas entende que o poluidor não é o autor do fato danoso ao meio ambiente. Em ambas as hipóteses há repercussão da decisão criminal na jurisdição administrativa. Ou seja, existe a comunicabilidade de instâncias. Em conseqüência, as decisões judiciais, nesses casos, obrigam que as instâncias administrativas absolvam o poluidor.

Como lembra, em outro aporte, José Cretella Júnior: "Se o fato constitui ilícito administrativo e, ao mesmo tempo, ilícito penal, a decisão do juiz criminal que declara inexistente o fato ou que o funcionário não foi seu autor é válida, e repercute na instância administrativa, no que tange ao crime; se resta, porém, um resíduo, uma falta administrativa, esta é suficiente para a condenação administrativa".[29]

Adianta outras hipóteses o ilustre professor:

"Entretanto, a absolvição no juízo penal nos casos de inexistência, insuficiência de prova, em nada influi sobre o juízo administrativo e disciplinar.

"A absolvição de funcionário público que resulta da ineficiência de prova é inoperante no campo administrativo.

"Para a condenação na esfera penal é imposto um rigor bem maior do que para a aplicação de uma pena administrativa. A prova que será suficiente na esfera administrativa para demissão não é bastante na esfera penal para condenação: é a insuficiência de prova."

Nesta última hipótese há a incomunicabilidade das instâncias.

Entretanto, o professor não abordou a hipótese da condenação no juízo criminal. Há repercussão desta condenação na esfera administrativa, pela mesma razão apontada pelo professor para a hipótese da insuficiência de prova, quando se admite que o juízo penal é muito mais rigoroso que a instância administrativa; deve-se concluir que a repercussão da decisão condenatória do juízo criminal é plena e imediata na via administrativa. Ou seja, o poluidor condenado na via criminal o será, só por isso, também na via administrativa.

E em matéria ambiental não pode ser diferente, principalmente quando se tratar de processos administrativos e judiciais cujos ilícitos são os mesmos, ou seja, são, ao mesmo tempo, tipificados como ilícitos penais e administrativos (é o caso dos ilícitos administrativos a seguir pinçados do Decre-

29. *Manual de Direito Administrativo*, 2ª ed., Rio de Janeiro, Forense, 1979, p. 370.

to 3.179, de 21.9.1999, e suas correspondentes e idênticas tipificações penais, previstas na Lei 9.605, de 12.2.1998: art. 11, correspondente ao art. 29 da Lei 9.605; art. 13, ao art. 30; art. 17, ao art. 32; art. 18, ao art. 33; art. 19, ao art. 34; art. 20, ao art. 35; art. 25, ao art. 38; art. 26, ao art. 39; art. 27, ao art. 40; art. 28, ao art.41; art. 29, ao art. 42; art. 30, ao art. 44; art. 31, ao art. 45; art. 32, ao art. 46; art. 33, ao art. 52; art. 41, ao art. 54; art. 42, ao art. 55; art. 43, ao art. 56; art. 44, ao art. 60; art. 45, ao art. 61; art. 49, ao art. 62; art. 50, ao art. 63; art. 51, ao art. 64).

Nessas hipóteses, sem dúvida alguma, a repercussão da condenação penal na esfera administrativa é de rigor, posto que as provas e o rigor no processo criminal são muito mais exigentes do que na esfera administrativa. Já, o contrário, ou seja, a repercussão na esfera penal, nos casos supra-indicados, de uma condenação na esfera administrativa, posto que menos exigentes seus pressupostos do que aqueles do juízo criminal, não se dá; quando muito, serão, as provas colhidas, início de prova no juízo criminal.

Quanto às responsabilidades penal e civil (objetiva), inexiste qualquer comunicabilidade entre as duas, posto que na primeira há que se buscar sempre o ato doloso (ou, excepcionalmente, o culposo), sendo certo que na segunda não há que se buscar sequer a culpa; bastam o nexo causal e o dano efetivamente causado pelo poluidor/depredador do meio ambiente.

NOTAS SOBRE A EFICIÊNCIA ADMINISTRATIVA NA CONSTITUIÇÃO FEDERAL

VLADIMIR DA ROCHA FRANÇA

Professor da Universidade Federal do Rio Grande do Norte e da Universidade Potiguar.
Mestre em Direito Público pela Faculdade de Direito do Recife/UFPE

1. Introdução. 2. Elementos para a caracterização da eficiência administrativa como princípio. 3. Conteúdo jurídico da eficiência administrativa. 4. Aspectos polêmicos do controle judicial da eficiência administrativa. 5. Notas finais.

1. Introdução

As recentes alterações que o texto constitucional recebeu, através da Emenda Constitucional n. 19/98 (conhecida como "reforma administrativa" pela mídia e, "emendão" pelos estudiosos do direito público), têm constituído uma nova fonte de desafios para aqueles que aprenderam a amar o direito administrativo.

Junto com a Emenda Constitucional n. 19/98, estamos assistindo a todo um processo de mudança no perfil de administração pública que tínhamos no Brasil. Fala-se em desburocratização, desregulamentação e, em alguns casos, até de desconstitucionalização. Estamos assistindo a introdução de novos entes e institutos na administração pública, como as organizações sociais, as agências executivas, o contrato de gestão etc.

Dentre as mudanças no texto constitucional, observamos com bastante interesse a nova redação do *caput* do art. 37 da Constituição Federal. Encontra-se agora no texto da Lei Maior: "Art. 37. A administração pública direta e indireta de qualquer dos Poderes da União, dos Estados e do Distrito Federal e dos Municípios obedecerá aos princípios da legalidade, impessoalidade, moralidade, publicidade e *eficiência* (...)" (grifo nosso).

A introdução expressa do princípio da eficiência, ao nosso ver, fez-se para tentar oferecer respostas às acusações de praxe contra a administração pública brasileira, tais como a corrupção, nepotismo, baixa qualidade dos serviços públicos, estabilidade do servidor como mordomia, salários exorbitantes etc. O cidadão brasileiro sempre se ressentiu dos serviços públicos que lhe são oferecidos, denunciando continuamente a ineficiência destas atividades estatais através da mídia. Por mais que se faça acusações à imprensa brasileira, quanto à sua conduta no processo de reformas que o Estado e o Direito brasileiros vêm passando, muito do que se denunciou e criticou na mídia representa um eco a todo esse conjunto de frustrações.

O que não deixa de ser um exemplo claro do que Marcelo Neves (1994:37) aponta como legislação-álibi, ou seja, quando o legislador procura atenuar as pressões sócio-políticas ou tenta se apresentar como sensível às necessidades sociais.

Muitas vezes se recorre ao Poder Judiciário em busca de providências em razão da resistência à ação da administração pública. Mas, em termos lógico-formais, é possível o Poder Judiciário invalidar um ato administrativo por que este teria ofendido ou pode ofender o princípio da eficiência? O princípio da eficiência basta para invalidar um ato administrativo?

O objetivo desse trabalho é o de identificar a função jurídica da eficiência administrativa, bem como o de propor um conteúdo possível para este preceito. Não se trata de esgotar o assunto, mas sim tecer algumas impressões iniciais sobre a matéria.

2. Elementos para a caracterização da eficiência como princípio

Toda a atividade estatal está submetida ao ordenamento jurídico vigente, que é composto de princípios e regras que orientam as relações jurídicas entre a administração pública e o cidadão.

Os princípios constitucionais são expressões normativas consolidadas a partir dos valores (fundamentos constitucionais[1]) ou fins (diretrizes constitucionais[2]) constitucionais, que garantem a coerência, a unicidade e a concreção de todo o ordenamento jurídico (França, 1997:478). São normas constitucionais hierarquicamente superiores às regras constitucionais[3] (França, 1997:480-483).

A quebra de um princípio jurídico basta para invalidar todo e qualquer ato do Estado, pois como bem leciona Celso Antônio Bandeira de Mello (1994:451): "Violar um princípio é muito mais grave que transgredir uma norma qualquer. A desatenção ao princípio implica ofensa não apenas a um específico mandamento obrigatório mas a todo o sistema de comandos. É a forma mais grave de ilegalidade ou inconstitucionalidade, conforme o escalão do princípio atingido, porque representa insurgência contra todo o sistema, subversão de seus valores fundamentais, contumélia irremissível a seu arcabouço lógico e corrosão de sua estrutura mestra".

O princípio da eficiência vem expresso na Constituição Federal reformada. Quando um princípio jurídico é encontrado por disposição expressa no texto legal, constitui norma plenamente exigível e concretizável, vinculando imediatamente o agente público e o cidadão[4] (França, 1998:47).

A eficiência administrativa pode ser aceita como princípio na medida em que viabilize a invalidação de qualquer ato do Estado atentatório aos seus ditames. O conteúdo jurídico do princípio constitucional variará consoante o tratamento que lhe for dado, bem como o alcance e o peso relativo que lhe for atribuído, dentro do ordenamento jurídico posto (França, 1997:483-492).

Nem sempre o fato de o legislador atribuir, numa interpretação literal do texto jurí-

1. São aqueles valores socialmente considerados imprescindíveis para a sociedade em um dado momento histórico cuja complexidade demanda um tratamento jurídico diferenciado (França 1997:474). Ver CF art. 1º e seus incisos.

2. São aquelas metas constitucionalmente fixadas para o Estado e a Sociedade que devem ser alcançadas por instrumentos jurídicos (França 1997:475). Ver CF art. 3º e seus incisos.

3. Preceitos normativos tal como as regras jurídicas infraconstitucionais que estabelecem um padrão de conduta a ser seguido pelo cidadão diante de uma dada situação jurídica individual, podendo determinar uma permissão, obrigação ou proibição (França 1997:478).

4. No caso dos princípios jurídicos implícitos no ordenamento jurídico, é preciso a sua apreensão doutrinária e jurisprudencial, somente encontrando concretização viável quando indicado e imposto pela decisão judicial (idem).

dico, a condição de princípio a um preceito indica necessariamente que ele o será. O princípio jurídico é uma norma jurídica, forte e poderosa o suficiente, sem necessidade de uma regra ou outro princípio que o explique, para determinar a validade ou a invalidade de regras e atos jurídicos. Os princípios não são criados pela doutrina ou pela jurisprudência, mas sim identificados no ordenamento jurídico (França, 1998:45-52; Grau, 1990:129).

Não raras vezes se confunde um fundamento ou uma diretriz com um princípio jurídico. A cidadania, por exemplo, não é um princípio jurídico, mas sim um fundamento constitucional a ser concretizado por via normativa.[5] É possível invalidar um ato do Estado argumentando tão-somente a cidadania? Essa mesma pergunta deve ser feita se atribuir ou não à eficiência administrativa o caráter de princípio.

3. Conteúdo jurídico da eficiência administrativa

3.1 Natureza jurídica da eficiência administrativa

Consoante Adílson de Abreu Dallari (1994:39-40; cf. Morais, 1999:293), "o Poder Público somente cuida daquilo que é essencial e fundamental para a coletividade, e que, portanto, deve ser bom, produtivo, eficaz, eficiente", constituindo a reclamação pela eficiência da administração pública um direito subjetivo do administrado. Como lembra Alexandre de Morais (1999:293), o indivíduo-administrado "poderá exigir da Administração Pública o cumprimento de suas obrigações da forma mais eficiente possível".

Há respeito à eficiência quando a ação administrativa *atinge materialmente os seus fins lícitos e por vias lícitas* (França, 1998:81). Quando o administrado se sente amparado e satisfeito na resolução dos problemas que ininterruptamente leva à Administração. O princípio da eficiência administrativa estabelece o seguinte: *toda a ação administrativa deve estar orientada para a concretização material e efetiva da finalidade posta pela lei, segundo os cânones do regime jurídico-administrativo.*

A ânsia de se alcançar as metas legalmente estipuladas pode, não raras vezes, induzir o administrador à indevida "flexibilização" das normas que regulam o procedimento administrativo previsto para o caso concreto. O caso recente dos grampos telefônicos de conversas reservadas dos responsáveis pelo processo de privatização em curso demonstram que o argumento da "eficiência" também pode servir para a quebra do ordenamento jurídico.

Somente há o respeito e a observância do princípio da eficiência administrativa quando o administrador respeita o ordenamento jurídico, mesmo diante de finalidade legal efetivamente atingida. Por mais que esteja bem intencionado o administrador, este não pode afastar os preceitos do regime jurídico-administrativo sob o argumento de que os mesmos atrapalham o próprio interesse público.

Alexandre de Morais (1999:294; grifo no original) o define do seguinte modo: "(...) é aquele que impõe à Administração Pública direta e indireta e a seus agentes a persecução do bem comum, por meio do exercício de suas competências de forma imparcial, neutra, transparente, participativa, eficaz, sem burocracia e sempre em busca da qualidade, primando pela adoção dos critérios legais e morais necessários para melhor utilização possível dos recursos públicos, de maneira a evitar-se desperdícios e garantir-se uma maior rentabilidade social. Note-se

5. Isso não implica dizer que estamos menosprezando a função jurídica da cidadania. Como fundamento constitucional, tem a função normativo-jurídica de, ao lado sua função político-simbólica, servir de padrão axiológico para o operador jurídico, na construção e concretização do ordenamento jurídico (França, 1997:477).

que não se trata da consagração da tecnocracia, muito pelo contrário, o *princípio da eficiência* dirige-se para a razão e um fim maior do Estado, a prestação dos serviços públicos sociais essenciais à população, visando à adoção de todos os meios legais e morais possíveis para a satisfação do bem comum".

Aceitação do princípio da eficiência encontra resistência na doutrina, talvez porque uma das razões apontadas para sua indicação expressa no texto constitucional reformado tenha sido tornar a estabilidade dos servidores públicos mais frágil. Maurício Antônio Ribeiro Lopes (1998:108-109; grifo no original) se opõe ao caráter principiológico e jurídico da eficiência administrativa, afirmando: "Inicialmente cabe referir que *eficiência*, ao contrário do que são capazes de supor os próceres do Poder Executivo Federal, jamais será *princípio* da Administração Pública, mas sempre terá sido — salvo se deixou de ser em recente gestão pública — *finalidade* da mesma Administração Pública. Nada é *eficiente* por princípio, mas por conseqüência (...).

"Trata-se de princípio retórico imaginado e ousado legislativamente pelo constituinte reformador, sem qualquer critério e sem nenhuma relevância jurídica no apêndice ao elenco dos princípios constitucionais já consagrados sobre Administração Pública."

E, caminhando em sentido similar, Celso Antônio Bandeira de Mello (1999:75): "Quanto ao princípio da eficiência, não há nada a dizer sobre ele. Trata-se, evidentemente, de algo mais do que desejável. Contudo, é juridicamente tão fluido e de tão difícil controle ao lume do Direito, que mais parece um simples adorno agregado ao art. 37 ou o extravasamento de uma aspiração dos que buliram no texto".

A eficiência, ao nosso ver, constitui sim princípio jurídico da administração pública, que, junto aos demais princípios constitucionais do regime jurídico-administrativo, impõe o dever da boa administração (França, 1998:82). Não se pode conceber uma administração pública que não tenha a obrigação de ser diligente e criteriosa na busca e efetivação do interesse público consagrado em lei (idem; no mesmo sentido, Moreira Neto, 1991:55). O princípio da eficiência administrativa tem bastante relevância quando se apura o respeito à ordem jurídica quando se está diante da discricionariedade administrativa (cf. Meirelles, 1995:103-104; França, 1998:85 e 100).

É certo que a eficiência é uma finalidade de toda ação administrativa, mas nada impede que o constituinte, o legislador ou o reformador estabeleçam novas figuras principiológicas ou reconheça expressamente o que a doutrina e/ou a jurisprudência identificava como princípios implícitos no sistema constitucional.

O texto constitucional já fazia referência à eficiência em outros pontos do documento jurídico-político fundamental.[6] Ao instituir o controle interno dos Poderes Legislativo, Executivo e Judiciário, o art. 74, da Lei Maior, diz-nos o seguinte (grifo nosso):

"Art. 74. Os Poderes Legislativo, Executivo e Judiciário manterão, de forma integrada, sistema de controle interno com a finalidade de:

"(...)

"II — Comprovar a legalidade e avaliar os resultados, quanto à eficácia e *eficiência*, da gestão orçamentária, financeira e patrimonial nos órgãos e entidades da administração federal, bem como da aplicação de recursos públicos por entidades de direito privado."

A doutrina também já mencionava a eficiência ao tratá-la como requisito fundamental do serviço público (Meirelles, 1995:299); ou como um aspecto relevante para a aferição da razoabilidade na discricionariedade administrativa (Moreira Neto, 1991:55).

6. Assim como nossos tribunais. Ver, por exemplo, STJ, 6ª T., ROMS 5590/95-DF, rel. Luiz Vicente Cernicchiaro, unânime pelo não provimento, j. 16.4.1996, *DJ* 10.6.1996.

Para que a eficiência seja considerada princípio, é preciso que a sua violação baste para invalidar a conduta administrativa, sem a necessidade de regra. O princípio deve ser suficiente para eliminar o atentado ao seu conteúdo, pois, do contrário, não pode ser enquadrado em tal categoria (cf. França, 1998:81).

3.2 Eficiência administrativa e outros princípios constitucionais

Alexandre de Morais (1999:295-298) coloca a transparência, a imparcialidade, a neutralidade como "características" do princípio da eficiência. Discordamos.

A transparência está vinculada ao princípio da publicidade e ao princípio da motivação. Sem transparência, não há controle jurisdicional viável da administração pública, constituindo uma exigência da cidadania (França, 1998:78).

A imparcialidade e a neutralidade são determinadas pelo princípio da impessoalidade ou finalidade. Este determina que somente uma finalidade pública pode ser o norte da ação administrativa, e tais deveres do administrador são imprescindíveis para o cânone teleológico do regime jurídico-administrativo. Mas o conceito proposto de eficiência administrativa não se aproxima com noção de finalidade?

Sim, evidente que sim. Contudo, enquanto que no princípio da eficiência administrativa, determina-se que *a ação material da administração pública deve atingir efetivamente, e de modo lícito, a finalidade legal*, o princípio da finalidade esclarece que *o ato administrativo somente pode ter uma finalidade pública, estabelecida em lei*. A impessoalidade veda uma finalidade estranha ao interesse público na ação administrativa; já a eficiência administrativa, a falha da administração em atingir o fim legal.

Eficiência administrativa e moralidade também guardam elos fortes de ligação. Somente há obediência ao dever da boa e eficiente administração quando há o respeito à moral administrativa.

A eficiência administrativa tem bastante relevância no controle de proporcionalidade dos atos administrativos. Apesar da precariedade do controle judicial de eficiência, este elemento é muito importante para a aferição da presença dos requisitos de necessidade, adequação e razoabilidade na formação do ato administrativo (cf. França, 1998:58-60).

Os princípios jurídicos não devem ser encarados como compartimentos estanques, incomunicáveis. É preciso que o operador jurídico compreenda que os princípios da legalidade, da impessoalidade, da moralidade, da publicidade e da eficiência são elementos que devem ser conjugados para o melhor entendimento do regime jurídico-administrativo.

Todavia, apesar do conteúdo principiológico do regime jurídico-administrativo exigir coerência, unidade e aplicabilidade, pois mesmo havendo a necessária interdependência entre os princípios constitucionais da administração pública, é preciso que esteja assegurado a cada preceito um conteúdo e uma finalidade distinta. Do contrário, a argüição do princípio no caso concreto perde sua utilidade prática (França, 1998:73).

3.3 Direito de participação do administrado na gestão dos serviços públicos

A Emenda Constitucional n. 19/98 declarou o direito de participação dos administrados na gestão dos serviços públicos, tanto na administração pública direta como na administração pública indireta, determinando que a lei deve instituir formas que o viabilizem.[7] O reformador ainda estabeleceu, quanto a esse direito subjetivo do cidadão:

a) Direito de reclamação contra a ineficiente prestação de serviços públicos, esta-

7. Ver CF, art. 37, § 3º, *caput*.

belecendo ainda a Constituição reformada a garantia da manutenção dos serviços de atendimento do usuário e da avaliação periódica, externa e interna, da qualidade dos serviços;[8]

b) O direito de acesso dos usuários dos serviços públicos a registros administrativos e a informações sobre "atos de governo";[9]

c) E, por fim, o direito de representação contra o exercício negligente ou abusivo do cargo, emprego ou função na administração pública.[10]

O regime jurídico-constitucional da administração pública segue a tendência do direito administrativo contemporâneo, que determina o "abandono da vertente autoritária para valorizar a participação de seus destinatários finais quanto à formação da conduta administrativa" (Tácito, 1996:25). O direito subjetivo do administrado à participação tem forte ligação com o princípio da eficiência, constituindo sua instituição e as garantias constitucionais nele inspiradas um grande instrumental jurídico para a concretização normativa da eficiência (França, 1998:80; no mesmo sentido, Morais, 1999:297). Quem melhor senão o próprio destinatário do serviço público para determinar se existe materialmente a conciliação entre a prática administrativa e o ditame constitucional da eficiência?

Constitui, sem dúvida, um dos pontos positivos da reforma administrativa engendrada pela Emenda Constitucional n. 19/98. Resta saber que, haja vista boa parte dessas benéficas inovações depender expressamente de regulamentação infraconstitucional, se haverá vontade política, por parte dos titulares do Poder Legislativo e do Poder Executivo, de efetivamente concretizá-las; assim como, quando vier a legislação que se espera, se ela refletirá um progresso real na busca do acesso à administração pública democrática.

3.4 Quebra da estabilidade do servidor público

É sob a ótica da eficiência, que agora se permite a quebra da estabilidade do servidor público por insuficiência de desempenho.[11] Tal matéria inequivocamente depende de regulamentação infraconstitucional. É preciso que a legislação que está por vir observe as garantias do contraditório e da ampla defesa, bem como que assegure ao servidor público critérios objetivos e claros para aferir a eficiência de sua conduta funcional.

4. Aspectos polêmicos do controle judicial da eficiência administrativa

A ineficiência do serviço público pode gerar a responsabilização do Estado pelos danos causados aos administrados, devendo haver indenização. Se a ação ou a omissão do Estado, na prestação de serviços públicos, implica lesão ao patrimônio do cidadão, não há respeito ao princípio da eficiência (cf. Cavalcanti, 1991:435). Nunca é desnecessário lembrar que nossa Constituição optou pela teoria objetiva para a responsabilidade do Estado no direito positivo brasileiro.[12]

Mas a inserção expressa da eficiência no capítulo da administração pública implica dizer que o Poder Judiciário pode controlar a eficiência do ato administrativo?[13]

8. Ver CF, art. 37, § 3º, I.

9. Ver CF, art. 37, § 3º, II. Interpretamos como "atos de governo" todos os atos emanados do Poder Executivo, tanto governo como administração pública. Se os atos decorrentes de políticas públicas devem ser informados à coletividade, porque não os simples atos administrativos. O que já é, aliás, determinado pela Constituição em seu art. 5º, XXXIII.

10. Ver CF, art. 37, § 3º, III.

11. Ver CF, art. 41, § 1º, III.

12. Ver CF, art. 37, § 6º.

13. Ato administrativo deve ser aqui entendido seguindo as lições de Celso Antônio Bandeira

Apesar da expressa inclusão do princípio da eficiência no rol do art. 37, *caput*, da Constituição vigente, é vedado, ao nosso ver, ao Poder Judiciário controlar a eficiência do ato administrativo (em sentido contrário, ver Morais, 1999:299-300; e Moreira Neto, 1991:56-57).

A eficiência da ação administrativa é objeto de controle interno de cada poder[14] e do controle legislativo.[15] Em sede de controle administrativo, o ato administrativo é amplamente revisado e apreciado. Se a providência administrativa anteriormente tomada passou a se mostrar inconveniente e/ou inoportuna, ela fica passível de revogação pela administração pública, *por não se mostrar mais eficiente para satisfazer o interesse público no caso concreto* (França, 1998:153).

No caso do controle legislativo, há espaço para que o Congresso Nacional aprecie a economicidade da ação administrativa. O Tribunal de Contas, seu órgão auxiliar, pode impugnar o ato ineficiente, sustando-o caso se persista na sua execução.[16]

Aponta Themístocles Brandão Cavalcanti (1991:437) a insuficiência da lei em prever todos os critérios específicos a serem empregados, "só conhecidos de quem tenha o domínio dos conhecimentos técnicos e das condições peculiares à individualização das normas e sua aplicação aos casos concretos". Na apreciação dos critérios técnicos indicados pela autoridade administrativa, o juiz necessariamente terá que recorrer a técnicos e especialistas para aferir, tão-somente, sua juridicidade, seu respeito à isonomia e sua compatibilidade ética, jamais sua eficiência para fins de invalidação. E como leciona Themístocles Brandão Cavalcanti (1991:440): "É preciso esclarecer que os *standards* e critérios técnicos que orientam o procedimento administrativo, não correspondem a limitações objetivas mas a situações subjetivas que podem ser consideradas quanto à idoneidade de sua aplicação aos casos concretos, pelos órgãos competentes para o controle dos atos administrativos".

A busca pela efetividade na ação administrativa está dentro da esfera da discricionariedade administrativa. A opção por um critério técnico específico, se este estiver conciliado com os cânones do regime-administrativo, torna-se isenta de invalidação judicial por ineficiência. Não compete ao Poder Judiciário definir a melhor técnica aplicável, mas sim se esta respeita os limites do ordenamento jurídico.

Não estamos defendendo aqui a discricionariedade técnica. Embora seja imperativo o dever da boa administração e da melhor escolha, *é impossível a substituição do administrador pelo juiz no papel de perito do interesse público, no que concerne à sua eficiência*. Afinal, a administração pública não tem sua razão de ser e de agir na concretização do interesse público?

Themístocles Brandão Cavalcanti (1991:439) bem alerta sobre essa questão: "Em um mundo dominado por uma compilação enorme de problemas, ninguém, nem mesmo os juízes, pode pretender possuir o dom de conhecer todos eles e, ainda menos, o de resolvê-los por si.

"Mas nem todos os problemas se ajustam ao quadro das soluções técnicas. Há circunstâncias morais, existem razões profundas de ordem jurídica que bastam para orientar uma solução. Nesses casos, o juiz é o perito na aplicação do direito.

de Mello (1994:174), como a "declaração do Estado (ou de quem lhe faça as vezes — como, por exemplo, um concessionário de serviço público) no exercício de prerrogativas públicas, manifestada mediante providências jurídicas complementares da lei a título de lhe dar cumprimento, e sujeitas a controle de legitimidade por órgão jurisdicional".

14. Ver CF, art. 74, II.

15. Ver CF, arts. 70 e ss.

16. Ver CF, art. 71, X. No caso de contrato administrativo ineficiente, o ato de sustação é de competência do Congresso Nacional, como determina a CF, no seu art. 71, § 1º.

"Para ele está reservada uma larga margem na atividade estatal, mas nenhuma razão existe para colocá-lo como árbitro na atividade específica dos outros poderes, quando no uso legítimo de sua competência.

"O problema surge freqüentemente nos casos em que o juiz tem de dar um fundamento econômico à sua decisão."

Caso o ato administrativo decorrente de discricionariedade administrativa tenha se mostrado inconveniente ou inoportuno *no momento da sua expedição*, estaremos diante da quebra da ordem jurídica por violação da legalidade e/ou moralidade administrativas. Mas, ao invalidar a discricionariedade administrativa, retira-se do regime jurídico-administrativo o ato dela decorrente, impossibilitando a aferição da eficiência ou ineficiência da providência. A execução material do ato administrativo não se confunde com o próprio ato.[17]

Somente a administração pública tem competência e aptidão para, *preventivamente*, retirar do regime jurídico-administrativo um ato que passou a se mostrar ineficiente para a satisfação do interesse público. Ao se admitir que o Poder Judiciário possa fazê-lo, corre-se o sério risco de se eliminar o equilíbrio e a harmonia entre os Poderes do Estado.

No caso das liminares judiciais de caráter preventivo, não pode o juiz invalidar um ato administrativo sob o único argumento da quebra do princípio da eficiência. Pode o juiz sim, se identificado um potencial perigo de lesão a um direito subjetivo do administrado, em se admitindo a invalidação judicial por ineficiência da opção administrativa, *suspender a execução* do ato administrativo contestado até a resolução final da lide (o que não implica sua retirada do regime jurídico-administrativo, em sede de medida cautelar).

O controle jurisdicional da eficiência implicaria uma intervenção inaceitável do Poder Judiciário na competência administrativa, usurpando as atribuições constitucionais da administração pública (Cavalcanti, 991:445), pois: "É a proteção da ordem jurídica, da ordem legal, que se pretende e não a eficiência e economia dos serviços administrativos, da utilidade ou necessidade desses atos" (Cavalcanti, 1991:448).

O Poder Judiciário não pode compelir a tomada de decisão que entende ser de maior grau de eficiência. Todos temos nossa ideologia, elemento imprescindível a qualquer ser humano. Mas o ordenamento jurídico rejeita qualquer relevância do que seja ideal para o juiz quando no exercício da função jurisdicional, *haja vista o ordenamento jurídico não tolerar outra ideologia senão aquela compatível com os valores e fins constitucionalmente assentados.*

Ainda que a eficiência administrativa influa na apreciação da proporcionalidade nos atos administrativos, ela é insuficiente, por si só, para viabilizar a intervenção judicial. A eficiência administrativa serve sim como padrão hermenêutico para a verificação do respeito ao princípio da vedação ao excesso mas nunca *como elemento que, isoladamente, possa ensejar a retirada do ato contestado do regime jurídico-administrativo.*

Do contrário, estaria configurado um atentado ao princípio da separação funcional do poder, previsto no art. 2º da Lei Maior, agravado pelo fato de que o Constituinte restringiu o controle estrito da eficiência administrativa ao âmbito interno da administração pública e ao controle legislativo.

A eficiência da ação administrativa somente é comprovada quando o ato administrativo é materialmente aplicado. É bastante precário controlar a eficiência de um ato ainda não materialmente executado.

5. Notas finais

O cidadão brasileiro encontra-se, desde há muito tempo, exausto pela péssima

17. Como bem leciona Celso Antônio Bandeira de Mello (1994:173) estes "(...) comportamentos meramente materiais da Administração denominam-se 'fatos administrativos'".

qualidade dos serviços que lhes são prestados pelo Estado. Embora o "emendão" tenha sofrido todo um conjunto de fortes críticas por parte dos estudiosos do direito público, a introdução expressa da eficiência como princípio jurídico abre novos horizontes para o estudo das questões relacionadas com a ação administrativa.

Resta saber se a palavra "eficiência" vai sensibilizar efetivamente os titulares da administração pública. E, especialmente, como os nossos tribunais irão enfrentar os conflitos entre administração pública e administrado quando diante do argumento da eficiência administrativa.

Mas deve haver certeza em um aspecto: agora, a admissibilidade de um direito subjetivo à eficiência administrativa fica cada vez mais inequívoca.

Referências bibliográficas

CAVALCANTI, Themístocles Brandão. "Do Poder Discricionário", in *Revista de Direito Administrativo*. Rio de Janeiro: Seleção Histórica: 431-451, 1991.

DALLARI, Adilson de Abreu. "Administração Pública no Estado de Direito", in *Revista Trimestral de Direito Público*. São Paulo: n. 5:33-41, 1994.

FRANÇA, Vladimir da Rocha. *Invalidação Judicial da Discricionariedade Administrativa*. Recife: 172 p., dissertação (Mestrado em Direito Público), Faculdade de Direito do Recife, Universidade Federal de Pernambuco, 1998.

———. "Questões sobre a Hierarquia entre as Normas Constitucionais na Constituição de 1988", in *Revista da Escola Superior de Magistratura do Estado de Pernambuco*, Recife, v. 2, n. 4:467-495, 1997.

GRAU, Eros Roberto. *A Ordem Econômica na Constituição de 1988 (Interpretação e Crítica)*. São Paulo, Ed. RT, 1990.

LOPES, Maurício Antônio Ribeiro. *Comentários à Reforma Administrativa – De acordo com as Emendas Constitucionais 18, de 5.2.1988, e 19, 4.6.1988*. São Paulo, Ed. RT, 1998.

MEIRELLES, Hely Lopes. *Direito Administrativo Brasileiro*. 20ª ed. atual. p/ Eurico de Andrade Azevedo *et al.*, São Paulo, Malheiros Editores, 1995.

———. *Curso de Direito Administrativo*. 5ª ed., São Paulo, Malheiros Editores, 1994; 11ª ed., São Paulo, Malheiros Editores, 1999.

MORAIS, Alexandre de. *Direito Constitucional*. 5ª ed., São Paulo, Atlas, 1999.

MOREIRA NETO, Diogo de Figueiredo. *Legitimidade e Discricionariedade*. 2ª ed., Rio de Janeiro, Forense, 1991.

NEVES, Marcelo. *A Constitucionalização Simbólica*. São Paulo, Acadêmica, 1994.

TÁCITO, Caio. "Direito Administrativo Participativo", in *Revista Trimestral de Direito Público*. São Paulo, n. 15:24-28, 1996.

PRESUNÇÃO DE LEGALIDADE, ÔNUS DA PROVA E AUTOTUTELA: O QUE DIZ A CONSTITUIÇÃO?

JOSÉ SÉRGIO MONTE ALEGRE

Professor de Direito Administrativo da UNIT e ex-Professor da UFS
– Procurador do Ministério Público Especial
junto ao Tribunal de Contas do Estado de Sergipe

O Estado, pelos seus órgãos administrativos e no tocante à imposição das leis administrativas, estaria na mesma posição perante os tribunais que os indivíduos no tocante à imposição das leis civis e das leis penais? Bastaria ao Estado-Administração argüir o comprometimento da estética urbana para, no exercício do poder de polícia, interditar construção particular e, em caso de resistência do proprietário, executar sua decisão independentemente de intervenção prévia do Poder Judiciário, restando àquele buscar a invalidação do ato em juízo para, somente assim, livrar-se da interdição? Estabelecido em lei que a produção e a venda de fogos de artifício somente pudessem ser realizadas mediante prévia manifestação aquiescente da autoridade administrativa, e constatado que determinado indivíduo leva adiante empreendimento de produção e venda desses fogos independentemente da aquiescência, estaria a autoridade administrativa habilitada a ordenar-lhe a interrupção da atividade, por ela qualificada de ilícita, e, a seguir, executar a correspondente sanção, sem o concurso do juiz? Acudiria em favor daquela a presunção de veracidade e legitimidade do ato administrativo? O ônus de provar o contrário caberia aos administrados? O encargo de desmentir a Administração ficaria com o inconformado, tudo sem prejuízo da plena eficácia ou exeqüibilidade do ato? Ou para que a ocorrência do delito fosse averiguada, e a sanção infligida, haveria necessidade de a autoridade administrativa socorrer-se da assistência do juiz?

Sem dúvida, não careceria a autoridade de se socorrer previamente da jurisdição – é o que diz a doutrina dos especialistas (do contrário não haveria tal presunção, nem o correspectivo dever de provar o reverso). Leia-se: "Outra conseqüência da presunção de legitimidade *é a transferência do ônus da prova* de invalidade do ato administrativo para quem o invoca. Cuide-se de argüição de nulidade do ato, por vício formal ou ideológico, a prova do defeito apontado ficará sempre a cargo do impugnante, *e até sua anulação o ato terá plena eficácia*"[1] (grifos nossos).

1. Hely Lopes Meirelles, *Direito Administrativo Brasileiro*, 26ª ed., São Paulo, Malheiros Editores, 2001, p. 150.

Aqui, a unanimidade impressiona. E muito.

Todavia, bem observadas as coisas, e *aceita que seja a doutrina*, um primeiro reparo haveria logo de ser feito: tecnicamente, não é de deslocamento da obrigação de prova, de inversão do encargo de provar, que se cuida, mas da *transferência do ônus de acionar* – isto, sim. E até aqui nada de novo estaria acontecendo, a merecer registro em separado. Sim, porque a iniciativa da ação traz para o autor o ônus de provar o fato constitutivo do seu direito, salvo se é de fato notório que se cuida, ou acobertado por presunção legal de existência ou de veracidade (art. 333, I, c/c o art. 334, IV, do CPC). Essa é a regra prevalecente, não excepcionada sequer para a Administração Pública quando lhe ocorra a provocação judicial, como no caso da desapropriação.

Porém, ainda não seria esta a *vexata quaestio*, e sim aquela de saber exatamente *se existe* essa *transferência da obrigação de acionar* e que acaba aproveitando à Administração Pública diante do administrado, pois *em sua decorrência* é que este vem a ocupar na relação processual a desconfortável posição de autor.

Deveras, ninguém ignora que onde esteja excluída, ao menos relativamente, a autodefesa, quando um indivíduo pretende fazer valer diante de outro o que considera ser seu direito e nele encontra resistência, o que lhe cumpre, diante do conflito instaurado – alguém afirmando e alguém negando a existência de um direito –, é socorrer-se do Estado para ver reconhecida a legitimidade da sua pretensão e depois poder efetivá-la, inclusive, se a recalcitrância persistir, com o uso da força física, quando for o caso. Não lhe é dado, salvo situações de vincada excepcionalidade, valer-se de seus próprios meios para tutelar a própria situação jurídica em que se encontra. E o Estado o acode pela via da jurisdição, exercida com privatividade pelos órgãos do Judiciário (art. 5º, XXXV, c/c o art. 92, I-VII, da CF), de acordo com o delicado esquema de separação de Poderes, entre nós de prestígio constitucional (art. 2º, idem). Ou, na fórmula do Código de Processo Civil: "A jurisdição civil, contenciosa e voluntária, é exercida pelos juízes, em todo o território nacional, conforme as disposições que este Código estabelece" (art. 1º). Daí se segue que a obrigação de acionar é de quem pretende fazer valer a pretensão, e não de quem a deva suportar, e sua posição no processo que se instaure será a de autor, a quem corre o ônus de provar o fato constitutivo do seu direito, salvo as exceções legais (art. 333, I, c/c o art. 334, IV, do CPC). Resumindo: a imposição da lei civil e da lei penal faz-se mediante o concurso antecipado dos tribunais. *Haveria o mesmo na imposição das leis administrativas?*

Aliás, vale a pena o registro, nada obstante o ostracismo atual do autor: "Quando a ordem jurídica determina os pressupostos sob os quais a coação, como força física, deve ser exercida, protege os indivíduos que lhe estão submetidos contra o emprego da força por parte dos outros indivíduos. Quando esta proteção alcança um determinado mínimo, fala-se de segurança coletiva. (...). Mas também podemos conceber uma noção mais restrita de segurança coletiva, falando de segurança coletiva somente quando o monopólio da coerção por parte da comunidade jurídica atinja um mínimo de centralização, por forma a que a autodefesa seja, pelo menos em princípio, excluída. É o que acontece quando se subtrai aos indivíduos diretamente implicados no conflito pelo menos a decisão da questão de saber se, num caso concreto, houve uma ofensa do Direito e quem é por ela responsável, para a deferir a um órgão que funcione segundo o princípio da divisão de trabalho, a um tribunal independente".[2]

Esta é a regra geral, dominante, até mesmo em respeitoso obséquio à monopolização da coação pelo Estado. Não foi por outra razão que o sempre lembrado Miguel

2. Hans Kelsen, em sua *Teoria Pura do Direito*, 3ª ed., Coimbra, 1974.

Seabra Fagundes definiu *julgar* como aplicar a lei contenciosamente, por oposição a *administrar*, que consistiria na aplicação da lei de ofício. A contenda, o embaraço na realização do Direito, a oposição de interesses, o litígio, seriam pressupostos necessários desta peculiar função do Estado – a *jurisdição* –, marcada pela isenção, pela independência e pela força definitiva dos atos que a expressam, formalizados sob a forma de sentenças ou acórdãos. Confira-se: "De passagem, já dissemos que os órgãos do Poder Judiciário têm por função compor conflitos de interesses em cada caso concreto. Isto é o que se chama *função jurisdicional*, ou simplesmente *jurisdição*, que se realiza por meio de um *processo judicial*, dito, por isso mesmo, sistema de composição de conflitos de interesses ou sistema de composição de lides".[3] E, mais à frente, na página seguinte: "A jurisdição é hoje monopólio do Poder Judiciário do Estado (art. 5º, XXXV)".

Contudo, é a regra geral *para quem*? Para todos os sujeitos jurídicos? Para os particulares entre si, apenas? Para a Administração Pública, também? Ou a orgânica administrativa receberia da ordem jurídica favor não deferido aos indivíduos enquanto tais? Enfim, qual a posição da Administração Pública frente ao Direito e à Justiça?

Vejamo-la.

Consagrado o princípio da separação dos Poderes como uma das traves mestras do Estado Democrático de Direito em que se constitui a República Federativa do Brasil (art. 1º da CF), uma questão desponta e reclama adequado equacionamento: *qual a posição da Administração relativamente ao Direito e ao Judiciário?*

Quanto ao Direito, nenhuma dúvida séria existe. Diferentemente da função legislativa que o produz sob a forma de lei, com o caráter de norma geral, abstrata e impessoal, originariamente inovadora da ordem jurídica, expressão do querer coletivo em que radica a soberania, a Administração, quer como organismo que atua, quer como específica atividade estatal, na qual dominam as notas do dever e da finalidade, lhe é inteiramente submetida. Mais ainda: é dependente de uma habilitação legal anterior como condição para sua válida manifestação, assentado que para ela não existe uma situação básica de liberdade originária, a partir da qual a lei compareceria como limite externo de atuação, à semelhança do que acontece com os indivíduos. Daí se segue o princípio da legalidade enunciado em termos de que, para a orgânica administrativa, o que não está permitido está, só por isso, proibido – com o quê seria tecnicamente supérfluo prescrever-lhe proibições. Realmente, são significativas, até pelas suas repetidas citações, as seguintes averbações:

"Administrar é aplicar a lei de ofício" (M. Seabra Fagundes). Ou, então: "Administração legal, então, é aquela posta em movimento pela lei e exercida dentro dos limites das suas disposições" (Fritz Fleiner). Mais: "Jaz, conseqüentemente, a Administração debaixo da legislação que deve enunciar a regra de Direito" (Cirne Lima). Ainda: "No Estado de Direito, a Administração só pode agir em obediência à lei, esforçada nela e tendo em mira o fiel cumprimento das finalidades assinadas na ordenação normativa".[4] Enfim: "O princípio da legalidade atrás referido será aqui entendido no sentido que actualmente dá a doutrina a tal princípio. Isto significa que a Administração está vinculada à lei não apenas num sentido negativo (a Administração pode fazer não apenas aquilo que a lei expressamente autorize, mas tudo aquilo que a lei não proíbe), mas num sentido positivo (a Administração só pode atuar com base na lei, não

3. José Afonso da Silva, *Curso de Direito Constitucional Positivo*, 20ª ed., São Paulo, Malheiros Editores, 2002, p. 550.

4. Celso Antônio Bandeira de Mello, em seu *Curso de Direito Administrativo*, 14ª ed., São Paulo, Malheiros Editores, 2002, p. 809 – a quem pertencem os excertos transcritos.

havendo qualquer espaço livre da lei onde a Administração possa atuar como um poder jurídico livre)", segundo lições recolhidas em J. J. Gomes Canotilho.[5]

Todavia, *no tocante ao Judiciário*, qual a posição reservada à Administração? Até agora, é de excepcional prestígio no Brasil a teoria de uma Administração com aspiração a alguma auto-suficiência, construída sobre o fundamento da autotutela, da auto-executoriedade e da presunção de legitimidade do ato administrativo, retiradas do modelo francês de dupla jurisdição e no qual a Administração Pública é tradicionalmente beneficiada com a proibição de o Judiciário turbar por qualquer forma o funcionamento dos corpos administrativos – do que nos ocuparemos mais adiante. Houve até quem doutrinasse no sentido de que *a interpretação de todo o Direito Administrativo* assentava neste último pressuposto (presunção de legitimidade), acrescido da discricionariedade e da desigualdade jurídica da Administração perante os administrados. Por apego à fidelidade do texto, leia-se: "A nosso ver, a interpretação do direito administrativo, além da utilização analógica das regras do direito privado que lhe forem aplicáveis, há de considerar, necessariamente, esses três pressupostos: 1º) a desigualdade jurídica entre a Administração e os administrados; 2º) a presunção de legitimidade dos atos da Administração; 3º) a necessidade de poderes discricionários para a Administração atender ao interesse público".[6]

Autotutela, essa, que se desgarra daquela dos sujeitos privados, posto que individualizada por traços que a singularizam. Vai-se mesmo ao ponto de sustentar que os interditos possessórios são meramente facultativos para a Administração, armada que se acha de meios coativos próprios para resguardar-se patrimonialmente. Em apertada síntese: a Administração estaria favorecida por predicado excepcional, qual seja, o de ser sujeito capacitado para defender a si mesmo, desvencilhado de ingerência judicial prévia e que não se deteria diante de eventual impugnação de terceiros, pois a presunção de validade somente cede ao final, com o trânsito em julgado da decisão, e enquanto esta não sobrevém segue-se executando a decisão administrativa. Noutras palavras: a insurgência do administrado não tolheria a atuação administrativa com a só interposição do pedido de impugnação perante o Judiciário. São expressivas a tal propósito as referências à *autotutela como um princípio* e à *auto-executoriedade* e à *presunção de validade como atributos do ato administrativo*, com toda a carga de significado que isso implica. Com efeito, "princípio (...) é, por definição, mandamento nuclear de um sistema, verdadeiro alicerce dele, disposição fundamental que se irradia sobre as diferentes normas compondo-lhes o espírito e servido de critério para a sua exata compreensão e inteligência exatamente por definir a lógica e a racionalidade do sistema normativo, no que lhe confere a tônica e lhe dá o sentido harmônico. É o conhecimento dos princípios que preside a intelecção das diferentes partes do todo unitário que há por nome sistema jurídico positivo".[7]

Contudo, *será assim mesmo*? Haverá entre nós um princípio geral da presunção de veracidade e legitimidade do ato administrativo, no qual se possam justificar o regime da autotutela e a auto-executoriedade do ato administrativo? O que se pode extrair da Constituição a respeito? Sobremodo de uma Constituição que *entrega ao Judiciário o controle não apenas das medidas administrativas individuais ou gerais, senão também da própria legislação, em caráter abstrato ou no caso concreto*? Deveras, não se tem como descurar que, neste ponto, a Constituição Brasileira deixou-se educar na

5. No seu *Direito Constitucional*, Coimbra, Almedina, novembro de 1993, p. 909.

6. Hely Lopes Meirelles, *Direito* ..., 26ª ed., p. 43.

7. Celso Antônio Bandeira de Mello, *Curso* ..., 14ª ed., pp. 807-808.

finíssima e bem-inspirada tradição inglesa de que os direitos individuais só encontram bom resguardo no ramo judiciário do Estado. O sistema pátrio reúne as características inclusive do judicialismo perfeito, apontadas por Marcello Caetano em sua obra *Princípios Fundamentais do Direito Administrativo*: "Nesse sistema, os tribunais com poder de proferirem sentenças com força de coisa julgada estão todos integrados no Poder Judiciário, submetidos à jurisdição de um Supremo Tribunal Federal que é o órgão máximo desse Poder. O judicialismo perfeito apresenta duas características fundamentais. A primeira está em pertencer ao Poder Judiciário a competência para conhecer e julgar as questões administrativas contenciosas, muito embora o sistema seja compatível com a especialização de tribunais administrativos, no mesmo plano em que admite tribunais cíveis, criminais, de família, do trabalho... Mas há uma segunda característica mais importante: no judicialismo perfeito, os órgãos administrativos ficam dependentes a todo momento da apreciação da juridicidade dos seus atos pelos tribunais que, à solicitação dos interessados e mediante processo sumário, podem emitir ordens ou mandados que os órgãos da Administração são forçados a acatar".[8]

Bem, logo a um primeiro momento, veja-se o exagero de reclamar para o Direito Administrativo, todo ele, como pressupostos de interpretação, *critérios que somente favorecem a Administração, reforçando-a com cláusulas de exorbitâncias depressoras do indivíduo como centro subjetivado de direitos e obrigações*. Com efeito, esse ramo do Direito, como disciplina peculiar da orgânica administrativa, não se define unicamente pelo ângulo da prerrogativa de autoridade, senão também, *e até principalmente*, pela perspectiva da garantia dos administrados, isso segundo depoimento insuspeito da História. Aliás, é o que consta da Mensagem endereçada ao Governador do Estado de Sergipe pela Comissão elaboradora do Código de Organização e de Procedimento da Administração Pública (lei pioneira no País, conforme bem anotado por Celso Antônio Bandeira de Mello, no seu *Curso de Direito Administrativo*, 14ª ed., p. 429), *verbis*: "Diga-se ainda da que, ao instituir o regime jurídico da orgânica administrativa e dispor sobre a sua atividade funcional, o Anteprojeto levou em conta não apenas a primeira inspiração histórica do Direito Administrativo, residente na necessidade de acautelar os indivíduos contra eventuais descomedimentos no exercício da função administrativa (...)". Daí decorre que não há apenas princípios que inauguram e robustecem os formidáveis privilégios administrativos. Há, *pari passu*, aqueles que resguardam, do mesmo modo e com idêntica intensidade, a esfera jurídica dos cidadãos. Da conjugação equilibrada de uns e outros pode-se falar da construção de uma verdadeira equação jurídica prerrogativas/garantias, em atenção sempre desperta a que a atuação administrativa coloca frente a frente dois adversários que se olham de soslaio e se atribuem as piores desconfianças: liberdade de um lado e autoridade de outro. Assim, e só para ilustrar, *a*) se reconhece à Administração o atributo da executoriedade do ato administrativo, porém, correlatamente, acode-se o indivíduo com a exigência do devido processo legal; *b*) admite-se a discrição administrativa e, contudo, controla-se o seu legítimo exercício com os princípios da razoabilidade e da proporcionalidade ou proibição de todo excesso; *c*) concede-se a desapropriação, mas exige-se como condição de sua validade a indenização, regra geral, prévia e em dinheiro. Aliás, desse quadro comparativo fez José Roberto Dromi oportuníssima síntese ao escrever sobre "Autoridade e liberdade no direito administrativo".[9]

Não é então insignificante o silêncio dessa doutrina sobre a contraface da submis-

8. *Princípios* ..., Rio de Janeiro, Forense, 1977, pp. 483-484.

9. *RDP* 59-60/171-177.

são do indivíduo à Administração, como um dos termos da relação jurídica administrativa. Não é irrelevante a ausência de menção a princípio, um só que fosse, vocacionado para a tutela do indivíduo contra desvios ou abusos de uma estrutura e de uma função que somente encontram justificativa no propósito de servi-lo, e em seu regime de vida compartilhada. Evidencia-se aí uma velha e sugestiva tentação de encarar o Direito Administrativo pela perspectiva da autoridade, do mando, antes que da sujeição, e que tem contaminado inclusive muitas das melhores páginas de doutrina. Essa tendência impressiona tanto mais quanto se tem em conta a História Política desse Direito, sem cuja consideração tudo será absurdamente falso. A propósito, vale a pena lembrar: "(...) até que ponto teorias jurídicas equivocadas são raras vezes inócuas; todas conduzem a efeitos graves e injustos".[10]

Deveras, em tempos de exaltação do absolutismo, o que se tinha como boa, firme e valiosa, era uma concepção do Direito ajustada ao espírito do tempo, fosse no tocante à origem, à forma de expressão, fosse no relativo à sua finalidade. Originário do Monarca e expressado quer em normas gerais quer em atos de sua particularização, que não o obrigavam, o Direito servia ao propósito de glorificar o Estado personificado no Soberano, a quem se chegava a atribuir a singular posição de representante de Deus na Terra, o que explicava as contemporaneamente desusadas fórmulas da onisciência do governante, de quem se dizia não podia errar ou querer mal aos súditos. Sabe-se que desde os revolucionários franceses a concepção absolutista veio a ser substituída, e de tal modo, que a origem de todo o poder deslocou-se para o povo, cuja vontade geral era expressada em forma de lei, obrigatória assim para governados como para governantes e, enfim, que o fim almejado não estava senão na intransigente defesa da pessoa humana, elevada da sua condição de submissa para a de cidadã, que nascia e morria livre e igual em direitos. O princípio era não só diferente, senão contrário, o contraponto exato daquele do regime decaído, na medida certa. A liberdade adquiriu compostura de regra geral e só admitia os temperamentos confortados na lei como expressão do querer coletivo. Leia-se:

"I – Os homens nascem e ficam livres e iguais em direitos. As distinções sociais só podem ser fundamentadas na utilidade comum.

"II – O fim de toda associação política é a conservação dos direitos naturais e imprescritíveis do homem. Esses direitos são a liberdade, a propriedade, a segurança e a resistência do homem à opressão.

"III – O princípio de toda soberania reside essencialmente na Nação; nenhum indivíduo pode exercer autoridade que não emane diretamente dela.

"IV – A liberdade consiste em fazer tudo quanto não incomode o próximo; assim, o exercício dos direitos naturais de cada homem não tem limites senão nos que asseguram o gozo desses direitos aos demais. Esses limites não podem ser determinados senão pela lei.

"V – A lei só tem o direito de proibir as ações prejudiciais à sociedade. Tudo quanto não é proibido pela lei não pode ser impedido e ninguém pode ser obrigado a fazer o que ela não ordena.

"VI – A lei é expressão da vontade geral (...)" (Declaração dos Direitos do Homem e do Cidadão).

Ora, essas formulações acantonam-se inclusive na Constituição brasileira atual, que lhes confere cerimônias apenas reservadas a hóspedes de excepcional linhagem. Quem as ignora? Todo o poder emana do povo que o exerce por seus representantes eleitos ou diretamente, nos termos constitucionais. Ou então: ninguém é obrigado a fazer ou deixar de fazer alguma coisa senão em virtude de lei. São Poderes da União, independentes e harmônicos entre si, o Le-

10. Eduardo García de Enterría e Tomás-Ramón Fernández, *Curso de Direito Administrativo*, Ed. RT, 1991, p. 373.

gislativo, o Executivo e o Judiciário. Por derradeiro, a Constituição assegura a brasileiros e estrangeiros residentes no País a inviolabilidade do direito à vida, à liberdade, à segurança e à propriedade. Neste inspirado esquema de relações, a exceção reside na autoridade, com a sua inevitável carga de limitações a uma situação de liberdade básica ostentada somente pelos indivíduos. Como tal, de compreensão e aplicabilidade estritas, na exata carência do bem comum. Como aceitar, na seqüência, que o acento tônico haja se deslocado da regra geral para a exceção, por forma a imprimir maior realce à função que é sua razão de ser – o indivíduo? Qual foi esse encadeamento de prodígios responsável por tão dramática transformação? Custa aceitar que essa profissão de fé na Administração Pública, organismo serviçal e subalterno, freqüente com desembaraço o gabinete de homens de leis e ocupe posição sobranceira diante do que lhe confere legitimidade e utilidade, que são os valores fundamentais albergados no constitucionalismo brasileiro e personificados nos indivíduos, sem os quais não há nem sociedade, nem Direito.

Custa, porque historicamente inexata.

No Brasil, bem ao contrário da França, o modelo que preside as relações entre a Administração e o Judiciário foi recortado sobre moldes emprestados pelo figurino anglo-saxão, *de predomínio dos juízes sobre os administradores, tendo estes que se valerem daqueles para a imposição das leis administrativas*. Na França, a teoria da separação dos Poderes *foi interpretada de modo a proibir o Judiciário de interferir nos assuntos administrativos*, com o quê se revitalizava surpreendentemente o aforisma de raiz absolutista, segundo o qual julgar a Administração continuava sendo administrar. O que se desejava, no ideário revolucionário, era uma separação entre a Administração e o Judiciário, *inspirada no propósito de fazê-la operar com autonomia, sem os condicionamentos de uma intervenção judicial prévia, os órgãos administrativos não tendo que recorrer aos tribunais para a imposição das leis administrativas*. No antigo regime, a lógica era impecável, posto que assim a Administração como a Jurisdição eram emanações de uma mesma soberania, personificada no monarca, inexistindo razões, pois, para a subalternidade da primeira à segunda. Ambas desfrutavam da mesma autoridade, em vista da sua matriz comum. Todavia, com a Revolução, a concepção jurídica alterou-se radicalmente. E, no entanto, o que se teve foi um retorno ao antigo estado de coisas: *uma Administração fora do alcance do Judiciário*. No mundo anglo-saxão, não aconteceu assim, apesar de paradoxalmente ter inspirado Montesquieu. Nestes domínios, a separação se fez para garantia da liberdade, que se acreditava unicamente resguardada nos juízes. *O que se buscou foi livrar os juízes da influência do monarca, assegurando-se-lhes a necessária independência e autoridade, de modo que lhes fosse possível controlar a atividade dos agentes da Coroa. O que se afirmou foi, pois, a supremacia judicial, o sistema do "judicial control*". Dois modelos opostos, a formarem duas famílias jurídicas com fisionomias inconfundíveis. Um, o francês, conhecido como regime administrativo, ou do contencioso-administrativo, ou de dupla jurisdição, a administrativa e a judicial; e o outro, o anglo-saxão, chamado judicialista, ou judiciarista, ou de jurisdição única, com uma só ordem de tribunais para o conhecimento e a decisão de todos os conflitos, quer envolvendo particulares entre si, quer particulares e a Administração Pública. Vem a calhar o seguinte excerto: "(...) no judicialismo perfeito, os órgãos administrativos ficam dependentes a todo o momento da apreciação da juridicidade dos seus atos pelos tribunais que, a solicitação dos interessados e mediante processo sumário, podem emitir ordens ou mandados que os órgãos da Administração são forçados a acatar".[11]

11. Marcello Caetano, na obra *Princípios Fundamentais do Direito Administrativo*, p. 484.

Portanto, *a interpretação que aqui se deu à teoria da separação dos Poderes não teve a inspiração francesa*. Nada houve entre nós que se assemelhasse à Lei de 22.12.1789, sob cujos termos as funções judiciais ficariam separadas das funções administrativas, não podendo os juízes, sob pena de prevaricação, perturbar de qualquer maneira as operações dos corpos administrativos. É oportuna, neste ponto, a seguinte transcrição: "Os constituintes tinham vivido essa experiência de um desviado governo dos juízes e quiseram resolutamente excluí-la adiante, tanto porque não respondia a um sistema viável nem objetivo de governo, quanto porque para eles se identifica de fato o estamentalismo nobiliário, como, enfim, porque naquele momento o poder era deles e não admitiam de bom grado que tivessem que facilitar o seu condicionamento ou limitar as possibilidades de conformação revolucionária que com o seu exercício abria-se para eles. No ditame da Assembléia de onde saiu a lei de separação que transcrevemos, declara-se: "'A nação não tem esquecido o que se deve aos parlamentos; eles só têm resistido à tirania (...). A nossa magistratura estava justamente constituída para resistir ao despotismo; mas este já não existirá desde agora. Esta forma de magistratura não é, pois, necessária'. Como se vê, é explícita a intenção dos revolucionários de liberar o Poder Executivo, uma vez nas suas mãos, dos condicionamentos judiciais".[12]

Nenhum artificialismo, então, na existência de um contencioso administrativo ao lado de um contencioso judicial, de um processo administrativo em paralelo com um processo judiciário, de uma jurisdição administrativa de par com uma jurisdição judicial, de uma tutela administrativa convivendo com uma tutela judiciária. O sistema é logicamente coerente e assentado em uma Administração encaminhada para "uma atuação autônoma e juridicamente suficiente", articulado sobre as bases de um recurso contencioso administrativo que assume ares de um pedido de *impugnação de um ato ou regulamento já expedidos* e cuja execução não suspende, o que acentua o caráter revisor dessa jurisdição que, ademais, não exerce sobre a Administração Pública os poderes da jurisdição comum sobre os demais sujeitos.

O que revela a História Política, na França, é uma trajetória que vai da identidade subjetiva entre Administração e a Jurisdição até o princípio da separação dos Poderes, *interpretado este, porém, de modo substancialmente contrário ao que ocorreu na cultura jurídica anglo-saxã*. Parece certo que o sentido originário desse princípio foi inteiramente subvertido no país europeu, onde "O poder judiciário, cuja missão natural é dirimir os litígios declarando o direito, saia enfraquecido e diminuído desta prova".[13] A tal propósito, é particularmente interessante todo o Capítulo VIII, do livro de Eduardo García de Enterría e Tomás-Ramón Fernández,[14] que inspirou algumas das idéias até aqui expendidas.

Ora, *essa experiência histórica em nada nos aproveita* e, assim, é absolutamente inadequada para explicar as relações travadas entre a Administração e o Judiciário, no Brasil.

Não deixa, então, de ter um certo ar de mistério, ainda hoje, que, havendo optado pelo modelo anglo-saxão de jurisdição única, de predomínio dos juízes sobre os administradores, de monopólio da jurisdição pelo Judiciário, que desconhece a presunção de validade e a autotutela, *ao menos como regra geral*, o Brasil seja, no mais, profundamente influenciado pela doutrina francesa de Direito Administrativo, que passa a ser o nosso modelo de direito comparado, ao qual recorremos até com exagero, *quando se sabe que são duas experiências radical-*

12. Eduardo García de Enterría e Tomás-Ramón Fernández, *Curso* ..., cit., pp. 431-432.

13. Prosper Weil, no seu *Direito Administrativo*, Livraria Almedina, Coimbra, 1977, p. 12.

14. *Curso* ..., cit., traduzido para o Brasil em 1991, Ed. RT.

mente contrárias! Rigorosamente, só com redobradas e apuradíssimas cautelas se poderia recorrer ao sistema francês como método de interpretação, exatamente dada a dessemelhança dos modelos. *Ou sequer se possa fazê-lo*, a ter como razoável a opinião de Marcelo Caetano (expendida tendo em conta especialmente a realidade portuguesa, mas que bem se aplicaria ao Brasil, pela semelhança), para quem a legitimidade do recurso à doutrina estrangeira está condicionada ao concurso das seguintes condições: a) *identidade de sistemas administrativos*; b) compatibilidade dos princípios estrangeiros com o sistema jurídico nacional; c) analogia entre as circunstâncias do caso omisso a resolver e as condições sociais em que se produziram os fatos a que se aplicam os princípios formulados pelos autores estrangeiros. Tudo, sem esquecer que esse recurso só se justifica após esgotadas as pesquisas na literatura nacional.[15]

Ademais dessa explicação histórica, que (já vimos) não nos serve, haveria alguma outra que pudesse levar a concluir em favor da transferência do ônus de acionar, ou *mais genericamente de um tratamento do Estado em termos absolutamente contrários, e mais favoráveis, ao que se dispensa ao indivíduo perante os tribunais*? Uma explicação dogmática? Qual? A teoria da separação dos Poderes? O princípio da eficiência da Administração Pública? O princípio da legalidade? Aqui, as coisas não são mais claras porque a doutrina é surpreendentemente lacônica, mesmo considerando a importância capital do tema.

Entretanto, parece evidente à razão que o princípio da separação dos Poderes *depõe contra e não a favor da tese atualmente prestigiada*, como agora se buscará demonstrar. Deveras. A Constituição brasileira de 1988, e isso não é segredo, inspirou-se sobremodo na Constituição portuguesa e na Constituição espanhola da atualidade, esta última especialmente clara e incisiva ao sonorizar que "O exercício do poder jurisdicional, em qualquer tipo de causa, julgando e fazendo executar as decisões, compete exclusivamente aos julgados e tribunais determinados pelas leis, segundo as normas de competência e de processo que lhes estabeleçam (art. 107, 3º). Aí, não há inquietação razoável: o exercício da jurisdição, *o que significa que a atuação do direito objetivo preordenada à composição de litígios, com o caráter de definitividade, dizendo o que, nos casos questionados, pois, é de justiça*, esta função lhes é exclusiva, dos juízes e tribunais. Reforça-o o art. 24, I, segundo o qual "Todas as pessoas têm o direito de obter a tutela efetiva dos seus direitos e interesses legítimos pelos juízes e tribunais, não podendo em nenhum caso ser denegada justiça.

Não custaria que a Carta republicana nacional contivesse algo assim, da máxima explicitude. Infelizmente, não contém, o que surpreende, porquanto ao tratar da função legislativa, diz expressamente que esta cabe ao Congresso Nacional (art. 44) e, da executiva, que cumpre ao Presidente da República (art. 76). Contudo, deslizes do tipo são freqüentes na Constituição atual, comprometendo a qualidade do texto e muitas vezes enevoando-lhe a acertada apreensão. Daí não se conclua, entretanto, que há lacuna, omissão, silêncio embaraçoso, o que seria precipitado e grave. Realmente, em primeiro lugar, a Constituição faz profissão de fé no credo da separação dos Poderes (art. 2º), o que já é significativo, nada obstante não tenha repetido a Constituição de 1824 que, em tom solene, proclamava que "A divisão e a harmonia dos Poderes Políticos é o princípio conservador dos direitos dos cidadãos e o mais seguro meio de fazer efetivas as garantias que a Constituição oferece" (art. 9º); em segundo, estatui sem meias palavras que a lei não excluirá da apreciação do Poder Judiciário lesão ou ameaça a direito (art. 5º, XXXV). A combinação dos dois dispositivos é suficiente para definir a lógica interna do regime, imprimindo-lhe racionalidade.

15. *Manual de Direito Administrativo*, Forense, 1ª ed. brasileira, pp. 122-123, grifos nossos.

Não se tem como separar Poderes sem que se separem (ou distribuam) funções, funcionando a Constituição como "um instrumento eminentíssimo de partilha de atribuições", muito embora sem caráter de exclusivismo, de tal modo que a cada Poder correspondesse uma função da qual os demais estivessem radicalmente excluídos. Por via de conseqüência, e em reverente obséquio à razão, a regra constitucional que assegura o acesso ao Judiciário e a submissão ao seu controle (art. 5º, XXXV) é a mesma que atribui a jurisdição a seus órgãos, os juízes e tribunais (art. 109, incisos I a VII). E a exemplo do que aconteceu com o mandado de segurança, cujo âmbito de cabimento veio a ser delineado por exclusão daquele do *habeas corpus* e do *habeas data* (art. 5º, LXIX) a Constituição serviu-se da mesma técnica para conectar jurisdição a judiciário. Aliás, também na distribuição de competências entre a União e os Estados fez uso de igual critério de atribuir por exclusão: "São reservadas aos Estados as competências que não lhes sejam vedadas por esta Constituição" (art. 25, § 1º). Por último, atente-se a que "(...) a competência vem rigorosamente determinada no Direito Positivo como condição de ordem para o desenvolvimento das atividades estatais e, também, como meio de *garantia para o indivíduo que tem na sua discriminação o amparo contra os excessos de qualquer agente do Estado*".[16]

O esquema é portanto de simplicidade franciscana. Identificados os dois momentos da atividade jurídica do Estado – o da formação do Direito e o da sua realização –, reservou-se ao Judiciário a atividade básica de julgar, entendida na conhecida fórmula de "aplicar a lei contenciosamente". Não se está dizendo com isso que à função administrativa seja estranha, totalmente estranha, a participação no processo de realização do Direito. Em absoluto. O que se está dizendo é que a jurisdição é exclusiva do Judiciário desde que é neste individualizada com as características do *momento* de exercício (contenda) *do modo* com que se exercita (interpretação definitiva da lei) e, por derradeiro, *do fim* visado (o trancamento de uma situação jurídica litigiosa, restaurando-se a normalidade jurídica), conforme doutrina recolhida em Miguel Seabra Fagundes e que entre nós fez fortuna.[17] Sem dúvida, a Administração decide, incidindo sobre situações jurídicas de terceiros, *mas nunca com as características da jurisdição*, ou se preferirem, da jurisdição judicial. *Nem os seus poderes, quaisquer deles, lhe são configurados para esse fim, pois que não lhe cumpre restaurar a paz jurídica, a prevalência do direito objetivo, que isso é atribuição do Judiciário; o que lhe toca é "servir com objetividade os interesses gerais*" (fórmula usada pela Constituição espanhola). Leia-se:

"Quando qualquer um, na coletividade, se opõe ao cumprimento da regra jurídica, obstinando-se em lhe recusar obediência, cria, com isso, um embaraço ao regular funcionamento do organismo estatal. O Estado vence essa anormalidade restaurando a ordem legal através da coação, que exerce sobre a vontade insubmissa, impondo-lhe obediência ao cânone legislativo, cuja inteligência fixa definitivamente. Tais situações podem originar-se seja de atitude do indivíduo recusando obedecer à lei, impugnando-a por injusta, por irregular, ou por entender não abrangido por suas disposições, seja de procedimento dos próprios órgãos estatais (Legislativo e Executivo), violando os limites prefixados no Direito Positivo à sua atividade. Num caso como no outro, se resolvem pelo exercício da função jurisdicional, que restaura a legalidade, clima normal na vida do Estado. O seu exercício pressupõe, assim, um conflito, uma controvérsia, ou um obstáculo em torno da realização do Direito e visa removê-lo pela definitiva e obrigatória interpretação da lei".[18]

16. Miguel Seabra Fagundes, grifos nossos.

17. *O Controle dos Atos Administrativos pelo Poder Judiciário*, 5ª ed., Rio de Janeiro, Forense, pp. 14-15.

18. Miguel Seabra Fagundes, ob. cit., pp. 9, 10 e 11.

Segue-se daí, e mais não é necessário, o erro de querer-se, *à guisa de princípio geral*, conformar o ato administrativo à imagem e à semelhança da sentença, predicando-lhe atributos estranhos à função que especifica.

Nem se argumente, como a gosto de alguma doutrina, com implicitudes ou inerências, ressuscitando um esoterismo só acessível a iniciados, para dizer ora que está implícito no ordenamento jurídico o sistema de autotutela fundado na presunção de validade, ora que é inerente à Administração, uma qualidade que lhe é conatural. Em primeiro lugar, porque não se há de admitir implicitudes e inerências onde há preceito expresso em contrário (art. 5º, XXV) que não distingue entre os sujeitos que ameaçam ou lesam efetivamente direitos, para incluir uns e excluir outros, sobremais quando topograficamente localizado em capítulo assecuratório de direitos subjetivos públicos, oponíveis ao Estado, no seu sentido mais amplo. Em segundo, porque princípios implícitos a Constituição só tolera quando decorrentes da índole do regime ou de outros princípios que consagra, como se extrai da leitura do seu § 2º do art. 2º. Ao depois, o princípio da separação dos Poderes vem sendo invocado exatamente para uma submissão cada vez mais estrita da Administração aos juízes e tribunais, no qual se acha comportado o controle prévio e não só a impugnação deduzida *ex post facto*. Enfim, em um Estado Democrático de Direito, fundado na soberania popular e no esquema de separação de Poderes, a Administração não tem poderes inerentes, consubstanciais, conaturais, resultantes da sua própria autoridade, mas tão-somente os que a lei, como expressão do querer coletivo, lhe outorga. Nada mais.

A separação de Poderes, portanto, testemunha em detrimento e não em proveito da doutrina tradicional. Melhor resultado seria obtido com a invocação do princípio da eficiência? Nada sugere que sim. Em primeiro lugar, porque a eficiência não se pode sobrepor à separação de Poderes na ordem de importância dos princípios. Salta à vista que este último é princípio estruturante do Estado brasileiro, cláusula de eternidade exatamente porque insuscetível de supressão por emenda constitucional, atributos ausentes naquele. Em segundo, porque conectar a eficiência à autotutela seria o mesmo que reconhecer ineficiência ou ineficácia a administrações do tipo anglo-saxão, o que desborda e muito da razoabilidade. Deveras, o Direito tem meios de assegurar a prevalência ordinária do interesse público sobre o privado sem que necessariamente isso envolva *no geral* tratamento mais benigno à Administração. Processos sumários ou sumaríssimos resolveriam a maioria dos casos, sem que se afastasse a assistência prévia do juiz.

Sentença de 9.12.1955, do ilustre juiz Dínio de Santis Garcia, confirmada, *embora com menor amplitude*, por unanimidade de votos do Tribunal de Justiça de São Paulo, destacou em apurada síntese, já àquela época, que ao Município, e de resto às outras pessoas de direito público nenhuma lei conferia o poder de promover, *ex autoritate propria*, a execução forçada dos atos administrativos dele emanados, especialmente a demolição de prédio particular. E ainda quando houvesse, teria sido editada *ultra vires* e, pois, sem nenhum valor, isso porque o monopólio da jurisdição no Brasil é do Poder Judiciário e o único processo legal para a demolição de prédios que contravenham à lei é o previsto no Código de Processo Civil para a ação cominatória. Nem mesmo socorreria o Município o devido processo administrativo, pois "(...) não pode ser legal um processo que começa por usurpar funções exclusivas, privativas do Poder Judiciário. Pois é princípio básico do moderno Direito Constitucional o da unidade de jurisdição (...). *As exceções devem vir consignadas na lei constitucional*".[19]

19. *RDA* 48/306 – grifos nossos.

O princípio da legalidade também não socorreria o que se vem combatendo. Se mais não fora, pela simples razão de que atualmente significa que a Administração pode fazer apenas o que lhe é legalmente permitido, excluída assim a antiga idéia de raiz absolutista da vinculação negativa pela vinculação positiva à lei. E já foi demonstrado que lei alguma lhe dispensa ordinariamente regime jurídico mais favorecido, até porque a tanto se opõe a Constituição Federal.

Considere-se mais em desfavor da tese ora dominante. Considere-se que entre os valores assumidos como dignos de proteção jurídica pelo ordenamento, a partir da Constituição Federal, está a *segurança.* É de valor reforçado que se cuida, de valor supremo, acima do qual não existe qualquer outro. Este perfil lhe resulta do Preâmbulo constitucional, ao qual não se há de negar virtude normativa, ou privar de conteúdo juridicamente estimável, reduzindo-se-lhe a dignidade ao de um rosário de promessas sem nenhum préstimo aos olhos do Direito. Entretanto, ainda quando não fosse assim, o art. 5º, *caput*, garante a brasileiros e a estrangeiros residentes no País a inviolabilidade do direito à vida, à liberdade, à segurança e à propriedade, nos termos que enuncia (e aí a segurança reaparece, desta feita como direito fundamental da pessoa humana, imune mesmo à emenda constitucional), abstraída a nacionalidade, alcançando inclusive o apátrida. Direito da pessoa humana por declaração ainda mais explícita do art. 4º, II, e do art. 34, VII, alínea *b*.

Parece evidente que segurança, nos versículos constitucionais é sobremodo ausência do emprego descentralizado da força física na composição dos eventuais conflitos de interesses, entregues à responsabilidade de órgãos estatais que para tanto receberam especial habilitação da ordem jurídica. Segurança, portanto, que é mais do que aquela assegurada ao preso, como direito à integridade física e moral (art. 5º, XLIX). Esses órgãos são os do Poder Judiciário, enumerados exaustivamente no art. 92, incisos I a VII. Isso significa que, no Brasil, é assegurado a todos, sem exceção de nenhum, *que a função de dizer se em dada situação houve ou não ofensa ao direito é retirada dos envolvidos diretamente no conflito e entregue ao Estado,* atuando por esses qualificados círculos abstratos de competência, os órgãos judiciais. Atividade de jurisdição, pois, que não se confunde com qualquer das formas de Administração: ativa, consultiva, verificadora, de controle ou contenciosa. E, como ficou dito linhas atrás, a Constituição não distingue entre conflitos de interesses públicos e privados. Todos caem na vala comum do art. 5º, XXXV. Se é a Administração que se sente lesada ou ameaçada em seu direito de atuar em proveito do interesse público, diante de resistência que lhe opõe o particular, com ou sem razão, o que lhe toca, para remover a objeção, é trilhar os caminhos que levam ao Judiciário e não interferir impositivamente na esfera jurídica alheia, constrangendo o administrado a mudar de posição no processo e agravando-o com a transferência do ônus de acionar. Nada, rigorosamente nada a autoriza, de modo geral, a resolver unilateralmente sobre a legitimidade do seu título e a fazê-lo cumprir por seus próprios meios, diante do conflito instaurado, pois esse é papel reservado ao Judiciário. Não é escusável, neste ponto, recordar que sobre o esquema da separação de Poderes a Constituição deixou clara a possibilidade de o Judiciário exercer legislação, função de editar normas gerais, quer quando pronuncia a inconstitucionalidade das leis em abstrato, quer quando, em ação direta de declaração de inconstitucionalidade de lei ou ato normativo federal, decide com força obrigatória para todos e efeito vinculante relativamente aos demais órgãos do Poder Judiciário e ao Poder Executivo, sem excluir a competência para a elaboração de regimentos internos. *Veja-se que, compondo hipóteses de exceção à atividade típica do Legislativo, receberam menção explícita da Constituição, o que em momento nenhum ocorreu com o reconhe-*

cimento da transferência do ônus de acionar, evocativo de uma autotutela administrativa ao lado de uma tutela judicial.

Nenhum tratamento mais benigno foi dispensado ao Estado, quando no exercício da função administrativa, pelo que, ao deparar-se com resistência do administrado acerca de uma sua pretensão, cumprir-lhe-á de ordinário afastá-la pelos meios normais e, pois, com recurso ao Poder Judiciário, ao qual caberá aferir a legitimidade do título que a fundamenta. Conquanto óbvio, lembre-se que ninguém é obrigado a fazer ou deixar de fazer alguma coisa senão em virtude de lei. E não há lei, nem pode haver, excepcionando a tutela judicial prévia, heterotutela, em proveito da autotutela administrativa, *como suposto princípio geral*, fundado em presunção de validade do ato administrativo. Agregue-se que a Constituição Federal elege a dignidade da pessoa humana como fundamento da República Federativa do Brasil, qualificando-a como princípio fundamental, incompatível com uma presunção que o deprime ao invés de exaltá-lo perante o Poder Público. Mais ainda: o princípio da dignidade da pessoa humana tem a compostura de superlativo dos princípios, abstração feita obviamente ao da inviolabilidade do direito à vida. E como se acha indissoluvelmente ligado à forma de Estado (nele declaradamente esforçado) e aos direitos e garantias individuais, posto que seria aberrante conceder dignidade a quem vida não possuísse, ou então vida indigna, está a salvo inclusive de emendas constitucionais (art. 60, § 4º, I e IV). É também de valor supremo que se cuida, conforme resulta do Preâmbulo do qual já se disse possuir valor normativo. A respeito, na França, a musa inspiradora de acreditados administrativistas nacionais, nada obstante a excepcionalidade da decisão do Conselho Constitucional, chegou-se a declarar, por iniciativa do presidente do Senado, "não conformes à Constituição, por serem contrárias aos princípios fundamentais reconhecidos pelas leis da República e *solenemente reafirmados pelo Preâmbulo da Constituição*, determinadas disposições de uma lei relativa à liberdade de associação (decisão de 16 de julho de 1971)", consoante notícia trazida por Prosper Weil, no seu *Direito Administrativo*.[20] Mais ainda: "Dentre as fontes de legalidade, algumas estão fora da Administração e impõem-se a todas as autoridades administrativas, sem que nenhuma delas tenha o poder de as revogar, modificar ou derrogar. É o caso de a) ...; b) A Constituição e o seu Preâmbulo".[21]

Resulta daí que a proibição de tratamento desumano ou degradante (art. 5º, III); da prática do racismo (art. 5º, inciso XLII); da imposição de penas cruéis (art. 5º, inciso XLVII, alínea *e*); e a imposição de respeito à integridade física e moral do preso (art. 5º, inciso XLIX), nada mais são além de emanações pontuais, avulsas, desse princípio de linhagem nobre, de capa e espada. É o que acontece também com a presunção de inocência ou de não-culpabilidade, na conhecida fórmula de que ninguém será considerado culpado até o trânsito em julgado de sentença penal condenatória (art. 5º, LVII). Mesmo o acusado de crime hediondo, insuscetível de fiança, graça ou anistia, mesmo esse, não está excluído da presunção, que somente cede mediante sentença penal condenatória transitada em julgado. E nem se descuide de observar que os direitos e garantias fundamentais são assegurados a brasileiros e estrangeiros residentes no País, *e não à Administração Pública*. Vale a pena a seguinte transcrição:

"Ora, se a lei estadual determinou sua aplicação a servidores públicos desde o momento anterior ao de sua entrada em vigor, não pode a Administração Pública pretender não aplicá-la sob a alegação de ofensa a direito adquirido seu (art. 5º, inciso XXXVI, da Constituição Federal), porquanto, *integrando ela o Estado, não tem ela direito a*

20. Coimbra, Livraria Almedina, 1977, pp. 20-21 (grifos nossos).

21. Prosper Weil, ob. cit., pp. 117-118.

uma garantia fundamental que é oponível ao Estado e não, – como ocorre em geral com as garantias dessa natureza, a ponto de em face dado direito alemão, Schlaich (...) dizer que as pessoas jurídicas de direito público não são capazes de ter direitos fundamentais – *a ele outorgada*" (Supremo Tribunal Federal, 1ª Turma, unânime, em 24.3.1998, *DJU* 8.5.1998, Rel. Min. Moreira Alves, grifos nossos).

Sendo assim, como inverter os termos do formulário constitucional para reconhecer à Administração a formidável prerrogativa da transferência do encargo de acionar, que a deixa em situação de vantagem perante o indivíduo? *Especialmente quando se constata que em nenhuma cláusula constitucional vem explícita tal deferência em proveito dela*? Tem cheiro e sabor de contra-senso dos mais acintosos dispensar-se ao acusado de crime, qualquer crime, o deslocamento para ao Estado do ônus de provar-lhe a materialidade e a autoria e, de revés, gravar-se o indivíduo, sobre quem não pesa o estigma de semelhante e desonrosa increpação, a incômoda e difícil incumbência da prova contra a Administração. Coisa estranha, essa: nas relações jurídico-administrativas, quem é presumidamente inocente é o Estado e os seus desmembramentos. Inocente da mentira, inocente do erro, inocente da ilegalidade, cumprindo ao indivíduo fazer prova contrária. E prova robusta, acima e além de toda dúvida razoável. Doutrina bizarra na sua inspiração e gravosa nas suas conseqüências, posto que degrada o cidadão de conduta irrepreensível, ao passo que dispensa tratamento de maior benignidade ao indigitado de crime, inclusive o hediondo... Ora, é evidente que se o acusado de crime goza da presunção de inocência por respeitosa reverência ao princípio da dignidade humana, *com maior carga de razões há de reconhecê-la também a quem de crime nunca foi acusado*. O contrário seria ir a conseqüências nunca desejadas, mercê de uma compreensão distorcida do fenômeno jurídico, decorrente de séria negligência ao aconselhamento de Demolombe, citado por Carlos Maximiliano: "A interpretação das leis é obra de raciocínio e lógica, mas também de discernimento e bom senso, de sabedoria e de experiência".[22]

Realmente, e bem refletidas as coisas, sem compromissos com idéias de raízes absolutistas ainda fincadas no solo da Europa Continental, não é aceitável que se mantenha o privilégio administrativo, se a dignidade não é direito oponível ao indivíduo e sim, bem ao contrário, ao Estado, inclusive quando no desempenho da função administrativa. Na tradicionalíssima doutrina, que ora se questiona, há vestígios claros da sobrevivência de esquemas autoritários de um regime decaído, inspirados na máxima "em favor do ato régio milita presunção de validade", desconhecida do direito anglo-saxão ao menos como princípio geral. Aqui, vem à lembrança o gênio de Ruy Barbosa:

"Essa presunção de terem *[os Poderes Públicos]* de ordinário razão contra o resto do mundo, nenhuma lei a reconhece à Fazenda, ao Governo, ao Estado" (*Oração aos Moços*, p. 76). E também a cortante afirmação do Min. Víctor Nunes Leal: "Parece que estamos necessitando, nessa matéria, de uma construção doutrinária que não institucionalize o arbítrio", feita ao propósito do elementar direito de defesa perante a Administração Pública, inclusive no desfazimento unilateral de concessões (*RDP* 281). Sobremais desse vestígio autoritário, acrescente-se outro: o injustificado esquecimento de que se têm como excepcionais, quer inseridas no Direito Comum, quer no Direito Especial, as disposições hospedeiras de normas limitativas da liberdade bem como da vida, *da segurança* e da propriedade, que são os bens jurídicos tutelados no art. 5º, *caput*, da Constituição Federal, das quais não se excluem nem aquelas inspiradas na higiene, no bem geral ou local.[23] E quem

22. *Hermenêutica e Aplicação do Direito*, 9ª ed., Rio de Janeiro, Forense, p. 100.

23. Carlos Maximiliano, ob. cit., pp. 229 e 231.

ignora que toda disposição excepcional *se interpreta estritamente*? Resulta na seqüência que, quando se pudesse falar de regime mais favorecido à Administração Pública, a mais valia teria que ser interpretada sem ampliações ou generosidades, *e, pois, sem o caráter de princípio geral ou de atributo do ato administrativo.*

Sob nova perspectiva, considere-se a liberdade assegurada ao indivíduo como direito subjetivo público oponível ao Estado. Sabe-se que a regra geral é a tutela da liberdade, de tal modo que, na dúvida, é em seu favor que se decide. Com efeito, prevaleça a doutrina do direito natural, perante a qual os homens nascem livres e iguais em direitos, prevaleça o positivismo jurídico, que a recusa, haverá sempre uma esfera livre de toda a ingerência, uma ausência de prescrições que obriguem a fazer ou deixar de fazer alguma coisa, configurando-se com isso o mínimo de liberdade a que aludia Kelsen, na sua *Teoria Pura do Direito*. É conhecido o seguinte trecho: "(...) Na medida em que a conduta de um indivíduo é permitida – no sentido negativo – pela ordem jurídica, porque esta a não proíbe, o indivíduo é juridicamente livre".[24] Em essência, esse é o princípio enunciado no art. 5º, inciso II da Constituição Federal. No caso, bem se admite que esse direito de liberdade signifique que o indivíduo está livre do uso da coação por outra pessoa, qualquer pessoa, física ou jurídica, pública ou privada, que não o Estado.

Ou seja: nenhuma norma válida impõe ao indivíduo o dever de suportar que a Administração Pública incida unilateralmente sobre a sua esfera jurídica, constrangendo-o com o deslocamento do ônus de acionar. De sorte que a *sua segurança*, em que se exprime tal liberdade, apenas admite exceções fundadas em menção explícita de alguma situação cujo resguardo seja incompatível com o recurso prévio às vias judiciais, desde que cumpridamente demonstrado, *como no caso do uso administrativo de bens da propriedade privada para atender a iminente perigo público (art. 5º, XXV)*. Em casos desse jaez, a iminência do perigo afastaria irremissivelmente a assistência judicial antecipada. Pelo que a ordem jurídica tolera situações em que cada um possa defender pelos seus próprios meios a sua esfera de interesses, desde evidentemente que o faça com moderação, com o que consente a autotutela, ou autodefesa. *Nada porém que signifique uma presunção de validade dos atos administrativos, determinante da transferência do ônus de acionar.* Aqui, não se defere mais à Administração do que ao indivíduo. Na verdade, nenhum mal haveria em dizer que a ordem jurídica busca dispensar tratamento igual a situações idênticas. Do contrário, o que restaria seria a discriminação injustificada, desarrazoada e censurável. Se o bem ou o valor está em situação de risco que não pode ser evitado ou impedido de propagar-se salvo por uma atuação imediata e autônoma do seu titular ou de quem o administre, então, não teria o menor cabimento liberar-se o indivíduo e tolher-se o Estado-Administração. O fundamento é, portanto, outro que não a presunção de validade. Algo assim como uma atuação necessitada, ou em estado de necessidade, ou em legítima defesa ou no exercício regular de um direito, *a única capaz de evitar a irrupção ou a propagação de danos à coletividade*. Insisto: a ordem jurídica compõe um esquema de proteção e defesa de direitos, subjetivos privados ou públicos, não importa.

Desse esquema fazem parte, *ordinariamente*, a invocação de proteção ao Estado, que a deve prestar por órgãos próprios e meios específicos, e, *extraordinariamente*, a defesa pessoal ou autodefesa. Esta, por ser excepcional, por configurar situações de exceção ao regime normal, tem expressa previsão legal e suas manifestações mais conhecidas são a legítima defesa, o estado de necessidade (este cai como luva encomendada, porque implicando em fazer prevalecer um interesse de maior valor sobre um de

24. 3ª ed., Coimbra, Arménio Amado, p. 72.

menor, na impossibilidade da sua coexistência, garante a supremacia do interesse público sobre o meramente individual) e o exercício regular de um direito, com o que retira-se o caráter antijurídico da atuação que, sob diversas circunstâncias, seria ilícita. Assim, por exemplo, o desforço imediato, atribuído por lei ao possuidor turbado ou esbulhado. Contudo, vale a repetição, a proteção dos direitos se dá *comumente* por via de um processo instaurado mediante a propositura de ação adequada, um pedido de tutela judicial ao Estado para obrigar outro a um comportamento conforme ao Direito. É de direito de ação que se trata, pois. E esta ação é apresentada a órgãos do Poder Judiciário aos quais a Constituição reserva competência para a solução dos litígios (art. 5º, inciso XXXV). Quem a deve propor é o titular do direito resistido e não aquele que resiste a pretensão. A partir daí, onde se encaixa o regime da autodefesa, com a transferência do ônus de acionar para o administrado, que se pretende atribuído *como regra geral* à Administração? Que dispositivo agasalha um regime diferenciado à Administração?

Sob diversa ótica, criam, observam e aplicam a ordem jurídica assim a Administração como os administrados. Em havendo uma presunção de validade para a Administração, *isso significaria que para os indivíduos a presunção seria contrária*? Sim, porque não é de privilégio ou prerrogativa que se trata? Estes estariam presumidamente praticando atos inválidos? Teria cabimento tal presunção diante de Constituição que tem como primeiro artigo de fé a dignidade da pessoa humana?

Agora, resumindo: a) a Constituição Federal enfatiza a separação de Poderes como elemento característico do Estado Democrático de Direito; b) atribui ao Poder Judiciário o exercício da jurisdição em cujo âmbito se acha comportado, simultaneamente, o controle da legislação e da Administração; c) o exercício da jurisdição pelos órgãos judiciários demarca para os indivíduos uma zona de liberdade, expressiva de segurança, que os torna de ordinário livres de qualquer outra tutela diversa da judiciária; d) ao garantir o indivíduo com o exercício da jurisdição, a Constituição Federal o resguarda contra qualquer tentativa de a Administração fazer valer pelos seus próprios meios as suas razões, cuidando de defender-se por si mesma quando naquele encontre resistência; e) entretanto, como nunca é possível excluir totalmente a autodefesa, a Administração pode tutelar os seus próprios interesses sempre que seja este o *único modo* de satisfazer adequadamente os valores albergados na ordem jurídica como dignos de acatamento e resguardo; f) *enfim, essa autotutela deverá estar expressa em lei, a exemplo do que sucede no Direito Civil e no Direito Penal com os indivíduos, tolerando-se que à falta de norma expressa se faça uso da analogia, como processo de integração do Direito.*

Portanto, longe de ensejar aceitação pacífica, a presunção de validade (ou mais rigorosamente o deslocamento do encargo de acionar), e os seus consectários, inclusive o ônus da prova e a autotutela, hão de ser revistos e *desqualificados como princípios gerais do Direito Administrativo brasileiro, ou atributo do ato administrativo*, sobretudo quando se tratar de impor sanções aos administrados. O mais que se pode condescender é com a sua aplicação em caráter excepcional e, ainda assim, quando previstas em lei e diante de situações comprovadamente incompatíveis com a natural demora dos trâmites judiciais, assim como ocorre com a requisição de bens de propriedade privada, diante de perigo público iminente, que é o caso do art. 5º, XXV, da Constituição Federal.

OS PRECATÓRIOS, A REPÚBLICA E O PRINCÍPIO DA MORALIDADE[1]

SÉRGIO SÉRVULO DA CUNHA

1. Tenho a impressão de que todos nós, ao começar o estudo do processo civil, estranhamos que, proferida a sentença condenatória, se obrigue o vencedor a ajuizar nova ação — a *actio iudicati* — para receber aquilo que lhe é devido. Sem adentrar a polêmica que dura até hoje sobre esse tema, fico pensando se estamos a avaliar o passado com olhos do presente; se houve época em que a *actio iudicati* era apenas um modo excepcional de satisfação do credor; e se ao julgamento pela autoridade não seria comum seguir-se o pagamento, senão pelo convencimento do sucumbente, pelo sentimento de honra, ou pela necessidade de não sofrer a reprovação social.

Esta é sem dúvida a principal razão teórica — e não o risco de desordem nas contas públicas — pela qual não se costuma expor o Estado à execução. Porque, no rigor da lógica da positividade — em que não se distingue entre Estado e Direito — é impensável que o Estado cometa ilícito; é inconcebível a existência de norma jurídica isentando o Estado de cumprir sentenças judiciais; nem se pode crer que o Estado — que proibiu a justiça de mão própria, que assumiu o monopólio da prestação jurisdicional, que instituiu o judiciário, e que estabeleceu o princípio de obediência à coisa julgada — deixe de cumprir espontaneamente a sentença condenatória, quando vencido em juízo.

Também por isso se instituiu a responsabilidade "objetiva" do Estado, que não ocorre em razão de ilícito seu, mas de ilícito praticado por agente seu, contra o qual ele pode se voltar. No rigor da doutrina inexiste condenação pecuniária contra o Estado, mas apenas sentença mandamental, determinação inescusável por parte do Judiciário, a órgão da administração, de efetuar pagamento. O regime que agisse de modo diferente colocaria em risco o princípio da sua própria autoridade.

Entretanto, isso acontece no Brasil.

O Dr. Luis Luisi, em sua excelente exposição, deu-nos ciência de que, pesquisando o ordenamento de outros países, em nenhum encontrou figura análoga à do precatório; assinalou também que o precatório surgiu na Constituição de 1934, como forma de proteção aos credores judiciais do poder público. Se o Estado é atento às normas que ele próprio editou, se observa a Constituição e as leis, se paga regularmente aos seus credores negociais e extranegociais — servidores, fornecedores, beneficiários, in-

1. Texto elaborado a partir de palestra proferida no dia 28.4.2000, em Porto Alegre, durante o Seminário Nacional "A Questão dos Precatórios", patrocinado pelo Instituto dos Advogados do Rio Grande do Sul e pela Faculdade de Direito da Universidade Federal do Rio Grande do Sul.

denizatários — poucas serão as ações contra ele em juízo. A existência de muitas ações contra o Estado, mesmo na sociedade de massa, já é sintoma de grave moléstia institucional: dentro da normalidade situam-se apenas ações correspondentes a obrigações incertas ou ilíquidas — principalmente ações de desapropriação e de responsabilidade civil — mas ordinariamente não seriam tantas que obrigassem o governo a estabelecer um plano especial, ou uma ordem nos pagamentos. Assim, havendo Estado de direito, a Administração paga prontamente ao seu credor, quando condenada em juízo.

2. Se não coubesse ao Estado pagar mecanicamente aquilo que deve, como decorrência necessária do ordenamento, mesmo assim estaria sujeito, tal como os particulares, a pagar suas dívidas. "Pagar o devido" é preceito de moral social — desdobramento do princípio "dar a cada um o que é seu" — que assume expressão jurídica, no Código Civil, com as normas que mandam cumprir as obrigações.

Para que o Estado brasileiro estivesse sujeito ao princípio da moralidade, não seria preciso inscrever essa referência, expressamente, no art. 37 da Constituição.

A Constituição é um sistema cujos elementos (as normas constitucionais) agrupam-se segundo uma ordem determinada de relações. A estrutura da Constituição consiste nessa ordem abstrata de relações, que se estabelece a partir de sua existência como sistema.

O que nós vemos, ao observar um sistema, são os seus elementos, mas não sua estrutura. A estrutura não aparece: consiste na ordem abstrata, cuja existência precisa ser induzida a partir da observação dos elementos, de suas relações e de suas funções. Os elementos são a matéria que a estrutura define; ou seja, eles somente se compreendem quando integrados à estrutura, segundo as suas funções. Os elementos são o corpo físico da Constituição. A estrutura, sua trama lógica. O sistema, o corpo lógico, formado pelos elementos e pela estrutura, e operante segundo suas funções.

Chamamos de "princípio" ao impulso nervoso que se irradia da estrutura para os elementos. Nesse caso, o princípio é um fator de organização e funcionamento do sistema, que pode ser explícito ou implícito: implícito quando conserva sua forma abstrata; explícito quando, sem prejuízo de sua natureza, é expressamente formulado, manifestando-se como elemento.

Os princípios também se ordenam segundo uma hierarquia. Além dos princípios estruturantes, acima referidos, devemos considerar, antes e acima deles, os princípios pré-estruturais, aqueles que são pressupostos do sistema. O princípio da moralidade é pré-constitucional, pois não se confina apenas à Constituição; é também pré-jurídico, pois não se confina apenas ao direito. Ele é um princípio "institucional", na medida em que se apresenta como estruturante de toda e qualquer instituição.

Na distinção entre direito e moral é preciso afastar três noções tão imprecisas quanto habituais. A primeira, a de que o direito ocupa-se das relações do indivíduo com os demais, enquanto a moral corresponderia a um chamado "foro interno" de cada um; a segunda, a de que a moral social corresponderia aos *standards*, ou padrões médios de comportamento; e a terceira a de que a coercitividade (ou coercibilidade) seria a característica distintiva do direito, face a outros processos sociais de adaptação.

A diferença entre a moral social e o direito não é substantiva, mas meramente formal; a matéria de ambos os processos são relações de poder; somente pode ser designado como direito o processo correspondente à objetivação da moral social (sua elevação ao nível crítico da consciência, a busca inteligente da medida, e o equilíbrio entre as exigências da moral individual e da moral social).

A locução "processo social de adaptação" é pontiana. Foi Pontes de Miranda —

aqui bem lembrado, ontem, pelo Prof. Manoel Gonçalves Ferreira Filho — que a pôs em circulação, ao perceber o processo social como um *continuum*. No *Sistema de Ciência Positiva do Direito* (1922), mas principalmente na *Introdução à Política Científica* (1924) e na *Introdução à Sociologia Geral* (1924), Pontes de Miranda alinha os sete principais processos sociais de adaptação, segundo uma escala de crescente estabilidade: a economia, a política, o direito, a ciência, a arte, a moral, a religião.

Em toda questão jurídica há uma questão ética subjacente. Mesmo as chamadas regras técnicas não dispensam a justificação de sua necessidade ou utilidade, e essa não é uma questão meramente técnica. Mais do que isso, porém, a própria instituição do direito obedece a uma exigência ética, porque esta é a essência de toda instituição social.

3. À semelhança do Dr. Luis Luisi, fiquei chocado ao ler a justificativa da Proposta de Emenda Constitucional n. 83/99, que pretende estabelecer uma nova moratória para o pagamento dos débitos judiciais da Fazenda Pública.

Lê-se naquilo que se designou como "justificativa" para a PEC n. 83/99: "o pagamento feito pela Fazenda Pública através de precatórios judiciais é um procedimento que objetiva preservar, entre outros princípios, a moralidade pública (...)"; e

"O § 1º do art. 100 da Constituição Federal de 1988 impede o enriquecimento sem causa do Estado contra o particular (...)."

Concordamos que, onde exista a contradição designada como "Estado inadimplente", o precatório pode ser melhor do que nada; e que o § 1º do art. 100 da Constituição representou uma tentativa de evitar o enriquecimento sem causa do Estado, a qual — tendo-se em vista a moratória instituída pelo art. 33 do Ato das Disposições Constitucionais Provisórias — começou a se frustrar no próprio nascedouro.

É a partir dessas constatações, porém, que o legislador pretende criar uma nova moratória, desta vez por dez anos, aos quais somar-se-á o tempo gasto, até a decisão final, com as ações iniciadas antes de 31 de dezembro de 1999.

Pressuposto de existência de toda lei é a convicção de sua necessidade, e para demonstrá-la é que serve a correspondente justificativa. Toda justificativa é uma premissa, com relação à qual se acrescenta, como conclusão, a respectiva propositura. Na "justificativa" da PEC n. 83/99, porém, alinharamse enunciados que antagonizam a conclusão.

Casos de imoralidade podem ser agrupados em três tipos: o daquele cuja sensibilidade não lhe permite apreender a regra moral; o daquele que, conhecendo a regra moral e desejando cumpri-la, não tem vontade suficiente para fazê-lo; e, por fim, o daquele que conhece perfeitamente a regra moral e põe toda sua argúcia nesse conhecimento, para melhor poder afrontá-la. O primeiro não tem vontade, no segundo a vontade é fraca, e, no último, a vontade é perversa.

A este último caso corresponde a retórica do irracional. Seu modelo está na fábula do lobo e do cordeiro, a que bem se ajusta o termo "cinismo", que tem raiz latina no substantivo *canis-is* (= cão).

De onde vem o soberano desprezo do legislador brasileiro pelos credores do Estado, igual somente ao de quem se julga superior a toda e qualquer norma? Quais os motivos que lhe dão causa? É possível que o Estado assim se comporte sem que daí decorram nefastas conseqüências para a ordem pública?

4. Em 1808 a Corte portuguesa, expulsa de Lisboa por Napoleão, deslocou-se para o Brasil; aqui desembarcando, "aposentouse" nas melhores residências do Rio de Janeiro, de onde enxotou, sem cerimônia, os respectivos proprietários. Esse é exemplo típico do patrimonialismo enraizado no Estado brasileiro, do descompromisso ético de elites empenhadas na exploração dos nossos recursos materiais e humanos".

Quando o povo francês derrubou a monarquia, em 1793, foi buscar na antiguidade romana o termo *república* (*res* + *publica*) para designar o regime que estava instituindo.

O que primeiro se pretende acentuar, com o termo *república*, é a separação entre o patrimônio do governante, os bens públicos e os bens de particulares. A segunda característica da república é que, nela, o exercente de funções de governo (designado como mandatário público, agente político ou magistrado) está sujeito à lei, sendo responsável penalmente, civilmente e politicamente pelos seus atos. E, a terceira, a divisão das funções de governo por diferentes ofícios, para cujo desempenho o povo elege mandatários temporários. República, podemos dizer, é a forma de governo em que o povo é soberano; nela não há súditos, pessoas submetidas ao arbítrio do príncipe, mas cidadãos, pessoas com seus direitos políticos e civis plenamente assegurados.

O descompromisso ético das elites, que se acentua nos momentos de crise e nos ciclos marcados, como o nosso atual, por intensa competição, não é sem conseqüências sociais. O individualismo brasileiro — essa incapacidade de ver a coisa pública como própria — é mecanismo de defesa do indivíduo contra o Estado predador e irresponsável. Instituímos formalmente a república, mas o autoritarismo do Estado, a irresponsabilidade da classe política e a ausência de cidadania produziram na verdade um regime caipora — meio gente, meio bicho —, esse limbo institucional feito de licença e arbítrio.

Em sua exposição há pouco proferida, o Senador José Fogaça manifestou esperança de que a disciplina financeira será alcançada a partir da "Lei de Responsabilidade Fiscal", a ser sancionada no próximo dia 4 de maio. Como porém acreditar em propósitos moralizadores da classe política, se ao mesmo tempo em que produz a lei de responsabilidade financeira pretende aprovar, na sua contramão, a emenda da irresponsabilidade financeira?

O grande sonho da elite brasileira é o de um país sem povo. A emergência de povo é a nossa novidade no século XX, marcado por isso, de um lado, pela busca do Estado Democrático de Direito, e, de outro, pela imoralidade e autoritarismo. A inconformidade com suas práticas abusivas foi uma das causas de esgotamento do regime de 1964. Idêntico poderá ser o destino da chamada "Nova República" (ou Quarta República) se continuar descendo a ladeira da moralidade com medidas tais como o confisco da poupança, a anistia por crimes eleitorais da classe política, a emenda da reeleição, o tratamento desigual dos aposentados, a inaplicação dos direitos sociais, e, agora, a nova moratória contra os credores do Estado.

EMPRESA GERADORA DE SINAIS DE TELEVISÃO ABERTA — NÃO OBRIGATORIEDADE EM DISPONIBILIZAR SINAIS A CONCORRENTE DA SUA CONTROLADORA

CELSO ANTÔNIO BANDEIRA DE MELLO

Titular da Faculdade de Direito da PUC/SP

A (...) por seus ilustres advogados, acosta documentos e anotações instrutórias, formulando-nos a seguinte

Consulta

A Consulente, empresa geradora de sinais de televisão aberta — e que é também controladora de uma empresa de transmissão televisiva por assinatura, pelo sistema DTH (via satélite), está ou não — por força da legislação de telecomunicações ou de seu espírito, ou ainda por analogia ao disposto no art. 23 da Lei n. 8.977/95, disciplinadora do serviço de TV a cabo — obrigada a disponibilizar, mediante contrato, seus sinais, vale dizer, seus programas, a uma concorrente de sua controladora no mesmo sistema por assinatura, DTH?

À indagação respondo nos termos que seguem.

Parecer

1. A questão submetida à Consulta não oferece dificuldades de maior monta porquanto há diplomas normativos expressamente reportados ao tópico nela versado. Assim, um, de caráter genérico e de hierarquia superior — a Lei n. 9.610, de 19.12.1998, disciplinadora dos direitos autorais — e outro, de nível administrativo — a Norma n. 008/97, do Ministério das Comunicações, contemplam e solucionam direta e explicitamente o *objeto específico* sobre que versa a indagação.

A Lei n. 9.610, de 19.12.1998, que dispõe sobre os direitos autorais, estabelece: "Art. 95. Cabe às empresas de radiodifusão o *direito exclusivo de autorizar ou proibir* a retransmissão, fixação e reprodução de suas emissões, bem como a comunicação ao público, pela televisão, em locais de freqüência coletiva, sem prejuízo dos direitos dos titulares de bens intelectuais incluídos na programação".

De seu turno, a Norma n. 008/97, isto é, a Norma de Serviço de Distribuição de Sinais de Televisão e de Áudio *por Assinatura Via Satélite (DTH)*, aprovada pela Portaria n. 321, de 21 de maio de 1997, expedida pelo Ministro de Estado das Comunicações, estatui: "5.3 A transmissão de programação de concessionária ou permissionária de Serviços de Radiodifusão através do Serviço DTH *somente poderá ser feita após celebração do respectivo contrato de cessão de programação entre as partes*, respeitando as condições nele estabelecidas e na legislação pertinente".

2. Ambos os textos transcritos são de clareza meridiana. O primeiro deles constitui-se em norma legal que, *em tema de radiodifusão*, protege o direito autoral, cuja consagração genérica está explícita na Constituição do País, conforme art. 5º, XXVII, segundo cujos termos: "aos autores pertence o direito exclusivo de utilização, publicação ou reprodução de suas obras, transmissível aos herdeiros pelo tempo que a lei fixar".

O segundo é o regramento específico dos Serviços de Radiodifusão por Satélite, os quais *não foram objeto de disciplina por lei*.

Tanto de um quanto de outro resulta meridianamente claro que as emissoras de TV aberta, isto é, as empresas de radiodifusão de sons e imagens é que decidirão se os seus programas serão ou não utilizáveis por terceiros para fins de reprodução ou retransmissão, visto que a elas compete outorgar ou deixar de outorgar autorização para tanto, de tal sorte que concessionária ou permissionária dos serviços de televisão por satélite só disporão destes programas se contratualmente lhe houverem sido cedidos pelas sobreditas emissoras.

3. Assim, para que se pudesse cogitar de intelecção diversa daquela que é dada pelos textos transcritos seria necessário que padecessem de inconstitucionalidade, direta ou indireta, ou que norma sucessiva, de gradação igual ou superior, atinente ao *mesmo objeto temático*, houvesse ofertado tratamento distinto e incompatível com o que neles se dispôs. Se se quiser levar a indagação a seus extremos — como sempre convém — ter-se-á, ainda, que indagar se o regulado nos diplomas referidos contrapõe-se a algum princípio maior dessumível, ao menos por implicitude, de legislação sucessiva a eles.

Fixadas estas premissas óbvias, pode-se passar ao exame do questionado.

4. Não há disposição constitucional alguma da qual se possa depreender que uma emissora de radiodifusão tem o dever de ceder a operadoras de serviços de televisão por satélite — que são, na realidade efetiva, simples transportadoras de sinais de televisão — os programas que haja concebido ou programado.

De resto, seria assaz surpreendente se existisse.

É que os serviços de televisão operam e devem operar em regime de concorrência. Embora, no direito brasileiro, somente a partir da Lei n. 8.987, de 13.2.1995 (art. 16) tenha sido instituída explicitamente a regra da ausência de exclusividade nas concessões de serviço público em geral, ressalvada a hipótese de inviabilidade técnica ou econômica de tal solução, este sempre foi o princípio retor das concessões em tema de radiodifusão.

As razões para isto são tão óbvias que dispensam qualquer detença em explicá-las. Basta referir que, a ser de outro modo, estrangular-se-ia a liberdade de difusão de informações por tal meio, tanto como o correspondente direito à informação a que os cidadãos fazem jus. Sem embargo, para mencionar textos legais que consagram esta inexistência de exclusividade em prol de concessionários ou permissionários, citem-se o art. 35 do Código Brasileiro de Telecomunicações (Lei n. 4.117, de 27.8.1962) e os arts. 6º e 84 da Lei da ANATEL (Lei n. 9.472, de 16.7.1997), havendo, de resto, fartas referências nesta última lei ao regime de competição.

5. No regime de concorrência, de competição, está evidentemente implicada a pressuposição de que cada qual terá de valer-se das próprias aptidões para conquista do mercado. Esta noção é antitética a de que um concorrente possa obrigar o outro a lhe fornecer, em detrimento de si próprio ou de empresa que controle, aquilo mesmo que com sua diligência concebeu e que o qualificou perante o mercado por ambos disputado. Competir, à toda evidência, não é estar assegurado no direito de valer-se dos trunfos do competidor em proveito dos próprios interesses econômicos.

Com efeito, se o fora, consagrar-se-ia a anticoncorrência, a anticompetição; o desestímulo à elaboração do produto que obtenha sucesso junto ao público e — até mesmo — a instauração de um singular regime em que, um empresário, em sua busca de vantagens econômicas, terá o direito de obtê-las, não por seu esforço, conquista ou mérito, mas simplesmente capturando em seu proveito o resultado do esforço, mérito e sucesso de seu concorrente.

Assim, não faria mesmo sentido que, no texto constitucional, houvesse disposições que direta ou indiretamente forçassem uma emissora de televisão a colocar à disposição de uma operadora de serviços de televisão por satélite seus programas, para que concorressem, seja com a sobredita emissora, seja com empresa por ela controlada e que com esta disputa o mesmo mercado. Logo, nele nada há que infirme os preceitos inicialmente mencionados, isto é, o art. 85 da Lei n. 9.610, de 19.12.1998 e o item 5.3 da Norma n. 008/97, aprovada pela Portaria n. 321, de 21 de maio de 1997, expedida pelo Ministro de Estado das Comunicações.

6. Frise-se que emissoras de radiodifusão de sons e imagens, isto é, as televisões *abertas*, são concessionárias que geram sinais e criam programas *gratuitamente* disponibilizados para os telespectadores. As receitas que suportam e remuneram tais serviços são obtidas exclusivamente da publicidade cobrada dos anunciantes.

Já as televisões por assinatura — e dentre elas as operadoras do serviço de distribuição de sinais por satélite (DTH) — não são *gratuitas* e, na realidade efetiva, constituem-se em simples "distribuidoras de sinais", embora lhes seja permitido transmitir sinais ou programas por ela própria gerados, como expressamente resulta do disposto no item 7.1 *a*, do citado Ato n. 008/97, aprovado pela Portaria n. 321/97.

Reza o preceptivo em questão: "7.1 A permissionária do Serviço DTH poderá: a) transmitir sinais ou programas originados por terceiros e editados pela permissionária e sinais ou programas gerados pela própria permissionária".

Ditas permissionárias se remuneram tanto pelo valor pago por seus assinantes, quanto pela publicidade de anunciantes, como previsto pelas letras subseqüentes do mesmo item 7.1 precitado. *Verbis*: "*b*) veicular publicidade comercial; *c*) cobrar remuneração (assinatura) pela prestação do serviço".

7. É óbvio que uma e outra disputam o público telespectador, competem por ele. A televisão por satélite, televisão por assinatura, é concorrente da televisão aberta e sê-lo-á cada vez mais, à medida que se fortaleça o poder aquisitivo da população. Como as televisões por assinatura também buscam publicidade dos anunciantes, irão capturá-los no mesmo universo no qual as televisões abertas têm seu suporte remuneratório. Neste sentido há e haverá progressivamente uma maior constrição do universo custeador das televisões abertas.

Pretender que uma emissora de televisão aberta deva concorrer para isto ou, então, que deva instrumentar com o produto de seu engenho, isto é, com sua programação, a concorrente de uma sua controlada no segmento da operação de serviços por satélite, é o mesmo que pretender — se se pode dizê-lo em linguagem prosaica, mas expressiva — que "dê um tiro no próprio pé", a fim de proporcionar maior lucratividade à empresa concorrente, a qual, justamente por sê-lo, deve disputar o mercado com as próprias aptidões.

8. De outra parte, também não se encontra abrigado na legislação sobre o serviço público de telecomunicações algum princípio maior por força do qual devam ser consideradas peremptas as disposições normativas, "retro" transcritas, que conferem às emissoras de televisão o direito de autorizarem ou recusarem autorização para que terceiros se valham de seus programas.

É que a noção de serviço público não resultaria prestigiada com o fortalecimento do "serviço público da minoria" — caso da televisão por assinatura, que é o serviço público dos ricos ou razoavelmente abonados — se para tanto fosse necessário instrumentá-la com vantagens extraídas compulsoriamente do labor do serviço público *que serve ao público em geral*, isto é, daquele que serve à esmagadora maioria da população brasileira, a qual, sendo composta por pessoas de baixíssimo poder aquisitivo, não tem possibilidades de aceder à televisão paga.

Deveras, segundo dados informativos da Consulta, a TV aberta atingia, no ano de 2000, 90% dos domicílios brasileiros, ao passo que a TV por assinatura, não alcançava senão 8% dos domicílios com televisão e ainda assim nas classes A e B.

9. Recorrendo-se a noções principiológicas, isto é, àquelas que informam categorias básicas do direito administrativo — qual, a de serviço público — vai se encontrar que este se caracteriza por ser um tipo de atividade, tido como "resultante da interdependência social e de tal natureza que não pode ser assumido senão pela intervenção da força governante", como o disse Léon Duguit, chefe da Escola do Serviço Público,[1] ou, nas palavras de Cirne Lima, que é "todo serviço existencial, relativamente à sociedade ou pelo menos como tal havido em um momento dado, que, por isso mesmo, tem de ser prestado aos componentes daquela, direta ou indiretamente, pelo Estado ou outra pessoa administrativa".[2]

É certo que ambas as noções apontam para o substrato sociológico do serviço público, mas, bem por isto, encarecem o que se encontra por detrás da construção jurídica; logo, desvendam sua razão inspiradora, que é, nitidamente, a de se tratar de uma atividade que *só merece dada proteção especial* e instrumentação com prerrogativas peculiares pelo fato mesmo de ser voltado à *satisfação de necessidades de toda a coletividade* — e não de um ínfimo segmento dela que se encontra no ápice da pirâmide social.

Por tudo isto é visível que, no caso *sub consulta*, não está em pauta um interesse inerente à noção de serviço público capaz de sobrepor-se a normas explícitas recognitivas dos direitos das emissoras de televisão aberta em confronto com os interesses dos operadores de televisão por assinatura, por satélite.

10. De resto, isto se torna ainda mais claro ao se considerar que são as emissoras de radiodifusão de sons e imagens e não as operadoras de serviços de televisão por assinatura as que se encontram vinculadas ao serviço público pela submissão a regras *constitucionalmente* estabelecidas para a proteção dos bens jurídicos que tal serviço deve atender.

De fato, são elas as obrigadas pelo Texto Constitucional a um compromisso com a educação, informação, cultura, promoção da cultura nacional e regional, assim como regionalização da produção cultural, artística e jornalística (art. 221) e respeito aos valores éticos e sociais da família. Assim, são elas as colhidas por um regime que, de direito, as encaixa em um *quadro típico de serviço público*, por força do qual o Estado brasileiro dispõe de base normativa para enquadrá-las devidamente, nada mais se requerendo senão a vontade política de fazê-lo. Este mesmo atrelamento também se traduz na previsão constitucional de que a propriedade, bem como a administração e orientação intelectual das emissoras de radiodifusão será privativa de brasileiros natos ou naturalizados há mais de dez anos (art. 222).

Assim, qualquer invocação de princípios do serviço público, de prevalência do

1. *Traité de Droit Constitutionnel*, v. II, 2ª ed., 1923, p. 55.

2. *Princípios de Direito Administrativo Brasileiro*, 3ª ed., Livraria Sulina, 1954, p. 84.

interesse público, em questões nas quais estejam contrastados os interesses da televisão aberta e os da televisão por assinatura, necessariamente redundará na prevalência dos da televisão aberta, pois é ela que, diferentemente da televisão por assinatura, cumpre a função de servir à esmagadora maioria da sociedade e com o dever de fazê-lo sob a égide de normas que lhe ajustam a atuação aos interesses nacionais.

11. Aliás, sequer procederia a suposição de que o interesse do público (na verdade da pequena minoria que pode pagar pela TV por satélite) em assistir a programação de uma dada emissora de radiodifusão de sons e imagens ficaria sacrificado se esta não fosse embutida na transmissão efetuada pela transmissora de televisão por satélite.

Com efeito, o público em geral pode fazê-lo à sua vontade, mesmo quando assinante de uma operadora de televisão por satélite. Para passar dela para a TV aberta basta desligar o decodificador ou então servir-se de um sistema no qual o próprio controle remoto faz a mudança. Logo, não é o público que não disporá da programação da televisão aberta: *é a empresa operadora de televisão por satélite que dele não disporá para incluí-lo no seu pacote comercializável junto ao público.*

Assim, a tese do direito a servir-se de sinais das emissoras de radiodifusão, antes de ser uma tese defensora do interesse do público, é uma tese defensora do interesse econômico de empresas distribuidoras de sinais por satélite.

12. Finalmente, não procederia supor que as disposições normativas de início referidas deveriam ceder passo à aplicação analógica do art. 23 da Lei n. 8.977/95, disciplinadora do serviço de TV a cabo, segundo o qual as operadoras deste específico serviço devem tornar disponíveis canais destinados à transmissão obrigatória da programação das emissoras geradoras locais radiodifusoras de sons e imagens.

Desde logo, não se infirmam regras gerais sobre dado assunto, nem regras específicas sobre aspectos específicos dele com base em *regras específicas sobre outros especificados aspectos daquele assunto.* Além disto, a analogia tem lugar à falta de normas que contemplem uma dada situação e não quando se esteja perante situação regulada.

A Lei n. 8.977/95 disciplina uma específica modalidade de telecomunicação e suas normas não são extrapoláveis para modalidade diversa. A televisão a cabo é eminentemente local; a televisão por satélite é nacional. O art. 23 em causa não faculta, *determina* a reserva de canais para transmissão das emissoras locais de radiodifusão.

Como a transmissão por satélite tem índole nacional, se fora o caso de aplicar-se o art. 23, em seu espírito e com a correlata adaptação, as operadoras do setor teriam de enviar ao satélite toda a programação de todas as emissoras locais existentes no País e em seguida redistribuí-las para que em cada local fosse disponibilizada a correspondente programação. Estas operações, informa a Consulente, são, na prática, inviáveis. Isto porque, nos satélites que prestam serviços de DTH para o Brasil, não há capacidade disponível para tanto. Logo, somente com os gigantescos investimentos em novo satélite é que seria possível o cumprimento da regra do art. 23 da Lei n. 8.977/95, se este fosse extrapolável da televisão a cabo para a televisão por satélite. Vê-se, pois, que o regramento da sobredita lei está a contemplar situação específica que não cabe estender a situações profundamente diversas.

13. Ocorre que nenhuma destas considerações seria sequer necessária para se concluir pela inaplicabilidade do sobredito artigo. Há uma razão muitas vezes mais forte que torna incontendível a prevalência do disposto na legislação sobre direitos autorais.

Esta razão é simples e definitiva.

Dita Lei, n. 9.610, de 19.12.1998 (que sucedeu a Lei n. 5.978, de 14.12.1973, anterior legislação de direitos autorais) é *posterior* à lei de televisão a cabo. De acordo com o preceituado art. 95, é às empresas de radiodifusão que cabe o "direito exclusivo de autorizar ou proibir" a reprodução de suas emissões. *Logo, a partir dela, não há mais cogitar do art. 23 da Lei n. 8.987/95, que está simplesmente revogado por incompatibilidade absoluta com o preceituado no art. 95 da Lei n. 9.610/98.*

14. Ao lume de todas as considerações dantes feitas verifica-se que a Consulente não está obrigada a disponibilizar, mediante contrato, seus sinais, vale dizer, seus programas, para a concorrente de sua controlada.

No caso *sub examine*, se porventura houvesse espaço para o prosperar de alguma dúvida — e não há, conforme se viu — ainda assim ela teria de ser espancada mediante critério que confirmaria a intelecção que se deu.

Consoante nos parece, sempre que, mesmo esgotados todos os esforços interpretativos, ainda permanecer uma ineliminável dúvida sobre o direito aplicável à situação em que se confrontem interesses de empresas genuinamente nacionais e interesses de empresas pertencentes a grupos estrangeiros, o critério adequado para solvê-la é aquele que abone os interesses das empresas nacionais, por ser esta a diretriz confortada em princípios constitucionais elementares.

Com efeito, toda Constituição, de maneira implícita ou de modo explícito — como o faz a brasileira — exalça a soberania nacional. Dessarte, nossa Lei Magna menciona-a em primeiro lugar entre os fundamentos da República (art. 1º, I) e também em primeiro lugar entre os princípios retores da ordem econômica (art. 170, I). Nisto, à toda evidência, vai suposta a valorização do que é nacional e o empenho no desenvolvimento nacional, cuja garantia, aliás, está expressamente referida como um dos objetivos fundamentais da República (art. 3º, II). Ademais, o art. 219 é claro ao estabelecer que "O mercado interno integra o patrimônio nacional e será incentivado de modo a viabilizar o desenvolvimento cultural e sócio-econômico, o bem-estar da população e a autonomia tecnológica do País, nos termos de lei federal".

15. Assim, a defesa dos interesses das empresas genuinamente nacionais em confronto com interesses de empresas pertencentes a grupos estrangeiros é um consectário natural de uma ordem jurídica soberana. De resto, é o que fazem todos os países desenvolvidos do mundo e até mesmo os subdesenvolvidos que mantêm ainda um mínimo de consciência de seu próprio existir como povo independente.

Esta defesa, como visto, está perfeitamente afinada com os dizeres da Constituição brasileira. É lógico que não se poderá realizá-la em descompasso com normas constitucionais ou legais. Entretanto. como dito, nos casos em que, concluído o processo interpretativo, remanesçam dúvidas irremissíveis quanto ao direito aplicável, é critério exegético adequado, por afinado com diretrizes da Lei Maior, aquele que prestigia o interesse do que é genuinamente nacional.

16. Ora bem, na hipótese vertente estão confrontados os interesses da Consulente, empresa genuinamente nacional com os da concorrente, controlada por empresa norte-americana.

Consoante se disse, não há, ao parecer, dúvida interpretativa alguma quanto ao direito de a Consulente autorizar ou negar autorização para a concorrente reproduzir seus sinais. Sem embargo, se dúvida irremissível houvesse, já se vê que teria de ser soluta na forma indicada.

17. Isto tudo posto e considerado, à indagação da Consulta respondo:

A Consulente, empresa geradora de sinais de televisão aberta — e que é também controladora de empresa de transmissão televisiva por assinatura, pelo sistema DTH (via satélite) — não está, nem por força da legislação de telecomunicações, nem de seu espírito, nem por analogia ao disposto no art. 23 da Lei n. 8.977/95, disciplinadora do serviço de TV a cabo, obrigada a disponibilizar mediante contrato seus sinais, vale dizer, seus programas, para a empresa concorrente da sua controlada, no mesmo sistema DTH por assinatura. Pelo contrário, em decorrência do art. 95 da Lei n. 9.610, de 19.12.1998, disciplinadora dos direitos autorais e da Norma n. 008/97, do Ministério das Comunicações, a Consulente está investida no pleno direito de autorizar ou não a concorrente reproduzir seus programas.

É o meu parecer.

São Paulo, 12 de abril de 2001

CONTRATO ADMINISTRATIVO. PREÇOS CONTRATADOS ACIMA DOS PRATICADOS NO MERCADO. APLICAÇÃO RETROATIVA DA LEI ORGÂNICA DO TRIBUNAL DE CONTAS DA UNIÃO. REQUISITOS E APURAÇÃO DA RESPONSABILIDADE SOLIDÁRIA ENTRE O AGENTE PÚBLICO E A EMPRESA CONTRATADA

ADILSON ABREU DALLARI

Titular da Faculdade de Direito da PUC/SP

Consulta

A Construtora OAS Ltda., através de seu digno patrono Dr. J. G. Piquet Carneiro, honra-nos com a consulta sobre aspectos de contratos administrativos firmados com a União, especialmente sobre as conseqüências de posterior verificação, no mercado, de preços inferiores àqueles contratados.

Indaga sobre a licitude da aplicação, ao caso, do disposto no art. 16 da Lei Federal n. 8.443/92 — Lei Orgânica do Tribunal de Contas da União — que estabelece a responsabilidade solidária entre a empresa contratada e o agente público, considerando a ausência de qualquer prova de conluio entre contratante e contratada e, também, diante do fato de que o contrato fora firmado antes da entrada em vigor da mencionada Lei.

A última questão formulada diz respeito à prova da eventual imputação de responsabilidade da empresa pelo cometimento do dano apurado, mais especificamente sobre sua natureza e a quem competiria sua produção.

Tendo em vista, assim, o que consta da consulta passamos ao parecer, após o qual serão respondidos os quesitos formulados.

Parecer

I — Considerações iniciais. Do Direito intertemporal

A primeira questão emergente da consulta parece-nos residir na matéria de Direito intertemporal, na medida em que se indaga de eventual efeito retroativo da norma imputativa de responsabilidade.

O Direito, longe de ser um mero conglomerado de dispositivos, constitui-se em um conjunto bem estruturado de princípios e normas que, interligando-se por coordenação e subordinação, formam o todo denominado sistema jurídico. Segundo esse quadro, cabe aos princípios a função de sustenção de todo o sistema jurídico, onde as normas positivas encontram e retiram seu fundamento de validade.

O princípio, por sua importância, serve exatamente para balizar a interpretação e a aplicação de toda e qualquer regra de direito, conforme adverte Celso Antônio Bandeira de Mello[1] em seu *Curso de Direito Administrativo*: "Princípio é, por definição, mandamento nuclear de um sistema, verdadeiro alicerce dele, disposição fundamental que se irradia sobre diferentes normas compondo-lhes o espírito e servindo de critério para sua exata compreensão e inteligência, exatamente por definir a lógica e a racionalidade do sistema normativo, no que lhe confere a tônica e lhe dá sentido harmônico. É o conhecimento dos princípios que preside a intelecção das diferentes partes componentes do todo unitário que há por nome sistema jurídico positivo".

Juízo semelhante emitiu Agustín Gordillo,[2] notável administrativista argentino, apostilando a respeito: "La norma es límite, el principio es límite y contenido. La norma dá a la ley facultad de interpretarla o aplicarla en más de un sentido, y el acto administrativo la facultad de interpretar la ley en más de un sentido: pero el principio establece una dirección estimativa, un sentido axiológico, de valoración, de espíritu".

Dada a unidade da ordem jurídica, o trabalho de intelecção e aplicação de uma norma envolve necessariamente a consideração de todo o sistema jurídico. De fato, somente a interpretação sistemática, lastreada nos princípios, pode proporcionar a correta, segura e unívoca aplicação da lei.

Resulta do exposto que o trabalho de interpretação de uma norma, envidado pelo jurista, passa necessariamente pela análise dos princípios jurídicos que informam o ordenamento, mormente quando abrigadores de regras de hermenêutica jurídica, tais como aquelas contidas na Lei de Introdução ao Código Civil.

Esse diploma legal, a despeito do que possa sugerir sua denominação, apresenta normas e princípios aplicáveis às relações jurídicas em geral, ultrapassando as fronteiras ditadas apenas para o direito civil. Encontram-se nele abrigados conceitos volvidos à aplicabilidade de todas as normas, sejam elas de direito privado como também público, sem contar aquelas atinentes ao direito internacional. Trata-se, na verdade, de uma lei de introdução ao direito positivo.

Nessa medida paira acima das específicas regras de conduta pois não rege determinadas relações interpessoais, as relações da vida, e, sim, o próprio direito (*ein Recht der Rechtsordenung*, um direito sobre o direito), de sorte que o *dever-ser* que abriga condiciona a validade de toda a ordem jurídica ou, pelo menos, a interpretação e aplicação dos preceitos de direito positivo.

A Lei de Introdução exerce função disciplinadora das normas jurídicas, regulado-lhes a vigência no tempo e no espaço, sua aplicação, interpretação e integração, possibilitando a harmonia e unidade da ordem jurídica, razão pela qual é por Silvio Rodrigues chamada de *lei geral*.

Decorre da própria essência do Direito o caráter temporário das normas positivas, tendo em vista que elas se renovam ao impulso das mudanças sociais.

Nesse sentido, pode-se dizer que uma norma nasce para o ordenamento quando publicado seu texto e exaurido o prazo legal da *vacatio legis*, e, não se destinando à vigência temporária, deve durar até que outra a modifique ou revogue, consoante estabelecem os arts. 1º e 2º da Lei de Introdução. O âmbito temporal de validade da norma corresponde ao período durante o qual ela tem vigência, e, portanto, é obrigatória *erga omnes* restando interdito a quem quer que seja escusar-se ao seu cumprimento, ainda que sob a alegação de desconhecê-la.

Como se verifica, o conceito de vigência caminha *pari passu* com o de eficácia, ten-

1. Celso Antônio Bandeira de Mello, *Curso de Direito Administrativo*, 14ª ed., São Paulo, Malheiros Editores, 2002, pp. 807-808.

2. Agustín Gordillo, *Introducción al Derecho Administrativo*, 2ª ed., Buenos Aires, Abeledo-Perrot, 1966, pp. 176-177.

do em vista que da existência (vigência) da norma depende a produção de seus efeitos.

A eficácia da norma corresponde à possibilidade de produzir os efeitos que lhe são previstos porque no mundo da realidade fática implementaram-se as condições para isto exigidas. Sofrerão a incidência dos efeitos de uma lei as situações jurídicas que vierem a se enquadrar na hipótese abstratamente descrita na norma como necessária e suficiente ao nascimento da vinculação.

Em suma, temos que uma regra de direito é editada para reger fatos e situações que se abriguem sob sua esfera temporal de incidência, permanecendo vinculante até que outra a revogue ou modifique, segundo o princípio da continuidade das normas abrigado no *caput* do art. 2º da Lei de Introdução, que reza: "Art. 2º. Não se destinando à vigência temporária, a lei terá vigor até que outra a modifique ou revogue".

Entretanto, toda alteração legislativa, toda mudança ou revogação de leis produzem, necessariamente, um problema intertemporal, pois, sendo o Direito uno, não é possível aplicarem-se duas leis ao mesmo caso, e o critério da escolha da lei aplicável a cada fato jurídico é solucionada pelo art. 6º da Lei de Introdução, *in verbis*: "Art. 6º. A lei em vigor terá efeito imediato e geral, respeitados o ato jurídico perfeito, o direito adquirido e a coisa julgada".

O preceito em questão nasceu, dentre todas as concepções voltadas à eficácia da lei no tempo, da conjugação da doutrina subjetivista titularizada por Gabba e a objetivista de Roubier.

No seu clássico tratado sobre a *Teoria della Retroattività delle Leggi*, Gabba assenta sua definição de direito adquirido segundo o que, a regra fundamental da irretroatividade ("às leis novas não se deve atribuir força retroativa") se prende a deixar intactas as situações jurídicas constituídas sob a égide do direito anterior (*apud* Serpa Lopes, in *Comentários à Lei de Introdução ao Código Civil*, v. I, 2ª ed., São Paulo, Freitas Bastos Ed., 1959, pp. 233 e ss.).

Como objetivista, Roubier repele a teoria dos direitos adquiridos. O seu ponto de vista fundamental é a distinção havida entre efeito retroativo e efeito imediato da lei, onde tudo se resolve dentro de um quadro simplista: há retroatividade quando a aplicação se volve aos fatos pretéritos (*facta preeterita*); há efeito imediato, se recai sobre o presente desenvolvendo os seus efeitos em relação às situações em curso (*facta pendentia*) no momento da mudança da legislação e às situações futuras (*facta futura*).

Deveras, o princípio da irretroatividade das leis constitui regra de ordem constitucional já cimentada na nossa tradição jurídica. A Constituição Imperial dispunha, em seu art. 179, n. 3, que a disposição legal não teria efeito retroativo, regra esta mantida pela Constituição de 1891 que vedava aos Estados e à União "prescrever leis retroativas" (art. 11). A Reforma Constitucional de 1926 não alterou esse critério, mantido, igualmente, pela Constituição de 1934, que estatuiu no n. 3 do art. 113: "A lei não prejudicará o direito adquirido, o ato jurídico perfeito e a coisa julgada".

De seu turno, muito embora a Carta Constitucional de 1937 tivesse sido omissa quanto à questão, entendeu a doutrina na época que a supressão do princípio da irretroatividade das leis no texto não significava a adoção do princípio contrário, conforme se verifica das seguintes críticas: "Se a retroatividade fosse proclamada como regra, o Direito deixaria de ser um fato de organização social, para tornar-se um elemento de incerteza, confusão e anarquia. O mundo jurídico, que é essencialmente o mundo da segurança e da ordem, se baseia, além do postulado da justiça, nos dois postulados da certeza e da duração".[3]

"A irretroatividade das leis, mesmo quando não seja cânone constitucional, permanece como princípio científico do Direi-

3. Francisco Campos, *apud* Serpa Lopes, ob. cit., p. 201.

to, princípio orientador de legisladores e juízes. A segurança das relações humanas, a garantia das transações, a tranqüilidade social, repousam fundamentalmente na estabilidade dos direitos, a que o princípio científico da irretroatividade das leis serve de base."[4]

Esse modo de assegurar a irretroatividade das leis por meio de normas constitucionais, como se vê, encontra-se consagrado em nossa ordem constitucional, somente interrompido pela Carta Constitucional de 1937. Nossa atual Constituição da República, não fugindo à regra, igualmente assim estatui em seu art. 5º, inc. XXXVI: "Art. 5º. (*omissis*) XXXVI — A lei não prejudicará o direito adquirido, o ato jurídico perfeito e a coisa julgada".

Falar-se de retroatividade de um diploma legal, enfim, é referir-se à sua ação pretérita, projetada a período anterior ao da sua vigência, ou no dizer de Gaetano Pace, é a "valoração jurídica do passado" sem que se pretenda dirigir comandos ao passado, visto que tal seria impossível.

Em apertada síntese, a norma que se pretenda retroativa não pode extrapolar sua função meramente valorativa do passado, jamais sendo-lhe permitido prescrever condutas obrigacionais pretéritas, em homenagem ao interesse maior protegido em nosso ordenamento da necessária estabilidade nas relações jurídicas. É preciso, uma vez fixados os direitos e deveres decorrentes da relação obrigacional, que as partes possam regular sua conduta patrimonial em função do vínculo estabelecido e não fiquem expostos às surpresas de uma lei nova.

Parece induvidoso que, dado ser a irretroatividade das leis, entre nós, um cânone constitucional, entendemos preponderar em nosso Direito, como regra geral, a irretroatividade, donde resulta a necessidade de *expressa* disposição legislativa quando há de se querer a norma retroativa. Ou seja, a menos que o legislador tenha *expressamente* dado à lei um caráter retroativo, vedado é ao intérprete deduzir tal efeito meramente vislumbrando a intenção tácita ou presumida do legislador.

Ainda que não existissem, como de fato existem, prescrições expressas no direito positivo (constitucional e ordinário) vedando a irretroatividade da lei, ainda assim se haveria de aplicar o princípio geral de direito no sentido de que *tempus regit actum*, ou seja: a licitude do ato deve ser apurada em função de lei vigente no momento de sua prática.

Efeito retroativo não se presume. Sem norma legal expressa, não há efeito retroativo. Mesmo havendo disposição expressa nesse sentido, não se pode aceitar plenamente a retroatividade, pois sempre será preciso verificar se não foram transgredidos os limites constitucionais. É certo, pois, que não existe efeito retroativo sem expressa previsão legal válida.

Maior relevância assume a questão quando se verifica que, ao se emprestar eficácia retroativa a uma regra jurídica, disso advirá a atribuição de um ônus obrigacional a alguém.

O princípio da irretroatividade da lei, assim, consagra a realização de um outro princípio igualmente importante, que é o da necessária segurança jurídica das relações interpessoais.

Às partes contratantes é assistido o direito de saber de antemão a extensão das conseqüências jurídicas previstas pela lei para o ajuste, para, diante do quadro legal vigente, formalizar suas respectivas projeções de obrigações futuras.

A lei em vigor no momento do ajuste, portanto, é que ditará sua disciplina, obrigando as partes naquilo que avençaram. Lei posterior que alterar o regramento dos contratos alcançará o negócio antes firmado tão-somente naquilo que implique na manutenção da legalidade de seu cumprimento, mas jamais poderá importar na atribuição às partes de responsabilidades, encargos e penalidades antes não previstos.

4. João Franzen de Lima, *apud* Serpa Lopes, ob. cit., p. 202.

A mutabilidade do conteúdo do objeto contratado (que é característica do contrato administrativo) não autoriza a criação de responsabilidades não assumidas. No contrato administrativo admite-se apenas a alteração unilateral das chamadas cláusulas de serviço, na exata medida do necessário para a plena realização do interesse público almejado com a celebração do contrato. São inalteráveis isoladamente as cláusulas econômicas e as cláusulas penais.

II — Vigência e aplicação da Lei Orgânica do TCU

Versa a presente consulta sobre contratos administrativos firmados pela empresa consulente anteriormente à entrada em vigor da Lei Orgânica do Tribunal de Contas da União, indagando-se se tais contratos, no que tange especificamente à contratada, encontrar-se-iam sob a incidência dos preceitos dessa Lei superveniente.

O controle financeiro externo das contas públicas da Administração sempre foi entregue tradicionalmente em nosso país ao Poder Legislativo, que o exerce com o auxílio dos correspondentes Tribunais de Contas.

Segundo os dizeres constitucionais, art. 70 *caput*, compete ao Poder Legislativo, "a fiscalização contábil, financeira, orçamentária, operacional e patrimonial da União e das entidades da administração direta e indireta, quanto à legalidade, legitimidade, economicidade, aplicação das subvenções e renúncia de receitas".

Essa atribuição é exercida com o auxílio do Tribunal de Contas, a quem compete, dentre outras coisas (art. 71, incs. II e VIII), "julgar as contas dos administradores e demais responsáveis por dinheiro, bens e valores públicos" e "aplicar sanções previstas em lei".

Para viabilizar o exercício dessas atribuições, no âmbito federal, foi editada a Lei n. 8.443, de 16.7.1992 (Lei Orgânica do Tribunal de Contas da União), que estabelece, no que respeita à utilidade para o presente estudo, a competência dessa ilustrada Corte para julgar as contas do Executivo Federal, como a seguir:

"Art. 16. As contas serão julgadas:

"I — Regulares, (...);

"II — Regulares com ressalvas, (...);

"III — *Irregulares*, quando comprovada qualquer das seguintes ocorrências:

"(...)

"c) Dano ao Erário decorrente de ato de gestão ilegítimo ou antieconômico;

"d) desfalque ou desvio de dinheiro, bens ou valores públicos.

"§ 1º. (...)

"§ 2º. Nas hipóteses do inciso III, alíneas *c* e *d* deste artigo, o Tribunal, ao julgar irregulares as contas, fixará a responsabilidade solidária:

"a) Do agente público que praticou o ato irregular, e

"b) Do terceiro que, como contratante ou parte interessada na prática do mesmo ato, de qualquer modo haja concorrido para o cometimento do dano apurado."

O ato lesivo aos cofres públicos seria, no caso, a contratação, mediante procedimento licitatório, de empresa que teria ofertado preços superiores aos experimentados no mercado. Por ora deixaremos de lado a questão do elemento subjetivo na produção do dano ao erário, pois uma questão prévia de direito se impõe, e que afasta a incidência da norma, qual seja, o fato de que as situações jurídicas impugnadas nasceram antes da entrada em vigor da mencionada Lei Orgânica.

Como vimos, vige em nosso ordenamento o princípio da irretroatividade da lei. Editada, projeta seus efeitos tão-somente em relação às situações em curso (*facta pendentia*) no momento da mudança da legislação e às situações futuras (*facta futura*). As ações jurídicas nascidas e completadas em momento pretérito encontram-se ao abrigo de sua incidência, não podem ser alcançadas.

No caso em exame, conforme claramente se percebe, não está em discussão a *execução* do contrato que, firmado antes da vigência da norma, se encontrasse em curso no momento de sua edição (*facta pendentia*). Se assim se tratasse, induvidosa seria a incidência da lei por força da regra intertemporal do Direito.

Não se discute eventual *descumprimento* do contrato ou alguma irregularidade no seu cumprimento, na execução de seu objeto. Discute-se, isto sim, a licitude da celebração do contrato, ou melhor, de *atos que antecederam a celebração do contrato*.

Se os preços contidos nas propostas vencedoras estavam acima do valor de mercado, seria o caso de desclassificação das propostas. Se vícios jurídicos ocorreram (causando dano ao erário), tais vícios teriam ocorrido na fase de classificação das propostas, no curso dos procedimentos preliminares aos contratos. Estes, ao que consta, foram celebrados rigorosamente de acordo com os termos da proposta vencedora e foram fielmente executados.

Está-se a discutir, na verdade, atos jurídicos nascidos e acabados — o julgamento da licitação e a decorrente contratação da oferta vencedora — sob o império do ordenamento anterior, ou seja, antes da edição da Lei Orgânica do Tribunal que veio a atribuir-lhe inovadoramente poderes para a apuração de eventual responsabilidade solidária do terceiro contratado.

Sabe-se que o conceito de Estado de Direito, consagrado em nosso sistema constitucional, preconiza o princípio da legalidade como cânone regente da Administração Pública, condicionando a validade de toda e qualquer manifestação estatal à existência de uma norma autorizadora. Segundo essa teoria, o Estado só pode legitimamente atuar enquanto estrito cumpridor da vontade geral consubstanciada na lei. O art. 37 da Constituição Federal dirige-se ao agente público, de qualquer dos Poderes da União, para determinar-lhe a estrita e fiel obediência à lei, na ausência da qual, por conseqüência, sua atuação não encontrará trânsito válido.

O moderno Estado constitucional, o chamado Estado de Direito, projeta sua própria legitimidade no fato de ser definido por leis e exercido em conformidade com o que elas definem. Em estrita consonância com a lógica do Estado de Direito, abraçado por nossa ordem constitucional, admite-se o trânsito válido da atividade administrativa somente no estrito campo definido pela lei, comprometida à subordinação aos fins pré-traçados na norma e exercitada de acordo com os meios e instrumentos legalmente estabelecidos.

A competência conferida ao Tribunal de Contas pelo art. 71, inc. VIII, da Constituição Federal promulgada em 1988, jamais poderia *de per si* autorizar o comportamento punitivo em relação ao particular na medida em que encontrava sua eficácia condicionada a regulamentação ulterior, mediante a edição de lei específica, consoante se extrai de seu texto:

"Art. 71. O controle externo, a cargo do Congresso Nacional, será exercido com o auxílio do Tribunal de Contas da União, ao qual compete:

"(...)

"VIII — Aplicar aos responsáveis, em caso de ilegalidade de despesa ou irregularidade de contas, as sanções previstas em lei, que estabelecerá, entre outras cominações, multa proporcional ao dano causado ao erário."

Essa lei, contudo, somente veio a lume em 1992, disciplinando as atribuições da Corte de Contas, e, só então, dando-lhe competência para punir terceiros particulares contratantes que, daí para diante, viessem a concorrer para a prática de atos danosos ao erário.

Assim, segundo o princípio da legalidade preconizado em nosso ordenamento, ainda que o Tribunal de Contas contasse genericamente com os poderes fiscalizatórios atribuídos pela Constituição Federal, esses poderes não poderiam ser legitimamente exercidos sem que houvessem os meios jurídicos necessários, e que somente surgiram com a promulgação de sua Lei Orgânica.

É certo que já se encontravam dispersas na ordem jurídica outras disposições sobre responsabilidade solidária, tais como a que dispõe sobre o litisconsórcio passivo necessário entre os agentes públicos e os beneficiários do ato em que se pretende anular, mediante processo de ação popular.

No âmbito da legislação civil tem-se que a solidariedade, segundo o disposto no art. 896 do Código Civil, não se presume, podendo decorrer tão-somente da lei ou do contrato. A lei civil prevê, de seu turno, em seu art. 1.518, a solidariedade dos responsáveis pela reparação civil decorrente de ato ilícito.

No entanto, tais regras disciplinadoras da solidariedade entre os responsáveis pelos danos causados cingem-se ao campo da responsabilidade civil e não constituem instrumentos legais manejáveis pelo Tribunal de Contas.

A titularidade da ação popular é conferida ao autor popular, cidadão no gozo de seus direitos políticos. A legitimidade processual para o ajuizamento de ação civil indenizatória, de seu turno, é reservada exclusivamente a quem experimentou o dano, consoante regra inserta no art. 6º do CPC, legitimidade que estaria, assim, reservada exclusivamente à Administração Pública. Esta, na ação de regresso contra o agente que praticou o ato, faria integrar no pólo passivo o particular que se beneficiou do ato, na qualidade de responsável solidário.

Assim, ainda que houvesse no ordenamento outras normas disciplinadoras da responsabilidade solidária, conferindo competências a outras pessoas e por outros meios, somente a superveniente edição de uma lei específica conferindo ao Tribunal de Contas a competência para sua apuração é que autorizou atuação dessa Corte nesse sentido.

A situação jurídica da contratada nascida de procedimento preliminar ao ato negocial que se perfez nesse interregno de silêncio normativo, ante a irretroatividade da lei canonizada em nosso sistema pátrio, não pode ser alcançada pela regra superveniente.

III — Da responsabilidade solidária do terceiro contratado

Noticia a presente consulta a existência de contrato administrativo firmado pela Consulente, resultado de regular procedimento licitatório em que se sagrou vencedora, e que se encontra hoje objeto de questionamento por parte do órgão técnico do Tribunal de Contas da União no que tange à superioridade dos preços contratados em relação aos praticados no mercado.

Indaga, assim, se a mera verificação (posterior) da existência, no mercado, de preços inferiores aos contratados (situação essa de que os agentes públicos julgadores do certame nem se deram conta) dá ensejo a que lhe seja atribuída a responsabilidade solidária pelo dano ao erário, com fundamento no art. 16, § 2º da Lei n. 8.443/92.

Já deixamos assinalado neste estudo a inviabilidade de incidência da norma citada sobre fatos pretéritos, ou seja, sobre contratos firmados anteriormente a sua vigência, por força dos princípios constitucionais da *legalidade dos atos administrativos* e da *irretroatividade da lei.*

Abstraindo-se, no entanto, da existência desse óbice legal, de molde a poder responder à consulta formulada, sem hesitação impõe-se a certeza da impossibilidade de aplicar-se a regra em razão da mera verificação posterior da existência de preços inferiores àqueles contratados, sem que tenha havido a prova inequívoca de intenção de fraude à licitação e de locupletamento à custa do erário.

Tendo em vista que o contrato impugnado resultou de regular procedimento licitatório, podemos concluir que um dos tipos previstos na lei para o certame tenha sido adotado.

Na época, a legislação vigente era ainda o Decreto-lei n. 2.300, de 21.11.1986 que previa em seu art. 37, fundamentalmente, três critérios básicos para a classificação das propostas, quais sejam a *do menor preço, da melhor técnica* e *técnica e preço*, cabendo ao edital a fixação por um deles. O quarto critério, *preço base*, é incompatível com os termos da consulta, dado que ele é fixado pela entidade pública contratante.

Uma vez que a consulta não esclarece, podemos supor, pela natureza dos serviços contratados — obras — e pela ordem da impugnação que está sendo feita, que se cuidou da modalidade concorrência, tipo *menor preço*.

Assim, se as condições do edital apontavam para o critério básico de menor preço e a proposta da Consulente resultou vencedora, é lícito concluir que seus preços se apresentavam inferiores aos das demais concorrentes. À vista disso, a pesquisa de mercado levada a cabo pelo órgão técnico do Tribunal de Contas ou padeceria de credibilidade porque teria excluído do universo pesquisado os preços das demais licitantes, que, se considerados, teriam colocado a proposta da Consulente na média de preços, ou, então, padeceria de imparcialidade porque estaria acoimando de suspeita apenas sua oferta, quando, para comprovar a ocorrência da alegada fraude perpetrada, haveria necessidade de participação de todas as proponentes.

Pesa em desfavor do parecer técnico o fato de que tenham sido desconsiderados outros fatores que necessariamente influem na composição dos preços, e que certamente serviram para formar o juízo da autoridade para classificação das propostas.

Com efeito, o art. 36 do vigente Decreto n. 2.300 dispunha:

"Art. 36. No julgamento das propostas, a comissão levará em consideração os seguintes fatores: I — Qualidade; II — Rendimento; III — Preço; IV — Prazo; V — Outros previstos no edital ou no convite."

De fato, a doutrina de hoje como a de então sempre enfatizou o caráter duplo da finalidade legal do instituto da licitação que é o de servir ao interesse público, na medida em que operacionaliza a contratação da proposta mais vantajosa, e o de honrar o princípio da isonomia consagrado em nossa Constituição, em vista de que possibilita a oportunidade de contratação com o Poder Público a todos os interessados.

A melhor oferta que realizará o ideal de interesse público, como é cediço, não obrigatoriamente deverá espelhar a quantia numericamente de menor expressão. Outros fatores, tais como aqueles expressamente referidos no art. 36 acima transcrito, podem levar a que se considere como vantajosa uma proposta cujo preço seja superior aos correntes no mercado.

Sobre a questão, vale transcrever o seguinte comentário de Celso Antônio Bandeira de Mello,[5] feito em relação ao art. 133 do Decreto-lei n. 200/67, que corresponde ao art. 36 do Decreto-lei n. 2.300/86 supratranscrito: "O critério do melhor preço é o que privilegia o mais barato deles. Em abstrato, o critério de melhor preço não significa que seja o de menor valor nominal, isto é, aquele que se apresente, na proposta, com expressão numérica mais baixa. Com efeito, se houver diferença de qualidade ou de durabilidade entre os bens ofertados e estes elementos sejam importantes em função da necessidade administrativa a ser preenchida, pode ocorrer que o nominalmente mais barato seja caro. Às vezes uma coisa é numericamente de expressão maior, porém, objetivamente, resultará menos dispendiosa. Em tais casos, o melhor preço poderá estar contido em números mais elevados. Estes podem estar traduzindo uma oferta de valor real mais baixo que o de outra oferta substanciada em números nominalmente menores.

"Daí que se a legislação só admitir classificação com base no 'melhor preço' ou no

5. *Licitação*, São Paulo, Ed. RT, 1980, p. 69.

'menor preço', parece-nos só por isso não estarão fechadas portas a uma interpretação que implique — tal como se indicou — prestigiar a oferta que proponha valor efetivamente, e não apenas nominalmente, menor."

Comentando o Decreto-lei 2.300/86, vigente na época dos atos em exame, Hely Lopes Meirelles[6] destaca a primazia dada à melhor proposta, à proposta de melhor preço, à proposta mais vantajosa: "Classificação das propostas — Satisfazendo as exigências formais do edital, e sendo exeqüíveis, as propostas serão julgadas e classificadas pelo seu mérito, segundo as vantagens que apresentem para o serviço público. Esse julgamento há que ser feito por critérios técnicos e objetivos previamente estabelecidos pela Administração no edital ou convite, de modo a conduzir os julgadores a uma escolha honesta e imparcial da proposta mais vantajosa (art. 45).

"Proposta mais vantajosa é a que melhor atende ao interesse do serviço público. Nem sempre será a de menor preço, pois este fator, que já fora decisivo no sistema anterior, cedeu lugar para as vantagens da técnica. A proposta mais vantajosa será, portanto, aquela que melhor servir aos objetivos da Administração, dentro do critério de julgamento preestabelecido no edital."

Mesmo à luz da legislação atualmente em vigor (Lei n. 8.666/93) não está a Administração obrigada a escolher o menor preço, separado de qualquer circunstância, conforme ensina Celso Antônio Bandeira de Mello:[7] "Cumpre tomar atenção para o fato de que nem sempre o preço *nominalmente* mais baixo é o menor preço. Com efeito, uma vez que a lei, em diferentes passagens (art. 43, V, art. 44, *caput*, e art. 45) referese a 'critérios de avaliação', a 'fatores' interferentes com ela, de par com os 'tipos' de licitação, percebe-se que, paralelamente a estes, complementando-lhes a aplicação, podem ser previstos no edital critérios e fatores a serem sopesados para avaliação das propostas".

Por tais razões seria temerária qualquer afirmação categórica de que uma participante teria agido com fraude à licitação pelo simples fato de que teria ofertado preços superiores a outros pesquisados.

Assiste à lei do liberalismo o princípio da livre concorrência, que traduz a redução dos poderes estatais conjugada à autodeterminação do mercado econômico. Segundo a tradição econômica Smithiana, deixa-se a cargo do agente econômico que opera a um nível de concorrência o poder de autodeterminar seus preços, sujeitando sua sobrevivência à dinâmica do mercado. A competição em si servirá como tutela dos interesses dos consumidores, na medida em que possibilita a escolha dentre todos os produtos oferecidos.

Segundo a lógica do capitalismo liberal, como é o brasileiro, não cabe a punição estatal do empresário que simplesmente pratica preços superiores aos dos concorrentes, sem fraudar a concorrência. A "punição" para ele será dada pelo próprio mercado, mediante uma menor participação, podendo chegar, no seu extremo, à sua completa exclusão.

Não caberia, desse modo, a imputação de conduta ilícita à empresa Consulente por simplesmente ter ofertado preços diferentes daqueles pesquisados, uma vez que é da natureza da ordem econômica liberal a heterogeneidade de ofertas, segundo a mais livre competição.

Assim, a empresa concorrente não pode ser responsabilizada pelas razões de foro interno que levaram a entidade condutora do certame a atribuir-lhe vitória na competição, aderindo à proposta, a não ser que hajam provas inequívocas de que teria havido unidade de propósito fraudulento entre ambas. Inexistindo a prova da convergência combinada de vontades, é forçoso admitir que a contratação, que se reputa nula, resul-

6. *Licitação e Contrato Administrativo*, 12ª ed., Malheiros Editores, 1999, p. 138.

7. *Curso de Direito Administrativo*, 14ª ed., Malheiros Editores, 2002, p. 539.

tou apenas de uma má avaliação e julgamento por parte da autoridade pública, sem que para isso a contratada tenha participado, porém agido de boa-fé.

Chega-se aqui ao ponto fundamental da questão, que é a da prova da ilicitude para a caracterização da responsabilidade solidária da empresa privada contratada.

Como visto, não lhe caberá a responsabilização por um erro cometido pela Administração licitante no julgamento das propostas, mas tão-somente se tiver agido com dolo em concorrência com o agente público. A empresa jamais poderá ser censurada civil, administrativa ou penalmente por oferecer serviços caros, ou porque encontrou quem os aceitasse. A combinação em fraude à licitação, sim, é punível, mas para isso deverá haver a prova inequívoca da intenção de conluio, fruto de elementos concretos e seguros de convicção e não meras ilações do agente fiscalizador.

O pronunciamento do Tribunal reconhecendo a responsabilidade solidária da contratada deverá vir pautada em elementos seguros de prova da existência do conluio, e veiculada em processo administrativo garantindo-se à empresa livre acesso aos documentos e provas reunidas, bem como a oportunidade de exercício do contraditório e ampla defesa, consoante dispõe o art. 5º, inc. LV, da Constituição Federal.

A apuração do ilícito administrativo, como se sabe, sempre deve ser precedida do indispensável procedimento legal (*due process of law*), obedecidas as garantias constitucionais acima citadas, e segundo a legislação específica. Em se tratando de procedimento administrativo não haverá de se exigir das partes o rigor formalístico ínsito às demandas judiciais, o que não significa dizer que a prova do ilícito imputado poderá se dar com menoscabo da garantia constitucional da inocência presumida de todos.

A prova do conluio para a imputação do dever de responder solidariamente pelo ato lesivo caberá a quem alega, e deverá ser concreta, segura e inequívoca, bastando para isso a existência de um feixe convergente de indícios seguros, mas não bastando meras conjecturas acerca da diversidade de preços verificada.

Entretanto, tal procedimento somente poderá instaurar-se mediante a menção expressa da regra de direito que se entenda haja sido violada pois não há crime, nem infração, sem prévia tipificação do ato delituoso.

Assim como o direito de defesa (art. 5º, LV, da CF) também o princípio da anterioridade da lei cominadora da sanção (art. 5º, XXXIX) são aplicáveis a toda e qualquer forma de sanção, e não apenas às sanções penais.

Em síntese, será nulo qualquer procedimento sancionatório instaurado sem a indicação da existência *prévia* de lei descrevendo o ato sancionável e explicitando a sanção aplicável.

Com as considerações assim tecidas, passamos à resposta dos quesitos formulados a seguir:

1. Contratos firmados anteriormente à entrada em vigor da Lei Orgânica do Tribunal de Contas da União são alcançados pela norma?

Não são, em razão da inviabilidade de incidência da norma citada sobre fatos pretéritos, ou seja, sobre contratos firmados anteriormente à sua vigência, por força dos princípios constitucionais da *legalidade dos atos administrativos* e da *irretroatividade da lei.*

2. A existência de preços inferiores aos contratados legitima afirmar-se que a Consulente agiu com fraude à licitação?

A simples existência de preços inferiores no mercado não tem o condão de *per si* lançar luzes de suspeita à contratação, uma vez que a legislação regente permite a consideração de outros fatores para composição da oferta, e que devem ser considerados pela Administração no julgamento das propostas. A anulação do contrato somente poderá se realizar mediante a reunião de outros elementos e circunstâncias que demonstrem, de forma inequívoca, a ocorrência da ilegalidade.

Se a contratada não tiver dado causa à nulidade e agido de boa-fé, somente responderá pelos prejuízos apurados ao erário o agente público que julgou as propostas mediante uma deficiente avaliação de preços.

3. Nos termos da Lei Orgânica do Tribunal de Contas da União, poderá haver o reconhecimento da responsabilidade solidária entre a contratada e o agente público sem que tenha havido conluio?

Não poderá ser responsabilizada a empresa se verificado que de boa-fé ingressou no certame com obediência aos requisitos constantes do edital, e regularmente obteve sua proposta classificada e julgada vencedora, tendo firmado o contrato na crença da legitimidade do agir da Administração Pública contratante.

A Consulente não poderá ser enquadrada na norma que prescreve a responsabilização solidária simplesmente em razão da existência de preços inferiores no mercado e que não teriam (ao que se alega) sido pesquisados pela Administração. Ela cumpriu fielmente e de inegável boa-fé o contrato decorrente da licitação, confiando na presumida legitimidade dos atos administrativos.

A presunção de legitimidade dos atos administrativos, como é sabido, constitui uma garantia ao particular que, em suas relações com a Administração, necessita de um mínimo de segurança no sentido de que os efeitos desejados serão produzidos, e produzidos nos moldes tratados.

A questão, aliás, já mereceu reflexão de nossa mais alta Corte de Justiça, que assim se pronunciou a respeito: "A presunção de legitimidade dos atos administrativos milita não só em favor da pessoa jurídica de direito público, como também do cidadão que se mostre, de alguma forma, por ele alcançado. Logo, o desfazimento, ainda que sob o ângulo da anulação, deveria ter ocorrido em cumprimento irrestrito ao que se entende como devido processo legal (*lato sensu*) a que o inc. LV do art. 5º objetiva preservar. (...) O contraditório e a ampla defesa assegurados constitucionalmente não estão restritos apenas àqueles processos de natureza administrativa que se mostrem próprios ao campo disciplinar" (STF, RE 158.543-RS, Rel. Min. Marco Aurélio, j. 30.8.1994).

Em suma, não poderá ser responsabilizada a empresa que não concorreu com má-fé na produção do dano.

4. Em Direito Administrativo, a prova do conluio deve ser cabal e por quem deverá ser produzida?

A legislação atual regente do instituto da licitação, Lei Federal n. 8.666/93, trouxe algumas importantes modificações à matéria, notadamente a consagração de uma tutela penal das condutas fraudulentas dos agentes públicos e dos particulares na condução do procedimento.

No que tange à participação do particular em concurso na ação fraudulenta, Vicente Greco Filho, secundado por toda a doutrina administrativista, reconhece essa figura tão-somente na modalidade dolosa, ou seja, reputa indispensável a unidade de desígnios, onde ambas as ações, do agente público e do particular, são comprovadamente orientadas para atingir um resultado danoso (*Dos Crimes da Lei de Licitações*, Saraiva, 1994).

Ainda que não se cuide de ação penal, e por isso dispensa-se o exacerbado rigor que lhe é exigido, o processo administrativo não poderá deixar de honrar, sob pena de invalidade, os direitos e garantias dos envolvidos consagrados na Constituição Federal, como o da irretroatividade da lei (arts. 5º, inc. XXXVI, da CF e 6º da LICC), do julgamento imparcial por autoridade competente (art. 5º, incs. XXXVII e LIII), da existência anterior de lei que tipifique o ato delituoso e especifique a sanção aplicável (art. 5º, inc. XXXIX), do direito ao contraditório e da ampla defesa (art. 5º, inc. LV), da motivação da decisão (art. 92, inc. X, por analogia) e da presunção da inocência do acusado em geral (art. 5º, inc. LVII), cabendo a quem deduz a acusação o ônus de prová-la.

Tal prova deve ser clara e convincente, podendo até mesmo constituir-se de um feixe convergente de indícios, mas isso não se confunde com presunção ou mera conjectura.

S.M.J. é o parecer.

São Paulo, 27 de novembro de 1998

CONCORRÊNCIA DE OBRA E SERVIÇO DE ENGENHARIA — COMPROVAÇÃO DA CAPACIDADE TÉCNICO-OPERACIONAL DOS LICITANTES

VALMIR PONTES FILHO

Professor de Direito Constitucional e de Hermenêutica Jurídica (UNIFOR e UFC)
– Mestre em Direito Constitucional pela PUC/SP
– Ex-Presidente e Membro do Instituto Brasileiro de Direito Administrativo-IBDA
– Procurador do Estado, aposentado. Ex-Procurador Geral do Município de Fortaleza – Advogado

Parecer

Encaminha-me o Sr. ... a seguinte consulta:

"Considerando o art. 30, inc. II, § 1º, incs. I e II, da Lei 8.666/93 e o Edital de Concorrência, pode a Administração exigir em concorrência de obra e serviço de engenharia a capacidade técnico-operacional?"

"Sendo possível tal exigência, além do interesse público, qual outra limitação existiria para os parâmetros de aferição dessa capacidade?"

"A exigência do subitem 02, letra D, item 03.02 do Edital acima indicado caracteriza ilegalidade?"

De plano se veja o que prescrevem, *in verbis*, os mencionados dispositivos do Estatuto Nacional de Licitações e Contratos (Lei 8.666/93, com as modificações que lhe foram posteriormente introduzidas):

"Art. 30. A documentação relativa à qualificação técnica limitar-se-á:

"(...)

"II — Comprovação de aptidão para desempenho de atividade pertinente e compatível em características, quantidades e prazos com o objeto da licitação, e indicação das instalações e do aparelhamento e do pessoal técnico adequados e disponíveis para a realização do objeto da licitação, bem como da qualificação de cada um dos membros da equipe técnica que se responsabilizará pelos trabalhos.

"(...)

"§ 1º. A comprovação de aptidão referida no inciso II do *caput* deste artigo, no caso das licitações pertinentes a obras e serviços, será feita por atestados fornecidos por pessoas jurídicas de direito público ou privado, devidamente registrados nas entidades profissionais competentes, limitadas as exigências a:

"I — Capacidade técnico-profissional: comprovação do licitante de possuir, em seu quadro permanente, na data prevista para a entrega da proposta, profissional de nível superior ou outro devidamente reconhecido pela entidade competente, detentor de atestado de responsabilidade técnica por execução de obra ou serviço de características semelhantes, limitadas estas exclusivamente às parcelas de maior relevância e valor significativo do objeto da licitação, vedadas as exigências de quantidades mínimas ou prazos máximos;

"II — *(vetado pelo Chefe do Poder Executivo Federal).*"

Já o Edital em tela cuida de estabelecer, quando trata da *habilitação* dos interessados na licitação em apreço (Concorrência Pública n. 05/99, do tipo menor preço global por lote, para escolha de empresa para a execução dos serviços de drenagem, pavimentação, obras d'arte especiais, urbanização de favelas, construção de unidades habitacionais, de praças e de equipamentos comunitários nas áreas de jurisdição das Secretarias Regionais I, II, III, IV, V e VI) (...):

"03.00 — Da Habilitação

"03.02 — O envelope 'A' deverá conter os documentos a seguir relacionados, em original ou em cópia autenticada por cartório competente, ou por publicação na Imprensa Oficial, todos perfeitamente legíveis (...).

"(...)

"D — Da qualificação técnica

"(...)

"02 — *Comprovação de aptidão da empresa licitante para o desempenho de atividade pertinente e compatível em características, quantidades e prazos com o objeto desta licitação*, que será feita mediante a apresentação de atestado emitido por pessoa jurídica de direito público ou privado, acompanhado da respectiva Certidão de Acervo Técnico (CAT), por execução de obra e/ou serviço já concluído, de características semelhantes às abaixo relacionadas: (*omissis*)."

Daí ser a questão nodal da consulta formulada a pertinente à possibilidade ou não, à vista do disciplinamento legal da matéria, de se fazer incluir, em edital de licitação como a de que se trata, a exigência de comprovação, por parte dos interessados no certame, de sua *capacidade técnico-operacional* (tornando-a, pois, indispensável à sua habilitação).

A dúvida é levantada pelo fato de haver o Chefe do Poder Executivo Federal aposto veto ao que se dispunha no inciso II, do § 1º, do art. 30, do (então) projeto de lei destinado a dar novo teor redacional ao mencionado dispositivo, regulando expressamente a necessidade dessa comprovação. Por força do veto referido, a Lei n. 8.883/94 — alteradora da Lei n. 8.666/93 — passou a vigorar sem o tal inciso (II), o que, supostamente, importaria a inadmissibilidade da exigência em discussão.

Antes de adentrar o âmago do problema suscitado, entendo indispensável apresentar algumas prévias e aligeiradas ponderações acerca de dois temas que reputo imprescindíveis ao seu adequado deslinde.

O primeiro diz com a postura hermenêutica a ser adotada, sempre tributária da noção de que a interpretação das normas jurídicas não se faz senão *segundo a Constituição*, é dizer, à luz de suas regras e, notadamente, de seus princípios. E estes, os *princípios constitucionais*, são iniciais, supremos, genéricos, vinculantes e dotados de eficácia, constituindo instrumental básico de quem se dedica ao conhecimento do Direito. Afinal, "(...) É o conhecimento dos princípios, e a habilitação para manejá-los, que distingue o jurista do mero conhecedor de textos legais", no bom dizer de Carlos Ari Sundfeld. Ao exegeta, portanto, não se permite a cientificamente irresponsável postura de, diante de lei menor, olvidar-se de sua obrigatória conexão com a Lei Maior.

A segunda tem relação com a *licitação* em si mesma, enquanto instituto destinado à escolha do melhor co-contratante para o Estado, direta e superiormente inspirado pelos princípios constitucionais da legalidade, da isonomia, da moralidade e da eficiência, dentre outros. Ou, como bem o diz Carlos Ayres Britto, como "(...) um processo legal que institucionalize um sistema de mérito, apto a selecionar a proposta mais conveniente para o Estado-administração".[1]

Assim, é de perceber-se que antes mesmo de estar por lei (espécie normativa subconstitucional) regulada, a matéria licitatória se encontra prevista e regrada pela Lei Suprema, na exata medida em que esta antecipa o encaminhamento legislativo ordinário a ela respeitante. Ou, novamente invocando a lição de Britto: "(...) A Constituição não antecipa, em seu discurso, todos os atos concretos que se articulam temporalmente na trama licitatória, compondo, ao final, uma unidade incindível. Transfere à lei tal incumbência. Mas deixa claro que se cuida de um *processo-competição*, pois fala de 'igualdade de condições a todos os concorrentes'. Como fala de 'proposta' e 'qualificação técnica e econômica', a significar, pela ordem: a) a fase do oferecimento das propostas dos licitantes, para o julgamento objetivo delas, e não dos respectivos proponentes; b) *a fase destinada a uma prévia habilitação dos interessados em disputar a preferência do Estado-administração, o que já implica um julgamento do tipo subjetivo, pois agora são os licitantes, e não suas propostas, a ser avaliados quanto àquela capacidade técnica e econômica*"[2] (os grifos não são do autor).

Se meritório há de ser o processo de licitação — tal qual o é, por exemplo, o concurso público de provas e títulos para provimento de cargos —, dentre as características dele (processo licitatório) merece especial destaque, neste caso, exatamente a que respeita à indispensável previsão de *exigências de qualificação técnica (e econômica), indispensáveis à garantia do cumprimento das obrigações*. Mais uma vez se traga a lume a doutrina do iluminado constitucionalista sergipano: "(...) esse reclamo diretamente constitucional quanto à aptidão técnica e econômica dos proponentes já significa a preocupação da Lei Maior com assegurar a boa qualidade das propostas (...) Do que decorre encontrar-se o processo licitatório a soldo do Princípio da Eficiência, consagrado às expressas pelo inciso II do art. 74 da Magna Carta Federal, *pois não se procura medir o grau de compleição técnica e econômica de nenhum licitante, ou aferir o merecimento intrínseco de nenhuma proposta, senão para que a Administração possa contratar de modo mais seguro e eficiente* possível"[3] (grifos meus).

Sob o influxo de tais diretrizes interpretativo/aplicativas é que se tentará dar resposta à crucial indagação feita: pode a Administração Pública, com vistas ao resguardo do interesse público (não apenas, frise-se bem, do interesse do Erário, subalterno, mas notadamente o da coletividade, primário), exigir, em edital de licitação para obra de vulto, não apenas comprovem os licitantes dispor de um "corpo técnico" qualificado para a sua execução (ou seja, da chamada *capacidade técnico-profissional*), mas, além disso, ser detentora de uma efetiva *capacidade técnico-operacional*? Forçoso perquirir, também, se a exigência dessa capacidade técnico-operacional não importaria ofensa aos princípios constitucionais da isonomia e da moralidade, já que dela poderia decorrer uma inconveniente redução do número de interessados em participar do certame.

Primeiro se recorde o verdadeiro sentido do princípio isonômico: não impõe ele, de modo algum, que todos indistintamente sejam (pela lei, pelo regulamento, pela regra editalícia...) tratados de modo rigorosamente igual. Aí, sim, estar-se-ia promovendo tremenda e injustificável desigualdade. O que a Constituição demanda é que *os iguais sejam tratados igualmente, enquanto os desiguais o sejam desigualmente, na medida das respectivas igualdades e desigualdades* (Celso Antônio Bandeira de Mello). Ou, noutro dizer, que entre a desigualda-

1. *O Perfil Constitucional da Licitação*, ZNT Editora, 1997, p. 108.

2. Ob. cit., pp. 107-108.

3. Carlos Ayres Britto, ob. cit., pp. 139-140.

de patrocinada (pela norma de Direito) e o critério de desigualação, haja compatibilidade ou nexo lógico. Daí que empresas com *má* qualificação técnico-operacional não podem merecer o mesmo tratamento jurídico-normativo daquele que se há de dispensar às que possuam *boa* qualificação técnico-operacional. Não se pode, pois, vislumbrar agravo à isonomia "(...) por se exigir (em edital de licitação) a demonstração de experiência na execução de obra de dimensão e em prazo compatíveis com os do objeto da licitação. *Quem faz uma pequena obra demonstra capacidade para fazer pequenas obras, não para executar obras de porte; sua eliminação do certame envolvendo uma grande obra é, portanto, logicamente coerente com o grau de sua capacidade*".[4]

A partir daí já posso afirmar que a resposta é positiva: sim, ao Poder Público é dado exigir, sem qualquer mossa à Constituição, a qualificação técnico-operacional dos licitantes. E o afirmo com apoio em interpretação *lógico-sistemática* do ordenamento normativo aplicável.

Necessária a reflexão de que nenhuma norma do direito existe isoladamente, como se cada uma delas fosse um compartimento estanque, algo bastante em si; ao contrário, encontram-se todas as regras de um dado sistema jurídico em permanente, contínua e inexorável conexão,[5] sendo relevante notar que esse inter-relacionamento não se dá num plano só meramente normativo (é dizer, entre as simples normas), mas, muito especialmente, entre as normas e os princípios (ou normas principiológicas), de tal modo a interpretação de uma norma (ou de um princípio) influi na de outra. Mais modernamente, aliás, chega-se a sustentar — como o faz, com excepcional brilho, Juarez Freitas — que nem é adequado falar em uma "técnica sistemática de interpretação", apartada das demais. Para este jovem e erudito jurista gaúcho, "(...) interpretar uma norma é interpretar o sistema inteiro: qualquer exegese comete, direta e obliquamente, uma aplicação da totalidade do Direito (...) Inegável, pois, o valor para a hermenêutica jurídica da chamada ordenação sistemática, a qual decididamente não pode ser confundida com um mero elemento ou método interpretativo, porque somente uma exegese que realize tal ordenação é capaz de estabelecer o alcance teleológico dos dispositivos, realizando o mister de harmonizar os comandos, de sorte a resguardar e a manter a unidade em meio à multiplicidade axiológica. Em outras palavras, não se pode considerar a interpretação sistemática (...) como um processo, dentre outros, de interpretação jurídica. É, pois, *a interpretação sistemática o processo hermenêutico, por essência, do Direito*, de tal maneira que se pode asseverar que ou se compreende o enunciado jurídico no plexo de suas relações com o conjunto dos demais enunciados, ou não se pode compreendê-lo adequadamente. Neste sentido é de se afirmar com os devidos temperamentos, que *a interpretação jurídica ou é sistemática ou não é interpretação*".[6]

Tem toda razão o ilustrado autor: dedicar-se o exegeta à busca do sentido e alcance de uma só norma jurídica, sem atentar para a circunstância de que esse sentido ou alcance sofre, invariavelmente, o influxo das outras normas e princípios do ordenamento (em especial destes últimos), é entregar-se a trabalho infrutífero. Toda interpretação, realizada a partir do enunciado lingüístico do texto, há de ser lógico-sistemática (levada a cabo, portanto, com o objetivo de aferir a "razão objetiva da norma", à vista de sua conexão com as demais regras do siste-

4. Carlos Ari Sundfeld, em artigo intitulado "A habilitação nas licitações e os atestados de capacidade técnico-operacional", in *Licitações e Contratos Administrativos — Temas atuais e controvertidos*, Ed. RT, 1999, p. 117.

5. Donde anotar o inexcedível Maximiliano (ob. cit., p. 128) que "(...) por umas normas se conhece o espírito das outras".

6. *A Interpretação Sistemática do Direito*, Malheiros Editores, 1995, pp. 47-49.

ma e de sua posição neste mesmo sistema jurídico-normativo).

Donde a conclusão: quando o prefalado art. 30, *caput*, II, da Lei de Licitações, falou em *comprovação de aptidão para desempenho de atividade pertinente e compatível em características, quantidades e prazos com o objeto da licitação*, fê-lo exatamente para conferir ao Estado-administração não só o poder, mas o *dever* de impor aos licitantes a comprovação de sua aptidão técnico-operacional. A Adilson Dallari, dos mais festejados administrativistas brasileiros, não escapou a lúcida observação de que, não deixasse a lei ampla margem de liberdade ou discricionariedade ao Administrador, para que este fixasse (fundamentadamente), em cada caso, o que deve ou não ser comprovado pelo licitante, e sequer haveria razão para se consignar no edital as "condições para participação na licitação" (Lei 8.666/93, art. 40, VI). Chamando a atenção para o fato de que esse modo de ver as coisas tem sólido respaldo doutrinário e jurisprudencial, prossegue Dallari: "(...) Celso Antônio Bandeira de Mello assinala que a Administração deve conciliar o princípio da isonomia com a necessidade de segurança, *oferecendo iguais oportunidades de contratação apenas a quem comprove estar realmente habilitado a executar o objeto de cada específica licitação*, não havendo sequer a possibilidade de se estabelecer um padrão universal de idoneidade. Em suas palavras: 'Portanto, é inquestionável assistir ao promotor do certame licitatório certa margem de liberdade para estabelecer, no edital, padrões mínimos de idoneidade financeira e técnica, condicionais ao ingresso no certame e à disputa do objeto licitado. Por sem dúvida quadra-lhe fixar os parâmetros necessários, a bem da firmeza e segurança que devem presidir a relação jurídica ulterior a ser firmada com o vitorioso. Este asserto não pode ser posto em causa. É induvidoso que a matéria comporta juízo discricionário para gabaritar o nível de exigências' (...) É certo que a preocupação em ampliar o universo de proponentes e facilitar a habilitação é bastante louvável, *mas não pode ir ao ponto de comprometer a garantia de boa execução do futuro contrato*".[7]

Absolutamente despropositado, portanto, vem ser o argumento de que o veto presidencial ao inciso II, do art. 30 (tal como constava da redação original do projeto de lei aprovado pelo Congresso, a qual referia expressamente à exigência em foco como requisito de qualificação técnica) teria tido o condão — quiçá o poder mágico — de proibir a Administração de torná-la (a dita exigência de capacitação técnico-operacional) efetiva nos editais. Primeiro porque o *veto* (enquanto manifestação, não definitiva, de discordância do Presidente com o que restou aprovado pelo Parlamento) não tem nem poderia ter o efeito de inovar a ordem jurídica, criando vedações onde elas legalmente não existem. Segundo, pelo singelo motivo de que — não importando qual tenha sido a intenção do Chefe do Executivo — o efeito da medida, *in casu*, foi exatamente no sentido inverso daquele erroneamente imaginado.

Em excelente artigo já objeto de invocação (v. nota de rodapé n. 4), Carlos Ari Sundfeld não se queda submisso à esdrúxula tese em contrário. "(...) A intenção do Presidente da República, no entanto, não foi atingida com o referido veto. Na verdade, sua desastrada atuação no processo legislativo em exame serviu tão-somente para ampliar o campo de discricionariedade do administrador, retirando os limites expressos que seriam impostos pelo inciso II, alíneas *a* e *b*, do § 1º, do art. 30 da Lei 8.666/93, mas deixando intocada a previsão de aptidão técnico-operacional".[8] Realizando notável e

7. *Aspectos Jurídicos da Licitação*, 4ª ed., Saraiva, 1997, pp. 114-115 e 119.

8. Cit., p. 106; ali Sundfeld observa, procedentemente, que o art. 30, *caput*, II, não é o único a prever seja tal exigência formulada. O art. 33 da Lei 8.666/93 abre ensanchas para que o edital formule, para licitantes individuais "(...) exigências

bem-sucedido esforço interpretativo sistemático (v. nota de rodapé n. 8), Sundfeld distingue bem entre a *qualificação dos engenheiros* que integram o quadro de determinada empresa (por mais preparados que sejam e por inúmeros os atestados de que cada um deles seja portador, a indicar só a *capacidade técnico-profissional* deles), e a *capacitação operativa dessa mesma empresa*: "(...) *a simples reunião caótica de profissionais, mesmo altamente especializados, não oferece garantia de que a empresa seja capaz de operar eficientemente, pois nada diz quanto a sua estrutura administrativa, seus métodos organizacionais, seus processos internos de controle de qualidade, o entrosamento da equipe etc.* Daí a necessidade de saber se a licitante, além de contar com engenheiros individualmente habilitados, *dispõe de um* conjunto *de qualidades fazendo com que opere de modo eficaz: trata-se, aqui, da dita 'capacidade técnico-operacional (ou operativa)', verificável pelos desempenhos anteriores da empresa*".[9]

Diante, pois, da absoluta inexistência de proibição legal e, mais, da clara autorização contida no art. 30, *caput*, II, do Estatuto das Licitações, absurdo imaginar-se que o Administrador, ao inserir cláusula de capacidade técnico-operacional como requisito para a habilitação em processos licitatórios, esteja a lanhar o princípio da legalidade. Muito ao reverso, está ele simplesmente sendo mesuroso ao *poder-dever* prescrito pela regra já apontada, como aos princípios da eficiência, da isonomia e da moralidade, todos de caráter constitucional. E mais, sendo fiel à sua obrigação de ser zeloso com o patrimônio público, evitando celebre o Estado contrato com quem não se mostre, às escâncaras, capaz de cumprir com o objeto da avença pós-licitatória.

Traz-se de novo à balha a lição precisa de Adilson Dallari, para quem "(...) a Constituição Federal autoriza e determina o estabelecimento de condições voltadas ao asseguramento da efetiva e integral execução do contrato. Nada existe de inconstitucional ou de despropositado na exigência de comprovação de capacitação técnico-operacional para empresas executantes de obras de grande vulto, de considerável complexidade técnica, para as quais é insuficiente a simples capacitação profissional do pessoal técnico. Esclareça-se que não se pode confundir a experiência técnica do profissional com a capacidade gerencial da empresa. Uma obra pública de vulto não é um serviço puramente técnico, prestado por um profissional habilitado, mas sim um serviço altamente complexo, envolvendo mão-de-obra de diversas qualificações, desde a mais elevada à mais simples, e envolvendo ainda a aplicação de materiais e o uso de sofisticados equipamentos (...) Há quase vinte anos, o renomado mestre Geraldo Ataliba publicou estudo no qual, afirmando que a engenharia moderna não se compadece de conceitos individualistas (...) consignou textualmente o seguinte: 'A engenharia, modernamente, não é mais, em regra, realizada por engenheiros e sim por empresas de engenharia. Predomina a organização empresarial, a mentalidade empresarial com todos os requisitos e características dessa forma de atuação (...) A realização de obras públicas, atualmente, requer não só a técnica e a arte — peculiares ao exercício da engenharia — mas também um suporte empresarial compatível com as sofisticadas exigências do mundo moderno'. Diante dessa realidade, é inquestionável a razoabilidade da exigência da comprovação da capacitação técnico-operacional, que, conforme o demonstrado,

de comprovação de desempenho anterior em certas quantidades; e, ainda, que as incremente para os consórcios, hipótese em que os consorciados poderão somar seus 'quantitativos', vale dizer, poderão juntar as quantidades indicadas em seus atestados de execução de obras anteriores. *Ora, essas regras não fariam sentido se a lei não permitisse — como, de resto, permite, que a Administração exija a demonstração, através de atestados de desempenho anterior da própria licitante, isto é, de sua capacidade técnico-operacional*" (p. 107).

9. Cit., p. 101.

não colide nem com a Constituição nem com a Lei n. 8.666/93".[10]

Não só estes juristas apontam a direção certa. Outros autores de ponta, igualmente notáveis, exteriorizam idêntico pensar: Hely Lopes Meirelles: "A comprovação da capacidade técnico-operacional continua sendo exigível não obstante o veto aposto à letra b) do § 1º do art. 30. Na verdade, o dispositivo vetado impunha limitações a essa exigência, e sua retirada do texto legal deixou a critério da entidade licitante estabelecer, em cada caso, as exigências indispensáveis à garantia do cumprimento das obrigações — exigências essas que devem ser pertinentes e compatíveis com o objeto da licitação".[11]

Antônio Carlos Cintra do Amaral: "A pessoa jurídica deve, portanto, comprovar sua aptidão técnica e indicar instalações, aparelhamento e pessoal técnico adequados e disponíveis. Se bastasse a exigência relativa à capacitação técnico-profissional, o interessado deveria fazer a indicação apenas de seu pessoal técnico, 'bem como da qualificação de cada um dos membros da equipe técnica que se responsabilizará pelos trabalhos'. Essa indicação do pessoal técnico é, porém, uma das indicações que o interessado, ou seja, *a pessoa jurídica*, deve fazer. É condição necessária, mas não suficiente, *para a qualificação técnica do interessado, ou seja, da pessoa jurídica*".[12]

Roberto Ribeiro Bazilli: "A demonstração da qualificação técnica dos licitantes, nos termos da legislação vigente, implica na comprovação da capacitação técnico-profissional e na de aptidão do licitante para desempenho de atividade pertinente e compatível com o objeto do certame, ou seja, na demonstração de sua capacidade operativa. O que foi impedido de ingressar no sistema jurídico, pelo veto presidencial, não foi a exigência dessa capacitação, inicialmente prevista na alínea *b* do § 1º do art. 30 do projeto de lei, que deu origem à Lei 8.666/93".[13]

Destaque-se a posição respeitável de Marçal Justen Filho, cuja postura inicial foi timidamente contrária à que ora se defende, embora ele próprio admitisse que a impossibilidade de exigir-se, em edital de licitação, a prova da capacidade técnico-operacional da empresa *não prestigiava o interesse público*. Na mais recente edição de sua prestigiada obra,[14] o autor se redime, fazendo jus à sua fama de jurista respeitável: "(...) Enfim, lei proibindo providências necessárias a salvaguardar o interesse público seria inconstitucional. Se exigências de capacitação técnico-operacional são indispensáveis para salvaguardar o interesse público, o dispositivo que as proibisse seria incompatível com princípio da supremacia do interesse público. Diante disso, deve-se adotar para o art. 30 interpretação conforme a Constituição. A ausência de explícita referência, no art. 30, a requisitos de capacitação técnico-operacional são significa vedação à sua previsão. A cláusula de fechamento contida no § 5º não se aplica à capacitação operacional, mas a outras exigências".

Não bastasse, eis a posição do Tribunal de Contas da União sobre a matéria: "O que foi impedido, pelo veto, de ingressar nos sistema jurídico *não foi a capacitação técnico-operacional*, mas a disciplina dessa capacitação contida na alínea *b* do § 1º do art. 30 do projeto de lei (...) o conceito de capacitação técnico-operacional ingressou no sistema jurídico por força do inciso II do art. 30, interpretado em conjugação

10. Ob. cit., pp. 120-121.

11. *Licitação e Contrato Administrativo*, 11ª ed., Malheiros Editores, p. 118, *apud* Adilson Dallari, em artigo publicado na *RDA* 212/333-342.

12. "Qualificação técnica da empresa na nova lei de licitações e contratos administrativos", in *RTDP* 5/45-46, Malheiros Editores, 1994, idem.

13. "A qualificação técnica no procedimento licitatório e a capacidade técnico-operacional do licitante", in *RDA* 211/193-199.

14. *Comentários à Lei de Licitações e Contratos Administrativos*, 6ª ed., Dialética, 1999.

com o art. 33, III, que permite o somatório de quantitativos de empresas consorciadas (...) A supressão da letra *b*, deveras procedida pelo veto Presidencial, *não proíbe o estabelecimento de requisitos de capacitação técnico-operacional, mas, sim, retira a limitação específica relativa à exigibilidade de atestados destinados a comprová-la, deixando que a decisão quanto a essa questão fique ao critério da autoridade licitante, que deve decidir quanto ao que for pertinente, diante de cada caso concreto, nos termos do art. 30, II*".[15]

Igual entendimento teve o Tribunal de Contas do Estado do Rio de Janeiro:

"Licitação. Capacidade Técnica. Capacidade operativa real. A qualificação técnica nos Editais de licitação deve verificar não só a capacidade técnica do licitante, como a sua capacidade técnica efetiva de execução (capacidade operativa real)".[16]

Dois recentíssimos julgados — um do Superior Tribunal de Justiça e outro do Tribunal Regional Federal da 1ª Região — se encarregam de estancar qualquer dúvida a respeito:

"Administrativo. Licitação. Exigência no edital. Capacitação técnica do licitante. Possibilidade, art. 30, II, da Lei 8.666/93 — A exigência, no edital, de capacitação técnico-operacional, não fere o caráter de competição do certame licitatório.

"Precedentes do STJ. Recurso provido" (STJ, REsp 155.861-SP, 1ª T., rel. Min. Humberto Gomes de Barros, unânime, *DJU* 8.3.1999, p. 114).

"Administrativo. Licitação. (...)

"I — Afigura-se razoável, não podendo ser acoimada de ilegal, a exigência no sentido de que o licitante comprove posse efetiva das armas de fogo objeto de licitação.

"II — A disposição do edital imbrica-se no conceito de capacidade operativa (espécime de capacidade técnica, Decreto-lei 2.300/86, art. 25, § 2º, item 3), a qual se assere 'pela demonstração da existência de aparelhamento e pessoal disponíveis para a execução do objeto da licitação existente no edital. *E assim é porque o licitante pode ser profissionalmente habilitado e não ter pessoal e aparelhamento próprio para a execução da obra, do serviço ou do fornecimento solicitado, por estar exaurida a sua capacidade operativa real*' (Meirelles, in *Licitação e Contrato Administrativo*, 9ª ed., Ed. RT, p. 129)

"III – Apelação improvida" (TRF-1ª R., AMS 93.01.31145-3, 2ª T., unânime, *DJU* 3.5.1999).

Indiscrepantes os seguintes acórdãos:

"Mandado de segurança. Licitação. Edital. Modificação. Capacidade técnico-profissional. Comprovação. Atestado de fiscalização. Atestado de execução. Art. 30 da Lei 8.666/93, atualizada pela Lei 8.883/94.

"A qualificação *técnico*-profissional exigida pelo Edital de Licitação deve estar atenta ao previsto na Lei 8.666/93, devendo sempre ser feita por intermédio de certidões ou atestado de obras similares de complexidade tecnológica e *operacional* equivalente ou superior" (TJDF, *DJDF* 10.4.1998, p. 40).

"Mandado de Segurança. Licitação de pré-qualificação. Presidente da TELESP. Exigência editalícia de *capacidade técnico-operativa*. Habilitação da impetrante no nível 'E'. *Admissibilidade*. Cassação da ordem concedida" (apel. cível 259.877-1-SP, 5ª Câmara de Direito Público, rel. Wiliam Marinho, 20.3.1997).

À guisa de remate, pois, deixe-se claro que eventual entendimento em contrário representa, na verdade, vã e burlesca tentativa de enxergar na ordem jurídica proibição que nela definitivamente não se contém. E se contivesse, seria flagrantemente inconstitucional, porque violadora do superior interes-

15. Decisão publicada no *DOU* de 6.8.1996, pp. 14.818-19, rel. Min. Lincoln Magalhães da Rocha.

16. TCD/RJ, Cons. Sérgio Quintella, *RTCE/RJ* 28/103, 1995.

se público e dos princípios constitucionais da isonomia, da eficiência e da moralidade.

Respondo, enfim, às indagações formuladas:

a) diante do vulto da licitação em análise e da evidente complexidade das obras e serviços nela previstos, à Administração é permitido, no caso sob exame, exigir que os licitantes comprovem sua capacitação técnico-operacional, como requisito indispensável à respectiva habilitação;

b) os limites para a comprovação dessa capacidade deverão ser os discricionariamente fixados pela autoridade licitante, observado o princípio da razoabilidade, é dizer, desde que adequados à complexidade e natureza da obra a ser contratada e que digam com as suas características, quantidades e prazo;

c) a previsão editalícia mencionada não importa qualquer ofensa à lei.

É o meu parecer.

Fortaleza, 7 de fevereiro de 2000

PRINCÍPIO DA EFICIÊNCIA: DIMENSÃO JURÍDICO-ADMINISTRATIVA

JOEL DE MENEZES NIEBUHR

Mestre em Direito pela UFSC – Professor da UNISUL – Advogado em Florianópolis

1. Introdução

A *eficiência* é uma categoria que serve a diversos ramos científicos. Neste talante, em atenção à sua recente previsão constitucional, para delimitá-la com a devida precisão jurídica não se pode, pura e simplesmente, transplantar o significante que opera em outras esferas do conhecimento. Importa construir um conceito adequado à metodologia e aos ditames que são próprios da Ciência do Direito.

Partindo do pressuposto de que a eficiência é juridicamente concebida sob o color de um princípio da Administração Pública, é imperioso esclarecer as qualidades e os efeitos que decorrem do fato, insiste-se, de ser um *princípio* e, num segundo momento, *administrativo*.

Desta feita, pretende-se, sem exaurir ou esgotar os debates, trazer elementos úteis para a correta conceituação jurídico-administrativa da eficiência.

2. Dimensão jurídica

Para se apurar a dimensão jurídico-administrativa da eficiência, é precioso visualizar a maneira pela qual ela se insere e se exprime no bojo do Direito. É que a Ciência Jurídica comporta distintas espécies de proposições normativas, cuja função e sentido manifestam traços peculiares e, por isso, implicam conseqüências distintas.

Não resta dúvida que a eficiência se apresenta ao Direito — e com força ao Direito Administrativo — através de um *princípio jurídico*. E assim o é quer por motivo de suas intrínsecas características, quer por disposição constitucional explícita. Na realidade, a Emenda Constitucional n. 19, de 4.6.1998, espancou qualquer discussão em torno da qualificação da eficiência, uma vez que a encartou, ao lado da legalidade, da impessoalidade, da moralidade e da publicidade, no *caput* do art. 37 da Constituição Federal, dentre os princípios jurídicos que regem todo o capítulo referente à Administração Pública.

Apesar da clareza com a qual se define a eficiência dentre os princípios jurídicos, por não raras vezes esta se torna objeto de confusão ou quer-se atribuir a ela efeitos próprios de regras jurídicas. Portanto, para se preservar o devido rigor científico, ao discorrer acerca da eficiência é conveniente tecer esclarecimentos pertinentes à categoria *princípio jurídico.*

Com efeito, a idéia basilar que envolve a palavra *princípio* opõe-se à de chegada, de fim, de algo acabado. Ela é comumente conhecida, também na esfera jurídica, como o marco inicial, o começo, a origem, aquilo que serve de base, que traduz a estrutura de um sistema.

É que, dentre as espécies de *normas jurídicas*, destacam-se os *princípios* e as *regras*. Conquanto ambas sejam gerais e abstratas, os princípios o são em patamar bem mais elevado.

E isso porque as regras, ao contrário dos princípios, são circunscritas a pressupostos de fato. Como exemplo, veja-se a regra que veda o homicídio. Embora não se refira a uma situação específica, está circunscrita ao fato de matar alguém. Em outra direção, o alto grau de abstração e generalidade dos princípios é determinado na medida em que não há qualquer espécie de predisposição dos fatos sobre os quais incidem, alcançando e informando as mais variadas e amplas situações, tal qual ocorre com a própria eficiência, a dignidade humana, a justiça social e outros tantos.

Os princípios jurídicos, em virtude de sustentarem maior grau de abstração e de generalidade, são a espécie de norma que melhor incorpora a pluralidade dos valores sociais (morais). Conforme bem assinala Gustavo Zagrebelsky, "a realidade, ao entrar em contato com o princípio, ganha vida, por assim dizer, e adquire valor".[1] Na mesma linha, é procedente a afirmação lapidar de Ronald Dworkin, catedrático da Universidade de Oxford, segundo a qual os princípios jurídicos são um *standard* a ser observado por exigência da justiça, da eqüidade ou de alguma outra dimensão da moralidade.[2]

1. Gustavo Zagrebelsky, *El Derecho Ducril, Ley, Derechos e Justicia*, p. 118 (trad. portuguesa do autor).

2. Ronald Dworkin, *Los Derechos en Serio*, p. 72.

Os princípios, sob essa luz, representam o conteúdo axiológico do Direito, os valores sociais fundamentais que o legitimam. Aliás, resgatando o significado primitivo da proposição, os princípios vêm antes, na frente, são a base, as vigas mestras do sistema jurídico. Destarte, consoante as lições de Celso Antônio Bandeira de Mello, os mesmos são "por definição, mandamento nuclear de um sistema, verdadeiro alicerce dele, disposição fundamental que se irradia sobre diferentes normas (...)".[3] E a conclusão é inevitável, como percebe Paulo Bonavides, "postos no ponto mais alto da escala normativa, eles mesmos, sendo normas, se tornam, doravante, as normas supremas".[4]

Seguindo esse diapasão, acentua-se que todos os princípios exercem plena normatividade, acarretam direitos subjetivos e impõem obrigações, além de orientarem a criação e a interpretação dos demais diplomas normativos.

A par da relevância com que os princípios são concebidos na Ciência do Direito, o processo de concretização dos mesmos é especialíssimo e muito diferente daquele tocante às regras jurídicas.

Para Ronald Dworkin, as regras são aplicadas sob a idéia do *tudo ou nada*.[5] Se forem válidas, devem ser efetivadas na exata e inteira extensão de seu conteúdo. Havendo duas regras contraditórias, uma das duas é inválida e, em conseqüência, não faz parte do sistema jurídico.

Noutra perspectiva é que se inserem os princípios jurídicos, pois os mesmos, observa Robert Alexy, "não contêm mandatos definitivos senão só *prima facie*".[6] Por

3. Celso Antônio Bandeira de Mello, *Curso de Direito Administrativo*, 11ª ed., p. 629.

4. Paulo Bonavides, *Curso de Direito Constitucional*, 8ª ed., p. 260.

5. Ronald Dworkin, *Los Derechos en Serio*, p. 75.

6. Robert Alexy, *Teoría de Los Derechos Fundamentales*m, p. 99 (trad. portuguesa do autor).

isso, um princípio não exclui a incidência de outro princípio que lhe pareça contrário, porém permite a otimização ou a ponderação de cada um deles. Afora a questão da validade, vêm a lume considerações de importância e conveniência em aplicá-los com maior ou menor ênfase, sempre tendo em vista a situação de fato que se apresenta.

Esse processo não é singelo e, mesmo sem o zelo da grande maioria dos agentes jurídicos, é usual na atividade forense. Para apreendê-lo, com decalque no escólio de Luiz Recaséns Siches, é indispensável a *lógica do razoável*, formando sentidos e nexos entre significações, operações de valoração e, por fim, estabelecendo finalidades e propósitos.[7]

Tomados sob a égide da razoabilidade, os princípios são percebidos em conjunto, havendo entre eles uma estrutura dialógica de informação e re-informação recíproca. Não há princípio que possa ser entendido isoladamente, uma vez que sua correta delimitação jurídica é aferida pela proporção de seus pares.

3. Dimensão jurídico-administrativa

A categoria *eficiência*, repete-se, serve a diversos ramos científicos. O sentido original parece provir da área econômica; contudo, em exame acurado, percebe-se que o mesmo se aplica a qualquer espécie de investigação comprometida a otimizar resultados práticos de acordo com suas finalidades.

A eficiência é juridicamente qualificada como um princípio, cujo entendimento deve ter em vista as peculiaridades deste tipo de proposição normativa. Nada obstante isso, há, na Ciência do Direito, ramos ou setores diferenciados em relação aos interesses e valores sociais que eles incorporam e representam, ensejando princípios setoriais, também diferenciados. Daí que ganha relevo, para aprumar o adequado conceito de eficiência, a particularização dela no contexto metodológico da esfera de conhecimento a ser analisada.

Pois bem, o *Direito Administrativo* se situa na perspectiva do *Direito Público.* Este tem como objeto a coisa que pertence a *todos* e, sob este prisma, é pautado pelos interesses gerais do *todo*, denominado *interesse público*. Não se trata, por um lado, do interesse da Sociedade apartada dos interesses dos indivíduos que a compõem; todavia, em outro, também não se trata da soma dos interesses individuais. Numa percepção pluralista, os valores são conflitantes, tornando-se dificílimo precisar qual, afinal de contas, é o interesse público.

A despeito de toda e qualquer noção a respeito do que é ou não é interesse público, o certo é relacioná-lo ao bem comum: aquilo que Miguel Reale define como "a coexistência e a harmonia do bem de cada um com o bem de todos".[8] Com esse propósito, é necessário aparelhar a coletividade de órgãos e meios hábeis a concretizá-lo. Eis a Administração Pública, disciplinada por uma principiologia jurídica própria, que, em decorrência de tão elevada finalidade, confere a esta destaque e proeminência.

Dentro dessa perspectiva jurídica talhada pelo enfoque administrativo, Celso Antônio Bandeira de Mello ressalta dois princípios fundamentais, quais sejam a supremacia e a indisponibilidade do interesse público. O primeiro princípio "proclama a superioridade do interesse da coletividade, firmando a prevalência dele sobre o particular, como condição, até mesmo, da sobrevivência e asseguramento deste último".[9] Lado a lado, servindo de complemento, "a indisponibilidade dos interesses públicos significa que, sendo interesses qualificados como próprios da coletividade — internos ao se-

7. Luis Recaséns Siches, *Nueva Filosofía de la Interpretación del Derecho*, p. 279.

8. Miguel Reale, *Fundamentos do Direito*, 2ª ed., p. 331.

9. Celso Antônio Bandeira de Mello, *Curso de Direito Administrativo*, p. 29.

tor público — não se encontram à livre disposição de quem quer que seja, por inapropriável".[10]

Há uma espécie de tensão, que é da essência do interesse público e que confere à Administração uma série de privilégios; e, em contraposição, circunscreve a ela o respeito a todos os membros que compõem a coletividade, compelindo-a a agir de maneira equânime.

Em se considerando que a Administração Pública tem o dever vocacionado à realização do bem comum — operacionalizando o interesse público manifesto nas necessidades da sociedade em detrimento dos interesses meramente individuais —, é a ela garantido uma gama de poderes prevalecentes à esfera privada. Para propiciar o bem de todos, o exercício da atividade administrativa requer atributos e prerrogativas especiais.

Sob outro foco, já que a Administração Pública gere os bens comuns a todos os cidadãos, são imprescindíveis critérios e formalidades para a tomada de suas decisões. Não há dúvida que, como professa Rui Cirne Lima, "em direito público, designa, também, a palavra *administração* a atividade do que não é senhor absoluto".[11] Bem se vê que nenhuma autoridade administrativa, por maior que sejam os seus méritos, influência ou cargo, pode dispor do interesse que é público. Este diz respeito a todos os membros da Sociedade; logo, não toca a ninguém em particular.

Atendendo-se a esse critério, conferem-se garantias às pessoas privadas. Em que pese a importância do interesse público, este não enseja à Administração poderes ilimitados e absolutos. Se numa face o interesse público acarreta privilégios, noutra impõe obrigações rígidas, que devem ser cumpridas com esmero.

Jean Rivero é categórico: "As normas do direito administrativo caracterizam-se em face das do direito privado, seja porque conferem à Administração prerrogativas sem equivalentes nas relações privadas, seja porque impõem à sua liberdade de acções sujeições mais estreitas do que aquelas a que estão submetidas".[12]

Na mesma trilha, Eduardo García Enterría e Tomás-Ramon Fernández percebem o ponto fulcral do regime jurídico-administrativo, assinalando que "o Direito Administrativo, como Direito próprio e específico das Administrações Públicas, está de fato, pois, em equilíbrio (por suposto difícil, porém possível) entre privilégios e garantias".[13] E, adiante, arremata: "Em definitivo, do que se trata é perseguir e obter a pronta e eficaz satisfação do interesse geral, sem prejuízo das situações jurídicas, igualmente respeitáveis, dos cidadãos".[14]

Desse modo, todos os princípios que incidem sobre a disciplina administrativa — dentre eles a eficiência — são subsumidos ao desafio de equilibrar os privilégios públicos com as garantias individuais. Para tanto, nenhum princípio pode ser tomado de maneira isolada e incontrastável. Sempre se faz necessário realizar a ponderação dos mesmos com o propósito de efetivar o bem comum. É dentro desse contexto que se deve conjeturar a Administração Pública e aplicar, sob o desenho da razoabilidade, os princípios que a ela são pertinentes.

4. Princípio da eficiência na Administração Pública

A eficiência é uma exigência social intrínseca a tudo o que se faça ou se pretenda fazer. A própria idéia de boa-fé refuta a construção ou a prática de atos concebidos para serem ineficientes.

10. Idem, p. 33.

11. Rui Cirne Lima, *Princípios de Direito Administrativo*, 5ª ed., p. 20.

12. Jean Rivero, *Direito Administrativo*, p. 41.

13. Eduardo García Enterría e Tomás-Ramon Fernández, *Curso de Derecho Administrativo*, v. 1, p. 35 (trad. portuguesa do autor).

14. Ibidem.

E assim o é com referência à atividade administrativa. Como visto, a razão de sua existência é a efetivação do bem comum, respaldando o interesse público. Não se erigiu todo o complexo arcabouço administrativo, com os vultosos ônus que lhe são inerentes, por efeito de capricho político ou para agasalhar vaidades pessoais.

O que há de se frisar, e este constitui o papel fundamental do princípio da eficiência, é o caráter *instrumental* da Administração Pública. Ela não é um fim em si mesmo. Toda a sua ação é voltada e imprescindível à realização dos valores sociais que traduzem o bem comum, prestando serviços vinculados ao interesse público.

O aparato administrativo foi criado como *instrumento* da coletividade e, para esse propósito, há de ser eficiente. É inaceitável que interesses corporativos se sobreponham ao interesse público. A Administração deve procurar excelência no interesse da Sociedade, que é a sua cliente-mor.

Hely Lopes Meirelles, em atenção à eficiência, "exige que a atividade administrativa seja exercida com presteza, perfeição e rendimento funcional".[15] Por isso, Maria Sylvia Zanella Di Pietro pondera que o princípio "impõe ao agente público um modo de atuar que produza resultados favoráveis à consecução dos fins que cabe ao Estado alcançar".[16]

Se a eficiência impõe que se produzam os fins esperados da atividade administrativa, impõe, como corolário, também a criação de meios para obtê-los. Aí reside a grande discussão concernente ao princípio. De nada adianta dizer que a Administração deve cumprir suas finalidades, constituindo-se em instrumento da Sociedade para lograr o bem comum, mas manter-se uma série de obstáculos ao seu bom desempenho. Objetivando alcançar a eficiência, inarredavelmente deve haver o aporte instrumental que propicie ao administrador exercer sua função de forma rápida e com mérito.

Ademais, a demanda é agravada com a complexidade social contemporânea. São novos atores, novas tecnologias e novos conflitos de interesses que se erguem dia-a-dia em face da Administração. Para ser eficiente, portanto, é forçoso estar em ininterrupto processo de aperfeiçoamento, renovando-se e atuando com agilidade.

Em virtude disso, à primeira vista, dessume-se que o princípio da eficiência exige da Administração Pública o abandono de garantias conferidas e conquistadas pelos entes privados e de formalidades delas decorrentes, que regem o manejo da coisa pública. O argumento é que elas (garantias e formalidades) vinculam a atividade administrativa de tal forma, que se torna impossível ou inviável obter os resultados práticos que lhes são esperados.

É claro que, com isso, há tendência a flexibilizar as normas administrativas, alargando o espectro da discricionariedade de seus agentes. Maximizam-se as prerrogativas da Administração, com o propósito de satisfazer os reclames da coletividade.

No entanto, como acima delineado, os princípios não podem ser aplicados de maneira isolada e incontrastável. Sempre é necessário ponderá-los, tomando-os em conjunto mediante a razoabilidade. E esse método, antes de tudo, deve visualizá-los dentro das peculiaridades do ramo científico em que se enxertam.

Desta sorte, percebendo a eficiência na *dimensão administrativa*, transparece que, junto à produção de resultados práticos, deve a Administração tratar todas as pessoas com eqüidade. Eis a própria garantia decorrente da indisponibilidade do interesse público, o que denota variada gama de princípios, como, *verbi gratia*, a isonomia, a legalidade, a moralidade e tantos outros.

15. Hely Lopes Meirelles, *Direito Administrativo*, 24ª ed., p. 90.

16. Maria Sylvia Zanella Di Pietro, *Direito Administrativo*, 10ª ed., p. 73.

Em conseqüência, no altiplano da *dimensão jurídica*, deve a *eficiência*, na qualidade de princípio, ser ponderada em face de todos os seus pares, cujo conteúdo, salienta-se, expressa a *eqüidade*.

E essa ponderação tão-só será razoável se repelir a sobreposição de um princípio a outro. Em todas as hipóteses, o agente jurídico-administrativo deve equilibrar o conteúdo intelectivo e axiológico da eficiência e das proposições decorrentes da eqüidade, para que, unidas, forneçam a resposta adequada aos anseios do interesse público. Esta conjunção não é contraditória e revela a pluralidade de valores que legitimam a Administração Pública.

A verdadeira razão (princípio da razoabilidade) por meio da qual se deve pautar o agente jurídico-administrativo é aferida pela proporção (princípio da proporcionalidade) entre esses dois pólos. Ou seja, em tributo à eficiência, não se autoriza o desrespeito às garantias privadas e o desprezo às *formalidades*. No mesmo plano, por obséquio à isonomia, à legalidade e à moralidade, não se justificam *formalismos* despiciendos, que não guardem correlação lógica com o objeto do ato a ser praticado.

Inserido nesse contexto, o princípio da eficiência só pode ser conhecido em relação a todos os outros princípios imprescindíveis à configuração do interesse público. Ambos se limitam reciprocamente, ensejando moderação na administração daquilo que a todos pertence.

Exigem-se resultados, mas que eles se façam acompanhar de uma conduta imparcial, que trate todos os entes privados com igualdade, que obedeça à lei e aos ditames da moral. Na hipótese contrária, a eficiência, em termos práticos, daria azo ao autoritarismo e à corrupção, atirando às calendas o bem comum.

A percepção isolada e absoluta do princípio da eficiência é extremamente perigosa. Precisa-se reconhecer a variedade de discursos que se espraiam pelo debate político e jurídico, cuja remissão à eficiência não passa de um recurso a flexibilizar e enfraquecer o regime jurídico-administrativo.

5. Considerações finais

Ao término deste estudo, reafirma-se seu propósito primacial de trazer elementos para uma conceituação jurídico-administrativa da eficiência, sublinhando-se as seguintes considerações:

1. A eficiência, na qualidade de princípio jurídico, retrata o valor social que exige da Administração Pública o excelente cumprimento de suas finalidades, por efeito do qual se minimizam os entraves e se maximizam as prerrogativas. Entretanto, como é próprio dos princípios, também ela deve ser ponderada em face de seus pares.

2. A perspectiva da Administração traz à evidência quais são esses outros princípios. Busca-se, assim, alcançar o bem comum mediante o equilíbrio entre as prerrogativas administrativas e as garantias dos entes privados.

3. Enfim, firma-se posição de defesa do regime jurídico- administrativo. A eficiência não é o bastante para justificar o abandono da eqüidade no manejo da coisa pública, devendo-se refutar discursos que a põem em pedestal inatingível.

6. Referências bibliográficas

ALEXY, Robert. *Teoría de los Derechos Fundamentales*, trad. Ernesto Garzón Valdés. Madrid: Centro de Estudios Constitucionales, 1997.

BANDEIRA DE MELLO, Celso Antônio. *Curso de Direito Administrativo*, 11ª ed., São Paulo: Malheiros Editores, 1999.

BONAVIDES, Paulo. *Curso de Direito Constitucional*, 8ª ed., São Paulo: Malheiros Editores, 1999.

CIRNE LIMA, Rui. *Princípios de Direito Administrativo*, 5ª ed., São Paulo: Ed. RT, 1982.

DI PIETRO, Maria Sylvia Zanella. *Direito Administrativo*, 10ª ed., São Paulo: Atlas, 1999.

DWORKIN, Ronald. *Los Derechos en Serio*, trad. Marta Guastavino. Barcelona: Ariel, 1989.

GARCÍA ENTERRÍA, Eduardo e FERNÁNDEZ, Tomás-Ramon. *Curso de Derecho Administrativo*, v. 1. Madrid: Civitas, 1977.

MEIRELLES, Hely Lopes. *Direito Administrativo*, 24ª ed., atualizado por Eurico de Andrade Azevedo *et. al.* São Paulo: Malheiros Editores, 1999.

REALE, Miguel. *Fundamentos do Direito*, 2ª ed., São Paulo: Ed. RT, 1972.

RIVERO, Jean. *Direito Administrativo*, trad. Rogério Ehrhardt Soares. Coimbra: Almedina, 1981.

SICHES, Luis Recaséns. *Nueva Filosofía de la Interpretación del Derecho*. México: Porrúa, 1973.

ZAGREBELSKY, Gustavo. *El Derecho Ducril, Ley, Derechos e Justicia*, trad. Marina Grecón. Madrid: Trotta, 1995.

SANÇÃO ADMINISTRATIVA E O PRINCÍPIO DA LEGALIDADE

Rafael Munhoz de Mello

Introdução – 1. Sanção administrativa: definição; 1.1 Ordem jurídica e sanção; 1.2 Sanção administrativa – 2. O regime jurídico punitivo: 2.1 Ilícito administrativo e ilícito penal; 2.2 O regime jurídico do "ius puniendi" – 3. Princípio da legalidade e a atividade punitiva da Administração Pública: 3.1 O conteúdo do princípio da legalidade; 3.2 Princípio da legalidade e sanção administrativa; 3.2.1 Previsão do ilícito e da sanção em lei formal: 3.2.2 Tipicidade; 3.2.3 Irretroatividade; 3.3 As sanções administrativas no âmbito das relações de especial sujeição: 3.3.1 Princípio da legalidade e relações de especial sujeição; 3.3.2 Sanção administrativa e relações de especial sujeição – Conclusão – Referências bibliográficas.

Introdução

O presente estudo visa a explorar um campo pouco analisado na doutrina brasileira, qual seja, o das sanções administrativas. Com efeito, há poucas obras dedicadas ao estudo aprofundado do tema, não obstante a sua importância e gravidade, principalmente no que diz respeito à garantia de direitos individuais frente ao poder punitivo da Administração Pública.

O direito positivo pátrio tampouco disciplina a matéria das sanções administrativas com o cuidado merecido; limita-se a descrever os ilícitos administrativos e atribuir-lhes sanções, com pouca ou nenhuma preocupação em estabelecer um rol de princípios gerais aplicáveis à atividade punitiva desenvolvida pela Administração Pública, cada vez mais intensa.

Aliás, a recente Lei Federal n. 9.784, de 29 de janeiro de 1999, que "regula o processo administrativo no âmbito da Administração Pública Federal", bem demonstra o descaso do legislador federal com o tema das sanções administrativas, ao dedicar-lhe um único dispositivo (art. 68). Tal situação contrasta com a legislação atual de outros países, nos quais há grande preocupação em disciplinar – e, de conseqüência, limitar – a atividade punitiva da Administração Pública. É o caso, por exemplo, da Lei italiana n. 689, de 24 de novembro de 1981 (arts. 1º a 43); da *Gesetz über Ordnungswidrigkeiten* alemã, de 19 de fevereiro de 1987; da Lei espanhola n. 30, de 26 de novembro de 1992 (arts. 127 a 138).

Não obstante o silêncio da legislação infraconstitucional, a Constituição Federal de 1988, que dispõe já em seu art. 1º que o Brasil é um Estado Democrático de Direito, permite que o cientista do direito extraía os princípios que informam o regime jurídico das sanções administrativas, dentre os quais se destacam os princípios da legalidade, da culpabilidade, do devido processo legal, da ampla defesa e do contraditório.

No presente trabalho, analisar-se-á o princípio da legalidade, não só em virtude de sua posição transcendental no ordenamento jurídico de todo Estado de Direito, mas também porque não raro se pretende afastar sua incidência sobre a atividade punitiva da Administração Pública, mormente na seara das relações de especial sujeição.

No primeiro capítulo far-se-á breve introdução ao tema das sanções jurídicas, analisando-as à luz da teoria geral do direito. Na seqüência, será apresentado o conceito de sanção administrativa, bem como o regime jurídico que a identifica e diferencia das demais sanções jurídicas.

Em seguida, no segundo capítulo, a análise volta-se para o regime jurídico do *ius puniendi* estatal, que é informado por princípios que decorrem da opção constitucional por um Estado de Direito, regime que deve ser aplicado tanto às sanções penais como às administrativas, com as adaptações que as peculiaridades de cada uma exige.

Finalmente, no terceiro e derradeiro capítulo, examinar-se-á o princípio da legalidade, seus corolários, sua influência sobre a atividade punitiva da Administração Pública e, em especial, o modo de sua aplicação às sanções administrativas impostas no âmbito das relações de especial sujeição.

Esclareça-se, desde já, que o objetivo do presente trabalho não é esgotar o tema, que suscita um infindável número de questões, cuja análise completa escapa e muito das pretensões deste estudo. Pretende-se, tão-somente, trazer à discussão um dos aspectos da atividade punitiva da Administração Pública, essencial para a sua compreensão e, mais importante, limitação.

1. Sanção administrativa: definição

1.1 Ordem jurídica e sanção

O Direito é uma ordem normativa, e, como tal, é um conjunto de normas que regulam condutas, com o objetivo de conformá-las a valores tidos por relevantes pelo grupo social. Trata-se, assim, de uma ordem social, cuja função, do ponto de vista psicossociológico, "consiste em obter uma determinada conduta por parte daquele que a esta ordem está subordinado, fazer com que essa pessoa omita determinadas acções consideradas como socialmente – isto é, em relação às outras pessoas – prejudiciais, e, pelo contrário, realize determinadas acções consideradas socialmente úteis".[1]

A ordem normativa a que se chama Direito – ou seja, o ordenamento jurídico – é composto por um determinado tipo de normas: as normas jurídicas. Estas distinguem-se das demais espécies normativas justamente por fazerem parte de um ordenamento jurídico. Ou seja, uma norma é jurídica em razão de estar inserida num ordenamento jurídico, conforme a lição de Norberto Bobbio: "no hay ordenamientos jurídicos porque existen normas jurídicas distintas de las normas no jurídicas, sino que existen normas jurídicas porque existen ordenamientos jurídicos distintos de los ordenamientos no jurídicos. El término derecho, en su más común acepción de derecho objetivo, indica un tipo de sistema normativo, no un tipo de norma".[2]

Assim, dizer que uma norma é jurídica significa afirmar que ela integra um ordenamento jurídico. Essa integração decorre do fato de ter sido a norma criada em conformidade com o processo estabelecido pelo próprio ordenamento. Daí a afirmação de que "el ordenamiento jurídico regula la propia producción normativa".[3]

Tal peculiaridade do Direito permite distinguir duas categorias de normas jurídi-

1. Hans Kelsen, *Teoria pura do direito*, pp. 48-49.

2. *Teoría general del derecho*, p. 149. Da mesma forma Kelsen: "uma norma singular é uma norma jurídica enquanto pertence a uma determinada ordem jurídica" (ob. cit., p. 57).

3. Norberto Bobbio, ob. cit., p. 159.

cas: as normas de estrutura e as normas de conduta.[4] As primeiras disciplinam a produção das próprias normas jurídicas; as segundas, as condutas que as pessoas devem ou não adotar.

Importam para o presente trabalho as normas de conduta, as quais tornam um determinado comportamento humano obrigatório, proibido ou permitido.

As normas de conduta possuem estrutura complexa, que pode ser dividida em dois elementos: a norma primária e a norma secundária. A norma primária prescreve uma conduta às pessoas que se enquadrem na situação de fato nela descrita; a secundária, impõe uma conseqüência ao descumprimeto da conduta devida, que é justamente a sanção.[5]

Ambas – a norma primária e a secundária – contêm uma hipótese e um mandamento (se A *é*, *deve ser* B). Na norma primária, a hipótese descreve uma situação de fato e atribui à sua ocorrência uma conseqüência: a criação de uma relação jurídica, pela qual a uma pessoa é conferido um direito e a outra pessoa é imposto um dever jurídico, que *deve ser* observado (se uma pessoa vive em sociedade, não deve matar outras pessoas; se uma pessoa aufere renda, deve pagar o respectivo imposto). Na norma secundária, a hipótese também descreve uma situação de fato, qual seja, o descumprimento da conduta imposta pela norma primária, à qual é atribuída uma outra conseqüência: a aplicação de uma sanção (se uma pessoa matar alguém, deve ser aplicada pena de reclusão de 6 a 20 anos; se uma pessoa deixa de recolher o imposto, deve ser aplicada pena de multa).

A sanção, portanto, é a conseqüência, prevista na norma secundária, da inobservância da conduta prescrita na norma primária. Ou simplesmente: é a conseqüência atribuída pelo ordenamento jurídico ao descumprimento de um dever jurídico. Ou ainda, a sanção é a conseqüência de um ilícito. Fica patente, assim, a íntima relação entre dever jurídico, ilícito e sanção: só há ilícito se uma pessoa descumpre um dever jurídico que o ordenamento anteriormente impusera; só há sanção se ocorre um ilícito. Tal relação fica clara na definição de sanção adotada por Eduardo García Maynes: "consecuencia jurídica que el incumplimiento de un deber produce en relación con el obligado".[6]

Mas a sanção não é característica exclusiva dos ordenamentos jurídicos. De fato, outros sistemas normativos também possuem sanções. O sentimento de culpa é uma sanção que decorre da violação de uma norma moral (daí se afirmar que a sanção moral é interna); a reprovação, a exclusão, o linchamento, são também tipos de sanção, impostas pelo grupo social em virtude da inobservância de deveres estipulados em normas sociais. Qual a distinção entre tais tipos de sanção e a sanção jurídica?

A sanção jurídica, no dizer de Norberto Bobbio, é externa e institucionalizada.[7] Ex-

4. Distinguindo as normas de conduta das normas de estrutura, rejeita-se a teoria kelseniana de que o direito é uma ordem coativa, composta por normas autônomas e não-autônomas, conforme sejam ou não providas de sanção (*Teoria pura do direito*, pp. 60 e 84). Há normas jurídicas desprovidas de sanção, que são justamente as normas de estrutura, ou de segundo grau, na nomenclatura adotada por Norberto Bobbio. Deste, colhemos a seguinte lição: "Distinguendo le norme di un sistema giuridico, se pure un po'grossolanamente, in norme di primo grado e norme di secondo grado, diventa chiaro che la sanzione è soltanto per le prime un espediente per rafforzare la loro osservanza" ("Sanzione", p. 540). Ver ainda, sobre a existência dessas duas espécies de normas jurídicas, Herbert L. Hart, *O conceito de direito*, pp. 89-109.

5. Adota-se aqui a nomenclatura utilizada por Kelsen em sua obra póstuma, *Teoria geral das normas* (p. 181). No mesmo sentido, entre outros, Norberto Bobbio, *O positivismo jurídico*, p. 156; Lourival Vilanova, *As estruturas lógicas e o sistema do direito positivo*, pp. 111-112.

6. *Introducción al estudio del derecho*, 1971, p. 295 (*apud* Paulo de Barros Carvalho, *Teoria da norma tributária*, p. 53).

7. *Teoría general del derecho*, p. 111.

terna porque é aplicada pelo grupo social, ao contrário da sanção moral, que se limita à própria consciência do infrator da norma moral. E institucionalizada em virtude do fato de ser disciplinada por normas jurídicas previamente estipuladas, diferentemente das sanções sociais.

Ao institucionalizar as sanções jurídicas, o Direito disciplina o uso da força que pode ser utilizado para impô-las, determinando *quem* pode usá-la, *quando* e *como* pode ser exercida, e finalmente *quanto* de força pode ser utilizado pelo órgão competente.[8]

A utilização da força, através da coação exercida pelos entes estatais, é *um instrumento de execução da sanção*, que pode ou não ser utilizado, conforme a necessidade. É essa a opinião de Norberto Bobbio: "Ciò che caratterizza le sanzioni nell'ordinamento giuridico è il fatto che il loro adempimento è garantito in ultima istanza dalla minaccia e dall'uso (nel caso che la minacia fallisca allo scopo) della forza, più precisamente dalla minaccia di mettere in moto, prima, e dalla messa in moto, poi, di un apparato esecutivo dotado di mezzi coattivi che sono o tendono ad essere irresistibili, allo scopo di ottenere con la forza, cioè costringendo ad obbedire o impedendo di resistere, l'adempimento dell'obbligo secundario oppure un adempimento alternativo e sostitutivo. Questo significa che la coazione, se, solo raramente, è essa stessa la sanzione, cioè la risposta alla violazione, è sempre in un ordinamento giuridico il mezzo per l'esecuzione in ultima istanza di ogni forma di sanzione, cioè per rendere quanto più è possible effetiva la risposta alla violazione. Il che non toglie che una multa sia una sanzione anche se viene pagata spontaneamente, cioè per il solo rispetto dell'autorità che l'ha inflitta o per la sincera convinzione di aver sbagliato".[9]

Pelo que foi afirmado, pode-se definir a sanção jurídica como a conseqüência atribuída pelo ordenamento jurídico ao descumprimento de um dever jurídico, que deve ser imposta ainda que através da força.

1.2 Sanção administrativa

A sanção jurídica, tal qual definida acima, é um conceito lógico-jurídico, assim como o conceito de ilícito, de norma jurídica, de hipótese, de mandamento etc.[10] Isso significa que o conceito de sanção não decorre de um determinado ordenamento jurídico, mas se aplica a todos, independentemente do lugar e do tempo em que tiverem vigência.

A sanção é a conseqüência de um ilícito. É assim no campo do direito civil, do direito penal, do direito processual, do direito administrativo. Ontologicamente não há diferença entre umas e outras.

Muito embora sejam ontologicamente idênticas, as sanções podem receber no âmbito de um dado ordenamento jurídico tratamentos distintos. É dizer, a sanção pode ter um regime jurídico peculiar, se o dever jurídico correspondente estiver previsto em norma penal ou não, por exemplo. Isso não significa que a sanção penal seja ontologicamente distinta das demais; significa simplesmente que um determinado tipo de sanção possui um regime jurídico que lhe é próprio.

Ocorre que no Direito a igualdade de dois fenômenos não impede que o legislador atribua a cada um regime jurídico próprio. É dizer, fenômenos ontologicamente idênticos podem ter regimes jurídicos diversos, como ensina Alejandro Nieto, tratando do tema dos ilícitos e sanções: "Decir que dos fenómenos son iguales en la realidad no significa necesariamente que hayan de tener el mismo régimen jurídico".[11]

7. *Teoría general del derecho*, p. 111.

8. Norberto Bobbio, *O positivismo jurídico*, p. 158.

9. "Sanzione", p. 538.

10. Geraldo Ataliba, *Hipótese de incidência tributária*, p. 54.

11. *Derecho administrativo sancionador*, p. 151.

Importa pouco, portanto, dizer que a sanção administrativa é ontologicamente idêntica às demais; relevante mesmo é saber se há um regime jurídico próprio de cada qual. Vale dizer, é o regime jurídico que distingue a sanção administrativa das demais sanções jurídicas. Trata-se de elemento formal, portanto.

Pois bem. A sanção administrativa decorre do exercício da função administrativa; é aplicada "in forma amministrativa", nas palavras autorizadas de Renato Alessi.[12] Ora, a função administrativa possui um regime jurídico próprio, marcado principalmente pela submissão à lei. É dizer, a função administrativa é infralegal, subordinada à função legislativa, como bem notou o autor italiano.[13]

Ademais, os atos praticados no exercício da função administrativa têm uma força jurídica que os identifica e distingue dos atos praticados no exercício da função legislativa e jurisdicional. Com efeito, conforme a doutrina de Oswaldo Aranha Bandeira de Mello, o ato jurisdicional é marcado, do ponto de vista formal, pela produção da coisa julgada; o legislativo, por sua vez, pela possibilidade de inovar a ordem jurídica de modo primário, com submissão tão-somente à Constituição. Já o ato administrativo caracteriza-se pela presunção de legalidade, da qual decorre a sua imperatividade, exigibilidade e, em alguns casos, auto-executoriedade.[14]

Sobre tais atributos dos atos administrativos ensina Celso Antônio Bandeira de Mello: "Se compararmos estes diferentes atributos mencionados, vamos verificar que, pela presunção de legitimidade, o ato administrativo, quer seja impositivo de uma obrigação, quer seja atributivo de uma vantagem, é presumido como legítimo; pela imperatividade, o ato cria para terceiro, independentemente de sua aquiescência, uma obrigação; pela exigibilidade, o ato sujeita o administrado à observância de uma dada situação por meios indiretos impostos pela própria Administração, sem recorrer ao Judiciário; pela executoriedade, o ato subjuga o administrado à obediência por meio de coação direta aplicada pela Administração, independentemente de ordem judicial".[15]

Sendo a sanção administrativa aplicada no exercício da função administrativa, seu regime jurídico caracteriza-se, acima de tudo, pela submissão à lei, mas também pela presunção de legalidade,[16] imperatividade e exigibilidade. Destarte, a sanção administrativa, uma vez imposta pela Administração Pública, torna-se obrigatória e exigível, independentemente da intervenção do Poder Judiciário.[17] Nem sempre, porém, será auto-executável; basta lembrar a hipótese das multas, cuja execução é feita através de processo judicial. Mas a falta de auto-

12. *Principi di diritto amministrativo*, t. I, p. 289.

13. Idem, p. 16. Tal peculiaridade do regime jurídico da função administrativa surge já com a criação do Estado de Direito, origem histórica do princípio da legalidade e do próprio direito administrativo. Veja-se, a propósito, Otto Mayer, *Derecho administrativo alemán*, t. I, pp. 4-5. Do referido autor extrai-se a seguinte lição: "la administración, desde su comienzo, ha sido contemplada como una actividad del Estado que se ejerce bajo la autoridad del orden jurídico que el debe establecer" (idem, pp. 11-12).

14. *Princípios gerais do direito administrativo*, v. I, p. 33.

15. *Curso de direito administrativo*, p. 360.

16. Presunção que é *juris tantum*, extinguindo-se com a contestação em juízo do ato praticado. Afinal, como ensina Lúcia Valle Figueiredo, "se a presunção de legalidade fosse absoluta, despiciendo seria o amplo controle judicial, como também o controle externo do Congresso Nacional e Tribunais de Contas" (*Curso de Direito Administrativo*, p. 167).

17. Conforme Daniel Ferreira, "ao indicarmos que a conseqüência restritiva de direitos deverá ser imposta no exercício da função administrativa, estamos em verdade a explicitar que a aplicação da sanção independe de prévia permissão, ou seja, que a autoridade administrativa competente prescinde de autorização judicial para tanto" (*Sanções Administrativas*, p. 27).

executoriedade não é requisito para a caracterização da sanção administrativa, pois a coação é mero instrumento de execução da sanção, conforme a lição de Norberto Bobbio já mencionada. Daí a distinção entre "a instituição da sanção, que constitui ato jurídico (norma individual), de sua execução (atos materiais)".[18]

Decorre ainda do regime jurídico da função administrativa a possibilidade de revisão das sanções administrativas pelo Poder Judiciário, já que não são dotadas da eficácia da coisa julgada.

A submissão da sanção administrativa ao regime próprio da função administrativa distingue-a das demais sanções jurídicas. Há, destarte, uma distinção formal entre uma e outras, fundada no regime jurídico de cada qual.

A sanção administrativa, portanto, é a conseqüência jurídica atribuída pelo ordenamento jurídico a um ilícito, a ser imposta no exercício da função administrativa, se preciso através da utilização da força.

2. O regime jurídico punitivo

2.1 Ilícito administrativo e ilícito penal

A atividade punitiva do Estado pode ser desempenhada tanto no exercício da função jurisdicional (sanções penais) como da função administrativa (sanções administrativas). Entre tantos que se manifestaram sobre o tema, cite-se a lição de Eduardo García de Enterría e Tomás-Ramón Fernándes: "el mismo *ius puniendi* del Estado puede manifestarse, pues (con la salvedad ya hecha de las penas privativas de libertad y de otros derechos civiles y políticos), tanto por la vía judicial penal como por la vía administrativa".[19]

Ilícito administrativo e ilícito penal dão origem, portanto, a diferentes sanções punitivas, ambas decorrentes do *ius puniendi* do Estado. A distinção entre a sanção administrativa e as demais já foi explicitada acima; convém agora distinguir as duas categorias de ilícitos.

Há quem pretenda que ilícito administrativo e ilícito penal sejam qualitativamente distintos, ou seja, cada qual teria natureza própria, que o distinguiria do outro. O ilícito administrativo estaria relacionado ao descumprimento de deveres assumidos frente à Administração Pública, que seria considerado como ilícito apenas para permitir que os interesses da própria Administração fossem melhor atendidos. Já o ilícito penal teria outra esfera: deveres assumidos perante a sociedade, cujo descumprimento afetaria interesses de todo grupo social, qualidade que o tornaria mais relevante.

Tal concepção foi assim explicada por Ángeles de Palma del Teso: "Se sostiene que mientras la infracción administrativa tiene un carácter artificial y su contenido de injusto se agota en la transgresión de puros interéses administrativos, el delito es un ilícito natural que supone la lesión de valores esenciales y afecta a los fundamentos del orden jurídico".[20]

18. Carlos Ari Sundfeld, *Direito Administrativo Ordenador*, p. 79).

19. *Curso de Derecho Administrativo*, v. II, p. 163). No Brasil, destaca-se a opinião de Celso Antônio Bandeira de Mello, que em estudo sobre procedimento tributário sancionário, reconhece a dupla manifestação do direito punitivo estatal: "ante o *jus puniendi* do Estado, quer se manifeste na via penal, quer se expresse na via administrativa, inclusive tributária, incumbe ao Poder Público provar má-fé no comportamento do contribuinte, se quer tomá-la como embasamento para apená-lo" ("Procedimento Tributário", p. 66).

20. *El principio de culpabilidad en el derecho administrativo sancionador*, p. 27. No Brasil, Oswaldo Aranha Bandeira de Mello adotou tal posição: "Não se confundem a sanção administrativa e a penal. Esta visa punir atos contrários aos interêsses sociais e aquela aos da atividade administrativa" (ob. cit., p. 501). Eduardo García de Enterría, por sua vez, faz referência a sanções administrativas de autoproteção, nas quais verifica-se a "finalidad protectora del orden administrativo", e san-

A idéia de que existiria um âmbito próprio dos ilícitos administrativos e outro dos ilícitos penais, conforme o interesse tutelado, tem sua origem na doutrina alemã e italiana do início do século XX, que procurava justificar o processo de despenalização que então se iniciava, marcado pela transformação de ilícitos penais menos reprováveis em ilícitos administrativos. É a lição de Blanca Lozano: "La necessidad de eliminar del campo del ilícito penal las infracciones de menor relevancia ético-social, llevó a la doctrina alemana de principios de siglo, y por su influencia a la italiana a intentar demonstrar la existencia de un ámbito sancionador sustancialmente administrativo".[21]

Uma segunda corrente doutrinária distingue ilícito administrativo e ilícito penal com base em elemento puramente formal: o regime jurídico. Compete ao legislador determinar se uma conduta será considerada ilícito penal ou administrativo, mas tal matéria foge do âmbito de investigação do jurista. A este importa tão-somente o regime jurídico atribuído a um determinado ilícito, não sendo relevante se o interesse tutelado é da Administração Pública ou da sociedade.

Assim, o traço diferenciador é o regime jurídico que lhe é atribuído, e não a natureza do ilícito. Transcreva-se nesse sentido a lição de Régis Fernandes de Oliveira: "Não há diferença de conteúdo entre crime, contravenção e infração administrativa. Advém ela da lei, exclusivamente. Inexiste diferença de substância entre pena e sanção administrativa. Inexistindo diferença ontológica entre crime, contravenção e infração e entre pena e sanção, deve o jurista buscar, em dado formal, o critério diferenciador. Crime e contravenção são julgados por órgão jurisdicional, enquanto a infração, por órgão administrativo. A decisão jurisdicional tem eficácia própria de coisa julgada, enquanto que a decisão administrativa tem caráter tão-só de estabilidade, é presumidamente legal, imperativa, exigível e executória. Crime e contravenção são perquiríveis através da polícia judiciária e devem submeter-se a processo próprio previsto pela legislação processual; a infração é apurável por qualquer forma de direito, desde que prevista em lei, independendo de rigorismo formal, à maneira do processo civil ou penal".[22]

A segunda concepção parece ser mais acertada. Com efeito, para o jurista é o regime jurídico que deve ser utilizado como elemento de distinção entre dois fenômenos. A natureza da conduta indesejada é relevante apenas para o legislador, que pode lhe atribuir um ou outro regime jurídico conforme o juízo político que faça.[23]

Destarte, ilícito administrativo e ilícito penal distinguem-se pelos respectivos regimes jurídicos. A apuração do ilícito é feita por autoridade administrativa no primeiro caso, enquanto no segundo a autoridade é judiciária; a sanção aplicada a cada qual advém do exercício de funções distintas (administrativa e jurisdicional), razão pela qual

ções administrativas de proteção da ordem geral, através das quais a Administração estaria "tutelando el orden social en su conjunto", criticando a existência destas últimas por considerá-las próprias do direito penal (*El problema jurídico de las sanciones administrativas*).

21. *La extinción de las sanciones administrativas y tributarias*, p. 30.

22. *Infrações e sanções administrativas*, p. 32. No mesmo sentido, Eduardo Rocha Dias: "Ao fim das contas, o critério formal é o que se apresenta como mais adequado à diferenciação de um outro, devendo-se a critérios de política legislativa a atribuição a alguns fatos o regime jurídico de ilícitos administrativos e a outros de ilícitos penais" (*Sanções administrativas aplicáveis a licitantes e contratados*, p. 21).

23. "Una conferma autorevole di questo ordine di idee sarebbe da ritrovare nel pensiero del Kensel, il quale collega il problema della sanzione a quello di norma, quale questione di teoria generale del diritto: l'indagine sulla struttura dell'illecito amministrativo e di quello penale è tipicamente problema di ordinamento positivo da risolvere caso per caso" (Carmine Pepe, *Illecito e sanzione amministrativa*, pp. 47-48).

o ato de imposição da sanção administrativa tem eficácia diferente daquele que impõe a aplicação de sanção penal; o ilícito penal pode ser apenado com pena de prisão, enquanto o ilícito administrativo não o pode (Constituição Federal, art. 5º, inciso LXI).[24]

A despeito das diferenças entre os respectivos regimes jurídicos, ilícito administrativo e ilícito penal, bem como sanção administrativa e sanção penal, são manifestações do mesmo *ius puniendi* estatal, razão pela qual há proximidade entre um e outro regime, podendo-se falar num regime jurídico do poder punitivo do Estado.

2.2 *O regime jurídico do "ius puniendi"*

O estado pode exercer o *ius puniendi* através da atividade administrativa e judicial, aplicando sanções administrativas e penais que correspondam a ilícitos da mesma natureza.

Tanto num caso como noutro o Estado atua sobre a liberdade e a propriedade dos indivíduos.[25] De fato, a multa aplicada a quem comete um crime atinge o patrimônio do indivíduo da mesma forma que a multa imposta a quem pratica um ilícito administrativo.

Sendo assim, salta aos olhos que deve o Estado observar os mesmos princípios numa hipótese e noutra. Não é razoável que o Estado, ao aplicar uma sanção penal, seja obrigado a respeitar uma série de garantias individuais, que foram conquistadas ao longo dos últimos dois séculos, e fique liberado de observá-las no momento de aplicar sanção administrativa. Até porque, atualmente, há sanções administrativas que são muito mais graves do que sanções penais.[26]

Valem ser tanscritas as seguintes palavras do saudoso Geraldo Ataliba: "Toda vez que tivermos uma pessoa, seja cidadão ou não, diante do *jus puniendi* do Estado, automaticamente se desencadeia todo o chamado regime jurídico punitivo, que é consistente essencialmente num conjunto de normas jurídicas de categoria superior, porque constitucionais, institucionais, expressas e implicítas e que estabelece o estatuto de proteção à liberdade e ao patrimônio desta pessoa".[27]

Alberto Xavier também se manifesta a favor de um regime jurídico punitivo, aplicável tanto às sanções penais como às administrativas, argumentando com exceiência: "A minha idéia é a de que o mesmo Estado não pode aceitar respeitáveis princípios de civilização moderna, comportar-se como Estado civilizado num determinado capítulo e rasgar os valores da civilização noutro capítulo, que é o tributário".[28]

24. Saliente-se que a Lei n. 9.268/96, que alterou a redação do art. 51 do Código Penal, retirou uma das mais importantes características da multa penal, que era a possibilidade de conversão em pena privativa de liberdade.

25. Para Carmine Pepe, "la sanzione amministrativa costituisce una forma afflittiva più lieve, qualificandosi come una misura di controllo sociale attenuata ma pur sempre incidente sulla libertà" (ob. cit., pp. 49-50). Discordamos apenas da primeira parte da afirmação, pois nem sempre as sanções administrativas são mais leves.

26. Veja-se o exemplo da Lei n. 9.605, de 12 de fevereiro 1998, que disciplina as sanções penais e administrativas relacionadas ao meio ambiente. Segundo tal diploma legal, a multa pode ser penal ou administrativa. A multa-sanção penal será calculada pelos critérios do Código Penal, podendo ser aumentada três vezes, "tendo em vista o valor da vantagem econômica auferida" (art. 18). Aplicando-se os critérios do Código Penal (arts. 49 a 60), tem-se que o valor máximo da multa aplicada por crimes contra o meio ambiente será de R$ 2.203.200,00. Já a multa-sanção administrativa, prevista na mesma Lei n. 9.605, pode chegar à astronômica cifra de R$ 50.000.000,00 (art. 75).

27. *Curso de especialização em direito tributário*, VI, p. 733.

28. Idem, p. 736. Muito embora refira-se o autor a ilícitos tributários, a lição é aplicável aos ilicítos administrativos, que constituem o gênero do qual o ilícito tributário é espécie.

Mas reconhecer que há princípios comuns que regem a aplicação das sanções penais e administrativas não significa, de maneira alguma, submeter estas últimas ao direito penal.[29] Como foi afirmado, há uma distinção de regime jurídico entre ilícito penal e administrativo, bem como entre sanção penal e administrativa. Não fosse assim, razão alguma haveria para distingui-los.

O ilícito penal e a sanção penal são disciplinados pelos princípios e normas de direito penal. O mesmo raciocínio deve ser aplicado em relação ao ilícito administrativo e às sanções administrativas: seu regime jurídico é informado pelos princípios e normas do direito administrativo. Mas há princípios que são comuns às sanções penais e administrativas, por se tratarem de manifestações de um mesmo poder estatal: o *ius puniendi*. Daí afirmar Alejandro Nieto: "si el Derecho Administrativo Sancionador está integrado por normas y principios, las normas son las del Derecho Administrativo y los principios (algunos de ellos, al menos), son los del Derecho punitivo del Estado".[30]

Seria um erro grave simplesmente transportar os princípios do direito penal para o âmbito dos ilícitos e sanções administrativas. De fato, há uma diferença crucial entre o fenômeno punitivo penal e o administrativo: o primeiro decorre do exercício da função jurisdicional, enquanto o segundo é praticado no exercício da função administrativa. Como já foi mencionado, cada uma dessas atividades possui peculiaridades próprias, em especial no que diz respeito à força jurídica do ato praticado. É certo que cada uma busca, à sua maneira e com os instrumentos que lhe são outorgados, alcançar os fins do Estado.[31] Mas as peculiaridades de cada qual, a toda evidência, impedem que seja dado o mesmo tratamento jurídico à manifestação do *ius puniendi* no âmbito do direito penal e no do direito administrativo, como bem ensina Manuel Rebollo Puig: "Desde el momento en que el ordenamiento considera a un hecho como infracción administrativa y no como delito, desde el momento en que atribuye la imposición del castigo a la Administración y no al Poder Judicial, aunque lo haya hecho por razones meramente pragmáticas, se hacen necesarias importantes matizaciones por la fundamental y obvia razón de que Administración y Poder Judicial tienen diferente carácter institucional y constitucional, no se encuentran en la misma posición ante el Derecho y tienen, por esencia, una función muy distinta".[32]

Os princípios que regem o poder punitivo do Estado, que devem ser observados quando da aplicação das sanções penais e administrativas, não são os do direito penal, mas sim os que decorrem do Estado de Direito. É a lição de Quintero Olivares: "Cuando se declara que las mismas garantías observables en la aplicación de las penas se han de respetar cuando se trata de imponer una sanción administrativa, no se hace en realidad referencia a todos y cada uno de los principios o reglas reunidos en la Parte General (del Derecho Penal), sino a aquellos a los que el derecho penal debe someterse para satisfacer los postulados del Estado de Derecho, que son principios derivados de los declarados en la Constitución como fundamentales".[33]

29. "Si se trasladara al derecho sancionador administrativo la totalidad de los principios y características aplicativas que el derecho penal ha acuñado al cabo de muchos años, la consecuencia inmediata sería que esa parte del derecho administrativo quedaría sin más integrada en el derecho penal, pues la única diferencia subsistente sería el 'nombre jurídico' de la reacción ('sanción' frente a 'pena')" (Gonzalo Quintero Olivares, *La autotutela, los límites al poder sancionador de la Administración Pública y los principios inspiradores del derecho penal*, p. 261).

30. Ob. cit., p. 165.

31. Otto Mayer, ob. cit., p. 5.

32. *Potestad sancionadora, alimentación y salud pública*, 1989, p. 441 (*apud* Alejandro Nieto, ob. cit., p. 172).

33. Ob. cit., p. 262. No mesmo sentido Daniel Ferreira: "existem princípios que não são específi-

Pois bem. Caracteriza-se o Estado de Direito pela submissão do ente estatal à lei. Mas não só. Também devem existir direitos individuais que possam ser opostos contra o próprio Estado, os quais devem ser garantidos por um Poder Judiciário independente. Nas palavras do autor italiano Fausto Cuocolo: "Stato di diritto è quello nel quale non solo ogni autorità è subordinata al diritto, ma il diritto ha determinati contenuti, riconoscendose ai cittadini le libertà civili e diritti pubbici subiettivi esperibili e tutelabilli giurisdizionalmente anche nei confronti dello Stato".[34]

Para o constitucionalista português Gomes Canotilho, o Estado de Direito tem como corolários: princípio da legalidade, princípio da segurança jurídica, princípio da proibição do excesso, princípio da proteção jurídica e das garantias processuais.[35]

Tais princípios bastam para a formação de um regime jurídico punitivo.

Por força do princípio da legalidade, somente as condutas tornadas ilícitas por lei podem dar ensejo à aplicação de sanção punitiva, seja penal, seja administrativa. A sanção, por sua vez, também deve ser criada por lei. *Nullum crimen nulla poena sine lege.*

Já o princípio da segurança jurídica garante a irrretroatividade das leis que criem ilícitos e as respectivas sanções. Num Estado de Direito, os indivíduos não podem receber sanção prevista em lei posterior à conduta praticada, pois a segurança jurídica repele a adoção de medidas estatais que surpreendam os particulares; pelo contrário, "postula absoluta e completa previsibilidade da ação estatal pelos cidadãos e administrados", nas palavras de Geraldo Ataliba.[36]

Por força do princípio da proibição do excesso, as medidas adotadas pelo Estado devem ser proporcionais aos fatos que estão em sua origem e adequadas aos fins que lhes correspondem. "Trata-se, pois, de uma questão de medida ou desmedida para alcançar um fim: pesar as desvantagens dos meios em relação às vantagens dos fins".[37] Do princípio da proibição do excesso decorre o princípio da culpabilidade, que proíbe a aplicação de sanções a quem não tiver colaborado, ao menos de forma culposa, para a prática da conduta ilícita. É que, nas palavras de Ángeles de Palma del Teso, "la reacción punitiva ha de ser proporcional al ilícito, por ello, en el momento de la individualización de la sanción, la culpabilidad se constituye en un límite que impide que la gravedad de la sanción supere la del hecho cometido".[38]

Por fim, o Estado de Direito exige que sejam conferidas aos particulares garantias

cos do direito penal, como muitos chegam a pensar, mas que atinam a toda e qualquer restrição de direitos num Estado Constitucional contemporâneo" (ob. cit., p. 60).

34. *Istituzione di diritto pubblico*, p. 92. Em sentido semelhante, mencione-se, entre tantas, as seguintes obras: Balladore Pallieri, *Diritto Costituzionale*, p. 85 ("Per Stato di diritto si intende invece lo Stato il quale non meno che gli altri soggetti, sottostà a certi fondamentali principi giuridici: in ispecie lo Stato che è sottoposto, come ogni altro soggetto, alle leggi e alla giurisdizione"); Biscaretti di Ruffia, *Diritto costituzionale*, pp. 173-174; Geraldo Ataliba, *República e Constituição*, p. 120.

35. *Direito Constitucional*, pp. 239-275.

36. *República e Constituição*, p.171. Usualmente, o princípio da segurança jurídica não é acolhido do modo expresso pelos textos constitucionais, como afirma Paulo de Barros Carvalho: "Há princípios e sobreprincípios, isto é, normas jurídicas que portam valores importantes e outras que aparecem pela conjunção das primeiras. Vejamos logo um exemplo: a segurança jurídica não consta de regra explícita de qualquer ordenamento. Realiza-se, no entanto, pela atuação de outros 'princípios', tais como o da legalidade, o da irretroatividade, o da igualdade, o da universalidade da jurisdição etc." (*O princípio da segurança jurídica*, p. 124). Parece-nos, entretanto, que o princípio da segurança jurídica decorre diretamente da opção constitucional por um Estado de Direito, na esteira do pensamento de Gomes Canotilho.

37. Gomes Canotilho, ob. cit., p. 265.

38. Ob. cit., p. 45.

processuais, dentre as quais se destacam o devido processo legal, a ampla defesa e o contraditório, principalmente nas situações em que possam ser praticados atos restritivos de direitos.[39]

Enfim, a adoção de um Estado de Direito conduz à existência de um regime jurídico punitivo, informado pelos princípios mencionados. Tal regime, no Brasil, está garantido pelo art. 1º da Constituição Federal, que dispõe em seu *caput*: "A República Federativa do Brasil (...) constitui-se em Estado Democrático de Direito".[40]

Não bastasse tal disposição, a Constituição Federal adotou de modo expresso as garantias que constituem o regime jurídico punitivo de um Estado de Direito. De fato, o art. 5º do Texto Constitucional acolheu o princípio da legalidade (incisos II e XXXIX),[41] o princípio da irretroatividade (incisos XXXIX e XL), o princípio da culpabilidade (inciso XLV), bem como os princípios do devido processo legal (inciso LIV), da ampla defesa e do contraditório (inciso LV).

É verdade que grande parte de tais dispositivos constitucionais faz referência a penas e crimes, o que poderia conduzir à interpretação de que são aplicáveis tão-somente às sanções penais. É certo, porém, que se tratam de garantias individuais, às quais se aplica o princípio da máxima efetividade, pelo qual "a uma norma constitucional deve ser atribuído o sentido que maior eficácia lhe dê".[42] Portanto, são também aplicáveis às sanções administrativas, outra face do *ius puniendi* estatal.[43]

De qualquer forma, tais dispositivos constitucionais apenas reforçam a configuração do regime jurídico punitivo estatal, pois bastaria a previsão constitucional de que o Brasil é um Estado de Direito para que os princípios referidos fossem aplicáveis à atividade punitiva estatal, administrativa ou penal.

3. Princípio da legalidade e a atividade punitiva da Administração Pública

3.1 O conteúdo do princípio da legalidade

Como foi acima afirmado, ínsita à idéia de Estado de Direito é a de submissão dos entes estatais à lei. Com efeito, o Estado de Direito surge justamente no momento em que a observância da ordem jurídica tornase obrigatória ao próprio Estado. Daí afirmarem os doutrinadores que o princípio da legalidade é a mais importante característica do Estado de Direito, "que o qualifica e que lhe dá identidade própria".[44] Trata-se, nas palavras de Brewer-Carías, da "construcción jurídica más importante del Estado de derecho".[45]

Sendo assim, a importância do princípio da legalidade para o direito administrativo é imensurável, pois tal ramo jurídico é, também, conseqüência do advento do Esta-

39. Ver, a propósito do processo administrativo, Lúcia Valle Figueiredo, *Estado de Direito e devido processo legal* e *Princípios constitucionais do processo*; Carlos Ari Sundfeld, *A defesa nas sanções administrativas*; Romeu Felipe Bacellar Filho, *Princípios constitucionais do processo administrativo disciplinar*; Egon Bockmann Moreira, *Processo administrativo: Princípios Constitucionais e a Lei n. 9.784/1999.*

40. Sobre o Estado Democrático de Direito: José Afonso da Silva, *Curso de direito constitucional positivo*, pp. 116-150.

41. O princípio da legalidae está ainda previsto no *caput* do art. 37 da Carta Magna.

42. Gomes Canotilho, ob. cit., p. 1.149.

43. Da mesma forma, Carlos Ari Sundfeld, *Direito administrativo ordenador*, pp. 80-81; Eduardo da Rocha Dias, ob. cit., p. 61; Daniel Ferreira, ob. cit., p. 89.

44. Celso Antônio Bandeira de Mello, *Curso de direito administrativo*, p. 71.

45. *Princípios del procedimiento administrativo*, p. 36.

do de Direito. De fato, antes da submissão do ente estatal à legalidade não havia que se falar em direito administrativo, ao menos no modo como a expressão é hoje entendida.[46] Pode-se afirmar, assim, que o direito administrativo é fruto da Revolução Francesa, marco histórico que identifica o surgimento do Estado de Direito.[47] Bem por isso anota o mestre português Sérvulo Correia: "Nos Estados cuja matriz emerge das idéias e instituições consagradas pela Revolução Francesa, a limitação do poder inspira, como categoria filosófica-jurídica, os poderes constituintes, determinando a afirmação – expressa ou implícita – da legalidade nos textos constitucionais, como princípio regulador da conduta dos órgãos do mando".[48]

Reza o princípio da legalidade que todos os orgãos estatais estão subordinados ao ordenamento jurídico. Legalidade não se confunde com lei, devendo ser entendida em sentido amplo, como ordem jurídica.[49] De fato, há atividades estatais que se sujeitam tão-somente à Constituição, como a de governo;[50] por outro lado, os órgãos administrativos devem observar também as normas infralegais, vedada que é a revogação singular dos regulamentos.[51]

No âmbito do direito administrativo o princípio da legalidade tem um sentido especial. De fato, significa não só que a Administração Pública está submetida ao ordenamento jurídico, mas também que toda atividade administrativa deve estar *autorizada por lei*. Vale dizer, a atividade dos órgãos administrativos é infralegal, como já ensinava Otto Mayer no final do século XIX: "La Administración, desde su comienzo, ha sido contemplada como una actividad del Estado que se ejerce bajo la autoridad del orden jurídico que él debe establecer".[52]

O princípio da legalidade impede que a Administração Pública atue sem que haja expressa permissão legal. Ou seja, não podem os órgãos administrativos agir sem lei prévia que autorize tal atuação; "administrar [é] aplicar a lei de ofício", como bem sintetizou Seabra Fagundes em célebre passagem de sua obra.[53]

A atividade administrativa é marcada, portanto, pela submissão à lei. Destarte, a função administrativa é subordinada à função legislativa, como muito bem notou Renato Alessi, cuja lição merece transcrição:

46. Celso Antônio Bandeira de Mello, ob. e loc. cits.

47. Henry Berthèlemy, no prefácio à obra de Otto Mayer, *Derecho administrativo alemán*, afirmou sobre o tema: "la administración de la antigua monarquia francesa era esencialmente discrecional. No estaba contenida por ninguna regra jurídica. Con mucha impropriedad se habría podido hablar en esa época de derecho administrativo, puesto que no existia ningún límite preciso para los poderes de los agentes del rey, ni procedimiento obligatorio para el ejercicio de sus funciones, ni libertades que los 'súbditos' hubiesen podido hacer prevalecer sobre los mandatos dados en nombre del soberano. El régimen moderno, surgido de la Revolución francesa, descansa sobre principios radicalmente contrarios. La trasformación producida se caracteriza diciendo que la soberania nacional ha sustituído a la soberanía personal de los reyes. 'Lo esencial, lo que importa en el más alto grado, es la soberania de la ley" (ob. cit., pp. ix-x).

48. *Legalidade e autonomia contratual nos contratos administrativos*, p. 17.

49. Como afirma Lúcia Valle Figueiredo, "o princípio da legalidade é bem mais amplo do que a mera sujeição do administrador à lei, pois aquele, necessariamente, deve estar submetido também ao Direito, ao ordenamento jurídico, às normas e princípios constitucionais" (*Curso de direito administrativo*, p. 40).

50. Entre outros, Brewer-Carías, ob. cit., pp. 35-37.

51. Idem, p. 45; Eduardo García de Enterría e Tomás-Ramón Fernándes, ob. cit., v. I, pp. 194-197.

52. Ob. cit., pp. 11-12.

53. *O controle dos atos administrativos pelo Poder Judiciário*, pp. 16-17. Em outro trecho da obra, extrai-se a seguinte lição: "Qualquer medida que tome o Poder Administrativo, em face de uma determinada situação individual, sem preceito de lei que a autorize, ou excedendo o âmbito de permissão da lei, será injurídica" (p. 100).

"l'amministrazione, particolarmente per quanto concerne l'attività di carattere giuridico, può fare soltanto ciò che la legge consente".[54] No mesmo sentido, Celso Antônio Bandeira de Mello: "Assim, o princípio da legalidade é o da completa submissão da Administração às leis. Esta deve tão-somente obedecê-las, cumpri-las, pô-las em prática. Daí que a atividade de todos os seus agentes, desde o que lhe ocupa a cúspide, isto é, o Presidente da República, até o mais modesto dos servidores, só pode ser a de dóceis, reverentes, obsequiosos cumpridores das disposições gerais fixadas pelo Poder Legislativo, pois esta é a posição que lhes compete no Direito brasileiro".[55]

Enfim, a Administração Pública somente pode fazer aquilo que a lei permitir, ao contrário dos particulares, que podem fazer tudo que não lhes seja proibido por lei. Nas palavras de Hely Lopes Meirelles, "enquanto na administração particular é lícito fazer tudo que a lei não proíbe, na Administração Pública só é permitido fazer o que a lei autoriza".[56]

3.2 Princípio da legalidade e sanção administrativa

No tocante ao tema das sanções administrativas, o princípio da legalidade desdobra-se em várias garantias dos particulares: em primeiro lugar, não admite que a própria Administração Pública crie infrações ou sanções; em segundo lugar, impõe que a lei contenha um mínimo de densidade normativa, que permita aos indivíduos saberem com segurança qual a conduta proibida e a respectiva sanção (tipicidade); por fim, exige que a lei criadora do ilícito e da sanção seja anterior ao fato (irretroatividade). *Lex scripta, lex certa* e *lex previa*, como ensina Alejandro Nieto: "El principio de legalidad admite una descripción esquemática elemental, tal como aparece en repetidas sentencias del Tribunal Constitucional, en cuanto que – según se ha enunciado ya – 'implica, al menos, la existencia de una ley (*lex scripta*), que la ley sea anterior (*lex previa*) y que la ley describa un supuesto de hecho determinado (*lex certa*)'".[57]

Tais corolários do princípio da legalidade estão intimamente ligados: a sanção administrativa só será validamente aplicada se estiver prevista em lei prévia, que descreva a conduta ilícita e a própria sanção. Não obstante, convém separar a análise de cada um, de modo a tornar mais clara a exposição.

Esclareça-se, porém que o princípio da legalidade é aplicado de modo particular no âmbito das relações de espeical sujeição, conforme será explicitado mais adiante. Tratar-se-á inicialmente do regime geral das sanções administrativas, aplicável às relações de sujeição geral; as peculiaridades que se observam no regime das relações de especial sujeição serão examinadas no final do presente capítulo.

3.2.1 Previsão do ilícito e da sanção em lei formal

Do que até aqui foi dito sobre o princípio da legalidade, é intuitivo que a Administração Pública não pode criar figuras ilícitas e sanções administrativas, pois a atividade administrativa é infralegal, subordina-

54. *Principi di diritto amministrativo*, p. 16. Eduardo García de Enterría e Tomás-Ramón Fernándes demonstram que a vinculação positiva da Administração Pública à lei é decorrência da teoria kelseniana do ordenamento jurídico hierarquizado pois "el proceso de producción jurídica es un proceso de *legis executio* paulatina a partir de la norma fundamental; en la medida en que la Administración se inserta necesariamente en una fase de ese proceso no puede actuar más que ejecutando normas antecedentes" (ob. cit., v. I, p. 430).

55. *Curso de direito administrativo*, p. 72.

56. *Direito administrativo brasileiro*, p. 82.

57. Ob cit., p. 214.

da à legislativa. É a função legislativa que pode inovar a ordem jurídica primariamente, cabendo à administrativa um papel complementar. A Administração Pública só pode agir com permissão legal; no silêncio da lei, estão os órgãos administrativos proibidos de atuar.

Destarte, apenas a lei formal[58] pode criar ilícitos e sanções administrativas. O princípio do direito penal *nullum crimen nulla poena sine lege*, previsto no art. 5º, inciso XXXIX da Constituição Federal, é plenamente aplicável ao direito administrativo. Mas nem é necessário invocar tal dispositivo constitucional. Com efeito, a própria Constituição Federal, em seu art. 5º, inciso II, dispõe que "ninguém será obrigado a fazer ou deixar de fazer alguma coisa senão em virtude de lei". Ora, a criação de um ilícito significa sempre a imposição de uma obrigação: observância do dever jurídico previsto no mandamento da norma primária (ver acima, item 1.1). Daí que só se admita a criação de novos ilícitos por lei formal.[59]

Sobre o tema ensina Carlos Ari Sundfeld, de modo categórico: "À legalidade repugnaria a norma administrativa definir como ilícito (proibido, portanto) comportamento permitido pelo silêncio da lei. Lembre-se que ninguém será obrigado a deixar de fazer algo senão em virtude de lei (CF, art. 5º, II). Logo, não há como o decreto – ou pior, ato de escala inferior – prever infrações e criar sanções administrativas: ou vêm dispostas na lei ou inexistem no mundo jurídico.[60]

Marçal Justen Filho, por seu turno, deixa claro que o princípio da legalidade exige não só a previsão legal da sanção como também a descrição do ilícito correspondente. Nas palavras do mestre paranaense: "Não basta a simples previsão legal da existência da sanção. O princípio da legalidade exige a descrição da 'hipótese de incidência' da sanção. A expressão, usualmente utilizada no campo tributário, indica o aspecto da norma que define o pressuposto de aplicação do mandamento normativo. A imposição de sanções administrativas depende da previsão tanto da hipótese de incidência quanto da conseqüência. A definição deverá verificar-se através de lei".[61]

A jurisprudência dos tribunais pátrios também firmou o entendimento de que "o procedimento administrativo sancionatório deve seguir a trilha da legalidade administrativa", razão pela qual "as sanções, mesmo administrativas, devem advir diretamente da lei".[62]

Isso significa que normas infralegais não podem criar ilícitos e sanções administrativas. Vale dizer, aos regulamentos é vedado dispor sobre tais matérias, a menos que seja para complementar os comandos legais, sem inovar; "el reglamento no puede, pues, definir ilícitos o conductas sancionables ni las sanciones aplicables", nas palavras de Eduardo García de Enterría e Tomás-Ramón Fernándes.[63]

58. Entende-se por lei formal "todo ato emanado das entidades às quais a Constituição atribua função legislativa" (Seabra Fagundes, ob. cit., pp. 34-35). Ou seja, todo ato dotado da eficácia de inovar a ordem jurídica primariamente. Ver sobre o tema: Clèmerson Merlin Cléve, *Atividade legislativa do Poder Executivo no Estado contemporâneo e na Constituição de 1988*, pp. 43-71.

59. "Une sanction administrative ne peut être crée que par une loi, et à l'instar du domaine pénal, les lois créant de telles sanctions sont d'interprétation stricte" (André de Laubaudère, *Traité de droit administratif*, p. 711).

60. *Direito administrativo ordenador*, pp. 80-81.

61. *Comentários à lei de licitações e contratos administrativos*, p. 596. No mesmo sentido: Régis Fernandes de Oliveria (ob. cit., pp. 36-42), Daniel Ferrreira (ob. cit., p. 94) e Eduardo da Rocha Dias (ob. cit., pp. 59-60 e 69).

62. Tribunal Regional Federal da 3ª Região, RO 3045478-2/SP, relatora Juíza Lúcia Valle Figueiredo, *DJU* 25.2.1997, p. 9.295.

63. Eduardo García de Enterría e Tomás-Ramón Fernándes, ob. cit., v. II, p. 171. No mesmo sentido Egon Bockmann Moreira: "(...) o regula-

No Brasil, os regulamentos podem ser utilizados tão-somente para garantir a fiel execução da lei (Constituição Federal, art. 84, inciso IV). Tratam-se dos regulamentos de execução, que diferem sobremaneira de outras figuras encontradas no direito estrangeiro, como os regulamentos autônomos ou independentes.[64]

Sobre a atividade regulamentar no direito brasileiro, ensina Celso Antônio Bandeira de Mello: "é questão pacífica que os regulamentos executivos – únicos existentes no Direito brasileiro – nada podem dispor *contra legem*, *praeter legem*, *ultra legem* ou *extra legem*, mas tão-somente *intra legem*".[65]

Resumindo: somente a lei pode criar ilícitos e sanções administrativas, não havendo possibilidade de que a Administração Pública, no exercício da atividade regulamentar, supra o silêncio da lei e crie, por ato seu, tais figuras.[66]

3.2.2 Tipicidade

A previsão legal dos ilícitos e sanções administrativas não é suficiente para garantir os particulares contra a arbitrariedade do órgão administrativo que irá aplicar a sanção.

É que a lei poderia criar figuras ilícitas imprecisas, elásticas, que não permitissem a compreensão prévia de qual a conduta que o legislador quis proibir. Em tais hipóteses, a Administração Pública teria ampla margem para decidir se um determinado comportamento estaria ou não enquadrado na descrição contida na lei, permitindo a aplicação da sanção.[67]

Exige-se, portanto, que a própria lei descreva a conduta ilícita, bem como defina qual a sanção que lhe corresponde, de modo preciso e seguro, permitindo aos particulares saber quais os comportamentos que darão lugar à aplicação dessa ou daquela sanção administrativa. Trata-se do princípio da tipicidade, corolário do princípio da legalidade no âmbito do direito punitivo, assim definido por Eduardo García de Enterría e Tomás-Ramón Fernándes: "la descripción legal de una conducta específica a la que se conectará una sanción administrativa".[68]

Em sentido estrito, o princípio da tipicidade impõe que a conduta ilícita seja descrita de forma clara e precisa em lei. Mas tal descrição não basta; é preciso também que a própria lei defina qual sanção será definida a cada figura ilícita.

Esse duplo aspecto da tipicidade foi abordado por Alejandro Nieto da seguinte maneira: "El mandato de tipificación se de-

mento não pode criar penas e sanções, nem tributos, inclusive contribuições da seguridade social (CF, art. 5º, inc. XXXIX, 149, 150, I, e 195). Aplica-se o princípio da tipicidade penal (*nullum crime, nula poena, sine praevia lege*), tributária e da seguridade, ao Direito Administrativo (Agências administrativas, poder regulamentar e o sistema Financeiro Nacional, p. 106).

64. Sobre as diversas espécies de regulamentos, ver: Oswaldo Aranha Bandeira de Mello, ob. cit., v. I, pp. 303-324; Clèmerson Merlin Cléve, ob. cit., pp. 240-248: Carlos Mário da Silva Velloso, *Do poder regulamentar*; Marcio Cammarosano, *Regulamento*. Ver, em sentido contrário ao defendido no texto: Eros Roberto Grau, *O direito posto e o direito pressuposto*, pp. 167-190.

65. *Regulamento e princípio da legalidade*, p. 45.

66. Geraldo Ataliba, tratando dos regulamentos, mencionou a "impossibilidade material de o regulamento suprir a eventual omissão do legislador, ou pretender 'completar' sua obra, onde ela tenha sido insuficiente" (*Poder regulamentar do Executivo*, p. 197).

67. Há autores que consideram tal margem de liberdade da Administração absolutamente justificável. Maria Sylvia Zanella Di Pietro, p. ex., afirma: "ao contrário do direito penal, em que a tipicidade é um dos princípios fundamentais, decorrente do postulado segundo o qual não há crime sem lei que o preveja (*nullum crimen, nulla poena sine lege*), no direito administrativo prevalece a atipicidade" (*Direito administrativo*, p. 402).

68. Ob. cit., v. II, p. 172.

sarolla en dos planos sucesivos: primero ha de declarar la ley cuáles son las conductas que se consideran infracción administrativa y luego ha de atribuir a cada una de tales infracciones la sanción que le corresponde. En realidad, se trata, por tanto, de un doble mandato – de tipificación de infracciones y de tipificación de sanciones – aunque con frecuencia se reserva la expresión 'tipificación' (entendida en sentido estricto) para las infracciones, dado que en las sanciones la norma no tipifica propiamente sino que se limita a 'atribuir' una consecuencia determinada".[69]

Para que a tipicidade seja cumprida, a norma deve conter "densidade suficiente",[70] é dizer, deve prever todos os elementos essenciais à configuração do ilícito, bem como definir a sanção que lhe corresponde. Não se admite, portanto, a utilização de expressões imprecisas para criar figuras ilícitas, como "inobservância de deveres", ou "ação contrária às regras jurídicas". Deve-se evitar a imprecisão, pois como afirmou o jurista argentino Héctor Villegas: "La punibilidad de una conducta exige su adecuación exacta con una figura legal, pero mal puede haber adecuación exacta si la descripción del accionar reprimido se encuentra incompleta o confusa, no teniendo un contenido específico y una expresión determinada".[71]

Não se exige, porém, que a lei descreva de modo minudente e perfeito a conduta ilícita. Tal exigência seria da mais absoluta inaplicabilidade, pois é impossível ao legislador prever todos os detalhes das condutas que poderão ocorrer no mundo dos fatos. Admite-se, pois, a utilização de conceitos jurídicos indeterminados,[72] assim como de normas "em branco", ou seja, normas que se completam com outros dispositivos legais. Mas nunca será lícito deixar espaço para que o próprio aplicador da norma crie figuras novas, como afirma Alejandro Nieto: "La tipificación puede ser lo bastante flexible como para permitir al operador jurídico un margen de actuación a la hora de determinar la infracción y la sanción concretas, pero no tanto como para permitirle que 'cree' figuras de infracción supliendo las imprecisiones de la norma".[73]

3.2.3 Irretroatividade

Por fim, há que se fazer referência à irretroatividade, princípio que proíbe a aplicação de sanção a fato que à época em que foi praticado não era considerado ilícito. Vale dizer, proíbe a retroatividade da lei criadora de ilícitos e sanções.

A irretroatividade é outro corolário do princípio da legalidade na esfera punitiva do Estado. Não basta que se garanta aos particulares que apenas a lei poderá criar figuras ilícitas e as respectivas sanções, ou ainda, que os ilícitos serão descritos de modo claro e preciso. Tais garantias nada significariam se fosse possível ao legislador editar diplomas legais que atingissem situações já consumadas, tornando ilícitos comportamentos que não o eram no momento em que foram praticados.

O princípio da irretroatividade das leis está previsto na Constituição Federal, no art. 5º, incisos XXXIX e XL. Quanto à sua aplicabilidade ao direito administrativo punitivo, já se fez referência ao princípio da máxima efetividade das normas constitucionais, não havendo razão para voltar ao assunto.

Saliente-se, mais uma vez, que a irretroatividade das leis decorre do Estado de Direito, no qual a segurança jurídica "postula absoluta e completa previsibilidade da ação estatal pelos cidadãos e administra-

69. Ob. cit., p. 294.

70. Gomes Canotilho, ob. cit., p. 253.

71. *Principio de legalidad en el ilícito tributário*, p. 194.

72. Eduardo García de Enterría e Tomás-Ramón Fernándes, ob. cit., v. II, p. 173; Alejandro Nieto, ob. cit., pp. 295-296; Marçal Justen Filho, ob. cit., p. 597.

73. Ob. cit., p. 297.

dos", nas palavras dantes transcritas de Geraldo Ataliba.[74] Destarte, seria até mesmo desnecessária a previsão expressa de que as leis criadoras de ilícitos e sanções não podem retroagir.

Admite-se, porém, a retroatividade da lei que suprima o ilícito e a respectiva sanção, ou ao menos diminua a gravidade desta última. Não poderia ser diferente: se a irretroatividade busca garantir a liberdade dos particulares, nada mais lógico que permitir que a mesma liberdade seja privilegiada com lei nova que extinga a figura delituosa ou atribua-lhe sanção menos grave.[75]

3.3 As sanções administrativas no âmbito das relações de especial sujeição

3.3.1 Princípio da legalidade e relações de especial sujeição

É possível distinguir duas categorias de relações travadas entre o Estado e os indivíduos: relações de sujeição geral e relações de sujeição especial. As primeiras são as decorrentes do poder de império estatal, que atinge a todos os indivíduos que se encontram no território do Estado, indiscriminadamente. Já as segundas têm um âmbito bem mais restrito, abrangendo apenas as pessoas que mantêm com o ente estatal uma especial vinculação jurídica, que dá ensejo a um regime específico, caracterizado por uma sujeição mais aguda do particular frente ao Estado.

A concepção da relação de sujeição especial surge no direito alemão do fim do século XIX. Foi Otto Mayer o responsável por sua aplicação ao direito administrativo, mencionando tal figura já na primeira edição do seu *Deutsches Verwaltungsrecht*, em 1895.[76]

Entre tantos conceitos da relação de sujeição especial oferecidos pela doutrina alemã, transcreva-se o de Obermayer, dotado de grande precisão: "La relación de especial sujeción es aquella relación juridico-pública de sometimiento, en el ámbito del Derecho Administrativo, en la que se encuentran aquellas personas que, como parte integrante del aparato administrativo, están bajo la dirección inmediata del poder público, con cierto carácter duradoro y en favor de un determinado fin administrativo".[77]

É dizer, uma relação de especial sujeição atinge tão-somente pessoas que integram o "aparato administrativo", de modo duradouro e tendo por objetivo o atendimento de um fim administrativo, razão pela qual tais pessoas encontram-se sob a direção imediata do poder público.

Posição semelhante é defendida por Renato Alessi, que aponta como elementos necessários para a configuração de uma relação de especial sujeição *(i)* o ingresso do particular na esfera administrativa e *(ii)* a insuficiência "del comune potere di polizia, fondato sulla supremazia generale dell'Amministrazione", para disciplinar a relação entre o indivíduo e o Estado.[78] Transcreva-se a lição do mestre italiano: "(...) una siffatta supremazia speciale possa sussistere ogniqualvolta il tipo de rapporto implichi un di-

74. *República e Constituição*, p. 171.

75. Régis Fernandes de Oliveira, ob. cit., p. 44.

76. Na edição espanhola, *Derecho administrativo alemán*, t. I, pp. 134 e 144 ("relación de sujeción particular"). Mas foi apenas na terceira edição de sua obra que o jurista alemão conceituou com precisão a relação de especial sujeição, com as seguintes palavras: "cuando aquí se habla de relación especial de sujeción, se hace entonces referencia a esa acentuada dependencia que se establece, en favor de un determinado fin de la Administración Pública, para todos aquellos que entren en esa prevista estructura especial" (*Deutsches Verwaltungsrecht*, 3ª ed., 1924, *apud* Alfredo Gallego Anabitarte, *Las relaciones especiales de sujeción y el principio de la legalid de la Administración*, p. 14).

77. *Verwaltungsakt und innerdienstlicher Rechtsakt*, 1956, p. 84 (*apud* Alfredo Gallego Anabitarte, ob. cit., p. 17).

78. Ob. cit., pp. 282 e 285.

retto contatto personale, avente un certo carattere di permanenza e continuità, tra il singolo titolare del rapporto e la sfera dell'Amministrazione, tal che sorga la necessità di disciplinare il comportamento personale del singolo al fine di assicurare la migliore attuazione del rapporto stesso, presentandosi peraltro a tal fine inidonei o insufficienti tanto la normale supremazia generale dell'Amministrazione come pure, in particolare, il comune potere di polizia che appunto su tale supremazia generale si fonda".[79]

Exemplo típico de relação de especial sujeição é a que se forma entre o Estado e o servidor público, o qual ingressa no âmbito da Administração Pública, de modo duradouro e continuado, e exerce sua função visando ao atendimento de um interesse público. Bem por isso, submete-se a um regime de sujeição especial, diverso daquele a que a generalidade dos indivíduos está submetida. Salta aos olhos que o regime de sujeição, no caso dos funcionários públicos, é plenamente justificável; afinal, como ensina Alessi, quando "il singolo entra nell'interno della sfera amministrativa, il suo comportamento incide più direttamente sull'esercizio della funzione amministrativa, talchè più intensa si presenta l'esigenza di tutela dell'amministrazione stessa".[80]

Mas não apenas os funcionários públicos encontram-se sob especial sujeição. Tal regime jurídico é aplicado também aos estudantes de escolas públicas, aos utentes de serviços públicos (bibliotecas, universidades, transportes etc.), aos concessionários de serviços públicos, aos prisioneiros, aos militares etc.

O regime jurídico da relação de especial sujeição tem por característica uma submissão mais intensa do particular frente ao Estado. Na realidade, pretendeu-se com a criação da relação de especial sujeição afastar a incidência dos direitos fundamentais daquelas situações em que o Estado necessitasse exercer seu poder sobre os particulares de modo mais intenso. Entendia-se que o ente estatal, em tais hipóteses, deveria ter ampla margem de liberdade para atuar, independentemente de previsão legal; defendia-se que o Estado deveria ser dotado do poder de dar ordens aos particulares que estivessem em situação de especial sujeição, ainda que sem autorização legal.

É dizer, tratando-se de relações de especial sujeição estaria afastado o princípio da legalidade, podendo o Estado dispor em tais hipóteses com ampla liberdade.

Por décadas os tribunais europeus, principalmente na Alemanha e Espanha, utilizaram a categoria das relações de especial sujeição para restringir direitos fundamentais dos particulares, de modo arbitrário e desarrazoado.[81] Por essa razão, nota-se hoje certa resistência da doutrina, para não dizer antipatia,[82] em reconhecer nas relações de sujeição especial um regime distinto do que se aplica à generalidade dos indivíduos.

Atualmente não se fala em supressão dos direitos fundamentais no âmbito das relações de especial sujeição. Os direitos fundamentais têm origem na Constituição, razão pela qual sua observância é obrigatória para todos os entes estatais, sempre.

Mas há que se reconhecer que determinadas situações exigem certa maleabilidade, pois do contrário o interesse público ficaria prejudicado. O grande desafio é encontrar o ponto de equilíbrio entre os direitos fundamentais e as relações de especial

79. Idem, p. 286.

80. *Responsabilità amministrativa*, p. 620.

81. Ver, a propósito, Eduardo García de Enterría e Tomás-Ramón Fernándes, ob. cit., v. II, pp. 166-167. Sobre a posição atual da jurisprudência espanhola sobre as sanções administrativas no campo das relações de especial sujeição, ver: Ricardo García Macho, *Sanciones administrativas y relaciones de especial sujeción*.

82. Carmen Chinchilla, com sarcasmo, ao tratar do poder punitivo estatal faz referência à "sombra del fantasma de las 'relaciones especiales de sujeción" (*Potestad sancionadora de la Administración Pública*, p. 751).

sujeição, sem que um anule o outro. Nas palavras do constitucionalista alemão Konrad Hesse, "nem devem os direitos fundamentais ser sacrificados às relações de *status* especial, nem devem as garantias jurídico-fundamentais tornar impossível a função daquelas relações".[83]

O jurista espanhol Alfredo Gallego Anabitarte, em trabalho que se tornou referência obrigatória sobre as relações de especial sujeição – *Las relaciones especiales de sujeción y el principio de la legalidad de la Administración* – sugere uma solução para tal dilema, com o objetivo de restringir ao máximo a possibilidade de se afastar o princípio da legalidade no âmbito das relações ora em análise.

Como regra, o princípio da legalidade é plenamente aplicável às relações de especial sujeição, já que se trata de corolário do Estado de Direito. Reconhece Gallego Anabitarte, porém, que há situações, no âmbito das relações de especial sujeição, em que tal princípio não pode ser aplicado de modo irrestrito, seja em virtude da impossibilidade objetiva de o legislador determinar todas as situações fáticas e as prestações que delas decorrem, seja em razão da inutilidade de uma disciplina legal completa, que levaria à paralisação da Administração Pública, em prejuízo do interesse público. Transcrevam-se as palavras do referido autor: "La legalidad solamente es impotente cuando una realidad objetiva impide su realización, y esto es única y exclusivamente cuando la multiplicidad y disparidad de las situaciones de hecho a tipificar permite hablar de una imprevisibilidad, y de una manera secundaria, también en el caso de que cuando esto, con gran esfuerzo, fuese posible, se produjera una considerable pérdida de eficiencia administrativa".[84]

Ou seja, para Gallego Anabitarte, nas situações em que seja objetivamente impossível ao legislador esgotar a disciplina legal de uma determinada matéria, pela absoluta imprevisibildade de todas as obrigações que se podem impor aos particulares, ou em que tal esgotamento seja prejudicial às atividades da Administração Pública, o princípio da legalidade é aplicado de modo peculiar, com certa matização.

Em tais situações a Administração Pública não estaria dotada de plena liberdade, pois seria necessário que o legislador editasse leis contendo cláusulas gerais, amplas o suficiente para permitir a liberdade necessária à atuação do órgão administrativo na fixação das obrigações a serem impostas aos particulares, mas não a ponto de dar espaço à arbitrariedade.

Reconhece o referido autor que a solução não é perfeita, pois é inevitável que a utilização de cláusulas gerais diminua a segurança jurídica. Não obstante, Gallego Anabitarte considera que a técnica das cláusulas gerais é "la mejor posibilidad" para a aplicação do princípio da legalidade às relações de especial sujeição. Afinal, "el punto de partida es un hecho indiscutible; la situación de hecho no es susceptible de la regulación exigida. Una vez admitido esto, se afirma que sirve al ideal del Estado de Derecho una cláusula general – naturalmente determinada su validez tanto por la materia como por la extensión – mejor que un conjunto de disposiciones casuísticas e insuficientes".[85]

Tenha-se em mente, porém, a lição de Celso Antônio Bandeira de Mello: "(...) a imprecisão das noções práticas vazadas no pressuposto ou na finalidade legal é sempre relativa. Nunca existe imprecisão absoluta, por mais vagas e fluidas que sejam as noções manipuladas pela lei. Sobretudo dentro de um sistema de normas, há sempre referenciais que permitem circunscrever o âmbito de significação das palavras vagas e reduzir-lhes a fluidez a um mínimo".[86]

83. *Elementos de direito constitucional da República Federal da Alemanha*, p. 262.

84. Ob. cit., p. 48.

85. Ob. cit., p. 49.

86. *Curso de direito administrativo*, p. 762.

Daí porque a exigência da cláusula geral prevista em lei acaba por restringir a atividade da Administração Pública, por maior que seja a imprecisão da expressão utilizada.

Destarte, através das cláusulas gerais, preserva-se o princípio da legalidade, pois a atuação da Administração Pública continuará vinculada à lei, ainda que sem limites precisos. Assim, as prestações a serem cumpridas pelos particulares que travem com o Estado relações de especial sujeição não estarão pormenorizadamente definidas em lei, cabendo ao órgão administrativo defini-las frente às imprevisíveis situações que surjam, mas sempre na forma prevista na cláusula geral estabelecida em lei.

Mas tais prestações somente serão validamente exigíveis se estiverem voltadas ao atendimento do fim administrativo que as justifica. É dizer, a prestação que se exige do particular no âmbito das relações de especial sujeição deve estar voltada à consecução dos interesses públicos atendidos pelo órgão administrativo, os quais justificam a própria situação de sujeição especial, sob pena de se configurar desvio de poder. Na lição de Gallego Anabitarte, "las intervenciones en la situación jurídica del individuo deben servir a la finalidad objetiva de la relación especial de sujeción, así como deben ser exigidas por ésta o por una situación dada".[87]

Em resumo: o princípio da legalidade aplica-se tanto às relações de sujeição geral como às de sujeição especial. Porém, há casos no campo das relações de sujeição especial em que a previsão legal exaustiva das obrigações que podem ser impostas aos particulares ou é impossível ou é contrária ao interesse público. Em tais casos admite-se a imposição de obrigações aos particulares sem previsão expressa em lei formal, desde que haja cláusulas gerais disciplinado a matéria, que limitem a atuação administrativa.

87. Ob. cit., p. 50.

3.3.2 Sanção administrativa e relações de especial sujeição

No âmbito das sanções administrativas, a existência de uma relação de sujeição especial costuma ser considerada como razão de liberdade para o Estado criar as figuras ilícitas e as respectivas sanções. Nesse sentido a lição de Renato Alessi, que ao tratar do poder disciplinar afirma: "non tutti i principi fondamentali che valgono per l'esplicazione del potere punitivo generale valgono anche per l'esplicazione del potere disciplinare; così, ad es., nel caso della responsabilità disciplinare non si applica la nota regola del diritto penale *nullum crimen sine lege, nulla poena sine lege* (...) Così come le culpe disciplinari, neppure le sanzioni disciplinare debbono essere determinate dalla legge o dal reglamento".[88]

De modo semelhante manifestou-se o ínclito Oswaldo Aranha Bandeira de Mello, tratando da sanção administrativa: "Não se pode aplicar sanção aos particulares, em geral, sem previsão legal, ao contrário, independem dela as impostas aos servidores públicos, sejam agentes públicos integrados na organização administrativa, sejam particulares colaborando com a Administração pública, nos termos legais, como delegados ou prestacionistas de serviço".[89]

88. *Principi di diritto amministrativo*, v. I, pp. 287-288 e 290. Esclareça-se que para Renato Alessi o poder disciplinar é "il potere che spetta all'amministrazione pubblica di colpire con sanzioni determinate il comportamento di taluni individui ad essa legati da particolari rapporti ai quali acceda un rapporto di speciale supemazia" (idem, p. 287). É dizer, o poder de impor sanções aos indivíduos que se encontrem sob o regime de especial sujeição.

89. Ob. cit., v. I, p. 501. No mesmo sentido, Hely Lopes Meirelles: "Outra característica do poder disciplinar é seu discricionarismo, no sentido de que não está vinculado a prévia definição da lei sobre a infração funcional e a respectiva sanção" (ob. cit., p. 109).

Com base nas lições de Gallego Anabitarte acima transcritas, pode-se afirmar que não é absoluta essa independência das sanções administrativas, no âmbito das relações de especial sujeição, em relação à lei. De fato, somente nos casos em que seja objetivamente impossível a criação de todas as figuras ilícitas em lei, ou ainda, em que um rol exaustivo dos ilícitos administrativos seja contrário ao interesse público, por paralisar a Administração Pública, admitir-se-á certa liberdade do órgão administrativo. Ainda assim, será necessária que a atuação do ente estatal seja autorizada por lei, que contenha quando menos uma cláusula geral disciplinando a matéria.

Convém que se façam alguns esclarecimentos.

Como visto, o princípio da legalidade no âmbito do *ius puniendi* se desdobra em algumas garantias: necessidade de que o ilícito e a respectiva sanção sejam criados por lei formal, tipicidade, irretroatividade. Apenas a primeira dessas garantias pode sofrer, se necessário, certa relativização quando se tratar de relação de especial sujeição.

Com efeito, admite-se que nas relações de especial sujeição a lei formal possa conter apenas uma descrição bastante ampla da figura ilícita, cabendo à própria Administração Pública, no exercício da atividade regulamentar, a delimitação precisa do tipo, tornando claro o que na lei não o é. É essa a opinião de Daniel Ferreira: "Muito embora no regime de sujeição geral se exija lei formal estipulando as infrações e cominando as respectivas sanções, não nos parece que tamanho rigor seja de se exigir para a imposição de sanções de correntes de um peculiar regime de sujeição. Em ambos, contudo, sempre haveria a imprescindibilidade de lei para estipulação de infrações e das respectivas sanções. No caso de haver um especial liame firmado com o particular, a obrigatoriedade reporta-se-ia apenas a uma lei autorizando referida possibilidade e não necessariamente a uma tipificação legal".[90]

A mesma posição é compartilhada por Eduardo Rocha Dias: "No âmbito das relações especiais de sujeição, porém, a melhor definição (no contrato administrativo, por exemplo) dos direitos e deveres dos particulares diante do Poder Público permite a este estabelecer, por lei, tipos infracionais mais abertos".[91]

Vale dizer, no campo das relações de especial sujeição admite-se que a lei crie ilícitos sem a precisão que se exige na seara das relações de sujeição geral, cabendo ao regulamento a definição detalhada da figura ilícita. Ou seja, a lei prevê a infração, de modo aberto e impreciso, enquanto o regulamento cumpre o requisito da tipicidade, estabelecendo o tipo propriamente dito dentro dos limites da cláusula geral contida na lei formal.

A sanção, todavia, não pode sofrer o mesmo tratamento. Deve a lei formal prever as sanções, cabendo ao regulamento apenas estipular quais as infrações administrativas que serão apenadas com essa ou aquela sanção, se a lei já não o fez. É dizer, não é lícito que a lei atribua ao regulamento a tarefa de estipular a sanção.

A possibilidade de que a lei crie os ilícitos administrativos de modo impreciso, deixando ao regulamento a delimitação do tipo, é uma matização do princípio da legalidade que atinge, no âmbito das relações de especial sujeição, tão-somente uma das garantias que dele decorrem: a previsão em lei formal das infrações administrativas. Permanecem inalteradas as outras garantias, tipicidade e irretroatividade, não mais referidas à lei apenas, mas também ao regulamento.

Assim, se no âmbito das relações de sujeição geral exige-se que lei formal crie os ilícitos e as sanções administrativas, de modo preciso (tipicidade) e previamente à ocorrência da conduta (irretroatividade), no campo das relações de sujeição especial exige-se que a lei formal *ou o regulamento*

90. Ob. cit., p. 98.

91. Ob. cit., p. 63.

descrevam a conduta ilícita (tipicidade), igualmente antes da ocorrência do fato (irretroatividade).

Não poderia ser diferente. Num Estado de Direito exige-se que os particulares conheçam quais as condutas que podem ser sancionadas. Tratando-se de relação de sujeição geral, tal conduta deve ser tipificada em lei formal; já no caso das relações de sujeição especial, a tipificação pode se dar em regulamento (desde que haja cláusula geral em lei formal).

Da mesma forma, o princípio da segurança jurídica, corolário relevantíssimo do Estado de Direito, impede que as normas jurídicas que criem ilícitos e as respectivas sanções retroajam. Tal proibição atinge tanto a lei como os regulamentos, a toda evidência.

Enfim, a única diferença entre as relações de sujeição geral e as de sujeição especial, no tocante ao princípio da legalidade e às sanções administrativas, é que nas primeiras a tipificação deve ser legal, enquanto nas segundas a descrição do ilícito administrativo pode ocorrer através de regulamento. Exige-se, porém, tanto numa como noutra, a tipificação da conduta ilícita (em lei formal ou em regulamento) e a anterioridade (da lei formal ou do regulamento). Nesse sentido a lição de Celso Antônio Bandeira de Mello: "A lei terá de proceder à qualificação necessária a que se aludiu ou, *na hipótese já referida das obrigações administrativas, em que caiba ao regulamento caracterizar, segundo critérios técnicos, as situações censuradas pela lei*, este terá de fazê-lo previamente a qualquer ato administrativo apenador. A razão disso parece ser de translúcida percepção. Deveras, não se conceberia que alguém pudesse ser apenado 'de surpresa', isto é, por comportamentos que não soubesse, com certeza, que lhe estavam vedados e, portanto, sem haver tido a possibilidade de, conscientemente, ajustar-se às exigências do direito e, pois, de evitar a sobrevinda da sanção".[92]

92. *Regulamento e princípio da legalidade*, p. 45 (grifamos).

Conclusão

A incidência do princípio da legalidade sobre o *ius puniendi* exercido pela Administração Pública sofre variação, conforme se trate de uma relação de sujeição geral ou de sujeição especial. Mas sempre será aplicado, pois se trata de princípio constitucional (art. 5º, incisos II e XXXIX e art 37, *caput*), inerente ao Estado de Direito (art. 1º, *caput*).

Nota-se que no campo das relações de sujeição geral, o regime jurídico dos ilícitos e sanções administrativas, no que diz respeito à incidência do princípio da legalidade, é muito semelhante ao que vige no direito penal. É claro, não se confunde com o deste, como já foi explicado detidamente. Tampouco se trata de uma "importação" de princípios penais, pois na relaidade a legalidade e seus corolários na seara do poder punitivo estatal decorrem do Estado de Direito.

Aliás, não deve ser causa de nenhuma perplexidade a semelhança dos efeitos produzidos pelo princípio da legalidade no campo dos ilícitos e sanções administrativas vinculados às relações de sujeição geral com aqueles produzidos no direito penal. Afinal, se não há distinção qualitativa entre ilícito administrativo/sanção administrativa e ilícito penal/sanção penal, mas tão-somente formal, e se o legislador pode optar entre tipificar uma conduta socialmente indesejada como crime ou ilícito administrativo, o regime deve ser muito próximo, sob pena de ser colocada à disposição do legislador uma oportunidade de ludibriar as garantias constitucionais.

Com efeito, se as garantias que decorrem do princípio da legalidade não fossem também válidas no direito administrativo punitivo, o legislador ordinário optaria sempre pela criação de ilícitos administrativos, cujas sanções podem ser tão ou mais graves do que as penais, ao menos do ponto de vista pecuniário. Os ilícitos e sanções administrativas seriam uma via para o ente estatal punir os particulares sem se submeter aos princípios constitucionais decorrentes do Estado de Direito.

Transcreva-se, a própósito, a magistral lição do mestre espanhol Eduardo García de Enterría: "Sería una burla (la burla en que tradicionalmente se ha venido basando, por lo demás, la supuesta 'autonomía' del Derecho administrativo sancionador) pretender que ese ámbito de libertad tan cuidadosamente diseñado por la norma constitucional y que ocupa un lugar central en la posición jurídica del ciudadano, puesto que define su ámbito general de actuación lícita, el que está protegido por ello frente a las actuaciones represivas del Estado, lo que suele llamarse la 'libertad física' de obrar, sería una burla, decimos, que esa libertad central dejase de ser operante frente a la Administración precisamente".[93]

Já no âmbito das relações de especial sujeição a situação é diferente. Em tais casos, é necessário que a Administração Pública tenha maior espaço de liberdade, em benefício do próprio interesse público. Liberdade, saliente-se mais uma vez, que não é absoluta, pois sempre deverá haver uma lei contendo cláusula geral dispondo sobre a matéria a ser detalhada pela Administração Pública.

Referências bibliográficas

ALESSI, Renato. "Responsabilità amministrativa". In: *Novissimo Digesto Italiano.* [s.l.]: Torinese, 1957, v. XV.

_____. *Principi di diritto amministrativo.* t. I, 4ª ed., Milano, Giuffrè, 1978.

ANABITARTE, Alfredo Gallego. "Las relaciones especiales de sujeción y el principio de la legalidad de la Administración". In: *Revista de Administración Pública.* Madrid, Instituto de Estudios Políticos, n. 34, pp 11-51, jan./abr. 1961.

ATALIBA, Geraldo. *Curso de especialização em direito tributário*, VI, São Paulo, Aulas e debates. São Paulo, Resenha Tributária, 1978.

_____. "Poder regulamentar do Executivo". In: *Revista de direito Público.* São Paulo: Ed. RT, ns. 57-58, pp. 184-208, jan./jun. 1981.

_____. *Hipótese de incidência tributária.* 5ª ed., São Paulo, Malheiros Editores, 1995.

_____. *República e Constituição.* 2ª ed. (atualizada por Rosolea Miranda Folgosi), São Paulo, Malheiros Editores, 1998.

BACCELAR FILHO, Romeu Felipe. *Princípios constitucionais do processo administrativo disciplinar.* São Paulo, Max Limonad, 1998.

BANDEIRA DE MELLO, Celso Antônio. "Procedimento tributário". In: *Revista de direito tributário.* São Paulo, Ed. RT, ns. 7-8, pp. 60-70, jan./jun. 1979.

_____. "Regulamento e princípio da legalidade". In: *Revista de Direito Público.* São Paulo, Ed. RT, n. 96, pp. 42-50, out./dez. 1990.

_____. *Curso de direito administrativo.* 12ª ed., São Paulo, Malheiros Editores, 2000.

BANDEIRA DE MELLO, Oswaldo Aranha. *Princípios gerais do direito administrativo.* v. I, Rio de Janeiro, Forense, 1969.

BOBBIO, Norberto. "Sanzione". In: *Novissimo Digesto Italiano.* [s.l.]: Torinese, v. XVI, 1957.

_____. *O positivismo jurídico: lições de filosofia do direito.* Trad. Márcio Pugliesi, Edson Bini, Carlos E. Rodrigues, São Paulo, Ícone, 1995.

_____. *Teoría general del derecho.* 2ª ed., trad. Jorge Guerrero R., Bogotá, Temis, 1999.

BREWER-CARÍAS, Allan R. *Principios del procedimiento administrativo.* Madrid, Civitas, 1990.

CAMMAROSANO, Marcio. "Regulamento". In *Revista de Direito Público.* São Paulo, Ed. RT, ns. 51-52, pp. 126-138, jul./dez. 1979.

CANOTILHO, José Joaquim Gomes. *Direito constitucional.* 3ª ed., Coimbra, Almedina, 1999.

CARVALHO, Paulo de Barros. "O princípio da segurança jurídica". In *Revista da Associação dos Pós-Graduandos da Pontíficia Universidade Católica de São Paulo*, São Paulo, APG, n. 3, pp. 117-135, 1993.

_____. *Teoria da norma tributária.* São Paulo, Max Limonad, 1998.

CHINCHILLA, Carmen. "Potestad sancionadora de la Administración Pública". In GARCIA, Benigno Pendas. *Administraciones Públicas y*

93. *La incidencia de la Constitución sobre la potestad sancionatoria de la Administración: dos importantes sentencias del Tribunal Constitucional.*

ciudadanos. Barcelona, Praxis, pp. 745-793, 1993.

CLÈVE, Clémerson Merlin. *Atividade legislativa do Poder Executivo no Estado contemporâneo e na Constituição de 1988*. São Paulo, Ed. RT, 1993.

CUOCOLO, Fausto. *Istituzioni di diritto pubblico*. 10ª ed., Milano, Giuffrè, 1998.

DEL TESO, Ángeles de Palma. *El principio de culpabilidad en el derecho administrativo sancionador*, Madrid, Tecnos, 1996.

DI PIETRO, Maria Sylvia Zanella. *Direito administrativo*, 6ª ed., São Paulo, Atlas, 1996.

DIAS, Eduardo Rocha. *Sanções administrativas aplicáveis a licitantes e contratados*. São Paulo, Dialética, 1997.

ENTERRÍA, Eduardo García de. "El problema jurídico de las sanciones administrativas". In *Revista Española de Derecho Administrativo*. Madrid, Civitas, n. 10, pp. 399-430, jul./set., 1976.

_____. "La incidencia de la Constitución sobre la potestad sancionatoria de la Administración: dos importantes sentencias del Tribunal Constitucional". In *Revista Española de Derecho Administrativo*. Madrid, Civitas, n. 29, pp. 359-368, abr./jun. 1981.

_____. FERNÁNDES, Tomás-Ramón. *Curso de derecho administrativo*. v. I, 8ª ed., Madrid, Civitas, 1997.

_____; _____. *Curso de derecho administrativo*. v. II, 5ª ed., Madrid, Civitas, 1998.

FERREIRA, Daniel. *Sanções administrativas*. Dissertação de Mestrado. São Paulo, Pontifícia Universidade Católica, 1999.

FIGUEIREDO, Lúcia Valle. "Os princípios constitucionais do processo". In *Revista Trimestral de Direito Público*, São Paulo, Malheiros Editores, n. 2, pp. 256-265, 1993.

_____. "Estado de direito e devido processo legal". In *Revista Trimestral de Direito Público*. São Paulo, Malheiros Editores, n. 15, pp. 35-44, 1996.

_____. *Curso de direito administrativo*. 4ª ed., São Paulo, Malheiros Editores, 2000.

GRAU, Eros Roberto. *O direito posto e o direito pressuposto*. São Paulo, Malheiros Editores, 1996.

JUSTEN FILHO, Marçal. *Comentários à Lei de Licitações e Contratos Administrativos*. 6ª ed., São Paulo, Dialética, 1999.

HART, Herbert L. A. *O conceito de direito*. Trad. A. Ribeiro Mendes, Lisboa, Fundação Calouste Gulbenkian, [s.d].

HESSE, Konrad. *Elementos de direito constitucional da República Federal da Alemanha*. Trad. Luís Afonso Heck, Porto Alegre, Sergio Antonio Fabris, 1998.

KELSEN, Hans. *Teoria pura do direito*. 4ª ed. Trad., João Baptista Machado, Coimbra, Arménio Amado, 1979.

_____. *Teoria geral das normas*. Trad. José Florentino Duarte, Porto Alegre, Sergio Antonio Fabris, 1986.

LAUBADÈRE, André de; VENEZIA, Jean-Claude; GAUDEMET, Yves. *Traité de droit administratif*. t. I, 14ª ed., Paris, Librairie Générale de Droit et de Jurisprudence, 1996.

LOZANO, Blanca. *La extinción de las sanciones administrativas y tributarias*. Madrid, Marcial Pons, 1990.

MACHO, Ricardo García. "Sanciones administrativas y relaciones de especial sujeción". In *Revista Española de Derecho Administrativo*. Madrid, Civitas, n. 72, pp. 515-528, out./dez. 1991.

MALBERG, R. Carré de. *Teoría general del Estado*. Trad. José Lión Depetre, México, Fondo de Cultura Económica, 1948.

MAYER, Otto. *Derecho administrativo alemán*. t. I, Trad. Horacio H. Heredia e Ernesto Krotoschin, Buenos Aires, Depalma, t. I, 1949.

MEIRELLES, Hely Lopes. *Direito administrativo brasileiro*. 21ª ed. (atualizada por Eurico de Andrade Azevedo, Délcio Balestero Aleixo e José Emmanuel Burle Filho), São Paulo, Malheiros Editores, 1996.

MOREIRA, Egon Bockmann. *Processo administrativo: princípios constitucionais e a Lei n. 9.784/99*. Dissertação de mestrado, Curitiba, Universiade Federal do Paraná, 1999.

_____. "Agências Administrativas, Poder Regulamentar e o Sistema Financeiro Nacional". In *Revista de Direito Administrativo*. Rio de Janeiro, Renovar, v. 218, pp. 93-112, out./dez. 1999.

NIETO, Alejandro. *Derecho administrativo sancionador*. 2ª ed., Madrid, Tecnos, 1994.

OLIVARES, Gonzalo Quintero. "La autotutela, los límites al poder sancionador de la Administración Pública y los principios inspiradores del derecho penal". In *Revista de Administración Pública*, Madrid, Rumagraf, n. 126, pp. 253-293, set./dez. 1991.

OLIVEIRA, Régis Fernandes de. *Infrações e sanções administrativas*. São Paulo, Ed. RT, 1985.

PALLIERI, G. Balladore. *Diritto costituzionale*. 3ª ed., Milano, Giuffrè, 1953.

PEPE, Carmine. *Illecito e sanzione amministrativa*. Padova, Cedam, 1990.

RUFFIA, Paolo Biscaretti di. *Diritto costituzionale*. v. I, Napoli, Eugenio Jovene, 1949.

SEABRA FAGUNDES, Miguel. *O controle dos atos administrativos pelo Poder Jucidiário*. 4ª ed., Rio de Janeiro, Forense, 1967.

SILVA, José Afonso da. *Curso de direito constitucional positivo*. 17ª ed., São Paulo, Malheiros Editores, 2000.

SÉRVULO CORREIA, José Manuel. *Legalidade e autonomia contratual nos contratos administrativos*. Coimbra, Almedina, 1987.

SUNDFELD, Carlos Ari. "A defesa nas sanções administrativas". In *Revista Forense*, Rio de Janeiro, Forense, v. 298, pp. 99-106, 1987.

_____. *Direito administrativo ordenador*. São Paulo, Malheiros Editores, 1993.

VELLOSO, Carlos Mário da Silva. "Do poder regulamentar". In *Revista de Direito Público*. São Paulo, Ed. RT, n. 65, pp. 39-50, jan./mar. 1983.

VILANOVA, Lourival. *As estruturas lógicas e o sistema do direito positivo*. São Paulo, Max Limonad, 1997.

VILLEGAS, Héctor B. "El principio de legalidad en el ilícito tributario". In *Revista de Direito Público*. São Paulo, Ed. RT, n. 27, pp. 189-199, jan./mar. 1974.

XAVIER, Alberto. *Curso de especialização em direito tributário*, VI, São Paulo, Aulas e debates. São Paulo, Resenha Tributária, 1978.

PIS E COFINS — INCONSTITUCIONALIDADE EM FACE DA LEI N. 9.718/98

Frana Elizabeth Mendes

Juíza Federal na Seção Judiciária do Rio de Janeiro
– Mestranda em Direito Tributário pela PUC/SP

Introdução

Em 28.11.1998, um sábado, foi publicada no *Diário Oficial da União* a Lei n. 9.718, de 27.11.1998, alterando a Legislação Tributária Federal, cujo Capítulo I obteve a seguinte redação:

"O Presidente da República

"Faço saber que o Congresso Nacional decreta e eu sanciono a seguinte Lei:

"Art. 1º. Esta Lei aplica-se no âmbito da legislação tributária federal, relativamente às contribuições para os Programas de Integração Social e de Formação do Patrimônio do Servidor Público-PIS/PASEP e à Contribuição para o Financiamento da Seguridade Social-COFINS, de que tratam o art. 239 da Constituição e a Lei Complementar n. 70, de 30 de dezembro de 1991, ao Imposto sobre a Renda e ao Imposto sobre Operações de Crédito, Câmbio e Seguro, ou relativos a títulos ou Valores Mobiliários-IOF.

"Capítulo I — Da contribuição para o PIS/PASEP e COFINS

"Art. 2º. As contribuições para o PIS/PASEP e a COFINS, devidas pelas pessoas jurídicas de direito privado, serão calculadas com base no faturamento, observadas a legislação vigente e as alterações introduzidas por esta Lei.

"Art. 3º. O faturamento a que se refere o artigo anterior corresponde à receita bruta da pessoa jurídica.

"*§ 1º Entende-se por receita bruta a totalidade das receitas auferidas pela pessoa jurídica, sendo irrelevantes o tipo de atividade por ela exercida e a classificação contábil adotada para as receitas.*

"§ 2º. Para fins de determinação da base de cálculo das contribuições a que se refere o art. 2º, excluem-se da receita bruta:

"I — As vendas canceladas, os descontos incondicionais concedidos, o Imposto sobre Produtos Industrializados-IPI e o Imposto sobre Operações relativas à Circulação de Mercadorias e sobre Prestações de Serviços de Transporte Interestadual e Intermunicipal e de Comunicação-ICMS, quando cobrado pelo vendedor dos bens ou prestador dos serviços na condição de substituto tributário;

"II — As reversões de provisões operacionais e recuperações de créditos baixados como perda, que não representem ingresso de novas receitas, o resultado positivo da avaliação de investimentos pelo valor do patrimônio líquido e os lucros e dividendos derivados de investimentos avaliados pelo custo de aquisição, que tenham sido computados como receita;

"III — Os valores que, computados como receita, tenham sido transferidos para outra pessoa jurídica, observadas normas regulamentadoras expedidas pelo Poder Executivo;

"IV — A receita decorrente da venda de bens do ativo permanente.

"§ 3º. Nas operações realizadas em mercados futuros, considera-se receita bruta o resultado positivo dos ajustes diários ocorridos no mês.

"§ 4º. Nas operações de câmbio, realizadas por instituição autorizada pelo Banco Central do Brasil, considera-se receita bruta a diferença positiva entre o preço de venda e o preço de compra da moeda estrangeira.

"§ 5º. Na hipótese das pessoas jurídicas referidas no § 1º do art. 22 da Lei n. 8.212, de 24 de julho de 1991, serão admitidas, para os efeitos da COFINS, as mesmas exclusões e deduções facultadas para fins de determinação da base de cálculo da contribuição para o PIS/PASEP.

"Art. 4º. As refinarias de petróleo, relativamente às vendas que fizerem, ficam obrigadas a cobrar e a recolher, na condição de contribuintes substitutos, as contribuições a que se refere o art. 2º, devidas pelos distribuidores e comerciantes varejistas de combustíveis derivados de petróleo, inclusive gás.

"Parágrafo único. Na hipótese deste artigo, a contribuição será calculada sobre o preço de venda da refinaria, multiplicado por quatro.

"Art. 5º. As distribuidoras de álcool para fins carburantes ficam obrigadas a cobrar e a recolher, na condição de contribuintes substitutos, as contribuições referidas no art. 2º, devidas pelos comerciantes varejistas do referido produto, relativamente às vendas que lhes fizerem.

"Parágrafo único. Na hipótese deste artigo, a contribuição será calculada sobre o preço de venda do distribuidor, multiplicado por um inteiro e quatro décimos.

"Art. 6º. As distribuidoras de combustíveis ficam obrigadas ao pagamento das contribuições a que se refere o art. 2º sobre o valor do álcool a que adicionarem à gasolina, como contribuintes e como contribuintes substitutos, relativamente às vendas, para os comerciantes varejistas, do produto misturado.

"Parágrafo único. Na hipótese deste artigo, os valores das contribuições deverão ser calculados, relativamente a parcela devida na condição de:

"I — Contribuinte: tomando por base o valor resultante da aplicação do percentual de mistura, fixado em lei, sobre o valor da venda;

"II — Contribuinte substituto: tomado por base o valor resultante da aplicação do percentual de mistura, fixado em lei, sobre o valor da venda, multiplicado pelo coeficiente de um inteiro e quatro décimos.

"Art. 7º. No caso de construção por empreitada ou de fornecimento a preço predeterminado de bens ou serviços, contratados por pessoa jurídica de direito público, empresa pública, sociedade de economia mista ou suas subsidiárias, o pagamento das contribuições de que trata o art. 2º desta Lei poderá ser diferido, pelo contratado, até a data do recebimento do preço.

"Parágrafo único. A utilização do tratamento tributário previsto no *caput* deste artigo é facultada ao subempreiteiro ou subcontratado, na hipótese de subcontratação parcial ou total da empreitada ou do fornecimento.

"Art. 8º. Fica elevada para três por cento a alíquota da COFINS.

"§ 1º. A pessoa jurídica poderá compensar, com a Contribuição Social sobre o Lucro Líquido-CSSL devida em cada período de apuração trimestral ou anual, até um terço da COFINS efetivamente paga, calculada de conformidade com este artigo.

"*§ 2º. A compensação referida no § 1º:*

"*I — Somente será admitida em relação à COFINS correspondente a mês compreendido no período de apuração da CSSL a ser compensada, limitada ao valor desta;*

"*II — No caso de pessoas jurídicas tributadas pelo regime de lucro real anual, poderá ser efetuada com a CSSL determinada na forma dos arts. 28 a 30 da Lei n. 9.430, de 27 de dezembro de 1996.*

"*§ 3º. Da aplicação do disposto neste artigo, não decorrerá, em nenhuma hipótese, saldo de COFINS ou CSSL a restituir ou a compensar com o devido em períodos de apuração subseqüentes.*

"*§ 4º. A parcela da COFINS compensada na forma deste artigo não será dedutível para fins de determinação do lucro real.*

"(...)

"Art. 17. Esta Lei entra em vigor da data de sua publicação, produzindo efeitos:

"I – Em relação aos arts. 2º e 8º, para os fatos geradores ocorridos a partir de 1º de fevereiro de 1999;

"II – Em relação aos arts. 9º e 12 a 15, a partir de 1º de janeiro de 1999.

"(...)."

A seu turno, o art. 195 da Constituição Federal, com a redação trazida pela Emenda Constitucional n. 20, de dezembro de 1998, passou a vigorar do seguinte modo:

"Art. 195. A seguridade social será financiada por toda a sociedade, de forma direta e indireta, nos termos da lei, mediante recursos provenientes dos orçamentos da União, dos Estados, do Distrito Federal e dos Municípios, e das seguintes contribuições sociais:

"I — Do empregador, da empresa e da entidade a ela equiparada na forma da lei, incidentes sobre:

"a) a folha de salários e demais rendimentos do trabalho pagos ou creditados, a qualquer título, à pessoa física que lhe preste serviço, mesmo sem vínculo empregatício;

"b) *a receita e o faturamento*;

"c) o lucro;

"(...)."

No presente trabalho, busca-se demonstrar a não consonância desta legislação ao sistema constitucional tributário brasileiro, solicitando, desde já, excusas ao leitor, no sentido de que esta pretensão visa apenas suscitar a discussão, jamais dirimi-la ou impor algum tipo de conclusão definitiva a respeito do tema, tendo em vista, até, as limitações desta que vos escreve, se comparada aos eminentes doutrinadores pátrios que, com muito mais acuidade, têm tecido diversas digressões sobre a matéria.

Cinge-se a *vexata quaestio* à verificação da efetiva ocorrência de inconstitucionalidades em relação à Lei n. 9.718/98.

Portanto, vejamos.

Limites constitucionais ao alcance do conceito de faturamento: COFINS. Criação da exação pela LC 70/91. Base de cálculo

Dita o art. 2º, da Lei Complementar n. 70/91:

"Art. 2º. A contribuição de que trata o artigo anterior será de dois por cento e incidirá sobre o *faturamento mensal, assim considerado a receita bruta das vendas de mercadorias e serviços e de serviço de qualquer natureza.*"

A natureza jurídica das contribuições sociais restou assentada pelo Egrégio Supremo Tribunal Federal, quando da apreciação da inconstitucionalidade da Lei n. 7.689/88, pela qual o Excelentíssimo Senhor Ministro Relator Moreira Alves deixou consignado que:

"De fato, a par das três modalidades de tributos (os impostos, as taxas e as contribuições de melhoria) a que se refere o art. 145 para declarar que são competentes para instituí-los a União, os Estados, o Distrito Federal e os Municípios, os arts. 148 e 149 aludem a duas outras modalidades tributárias, para cuja instituição a União é competente, o empréstimo compulsório e as contribuições sociais, inclusive as de intervenção no domínio econômico e de interesse das categorias profissionais ou econômicas.

"Portanto, embora de natureza tributária, as contribuições sociais não se confundem com os impostos, pois possuem natureza jurídica específica e estão submetidas a regras próprias, distintas daqueles. Nessas condições não se lhes aplica o disposto no art. 154, I, da Constituição Federal, que trata da instituição de impostos pela União, no exercício da competência residual.

"Ressalte-se, ademais, estar a base de cálculo da contribuição *sub studio* definida na própria Constituição Federal (art. 195, I) e o art. 195, § 4º, ao determinar a obediência ao art. 154, I, o faz tão-somente em relação a 'outras fontes destinadas a garantir a manutenção ou expansão da seguridade social' e não no tocante às contribuições que ela própria, Constituição, prevê" (RE n. 146.733/09-SP, *DOU* 1.7.1992).

Fixada tal premissa, resta analisar se a Lei Complementar n. 70/91 revestir-se-ia de eventual vício de inconstitucionalidade, quando de sua criação.

Com efeito, o fato de a contribuição em comento ser arrecadada pela Receita Federal não implica desvio de finalidade, vez que, de acordo com o art. 194 da Lei Maior, "a seguridade social compreende um conjunto integrado de ações de iniciativa dos Poderes Públicos e da sociedade, destinadas a assegurar os direitos relativos à saúde, à previdência e à assistência social".

A Lei assegura a destinação da contribuição em tela para a Previdência Social, determinando a integração, no orçamento da Seguridade Social, do produto da arrecadação da contribuição social sobre o faturamento (art. 10 da LC n. 70/91).

Desta forma, não parece razoável compelir uma autarquia federal a manter um serviço específico para arrecadação das exações que lhe são destinadas, se um órgão federal pode fazê-lo com a estrutura administrativa já existente. Outrossim, há meios específicos para apuração e sanção de eventual desvio de finalidade, não se podendo, antecipadamente, prever sua ocorrência.

Também não procede a alegação de identidade de base de cálculo com o PIS, vez que a exação *não é contribuição destinada ao custeio da seguridade social, a teor do art. 195 da CF/88, mas, sim, contribuição social específica, de acordo com o disposto no art. 239 da Lei Maior*, que deve ser interpretada em conjunto com o Título VI, Capítulo I, Seções I e II da Lei Suprema.

O legislador constituinte, ao dispor que a lei poderá instituir outras fontes destinadas a garantir a manutenção ou expansão da seguridade social, obedecido o disposto no art. 154, inc. I c/c art. 195, § 4º, quis prescrever que, mediante lei (ordinária) outras fontes poderão ser criadas, desde que não tenham base de cálculo ou fato gerador idênticos aos das contribuições já criadas, ou melhor, não podem incidir duas contribuições sobre a mesma base de cálculo, mas nada obsta a incidência de um imposto e uma contribuição sobre a mesma base de cálculo e com o mesmo fato gerador, pois a destinação das receitas é diversa, assim como a alíquota e outros dados contidos na norma instituidora.

Veja-se que o art. 154, inc. I, veda a instituição de impostos (dentro da competência residual da União), com o mesmo fato gerador e base de cálculo daqueles já previstos na Constituição. Portanto, ao estabelecer a mesma vedação às contribuições (art. 195, § 4º da CF), quis referir-se o legislador a duas contribuições destinadas à manutenção ou expansão da seguridade social, e não a um imposto e uma contribuição com identidade de base de cálculo e fato gerador, por exemplo. Além disso, não há que se cogitar em dupla incidência quando a base de cálculo vem discriminada na própria Constituição.

Observa-se, por conseguinte, ter sido legítima a exigência veiculada pela Lei Complementar n. 70/91.

PIS. Criação da exação.
Base de cálculo conforme a LC 7/70.

Ditam os arts. 2º e 3º, da Lei Complementar n. 7/70:

"Art. 2º. A contribuição para o PIS/PASEP será apurada mensalmente:

"I — Pelas pessoas jurídicas de direito privada e as que lhes são equiparadas pela legislação do imposto de renda, inclusive as empresas públicas e as sociedades de economia mista e suas subsidiárias, com base no faturamento do mês.

"(...)

"Art. 3º. Para os efeitos do inc. I do artigo anterior considera-se faturamento a receita bruta como definida pela legislação do imposto de renda, proveniente de venda de bens nas operações de conta própria, do preço dos serviços prestados e do resultado auferido nas operações de conta alheia.

"Parágrafo único. Na receita bruta não incluem as vendas de bens e serviços canceladas, os descontos incondicionais concedidos, o Imposto sobre Produtos Industrializados-IPI, e o Imposto sobre Operações Relativas à Circulação de Mercadorias-ICMS, retido pelo vendedor dos bens ou prestador dos serviços na condição de substituto tributário."

Em 7.9.1970, no âmbito da competência residual da União, foi instituído o Programa de Integração Social, através da Lei Complementar n. 7, cujo art. 3º dispôs que o Fundo de Participação do PIS era formado por 2 (duas) parcelas: a primeira, mediante dedução do Imposto de Renda devido, processando-se o seu recolhimento juntamente com o pagamento do Imposto de Renda, e a segunda, com recursos próprios da empresa, calculados com base no faturamento.

De acordo com a sistemática vigente à época, por tratar-se de exação criada no âmbito da competência residual, o PIS poderia ter sido instituído por lei ordinária, de acordo com o disposto nos arts. 18, § 5º e 21, § 1º da CF/67, com a redação da Emenda n. 1/69. Entretanto, optou-se por lei complementar, em virtude do contido no § 2º do art. 62 da Carta Magna, com a redação dada pela EC n. 1/69, que proibia a vinculação da receita de qualquer tributo a fundo, órgão ou despesa, excetuando-se as previsões da própria Constituição e de *leis complementares*.

Restava inconteste que o PIS possuía natureza tributária, visto que sua instituição deu-se no âmbito da competência residual, fato este autorizativo de sua incidência sobre o faturamento das empresas. Como bem lembrado por José Eduardo Soares de Melo (in *Contribuições Sociais no Sistema Tributário*, 2ª ed., 1996, p. 151), "no II Simpósio Nacional de Estudos Tributários, realizado em São Paulo em 1977, com a análise da natureza jurídica da Contribuição ao Fundo PIS-PASEP, firmou-se a conclusão de que tais contribuições são tributos pertencentes à espécie tributária de contribuições especiais, sendo contribuições plenas aquelas incluídas no art. 21, § 2º, item I, da Constituição Federal".

Não obstante demais digressões doutrinárias acerca da específica natureza da exação em comento, se de imposto ou contribuição, fixou-se o posicionamento, inclusive abarcado pela jurisprudência pátria, de que a contribuição para o PIS possuía natureza tributária.

Com o advento da Emenda Constitucional n. 8, de 14.4.1977, foi introduzido mais um inciso ao art. 43 da CF/67, *in verbis*:

"Art. 43. Cabe ao Congresso Nacional, com a sanção do Presidente da República, dispor sobre todas as matérias de competência da União, especialmente: (...)

"X — Contribuições sociais, para custear os encargos previstos nos arts. 165, itens II, V, XII, XVI e XIX, 166, § 4º e 178."

Passou-se a entender que, havendo previsão constitucional no sentido de que a participação dos empregados nos lucros das empresas seria custeada por novas contribuições, não mais subsistia a natureza tributária do PIS. Seu fundamento constitucional não mais se amparava nos arts. 18, § 5º e 21, § 1º da CF/67 c/c EC 1/69, mas sim no novo inc. X do art. 43 da Lei Maior.

Não foi diversa a posição adotada pelo STF, conforme os seguintes arestos:

"PIS. Natureza jurídica. Passível de apreciação o extraordinário pelo enfoque constitucional, quanto à natureza tributária do PIS, tem-se ser ele considerado tributo até o advento da Emenda Constitucional n. 8/77, perdendo tal natureza jurídica a partir de então" (RE 103.089-5-SP, rel. Ministro Aldir Passarinho, *DJU* 15.4.1988, p. 84.000).

"Tributário. PIS e imposto único. Compatibilidade. O PIS não instituiu um imposto, mas uma contribuição, autorizada pelo art. 43, X, da Constituição da República, tendo por finalidade cumprir o art. 165, V, da Constituição da República. Agravo Regimental a que se nega provimento" (*RTJ* 111/1.152).

Novamente trazendo à colação José Eduardo Soares de Melo (in ob. cit., p. 153), "como contribuição social destinada a materializar o princípio constitucional de participação dos empregados nos lucros das empresas, não poderia o PIS incidir sobre o faturamento. Essa incidência somente poderia ser considerada válida enquanto fosse o PIS um imposto residual. (...) Ocorre que, com o advento da Emenda n. 8/77, a única incidência válida do PIS seria sobre o imposto de renda que, na realidade, é parte do lucro. Portanto, a Lei Complementar n. 7/70 teve sua eficácia parcialmente paralisada, porque não foi recebida no que tange à incidência do PIS como contribuição social sobre o faturamento".

Na tentativa de solucionar tal controvérsia, foram editados os Decretos-leis 2.445, de 29.6.1988 e 2.449, de 21.7.1988, através dos quais, a partir dos fatos ocorridos após 1.7.1988, as empresas ficariam obrigadas a contribuir mensalmente para o Programa de Integração Social *sobre a receita bruta operacional*, ou seja, o faturamento (resultado da venda das mercadorias ou produtos, bem como da prestação de serviços que constituam objeto da empresa) acrescido das receitas financeiras (as receitas advindas de atividades não operacionais da empresa), além das variações monetárias.

Ocorre que tais decretos eram formalmente inconstitucionais, na medida em que não se adequavam ao disposto no art. 55, II da CF/69. Com efeito, a atribuição da função legislativa ao Presidente da República era condicionada a que ocorressem casos de urgência ou interesse público relevante, não houvesse aumento de despesa e a matéria fosse concernente a finanças públicas, inclusive de normas tributárias.

Não há que se cogitar que o PIS integra as finanças públicas, posto que seus recursos são destinados a um Fundo Especial dos Trabalhadores, não integrando, portanto, a receita da União. O fato de a gestão de tal fundo ser atribuída ao Estado não tem o condão de retirar a destinação específica desta massa de recursos que, como já salientado, comporá o patrimônio dos trabalhadores. E na medida em que tal exação também perdeu sua natureza tributária, sua eventual alteração jamais poderia ter-se operado por Decreto-lei, mas somente através de lei ordinária.

O STF dirimiu a questão, quando do julgamento do RE 148.754.2-RJ, Pleno, rel. para o acórdão Min. Francisco Rezek, onde consignou-se que:

"Constitucional. Art. 55, II da Carta Anterior. Contribuição para o PIS. Decretos-leis 2.445 e 2.449, de 1988. Inconstitucionalidade.

"I — Contribuição para o PIS: sua estraneidade ao domínio dos tributos e mesmo àquele, mais largo, das finanças públicas. Entendimento, pelo Supremo Tribunal Federal, da EC n. 8/77 (*RTJ* 120/1.190).

"II — Trato por meio de decreto-lei: impossibilidade ante a reserva qualificada das matérias que autorizavam a utilização desse instrumento normativo (art. 55 da Constituição de 1969). Inconstitucionalidade dos Decretos-leis 2.445 e 2.449, de 1988, que pretenderam alterar a sistemática da contribuição para o PIS" (RE 148.754-2-RJ, Pleno, rel. para o acórdão Min. Francisco Rezek, sessão de 24.6.1993, *DJU* 4.3.1994).

Vê-se, portanto, que tais decretos-leis foram editados com desrespeito à sistemática então vigente, sendo, portanto, inconstitucionais.

À luz da nova Constituição, fixou-se o posicionamento no sentido de que o PIS é *contribuição com plena natureza tributária*, tendo sido a LC n. 7/70, expressamente referida no art. 239 da CF/88, recepcionada pelo ordenamento atual. Inclusive o Supremo Tribunal Federal já apreciou a questão, como se depreende do seguinte aresto:

"PIS — LC n. 7/70; recepção, sem solução de continuidade, pelo art. 239 da Constituição. Dispondo o art. 239-CF sobre o destino da arrecadação da contribuição para o PIS, a partir da data mesma da promulgação da Lei Fundamental em que se insere, é evidente que se trata de norma de eficácia plena e imediata, mediante a recepção de legislação anterior; o que, no mesmo art. 239, se condicionou à disciplina da lei futura não foi a continuidade da cobrança da exação, mas, apenas, como explícito na parte final do dispositivo, os termos em que a sua arrecadação seria utilizada no financiamento do programa de seguro-desemprego e do abono instituído por seu art. 3º" (RE 169.091-7-RJ, rel. Min. Sepúlveda Pertence, Pleno, sessão de 7.6.1995, *DJU* 4.8.1995, pp. 22.522-22.523).

Entendo, conforme já salientado, que o PIS não é contribuição destinada ao custeio da seguridade social, a teor do art. 195 da CF/88, mas sim contribuição social específica, de acordo com o disposto no art. 239, que deve ser interpretada em conjunto com o Título VI, Capítulo I, Seções I e II da Lei Suprema.

Portanto, é constitucional a exigência devida ao PIS, conforme dispõe a Lei Complementar n. 7/70, c/c a LC n. 17/73.

Conceito de faturamento

Como cediço, quando do julgamento da Ação Direta de Constitucionalidade n. 1, em dezembro de 1993, que teve o condão de produzir eficácia contra todos e efeito vinculante, relativamente aos demais órgãos do Poder Judiciário e ao Poder Executivo, conforme dispõe o § 2º, do art. 102, da Lei Magna, o Ministro Moreira Alves reconheceu à exação em tela (COFINS) o caráter tributário, dispensando-lhe, portanto, tratamento constitucional específico.

Dissecando os já transcritos arts. 2º, da LC n. 70/91 e 3º, da LC n. 7/70, tem-se que a hipótese de incidência dos tributos é vender mercadorias ou prestar serviços de qualquer natureza. Suas bases de cálculo, portanto, são o faturamento, e este, conforme o próprio Supremo Tribunal Federal já teve a oportunidade de elucidar, quando apreciou o RE 150.755, é a receita bruta. O então relator, Ministro Sepúlveda Pertence, assim se pronunciou: "convenci-me de que a substancial distinção pretendida entre receita bruta e faturamento não encontra respaldo atual no quadro do direito positivo pertinente à espécie (...) é na legislação deste (referindo-se ao FINSOCIAL) e não alhures, que se há de buscar a definição específica da respectiva base de cálculo, na qual receita bruta e faturamento se identificam".

Discorrendo sobre o tema, o saudoso jurista Geraldo Ataliba (in "COFINS e empresa de construção imobiliária", parecer publicado na *RDA* 201/95, pp. 344-360) ditou que "(...) a receita bruta, no caso, surge da soma dos preços de todas as vendas do período. Cada venda (de mercadoria ou serviço) tem seu preço e a soma de todos dá a receita bruta (= faturamento).

"Como base de cálculo é a perspectiva dimensível do aspecto material da hipótese de incidência, resulta claro que a COFINS onera as vendas, apuradas mensalmente. Não toda venda, porém, mas *somente as de mercadorias e serviços*.

"Onerar receita bruta de vendas é onerar o preço das vendas. A soma dos preços é o faturamento. Logo, a COFINS colhe as vendas e, claramente, assim, incide sobre operações (negócios) de venda de serviços e mercadorias. (...) Pelo princípio da legalidade (tipicidade) só os fatos previstos são colhidos pela lei tributária. A lei foi clara e incisiva, circunscrevendo a hipótese de incidência só às vendas de mercadorias e serviços e deixando as vendas de imóveis de fora (...)."

Outro ponto de crucial importância à elucidação do caso concreto é aquele pertinente ao rigor técnico na interpretação de normas tributárias, não só na esfera constitucional, como, também, no âmbito infraconstitucional.

Deve ser fixada a premissa no sentido da efetiva interpretação conforme a Constituição, ressaltando que é necessário buscar-se o real sentido da lei, ou seja, a *mens legis* e não a mera vontade do legislador (*mens legislatoris*). Deve-se partir da interpretação gramatical, mas ir além desta. É função do jurista, do aplicador da lei e do intérprete da lei investigar a *ratio legis*, ou seja, não a lei considerada em si mesma, inexistente como regra jurídica, mas sim aquela *resultante lógica de um complexo de ações e reações que se processam no sistema jurídico onde foi promulgada. A lei age sobre as demais leis do sistema, estas, por sua vez, reagem; a resultante lógica é a verdadeira regra jurídica da lei que provocou o impacto inicial* (in *Teoria Geral do Direito Tributário*, Alfredo Augusto Becker, 2ª ed., São Paulo, Saraiva, 1972, pp. 183-184).

No mesmo sentido, trago à colação os ensinamentos do professor da Universidade de Freiburg, Konrad Hesse (in *Die normative Kraft der Verfassung*, *A força normativa da Constituição*, trad. de Gilmar Ferreira Mendes, 1991, Sérgio Fabris Editores, pp. 15, 19, 24 e 25), ao mencionar que: "(...) A Constituição não configura, portanto, apenas expressão de um ser, mas também de um dever ser; ela significa mais do que o simples reflexo das condições fáticas de sua vigência, particularmente as forças sociais e políticas. Graças à pretensão de eficácia, a Constituição procura imprimir ordem e conformação à realidade política e social (...) Embora a Constituição não possa, por si só, realizar nada, ela pode impor tarefas. A Constituição transforma-se em força ativa se essas tarefas forem efetivamente realizadas, se existir a disposição de orientar a própria conduta segundo a ordem nela estabelecida, se, a despeito de todos os questionamentos e reservas provenientes dos juízos de conveniência, se puder identificar a vontade de concretizar essa ordem. Concluindo, pode-se afirmar que a Constituição converter-se-á em força ativa se se fizerem presentes, na consciência geral — particularmente, na consciência dos principais responsáveis pela ordem constitucional —, não só a vontade de poder (*Wille zur Macht*), mas também a vontade de Constituição (*Wille zur Verfassung*) (...)".

Mais adiante o conceituado autor dita: "(...) A Constituição jurídica logra conferir forma e modificação à realidade. Ela logra despertar 'a força que reside na natureza das coisas', tornando-a ativa. Ela própria converte-se em força ativa que influi e determina a realidade política e social. Essa força impõe-se de forma tanto mais efetiva quanto mais ampla for a convicção sobre a inviolabilidade da Constituição, quanto mais forte mostrar-se essa convicção entre os principais responsáveis pela vida constitucional. Portanto, a intensidade da força normativa da Constituição apresenta-se, em primeiro plano, como uma questão de vontade normativa, de vontade de Constituição (*Wille zur Verfassung*).

"A Constituição não está desvinculada da realidade histórica concreta do seu tempo. Todavia, ela não está condicionada, simplesmente, por essa realidade. Em caso de eventual conflito, a Constituição não deve ser considerada, necessariamente, a parte mais fraca. Ao contrário, existem pressupostos realizáveis (*realizierbare Voraussetzungen*) que, mesmo em caso de confronto, permitem assegurar a força normativa da Constituição (...)".

Trazendo novamente à colação o eminente Geraldo Ataliba (in ob. cit.), temos que: "Recentemente, o STF apreciou o RE 166.772-9-RS, onde julgou contribuição, decidindo que a locução 'folha de salários' há de ser entendida em termos técnico-jurídicos, tal como o direito vem qualificando 'salários', sem alargamentos que ampliem a compreensão do termo. Com isso, repeliu todo processo analógico. O relator (Min. Marco Aurélio) foi categórico:

"'Tenha-se presente agora a base de incidência da contribuição devida pelos empregadores, no que interessa ao desfecho da controvérsia. O inc. I do art. 195 cuida não de remuneração, não de folha de pagamentos, mas de folha de salários. Creio que ninguém ousa caminhar no sentido da aplicação do que se contém, sob o ângulo do salário, a consubstanciar garantia, no art. 7º da Constituição Federal, a administradores e autônomos.'

"E faz afirmações de princípio de notável alcance hermenêutico, ditando orientação para os intérpretes da Constituição:

"'Compreendo as grandes dificuldades de caixa que decorrem do sistema de seguridade social pátrio. *Contudo, estas não podem ser potencializadas, a ponto de colocar-se em plano secundário a segurança, que é o objetivo maior de uma Lei Básica*, especialmente no embate cidadão-Estado, quando as forças em jogo exsurgem em descompasso.'

"E faz oportuna citação reproduzindo advertência de Carlos Maximiliano:

"'Cumpre evitar não só o demasiado apego à letra dos dispositivos, como também o excesso contrário, o de forçar a exegese e deste modo encaixar na regra escrita, graças à fantasia do hermeneuta, as teses pelas quais se apaixonou, de sorte que vislumbra no texto idéias apenas existentes no próprio cérebro, ou no sentir individual, desvairado por ojerizas e pendores, entusiasmo e preconceitos (*Hermenêutica e aplicação do Direito*, 2ª ed., Porto Alegre, Ed. Globo, 1993, p. 118).'

"Para arrematar:

"'E realmente assim o é. Conforme frisado por Celso Antônio Bandeira de Mello, não cabe, no exercício da arte de interpretar, 'inserir na regra de direito o próprio juízo — por mais sensato que seja — sobre a finalidade que *conviria* fosse por ela perseguida' — parecer inédito.'

"Repele assim toda analogia e repudia a interpretação ampliativa que o fisco pretendia dispensar à Constituição. Sua tese foi vencedora.

"A leitura atenta dos votos leva o intérprete a verificar que:

"a) O STF dá tratamento constitucional-tributário a essa (como às demais) contribuição;

"b) repele o emprego de analogia;

"c) não admite interpretação 'econômica';

"d) preocupa-se com dar eficácia ao princípio constitucional da legalidade estrita em matéria tributária; e

"e) põe a segurança jurídica como princípio básico a ser resguardado ciosamente (...)."

É inconteste, portanto, que normas tributárias devem ser obrigatoriamente interpretadas não só em consonância com o título VI, da Carta Magna, mas também, de acordo com os títulos I e II da Lei Maior, a fim de se respeitar princípios basilares de um Estado Democrático de Direito, como é o caso da República Federativa do Brasil, corroborado pela certeza do direito e segurança jurídica.

Objetiva-se, com tais digressões, ressaltar a imperiosidade de adoção do princípio da não-surpresa em matéria tributária, já previsto na ordenação anterior, além de evidenciar que o exercício do poder tributário, pelo Estado, submete-se, *in totum*, aos modelos jurídicos positivados no texto constitucional que institui, em favor dos contribuintes, limitações à competência estatal para impor e exigir as diversas espécies tributárias.

Para tanto, a Carta Magna criou um verdadeiro *estatuto do contribuinte*, que contempla um complexo de direitos concernentes aos limites intransponíveis pelos Poderes do Estado.

No escólio de Roque Antonio Carrazza (in *Curso de Direito Constitucional Tributário*, 4ª ed., São Paulo, Malheiros Editores, 1993, pp. 235-236), tem-se que o *estatuto do contribuinte*, "como vimos, impõe limitações aos Poderes Públicos, inibindo-os de desrespeitarem os direitos subjetivos das pessoas que devem pagar tributos. Inexistisse, e o legislador poderia, por meio de uma tributação atrabiliária, até espoliar as pessoas. A Fazenda Pública, à míngua deste estatuto, não poderia ser impedida de fazer o mesmo. (...) O 'estatuto do contribuinte' exige que a tributação, livre de qualquer arbitrariedade, realize a idéia de Estado-de-Direito. Às várias possibilidades de atuação da Fazenda Pública hão de corresponder a garantia dos direitos de cada contribuinte. Quanto mais gravosa a intervenção tributária, tanto mais cuidadosamente deverá ser protegida a esfera de interesses dos indivíduos.

"Heinz Paulick, ao depois de destacar que a administração financeira, como a administração pública em geral, tende à realização da idéia de Estado-de-Direito, acrescenta: 'O moderno Direito Tributário já não conhece o súdito, que era um mero objeto da tributação. A atual administração financeira relaciona-se com o cidadão livre e emancipado, que possui, em virtude da Constituição, uma esfera jurídica própria, que exige ser respeitada, inclusive em todas as questões relativas à tributação'.

"Portanto, a tributação deve desenvolver-se dentro dos limites que a Carta Suprema traçou (fulminando o poder Tributário absoluto do Estado). Este objetivo é alcançado, basicamente, respeitando-se os direitos fundamentais do contribuinte e aquela faixa de liberdade das pessoas, onde a tributação não pode se desenvolver. É nesse sentido que Albert Hensel dizia que 'o Direito Tributário é um direito intervencionista submetido à ordenação do Estado-de-Direito'.

"Em suma, o legislador ordinário da União, de cada Estado, de cada Município e do Distrito Federal encontra, na Carta Constitucional, perfeitamente delimitada, sua área de tributação."

Diante destas considerações, vejo que os princípios relativos à matéria tributária devem ser vistos e interpretados como garantia constitucional instituída em favor dos contribuintes, que são os sujeitos passivos da atividade estatal no campo da tributação.

Retornando à definição de *faturamento*, também é mister frisar-se que este é expressivo de atividade comercial, representativo de operações mercantis; só existe faturamento, se houver mercadoria ou serviços.

Não é diverso o entendimento de Sacha Calmon Navarro Coelho (in "COFINS nas operações com imóveis e empresas construtoras", *RT* 13/136-139, out./dez. 1995, Caderno de Direito Tributário e Finanças Públicas) ao asseverar que "estando os imóveis excluídos do conceito de mercadoria, não pode o intérprete estender o conceito de faturamento estatuído no art. 2º, da Lei Complementar n. 70/91, para alcançar as empresas que praticam a venda de imóveis.

"O conceito fornecido pelo direito privado à expressão mercadoria foi incorporado pela Constituição ao colocá-la como componente da hipótese de incidência do ICMS e é sabido que sobre a venda de imóveis não há a incidência do ICMS. O malsinado art. 2º, para abranger a receita proveniente da venda de imóveis, poderia utilizar, *v.g.*, a expressão 'bens em geral' em substituição a mercadoria.

"(...)

"O art. 2º da Lei Complementar n. 70/91 ao definir o faturamento excluiu da hipótese de incidência da Cofins as receitas provenientes da venda de imóveis, sendo irrelevante o fato de a empresa que vende imóveis seja comercial ou não e a freqüência dessas vendas. Seria fácil fazer alcançar as receitas com vendas de imóvel pela Cofins: basta mudar a lei. O que não se admite é em nome, por exemplo, do princípio da isonomia, dar aos conceitos jurídicos, por meio de interpretação, conteúdos que não lhe são próprios."

Corroborando tal posicionamento, transcrevo, *data maxima venia*, as considerações de Geraldo Ataliba (in ob. cit.) acerca do princípio da tipicidade como desdobramento da legalidade, aplicável ao caso em concreto, quando discorre que "é universalmente reconhecido como princípio informador do direito tributário o da tipicidade. No Brasil, ele é constitucionalmente consagrado, enfatizado pela doutrina e sumamente prestigiado pela jurisprudência, principalmente do STF.

"O melhor expositor do tema, entre nós, é Alberto Xavier, que sublinha '(...) *em matéria de limitações à liberdade, a reserva de lei do Direito brasileiro é mais apertada do que a que vigora em muitos outros ordenamentos*' (...) 'na verdade, o princípio da legalidade no Direito Tributário surge configurado como uma reserva absoluta de lei formal — vê-lo-emos adiante com mais detença — enquanto no Direito Administrativo a reserva — também de lei formal — é apenas uma *reserva relativa*' (...).

"Deveras, a legalidade geral (art. 5º, II) não é meramente aplicada à tributação, pelo preceito do art. 150, I. É estreitado e levado ao extremo, em suas exigências. A melhor doutrina fixa-lhe o conteúdo:

"'Exigências ligadas aos princípios éticos da certeza e segurança do direito, como vimos de ver, passaram a requerer que o fato gerador e o dever tributário passassem a ser rigorosamente previstos e descritos pelo legislador, daí a necessidade de tipificar a relação jurídica tributária. Por isso, em segundo lugar, é preciso observar que a tipicidade não é só do fato jurígeno-tributário como também do dever jurídico decorrente (sujeitos ativos e passivos, bases de cálculo, alíquotas, fatores outros de quantificação, *quantum debeatur* — como, onde, quando pagar o tributo)' (Sacha Calmon Navarro Coelho, *Comentários à Constituição de 1988, Sistema Tributário*, Forense, 1990, p. 285).

"Nenhum indicador normativo pode ser inferido pelo intérprete, nem 'suprido' pela administração:

"'(...) todos os elementos essenciais do tributo devem ser erigidos abstratamente pela lei, para que se considerem cumpridas as exigências do princípio da legalidade. Convém lembrar que são 'elementos essenciais' do tributo os que, de algum modo, influem no *an* e no *quantum* da obrigação tributária" (Sacha, p. 158).

"Carrazza insiste:

"'O princípio em estudo possui um alcance mais preciso e rigoroso, porquanto determina que todos os elementos essenciais da norma jurídica tributária sejam definidos, com grande precisão, na lei da pessoa política competente'.

"Barros Carvalho é incisivo:

"'Diríamos, em linguagem técnica, que criar um tributo corresponde a enunciar os critérios da hipótese — material, espacial e temporal — sobre os critérios da conseqüência — subjetivo (sujeitos ativo e passivo da relação) e quantitativo (base de cálculo e alíquota) (...).'

"Esse autorizado expositor mostra que o que se convencionou designar por tipicidade é decorrência da estrita legalidade tributária, constitucionalmente postulada:

"'(...) estabelecendo a necessidade de que a lei adventícia traga no seu bojo os elementos descritores de fato jurídico e os dados prescritores da relação obrigacional. Este *plus* caracteriza a tipicidade tributária, que alguns autores formam como outro postulado imprescindível ao subsistema de que nos ocupamos, mas que podem perfeitamente ser tido como uma decorrência imediata do princípio da estrita legalidade.'

"Xavier revela-lhe a essência:

"'(...) optou-se neste ramo do Direito por uma formação mais restritiva do princípio da legalidade, convertendo-o numa reserva absoluta de lei, no sentido de que a lei, mesmo em sentido material, deve conter não só o fundamento da conduta da Administração, mas também o próprio critério da decisão no caso concreto.'

"E explica seu significado:

"'Se o princípio da reserva de lei formal contém em si a exigência da *lex scripta*, o princípio da reserva absoluta coloca-nos perante a necessidade de uma *lex stricta*: a lei deve conter em si mesma todos os elementos da decisão no caso concreto, de tal modo que não apenas o fim, mas também o conteúdo daquela decisão sejam por ela diretamente fornecidos.'

"Esse brilhante mestre luso-brasileiro não esconde sua aversão à qualificação, entre nós tradicional, da 'legalidade estrita'. Mesmo assim, adere à sólida corrente aqui formada graças às lições de Baleeiro, Gomes de Sousa e Ulhôa Canto; escreve:

"'A decisão do caso concreto obtém-se, assim, por mera dedução da própria lei, limitando-se o órgão de aplicação a subsumir o fato na norma, independentemente de qualquer livre valoração pessoal.

"'É a esta característica que aludem, entre nós, alguns autores, ao referirem-se — embora com evidente impropriedade terminológica — a um princípio da estrita legalidade.'

"Melhor se obtém o sentido e alcance do princípio, se se considera a fecunda teleologia que o inspira...

"(...)

"No melhor estudo sobre a tipicidade do direito penal e do direito tributário, no Brasil, Misabel Derzi escreveu:

"'Em contrapartida, a segurança jurídica, a uniformidade e a praticabilidade na aplicação da norma são alcançadas de modo mais satisfatório por meio de conceitos determinados, cujas notas irrenunciáveis fecham-nos rigidamente, em estruturas que almejam a estabilidade das relações jurídicas (...) não se há de negar o esforço hercúleo desenvolvido pela Ciência do Direito Tributário no objetivo de alcançar não só precisão conceitual e rigor lógico como também e, sobretudo, de realizar os inafastáveis princípios-valores consagrados nesse ramo jurídico.'

"'A previsão de novas situações tributáveis, para além das encerradas no catálogo legal, quer fundadas na analogia, quer com base na livre valoração dos órgãos de aplicação do direito são, desta sorte, estritamente proibidas numa tipologia taxativa, como a tributária (Alberto Xavier).'

"É o autorizado Xavier que expõe a melhor doutrina, entre nós absolutamente acatada, sem discrepância entre os juristas:

"'A tipicidade do Direito Tributário é, pois, segundo certa terminologia, uma tipicidade fechada: contém em si todos os elementos para a valoração dos fatos e produção dos efeitos, sem carecer de qualquer recurso a elementos a ela estranhos e sem tolerar qualquer valoração que se substitua ou acresça à contida no tipo legal. *Nullum tributum sine lege* é brocardo que igualmente exprime o imperativo de que todos os elementos necessários à tributação do caso concreto se contenham e apenas se contenham na lei.'

"Deverás, porque 'O princípio da determinação converte, (...) o tipo tributário num tipo rigorosamente fechado', não pode o juiz 'abri-lo', para incluir fato não previsto. Vender mercadoria ou serviço não é vender imóvel. Logo, este último fato não está compreendido no tipo fechado.

"'Eis o que a segurança jurídica exige no domínio tributário: pois não ficaria seriamente abalada a regra *nullum tributum sine lege*, se na aplicação do Direito Tributário se pudesse recorrer a elementos ou critérios de valoração e decisão que não estivessem já contidos na própria lei?'

"(...) Ora, do universo de atividades empresariais, contemplado com largueza pela Constituição, a que correspondem hipóteses de incidência tributária variadas e amplas, a lei complementar 70/91 fixou-se em duas (vendas de mercadorias e de serviços). E o faz de modo claro, decidido, incisivo e inequívoco, o que se confirma pela leitura das alíneas do parágrafo único do seu art. 2º (...)."

Dessume-se, tanto pela sistemática constitucional tributária da República Federativa do Brasil, como pelo correto direcionamento outorgado à matéria pelo Egrégio Supremo Tribunal Federal, que o conceito de faturamento abrange, tão-somente, a receita advinda sobre operações (negócios) de venda de serviços e mercadorias, e não qualquer receita, como intenta a Lei n. 9.718/98 pretensamente amparada na Emenda Constitucional n. 20/98 que, como se verá, também está sujeita a determinadas limitações.

Ofensa ao cânone da irretroatividade

Se a alteração do conceito de faturamento constitucionalmente albergado não bastasse para macular a cobrança da exação, observa-se, ainda, ofensa ao cânone da irretroatividade, estampado no art. 150, III, *a* da CF, seja pelo disposto no art. 17 da Lei n. 9.718/98, seja pela Emenda Constitucional n. 20/98. Aquela não poderia estar nesta embasada, na medida em que promulgada em data posterior. A EC, embora decorrente do Poder Constituinte Derivado, também está submetida aos ditames do Sistema Constitucional Tributário, sob pena de ofensa ao disposto no art. 60, § 4º, da Lei Maior.

Como cediço, a emenda constitucional é oriunda do chamado Poder Constituinte Derivado, decorrente de uma regra jurídica de autenticidade constitucional. Cabe dizer, portanto, que está submetida a limitações constitucionais expressas e implícitas, sendo passível, inclusive, de controle de constitucionalidade. É um Poder derivado, subordinado e condicionado.

Na lição de Alexandre de Moraes (in *Direito Constitucional*, 2ª ed., São Paulo, Atlas, 1997, p. 47), "é derivado porque retira força do Poder Constituinte originário; subordinado porque se encontra limitado pelas normas expressas e implícitas do texto constitucional, às quais não poderá contrariar, sob pena de inconstitucionalidade; e, por fim, condicionado porque seu exercício deve seguir as regras previamente estabelecidas no texto da Constituição Federal".

Ressalte-se, ademais, que nossa ordenação não abarca a tese defendida por Otto Bachof (in *Verfassungswidrige Verfassungsnormen?*, Tübingen, Verlag J. C. B. Mohr, Paul Siebeck, 1951; *Normas Constitucionais Inconstitucionais?*, trad. José Manuel M. Cardoso da Costa, Livraria Almedina, 1994), acerca da possibilidade de normas insertas na Lei Maior, que sejam inconstitucionais. A Constituição só pode possuir corpo de normas que estejam de acordo com todo o sistema.

No escólio de Roque Antonio Carrazza (in *Curso de Direito Constitucional Tributário*, 4ª ed., São Paulo, Malheiros Editores, 1993, pp. 192-195) tem-se que: "(...) em síntese, a lei deve ser anterior ao fato imponível e não o fato imponível anterior à lei.

"Lei retroativa, é oportuno assertoar, é aquela que rege fato ocorrido antes de sua vigência.

"A regra geral, pois, é no sentido de que as leis tributárias, como de resto, todas as leis, devem sempre dispor para o futuro. Não lhes é dado abarcar o passado, ou seja, alcançar acontecimentos pretéritos. Tal garantia confere estabilidade e segurança às relações jurídicas entre Fisco e contribuinte.

"A lei tributária, pois, deve ser irretroativa. Em se tratando de lei que cria ou aumenta tributo, esta regra é absoluta, isto é, não admite exceções.

"É certo que, por razões ideológicas que nosso Direito encampou, aceita-se que algumas leis tributárias retroajam, *desde que elas assim o estipulem*. São as que, de alguma forma, beneficiam o contribuinte (*lex mitior*), como as que lhe concedem uma isenção, um prazo mais lato para o recolhimento do tributo etc. (...)

"Temos por indisputável, pois, que é, por todos os títulos, inconstitucional a lei tributária *ex post facto* (Araújo Castro). Outra inteligência justificaria a instalação do império da incerteza, nas relações entre o Fisco e o contribuinte, o que contrariaria o regime de direito público e o próprio princípio republicano.

"Demais disso, a ação do Fisco deve ser *previsível*. Em nome desta previsibilidade, a lei que cria ou aumenta um tributo não pode alcançar fatos ocorridos em época anterior à de sua entrada em vigor. Sem este penhor de confiança, toda a vida jurídica do contribuinte perigaria."

Tem-se, portanto, que a Emenda Constitucional n. 20/98 buscou ratificar uma situação passada, trazida pela Lei n. 9.718/98, que, por sua vez, apresentava-se em desconformidade aos ditames constitucionais.

Instituição da exação por medida provisória

Diante de tantas máculas, mais uma sobrevêm, ou seja, a instituição da exação mediante a Medida Provisória n. 1.724/98, instrumento inapto a veicular matéria de ordem tributária.

Medida provisória *não pode dispor sobre qualquer matéria tributária*, sob pena de afronta ao princípio da tripartição das funções do poder, verdadeiro cânone do Princípio Republicano.

Apesar de já ter o Egrégio Supremo Tribunal Federal, por ocasião do julgamento do Recurso Extraordinário n. 146.733-SP, se manifestado no sentido da possibilidade de criação ou majoração de tributos mediante medida provisória, desde que convertida em lei na forma e prazo previstos no art. 62 da CF/88, ouso, com a devida vênia, discordar de tal posicionamento.

Como cediço, de acordo com a ordenação constitucional vigente, os tributos, de modo geral, somente podem ser criados ou alterados mediante lei complementar (nas hipóteses dos arts. 148 e 154, I da CF), lei ordinária; decreto-legislativo que ratifica tratado internacional, a teor do art. 49, inc. I da Lei Maior ou, ainda, decreto-legislativo que ratifica convênio sobre ICMS celebrado entre os Estados, além das exceções previstas na própria Carta Magna acerca da alteração de alíquotas referentes a tributos determinados.

Demais instrumentos infralegais são precários e inaptos à modificação da ordem jurídica tributária.

Vivemos um período em que, infelizmente, o "Estado Democrático de Direito" cinge-se a uma expressão estampada no art. 1º da Lei Maior. A instabilidade impera, através de uma legislação, se é que assim pode ser chamada, cuja base repousa nas indigitadas medidas provisórias.

Está mais do que na hora de findar tal situação. Medidas Provisórias somente podem ser adotadas em casos de *relevância* e *urgência*, devendo ser, expressamente, *convertidas em lei, no prazo de 30 dias*.

Corroborando tais assertivas, trago à baila as lições de Sidney Souza Cruz (in *Revista de Direito Tributário* 54/23-24, São Paulo, Ed. RT, ano 14, out./dez. 1990), *in verbis*:

"1. O art. 5º, II, da CF consagra o Princípio da Legalidade quando preceitua: 'Ninguém está obrigado a fazer ou deixar de fazer alguma coisa senão em virtude de lei'.

"2. No art. 150 da Carta Magna, constata-se o Princípio da Legalidade quando diz: 'É vedado exigir ou aumentar tributo sem lei que o estabeleça'.

"3. Geraldo Ataliba asseverou: 'Os princípios são a chave e essência de todo o direito. Não há direito sem princípios'.

"4. Os princípios constitucionais garantem o direito e asseguram a liberdade.

"5. O Princípio da Legalidade tributária encontra-se incorporado ao Código Tributário Nacional.

"6. Somente a lei pode instituir tributo, bem como cabe a ela majorá-lo.

"7. A política econômica necessita do Princípio da Legalidade tributária. Este é necessário, principalmente, às empresas, em face de permitir a previsão de encargos tributários.

"8. O Texto Constitucional da medida provisória é obscuro, dando origem a substancial indagação na área jurídica.

"9. O legislador não limitou o alcance da medida provisória. Contudo, é veículo inadequado a questões tributárias, pois fere os princípios da norma tributária constitucional.

"10. As expressões 'relevância' e 'urgência' contidas no texto que trata da medida provisória, não são apropriadas aos preceitos constitucionais tributários.

"11. Para os casos emergenciais tributários, a Constituição já prevê disposições peculiares. Prevê os casos urgentes.

"12. A lei, na criação de tributos, é norma geral, pois passa por um processo legislativo, passando a ter existência e eficácia.

"13. À luz do art. 62 da Carta Magna, a medida provisória é precária e instável. Não é lei.

"14. A lei tributária tem sua aplicabilidade adiada, em face do princípio da 'Anterioridade' que dá segurança jurídica ao contribuinte.

"15. A medida provisória tem eficácia e aplicação antecipada, gerando inteira insegurança. É contraditória aos princípios tributários.

"16. A matéria fiscal sempre deverá ser tratada por lei.

"17. A imposição fiscal, via medida provisória, é inconstitucional.

"18. A lei é preponderante na área tributária, sendo sua importância demonstrada no art. 146 da Constituição, que trata da lei complementar.

"19. A lei é que dispõe sobre conflito de competência tributária.

"20. A medida provisória é instrumento inadequado para criar ou majorar tributos. Não é o meio formal (...)."

Não é outro o entendimento de Paulo de Barros Carvalho, ao asseverar que: "(...) Meditemos, por derradeiro, acerca do emprego de medidas provisórias no plano do direito tributário. A União poderá utilizá-las para criar tributo, estabelecer faixas adicionais de incidência em gravames já existentes ou, ainda, majorá-los? Cremos que não. E dois motivos suportam este entendimento: um, pela incompatibilidade da vigência imediata, elemento essencial à índole da medida, com o princípio da anterioridade (CF, art. 150, III, *b*); outro, de cunho semântico e pragmático, pela concepção de 'tributo' como algo sobre que os administrados devam expressar seu consentimento prévio. A noção de 'tributo', nos países civilizados, repele a exigência de parcelas do patrimônio dos indivíduos, por ação unilateral do Estado, considerando a iniciativa como fundada em idéia vetusta, que prevaleceu em tempos medievais e em ambientes de tirania. O intervalo de tempo em que vigora a medida, sem que o Poder Legislativo a aprecie, acolhendo-a, expõe os cidadãos, comprometendo direitos que lhes são fundamentais (propriedade e liberdade), expressamente garantidos na Carta Básica. Este intertempo, onde impera a vontade monádica do Estado sem o conhecimento antecipado e o assentimento dos destinatários da pretensão, não se compagina também com a magnitude semântica que o termo 'tributo' ostenta nos dias atuais. Não valessem tais razões e a simples invocação do princípio da segurança do direito já seria bastante em si para inibir esse mecanismo de ação fiscal (...)" (in *Curso de Direito Tributário*, 4ª ed., São Paulo, Saraiva, 1991, p. 57).

Exatamente por estarmos perante um "Estado Democrático de Direito", a saber, aquele "Estado de legitimidade justa (ou Estado de Justiça Material), fundante de uma sociedade democrática, qual seja, a que instaure um processo de efetiva incorporação de todo o povo nos mecanismos do controle das decisões e de sua real participação nos rendimentos da produção" (in José Afonso da Silva, "O Estado Democrático de Direito", palestra proferida em 6.8.1988, no I Encontro Nacional de Advogados, realizado em Belo Horizonte de 5 a 7.8.1988, sob o patrocínio da Associação dos Advogados de Minas Gerais, publicada na *RT* 635/7-13, set. 1988), é que se faz mister a obediência aos ditames constitucionais.

Ademais, é imperioso ressaltar que, quando da conversão da medida provisória na Lei n. 9.718/98, houve modificação do art. 8º, substituindo-se o Imposto sobre a Renda pela Contribuição Social sobre o Lucro Líquido-CSSL. Portanto, ocorrendo tal modificação, deveria ter-se operacionado o processo legislativo normal, sob pena de mácula ao princípio da representantividade, basilar na *República* Federativa do Brasil.

Demais inconstitucionalidades

É inconteste, como já salientado, que normas tributárias devem ser obrigatoriamente interpretadas não só em consonância com o título VI, da Carta Magna, mas também, de acordo com os títulos I e II da Lei Maior, a fim de se respeitar princípios basilares de um Estado Democrático de Direito, como é o caso da República Federativa do Brasil, que são a certeza do direito e segurança jurídica.

No que tange à regra trazida pelo art. 8º, § 4º, anoto que se a mesma prosperar, o conceito de renda, também constitucionalmente depreendido, será modificado. Senão, vejamos.

Pelo disposto no art. 43 do Código Tributário Nacional, renda é sempre um produto, um resultado, quer do trabalho, quer do capital, quer da combinação destes dois fatores. Para ocorrer incidência do imposto de renda, é indispensável que haja acréscimo patrimonial.

Ressalte-se, ademais, que o conceito de renda é constitucional, não podendo o legislador ordinário dilargá-lo, nem, tampouco, modificá-lo. José Arthur Lima Gonçalves (in *Imposto sobre a renda – Pressupostos constitucionais*, São Paulo, Malheiros Editores, 1997, p. 198) ensina-nos que "qualquer que seja o conceito de renda adotado, presentes estão as noções de ganho patrimonial resultante de confronto entre elementos (ingressos e saídas) verificados ao longo de certo período. As definições podem variar em diversos aspectos (renda auferida, renda constituída, aumento patrimonial, ganho de capital etc.), mas não resta nenhuma dúvida quanto à necessidade de ocorrência de ganho efetivo, dentro de um determinado período.

"Deveras, a Constituição somente admite a incidência de imposto sobre a renda quando tenha havido alteração positiva no patrimônio do contribuinte, no período. Fora daí, não se admite (a Constituição não tolera) incidência de imposto sobre a renda. E tal constatação só é possível ao cabo de um período de tempo determinado, dentro do qual a renda tenha sido auferida e ao cabo do qual ela possa ser quantificada."

Conclui-se, por conseguinte, que para ocorrer incidência do imposto de renda, é indispensável que haja acréscimo patrimonial. E no que tange às pessoas jurídicas, o lucro real corresponde exatamente a este acréscimo patrimonial tributável, mencionado pelo art. 43 do Código Tributário Nacional.

Hugo de Brito Machado (in *Curso de Direito Tributário*, 12ª ed., São Paulo, Malheiros Editores, 1997, p. 219) ensina que "(...) E se assim é perante o sistema tributário disciplinado na Constituição, o CTN deixou essa questão fora de qualquer dúvida razoável, fixando, embora de modo bastante amplo, os conceitos de renda e de proventos. Não há *renda*, nem *provento*, sem que haja acréscimo patrimonial, pois o CTN adotou expressamente o conceito de renda como *acréscimo*. Já não é possível, portanto, considerar-se retida uma cessão gratuita do uso de imóvel, por exemplo, como pretendeu, seguindo os anteriores, o Regulamento do Imposto de Renda aprovado pelo Decreto n. 84.450, de 4.12.1980, em seu art. 31, parágrafo único, segundo o qual era tributável "o valor locativo do prédio urbano construído, quando cedido seu uso gratuitamente, exceto quanto a dependente considerado encargo de família".

Novamente tomo como exemplo o escólio de Roque Antonio Carrazza (in *RDT* 55/156 e ss., "Novas Considerações sobre a intributabilidade, por via de imposto sobre a renda, das férias e licenças-prêmio recebidas em pecúnia") ao asseverar que "Deveras, parece-nos que, dentre os diversos conceitos de 'renda', fornecidos pela Ciência Econômica, pode o legislador ordinário apenas optar por um deles e, ainda assim, desde que sua escolha permita compatibilizar a incidência, com os princípios constitucionais que norteiam a tributação por via de IR, máxime o da *capacidade contributiva.*

"Realmente, o conceito de renda e proventos de qualquer natureza deve levar em conta a *capacidade contributiva* do sujeito passivo tributário. Por quê? Porque o princípio da capacidade contributiva informa a tributação por via de impostos, no Brasil (art. 145, § 1º, da CF). (...)

"Pensamos que o conceito de 'renda e proventos de qualquer natureza' pressupõe ações humanas que revelem *mais-valias*, isto é, acréscimos na capacidade contributiva (que a doutrina tradicional chama de 'acréscimos patrimoniais'). Só quando há uma realidade econômica nova, que se incorpora ao patrimônio individual preexistente, traduzindo nova disponibilidade de riqueza, é que podemos falar em 'renda e proventos de qualquer natureza'. Vai daí que as indenizações não são nem rendimentos, nem proventos de qualquer natureza. Escapam, pois, da tributação por via de IR.

"Neste mesmo sentido, Geraldo Ataliba e Agostinho Sartin, em parecer conjunto (*RDT* 36/50), sobre as indenizações por desapropriação, tiveram o ensejo de proclamar:

"'A doutrina autorizada identifica unanimemente o núcleo da competência atribuída à União pelo art. 21, IV, da CF (art. 153, III, da CF/1988), na *aquisição da disponibilidade* de riqueza nova por parte do destinatário legal tributário, *riqueza nova* que se condensa na idéia de *acréscimos patrimoniais*".

Diante de tais digressões, procura-se demonstrar como é rígido o conceito de renda, não podendo ser modificado por mera atividade legislativa.

Para a correta exegese do sentido e alcance das normas impugnadas, impõe-se, ainda, relembrar o conceito de lucro real.

De acordo com o art. 6º, do Decreto-lei n. 1.598/77, tem-se que:

"Art. 6º. Lucro real é o lucro líquido do exercício ajustado pelas adições, exclusões ou compensações prescritas ou autorizadas pela legislação tributária."

De acordo com o art. 344 do RIR (Decreto n. 3.000/99), os tributos e contribuições são dedutíveis, na determinação do lucro real, segundo o regime de competência (Lei n. 8.981/95, art. 41). Vê-se que tal dedução opera-se como custo ou despesa operacional (aquelas não computadas nos custos, necessárias à atividade da empresa e à manutenção da respectiva fonte produtora), no período-base em que ocorrer o fato imponível da obrigação tributária.

Entende-se, corretamente, que os tributos não devem ser inseridos na composição do lucro real, vez que sua natureza não é a de renda, mas, sim, custo do bem ou serviço, ou despesa necessária à atividade da empresa que não tenha sido computado no custo final do produto (bem ou serviço).

Não obstante o disposto no § 6º do mesmo artigo impossibilitar a dedução do valor da CSSL para efeito de apuração do lucro real, a partir de 1º de janeiro de 1997

— contestável sob o aspecto jurídico — os valores de tributos não podem ser computados para apuração do lucro real, vez que não consubstanciados em renda.

Havendo a impossibilidade de dedução para fins de apuração do lucro real, da parcela de COFINS compensada, verificar-se-á uma alteração da renda tributável, que não se coaduna com o conceito extraído da Lei Magna, na medida em que esta parcela da COFINS não tem a natureza jurídica de acréscimo patrimonial para efeito de apuração do lucro efetivo da empresa.

Se tal sistemática prosperar ver-se-á que, o que o legislador infraconstitucional outorgou com uma mão, retirou com a outra.

Não posso aceitar a argumentação no sentido de que se assim não procedesse, haveria, na verdade, um duplo benefício. Entendo que é dever do legislador, na medida do possível e do legal, não onerar sobremaneira a carga tributária dos contribuintes, apelando, inclusive, ao princípio da não utilização de tributo com efeito de confisco; nem, tampouco, beneficiar determinada categoria, sem amparo constitucional. Para tanto, o legislador constituinte outorgou-lhe uma série de ferramentas incluídas no rígido sistema constitucional tributário brasileiro.

O que não se aceita é que, em nome deste exercício, seja alterado o conceito constitucional de renda.

No que tange à majoração de alíquota para 3% (três por cento), se a mesma já não estivesse afastada em virtude da impossibilidade de aplicação retroativa da lei em comento, observo que também não poderá operacionalizar-se, na medida em que é vedada a dedução da parcela da COFINS compensada. Portanto, de modo indireto, esta majoração de alíquota implicaria a aceitação da sistemática acima atacada, importando na mudança do conceito de renda, na medida em que eventual lucro real não seria o efetivamente ocorrido.

Outras questões de discutível constitucionalidade concernem às regras trazidas pelo art. 8º, § 1º da Lei e pela Instrução Normativa n. 6, da SRF, de 29.1.1999, relativas à compensação da COFINS com a CSSL, no sentido de que o valor da COFINS passível de compensação que exceder ao da CSSL *não será restituído nem poderá ser compensado em períodos posteriores.*

Ao não possibilitar a compensação integral da COFINS, haverá modificação da base de cálculo da CSSL para períodos subseqüentes, se comparada àquela que foi utilizada empregando-se o instituto da compensação. Indiretamente, também afetar-se-á o valor do lucro, vez que, nos termos do art. 2º da Lei n. 7.689/88 e do item I da IN SRF n. 198/88, a base de cálculo da contribuição é o valor positivo do resultado do exercício, já computado o valor da contribuição social devida e antes da provisão para o imposto de renda.

Conclusões

1. Dessume-se, tanto pela sistemática constitucional tributária da República Federativa do Brasil, como pelo correto direcionamento outorgado à matéria pelo Egrégio Supremo Tribunal Federal, que o conceito de faturamento abrange, tão-somente, a receita advinda sobre operações (negócios) de venda de serviços e mercadorias, e não qualquer receita, como intenta a Lei n. 9.718/98 pretensamente amparada na Emenda Constitucional n. 20/98, também sujeita a limitações.

2. A Emenda Constitucional n. 20/98 buscou ratificar uma situação passada, trazida pela Lei n. 9.718/98, que, por sua vez, apresentava-se em desconformidade aos ditames constitucionais.

3. Medida provisória *não pode dispor sobre qualquer matéria tributária*, sob pena de afronta ao princípio da tripartição das funções do poder, verdadeiro cânone do Princípio Republicano.

4. Mesmo que se aceitasse a tese defendida pelo Egrégio STF, no que tange à possibilidade de criação ou majoração de tributos pelo instrumento precário e unilateral que é a medida provisória, desde que convertida em lei, é imperioso ressaltar que, quando da conversão da MP n. 1.724/98 na Lei n. 9.718/98, houve modificação do art. 8º, substituindo-se a expressão "Imposto sobre a Renda" pela "Contribuição Social sobre o Lucro Líquido-CSSL". Portanto, ocorrendo tal modificação, deveria ter-se operacionado o processo legislativo normal, sob pena de mácula ao princípio da representantividade, basilar na República Federativa do Brasil.

5. No que tange à regra trazida pelo art. 8º, § 4º, se a mesma prosperar, o conceito de renda, também constitucionalmente depreendido, será modificado.

Pelas digressões acima, buscou-se demonstrar algumas inconstitucionalidades da Lei n. 9.718/98, além de outras já visualizadas pela mais ínclita doutrina, como, por exemplo, a relativa à afronta ao princípio da isonomia, a problemática gerada às distribuidoras de combustíveis, impossibilidade de compensação do valor da COFINS que exceder ao da CSSL etc.

Bibliografia

ATALIBA, Geraldo. "COFINS e empresa de construção imobiliária", Parecer in *RDA* 201/95, pp. 344-360.

BACHOF, Otto. *Verfassungswidrige Verfassungsnormen?*, Tübingen, Verlag J. C. B. Mohr, Paul Siebeck, 1951; *Normas Constitucionais Inconstitucionais?* Trad. de José Manuel M. Cardoso da Costa, Livraria Almedina, 1994.

BECKER, Alfredo Augusto. *Teoria Geral do Direito Tributário*, 2ª ed., São Paulo, Saraiva, 1972.

CARRAZZA, Roque Antonio. *Curso de Direito Constitucional Tributário*, 4ª ed., São Paulo, Malheiros Editores, 1993.

_____ "Novas considerações sobre a intributabilidade, por via de imposto sobre a renda, das férias e licenças-prêmio recebidas em pecúnia", in *RDT* 55/156 e ss.

CARVALHO, Paulo de Barros. *Curso de Direito Tributário*, 4ª ed., São Paulo, Saraiva, 1991.

COELHO, Sacha Calmon Navarro. "COFINS nas operações com imóveis e empresas construtoras", Caderno de Direito Tributário e Finanças Públicas in *RT* 13/136-139, out./dez. 1995.

CRUZ, Sidney Souza. *Revista de Direito Tributário* 54/23-24, ano 14, São Paulo, Ed. RT, out./dez. 1990.

GONÇALVES, José Arthur Lima. *Imposto sobre a renda – Pressupostos constitucionais*, São Paulo, Malheiros Editores, 1997.

HESSE, Konrad. *Die normative Kraft der Verfassung*; *A força normativa da Constituição*. Trad. de Gilmar Ferreira Mendes, Sérgio Fabris Editores, 1991.

MACHADO, Hugo de Brito. *Curso de Direito Tributário*, 12ª ed., São Paulo, Malheiros Editores, 1997.

MELO, José Eduardo Soares de. *Contribuições Sociais no Sistema Tributário*, 2ª ed., Malheiros Editores, 1996.

MORAES, Alexandre de. *Direito Constitucional*, 2ª ed., São Paulo, Atlas, 1997.

SILVA, José Afonso da. "O Estado Democrático de Direito", in *RT* 635/7-13, set. 1988.

GLOBALIZAÇÃO E GENOCÍDIO ECONÔMICO

ANTÔNIO SOUZA PRUDENTE

Juiz Federal e Professor da Universidade Católica de Brasília

O processo histórico e irreversível da globalização, no alvorecer desse novo Milênio, não poderá destruir o ideal humanístico de Pêro Vaz de Caminha. Quando de sua ocasional visita colonialista ao continente que veio depois a se chamar Brasil, afirmara, em sua primeira Carta ao Rei de Portugal, que desta terra "muito chã e muito formosa, o melhor fruto que dela se pode tirar será salvar esta gente".

Na ética desse sonho inaugural, precisamos salvar esta gente do genocídio econômico que nos é imposto pela ganância capitalista da agiotagem internacional, comandada pela ditadura das reformas do FMI e do Banco Mundial, responsáveis pela globalização da pobreza.

Michel Chossudovsky, professor de Economia da Universidade de Ottawa e pesquisador do Centro de Estudos de Áreas em Desenvolvimento da Universidade McGill de Montreal, no Canadá, mostra-nos, com sua autoridade e clareza, como as estruturas da economia global foram fundamentalmente modificadas, neste final de século, gerando conseqüências de uma nova ordem financeira global, que se alimenta da pobreza humana e da destruição do meio ambiente, criando o *apartheid* social, com estimulação do racismo e dos conflitos étnicos.

Numa visão melancólica da virada do século, este é o cenário da tragédia humana, na geopolítica global.

Desde o começo dos anos 80, os programas de "estabilização macroeconômica" e de "ajuste estrutural" impostos pelo FMI e pelo Banco Mundial aos países em desenvolvimento (como condição para a renegociação da dívida externa) têm levado centenas de milhões de pessoas ao empobrecimento. Contrariando o espírito do acordo de Bretton Woods, cuja intenção era a "reconstrução econômica" e a estabilidade das principais taxas de câmbio, o Programa de Ajuste Estrutural (PAE) tem contribuído amplamente para desestabilizar moedas nacionais e arruinar as economias dos países em desenvolvimento.

O poder de compra interno entrou em colapso, a fome eclodiu, hospitais e escolas foram fechados, centenas de milhões de crianças viram negado seu direito à educação primária. Em várias regiões do mundo em desenvolvimento, as reformas conduziram ao ressurgimento de doenças infecciosas, entre elas a tuberculose, a malária e o cólera. Embora a missão do Banco Mundial consista em "combater a pobreza" e proteger o meio ambiente, seu patrocínio para projetos hidrelétricos e agroindustriais em grande escala também tem acelerado o processo de desmatamento e de destruição do meio ambiente, causando a expulsão e o deslocamento forçado de vários milhões de pessoas.

Após a guerra fria, a reestruturação macroeconômica passou a contemplar interesses geopolíticos globais. O ajuste estrutural é usado para minar a economia do antigo bloco soviético e desmantelar seu sistema de empresas estatais. Desde o fim da década de 80, o "remédio econômico" do FMI-Banco Mundial vem sendo aplicado no Leste Europeu, na Iugoslávia e na ex-União Soviética, com conseqüências econômicas e sociais devastadoras.

O mesmo cardápio de austeridade orçamentária, desvalorização, liberalização do comércio e privatização é aplicado simultaneamente em mais de cem países devedores. Estes perdem a soberania econômica e o controle sobre a política monetária e fiscal; seu Banco Central e Ministério da Fazenda são reorganizados (freqüentemente com a cumplicidade das burocracias locais); suas instituições são anuladas e é instalada uma "tutela econômica". Um "governo paralelo" que passa por cima da sociedade civil e é estabelecido pelas Instituições Financeiras Internacionais (IFIs). Os países que não aceitam as "metas de desempenho" do FMI são colocados na lista negra.

O ajuste estrutural é conducente a uma forma de "genocídio econômico" levado a cabo pela deliberada manipulação das forças do mercado. Comparando-o a outros tipos de genocídio, em vários períodos da história colonial (por exemplo, trabalhos forçados e escravidão), seus impactos sociais são devastadores. Os PAEs afetam diretamente a subsistência de mais de quatro bilhões de pessoas. Sua aplicação em grande número de países devedores favorece a "internacionalização" da política macroeconômica sob o controle direto do FMI e do Banco Mundial, atuando em nome de poderosos interesses políticos e financeiros (por exemplo, os Clubes de Londres e de Paris, o G-7). Essa nova forma de dominação econômica e política — de "colonialismo de mercado" — subordina o povo e os governos por meio da interação aparentemente "neutra" das forças do mercado. A burocracia internacional sediada em Washington foi investida, pelos credores internacionais e corporações multinacionais, do poder de execução de um plano econômico global que afeta a subsistência de mais de 80% da população mundial. Em nenhuma época da história o "livre" mercado — operando no mundo por meio dos instrumentos da macroeconomia — desempenhou um papel de tal importância na determinação do destino de nações "soberanas".[1]

O Brasil está mergulhado, infelizmente, neste contexto histórico, tragicamente melancólico e funerário do capitalismo selvagem, indiferente aos valores humanos e sociais.

Precisamos realizar ainda o sonho idealista de Pêro Vaz de Caminha, salvando toda esta gente do holocausto neoliberal.

Com inteira razão, observa Paulo Bonavides que "a ditadura de 64 encarcerou, torturou e assassinou nos calabouços da repressão muitos de seus opositores; o neoliberalismo, todavia sem derramar o sangue dos patriotas, parece se achar inclinado a perpetrar atos igualmente reprováveis na esfera da economia, da ética, da tributação e do serviço público".

"Assim, por exemplo, quando intenta — e em alguns casos já o fez — desnacionalizar a ordem econômica, despedaçar o Estado, abdicar a soberania nos acordos lesivos ao interesse nacional, promover a recessão, perseguir com emendas constitucionais e medidas provisórias o corpo burocrático da administração pública, cercear direitos adquiridos, arruinar o pequeno e médio empresário, esparzir o medo e o sobressalto na classe média, diminuir o crédito ao produtor rural, elevar à estratosfera a taxa de juros, esmorecer a reforma agrária, confiscar o bolso do contribuinte com novos impostos, fazer da reforma tributária um engodo e da reforma administrativa uma falácia, conduzir o trabalhador ao desespero,

1. Michel Chossudovsky, *A Globalização da Pobreza*, trad. de Marlene Pinto Michael, 1ª ed., São Paulo, Moderna, 1999, pp. 26-30.

praticar sistematicamente uma política de desemprego que, levando a fome ao lar de suas vítimas, desestabiliza a ordem social, abater as autonomias estaduais e municipais, mediante mudanças na Constituição que afetam os entes federativos e só fortalecem a União, semear a descrença do povo na melhoria de sua qualidade de vida pela brutal indiferença com que trata a questão social, estabelecer o retrocesso político nas instituições republicanas com a reeleição presidencial, desestruturar o ensino público e comprimir com indigência de meios financeiros a autonomia universitária, abrir sem freios o mercado à voracidade dos capitais especulativos de procedência externa, que ameaçam de mexicanização a economia brasileira, descumprir oito artigos da Constituição que regem interesses fundamentais das Regiões, o que ocorre na medida em que sua política do Mercosul acelera os desequilíbrios regionais no País e, finalmente, jungir o Brasil a uma política de sujeição externa vazada na obediência aos interesses da chamada globalização econômica.

"Esta poderá significar para as economias periféricas o começo da mais nova e irresgatável servidão, aquela aparelhada por um colonialismo tecnológico e informático, que fará os fortes mais fortes e os fracos mais fracos. Entre estes, sem dúvida, há de arrolar-se, caudatariamente, na miragem do desenvolvimento, países como o Brasil, a Argentina e o México.

"A globalização é ainda um jogo sem regras; uma partida disputada sem arbitragem, onde só os gigantes, os grandes quadros da economia mundial, auferem as maiores vantagens e padecem os menores sacrifícios."[2]

Em veemente manifesto ao povo e à nação brasileira, nos idos de abril de 1997, os eminentes Subprocuradores-gerais da República, órgãos de cúpula do Ministério Público Federal, conscientes de lhes incumbir a defesa da ordem jurídica e do regime democrático, pronunciaram-se, nestes termos:

"1º. Constitui invasão à independência e harmonia dos Poderes (CF, art. 2º) assenhorear-se o Executivo da função legislativa, reeditando indefinidamente medidas provisórias que já haviam perdido a eficácia pela sua não-conversão em lei no prazo de trinta dias (CF, art. 62 e parágrafo único) resultando num caos legislativo que atropela o Poder Judiciário, alvo ainda de desapreço pelas críticas a seus julgamentos e de medidas restritivas a seu livre exercício;

"2º. São injustos os chamados reajustes estruturais mediante reformas que só atingem a sacrificada massa do povo, mantidos os privilégios de castas como o preço que se tem de pagar pela democracia (às avessas!) — quer achatando os salários a pretexto de salvaguardar o plano de estabilidade financeira, quer promovendo ou ameaçando demissões dos funcionários públicos —, agravando ainda mais o imenso desemprego, que já afeta a classe trabalhadora, numa insensibilidade aos problemas sociais daí decorrentes. Se o Estado tem como um de seus fundamentos os valores sociais do trabalho (CF, art. 1º, IV), cabe-lhe proporcionar condições indispensáveis à sobrevivência. A receita de um regime econômico que organismos internacionais intentam implantar nos países do terceiro mundo tem transformado a Constituição-cidadã num subproduto da economia, desmantelando o próprio arcabouço do Estado;

"3º. Agride a soberania nacional, em sua integridade e independência, entregar à cobiça privada ou estrangeira a exploração de nosso subsolo ou da plataforma oceânica, o controle de nosso espaço aéreo e a incomensurável devastação de nossa mata amazônica. A privatização de nossas riquezas minerais estratégicas e ecológicas — baluarte da independência econômica e altivez do país perante as demais Nações — não pode implicar a alienação daquelas, como sendo ilegítima sua imposição de cima, ninguém individualmente sendo dono do

2. Paulo Bonavides, *A Constituição Aberta*, 2ª ed., São Paulo, Malheiros Editores, 1996, pp. 282-283.

País, eis que a soberania — conceito absoluto que não admite restrições — emana do povo e em seu nome é exercida (CF, art. 1º, parágrafo único);

"4º. Constituem crimes de responsabilidade os atos que atentem contra o livre exercício do Poder Legislativo, do Poder Judiciário e do Ministério Público (CF, art. 85, II). Por isso são absolutamente inaceitáveis os projetos de lei que amesquinham este último e transformam o livre exercício de suas funções institucionais (CF, art. 129), tipificando-se em crimes de abuso de autoridade: pois é através de suas garantias (CF, art. 128, § 5º, I) — que não são privilégios! — consagradas multissecularmente, que são protegidos os direitos do cidadão."[3]

Em verdade, o *regime de exceção*, que a normativa abusiva das medidas provisórias implantou no Brasil, dispondo o Sr. Presidente da República, com força despótica, sobre todas as matérias de sua competência privativa e da competência dos demais órgãos e Poderes da União não tem respaldo constitucional, nem encontra abrigo na geografia globalizante dos povos livres.

Uma República conduzida por "Medidas Provisórias" e uma República apenas provisória, tendente a falir e onde não se constrói jamais uma ordem jurídica justa, mas um complexo normativo, propício à ditadura e ao arbítrio dos que gerenciam interesses econômicos do colonialismo de grupos financeiros alienígenas.

Walter Gordon, ex-Ministro das Finanças canadense, já dizia, em Toronto, que "a independência econômica anda de mãos dadas com a independência política. Ao desejar a independência, não somos diferentes de outros povos, como os Estados Unidos da América. Alguns podem chamar isso de nacionalismo e é o que realmente é: respeito, lealdade e entusiasmo pelo próprio país além de legítimo otimismo e confiança em relação a seu futuro".[4]

Analisando o Estado e o desafio tecnológico, neste contexto histórico, Miguel Reale apregoa que "os que se inquietam com o futuro do homem, numa época de marcada transição curiosamente coincidente com a passagem para o novo milênio, não escondem a mais profunda preocupação perante certos desgarramentos da sociedade de massa, sempre mais dominada pela obsessiva posse e gozo das últimas benesses propiciadas pelo progresso tecnológico, que tende a transformar as novas gerações em atormentados joguetes da 'civilização do orgasmo', que se caracteriza pela incontida ansiedade de imediata fruição de tudo aquilo cujas virtudes e vantagens os poderosos meios de comunicação enaltecem, em perene e aliciosa propaganda, que obedece, tão-somente, à nunca satisfeita ambição empresarial".[5]

Ressalta o eminente filósofo que a "civilização do orgasmo", na globalidade da cultura contemporânea, vem marcada "de um lado, pela sofreguidão do gozo incontinenti de todos os prazeres que a vida possa proporcionar, tendo o sexo como centro referencial e, de outro lado, pela carência de um ideal ético, tanto individual como coletivo, em virtude de ter-se perdido a consciência de que o significado maior da existência consiste na oportunidade de aperfeiçoamento espiritual, que ela proporciona".

Precisamos *salvar esta gente*, nestes 500 anos de Brasil, como preconizava, no longe do tempo, o espírito idealista de Pêro Vaz de Caminha, pois os argonautas do colonialismo brutal dos dias de hoje não possuem qualquer sentimento humano de solidariedade ou sintomas de idealismo, ante a dominação sensorial da ganância dos lucros,

3. Subprocuradores-gerais da República, *Manifesto ao Povo e à Nação Brasileira*, 28 de abril de 1997.

4. Walter Gordon, *A Choice For Canada Independence or Colonial Stratus*, Toronto, 1996.

5. Miguel Reale, *Paradigmas da Cultura Contemporânea*, 1ª ed., São Paulo, Saraiva, 1999, pp. 119 e 135.

no mercado globalizado dos capitais financeiros.

Neste mundo novo que amanhece em nossa terra "muito chã e muito formosa", como bem lhe predicava Pêro Vaz de Caminha, no limiar de nossa história, é preciso lutar para *salvar esta gente*, com "a fé no direito, como o melhor instrumento para a convivência humana, na justiça, como destino normal do direito; na paz, como substitutivo benevolente da Justiça; e, sobretudo, com fé na liberdade, sem a qual não há direito, nem justiça, nem paz",[6] pois "a justiça coroa a ordem jurídica, a ordem jurídica assegura a responsabilidade, a responsabilidade constitui a base das instituições livres; e sem instituições livres não há paz, não há educação popular, não há honestidade administrativa, não há organização defensiva da Pátria contra o estrangeiro".[7]

Brasília-DF, em 10 de fevereiro do ano 2000

6. Eduardo J. Couture, *Os Mandamentos do Advogado*, trad. de Ovídio A. Baptista da Silva e Carlos Otávio Athayde, Porto Alegre, Sérgio Antônio Fabris Editor, p. 61.

7. Rui Barbosa, *Discursos no Instituto dos Advogados Brasileiros*, Porto Alegre, Sérgio Antônio Fabris Editor, 1985, p. 37.

DEMOCRACIA NOS MEIOS DE COMUNICAÇÃO SOCIAL

BRUNO DE SOUZA VICHI

Especialista em Direito Constitucional pela Escola Superior de Direito Constitucional – Mestrando pela PUC/SP

Parte 1 — ***Histórico***

É certo que a humanidade tem sido mais facilmente compreendida nos dois últimos séculos. Ainda que, sob o aspecto quantitativo, aumentem as interrogações na cabeça dos homens, tal fato se deve muito mais ao esclarecimento decorrente de uma sociedade mais bem informada — ou melhor manipulada — e obcecada pelo conhecimento — ou pelo entretenimento —, do que pela alienação intelectual ou pelas crenças religiosas que marcaram grande parte do antigo milênio.

O pensamento iluminista do século XVIII, representado pela exaltação da razão (por sua vez fundada no conhecimento e na *informação* teve, nos seus maiores expoentes, uma vigorosa forma de profusão de idéias libertárias. Mas era necessário meios de divulgação de seus ideais para que seu espectro de incidência não ficasse restrito aos ambientes acadêmicos. Tal situação era incompatível com o espírito do iluminismo, pois, dentre suas principais propostas, estava a concretização do seu pensamento, para que toda a sociedade, e não apenas os filósofos da época, pudesse refletir sobre as grandes questões da humanidade. Nesse sentido, era fundamental a popularização de seus ideais. É nessa época, portanto, que se intensificam as publicações de materiais informativos que, mais tarde, viriam a se tornar os veículos de informação que hoje conhecemos.

Aliado a esses fatores, é preciso considerar que a industrialização e a urbanização ensejaram o desenvolvimento dos meios de comunicação, cujo objetivo seria o de publicar, no seu sentido literal, o pensamento da classe urbana e trabalhadora, tanto como forma de aglutinação como de divulgação de seus ideais.

No Brasil, como se sabe, a repercussão do ideário iluminista deu-se de forma distinta; o debate foi realizado de maneira ainda mais restrita. Além disso, a urbanização e o processo de industrialização não foram contemporâneos aos dos europeus. Assim, numa análise comparativa entre o desenvolvimento dos meios de comunicação nacional e os estrangeiros, se dirá que a grande imprensa nacional teve desenvolvimento tardio. Não é esse, entretanto, o objeto de análise do presente trabalho. Com efeito, quer se realizar uma análise histórico-jurídica da evolução dos meios de comunicação, especificamente no Brasil, para a consolidação de um regime verdadeiramente democrático, sem prejuízo, entretanto, da remissão de experiências estrangeiras quando adequadas à realidade brasileira.

A imprensa brasileira, inicialmente apenas escrita, teve seu nascimento no final do século XIX, sendo seu desenvolvimento diretamente associado à evolução sócio-econômica do País. Sua influência durante o século passado tornou-se mais transparente no período da Primeira República. Eram os veículos de informação que tornavam pública a sucessão dos fatos políticos de interesse da sociedade, como as disputas presidenciais, as revoltas e golpes que ocorriam por todo o território nacional etc. A história do País, portanto, era narrada sob a ótica da imprensa escrita. Logo, quanto maior o seu espectro de atuação e, conseqüentemente, sua penetração social, maior o seu efeito sobre o rumo dos acontecimentos nacionais.

Com o passar do tempo, e logo após a 1ª Guerra Mundial, a classe média urbana, principal público dos jornais e revistas, cresceu, trazendo consigo um aumento significativo no peso da imprensa sobre a sociedade brasileira. Por fim, após a Revolução de 30 e o término da República Velha, um novo período se iniciava na política e, conseqüentemente, na imprensa.

A primeira emissão radiofônica brasileira ocorreu no dia 7 de julho de 1922, no Rio de Janeiro, como parte das comemorações do centenário da Independência. A empresa Westinghouse Electric International Co., em conjunto com a Cia. Telefônica Brasileira, montou uma estação no morro do Corcovado, que irradiou o discurso do então Presidente da República, Sr. Epitácio Pessoa, para 80 receptores trazidos dos EUA, estrategicamente espalhados pela cidade.

Em 20 de abril de 1923, foi ao ar a Rádio Sociedade do Rio de Janeiro, fundada por Roquete-Pinto, cujo lema era "pela cultura dos que vivem em nossa terra e pelo progresso do Brasil".

A radiodifusão brasileira passou por duas fases, a que se iniciou em 1923 e foi até 1934, e a segunda, iniciada em 1934 e que dura até os dias de hoje, quando, com o advento da ciência eletrônica e dos métodos estruturais da programação das novas emissoras, ocorreram sensíveis transformações, visando à adaptação ao que de mais moderno existe na execução desse tipo de serviço.

A partir de 1930, a imprensa brasileira passou a viver períodos de repressão. Após o levante de 1935, o Congresso votou pelo Estado de Sítio e pela censura à imprensa. Em 1937, o Legislativo foi fechado e instaurada a ditadura do Estado Novo. Os meios de comunicação, de maneira geral, passaram por difíceis situações. O fim da 2ª Guerra Mundial trouxe o fim do Estado Novo. O País redemocratizou-se e, em 1946, foi votada a nova Constituição. Voltava a liberdade de pensamento e expressão, mas já não era tão fácil chegar ao público através da imprensa.

É durante esse período histórico que se começa a notar a tendência moderna de utilização dos meios de comunicação como instrumento de manipulação do conteúdo da *informação*; tendência esta moldada pelo sistema capitalista, capaz de servir a interesses governamentais, e usada como forma de empreender políticas de interesse das grandes corporações.

As publicações isoladas não conseguiam mais sobreviver. A tendência era a formação de grandes grupos de empresas, com grande capital, que englobavam vários jornais e revistas e, às vezes, outros meios de comunicação como o rádio e a TV. De fato, a partir de meados do século XX, a imprensa brasileira apresentava-se adaptada às condições de uma sociedade capitalista, estruturada na organização de grandes empresas, em detrimento do jornalismo independente, personalizado.

A partir da década de 50 os grandes conglomerados sofreram forte influência política, tornando-se verdadeiros formadores de opinião pública; no mais das vezes, entretanto, sob interesses alheios àqueles inerentes à função pública de devidamente "informar".

Talvez a melhor maneira de retratar o histórico dos meios de comunicação no Brasil, ao longo do século XX, seja através do relato da vida e obra de Assis Chateaubriand, o "Chatô", com sua TV Tupi e seus Diários Associados. Antes da atuação de Chatô, a imprensa brasileira restringia-se a seu caráter informativo, tendo sua temática voltada a questões político-sociais. Chatô, através de sua experiência internacional como jornalista e, portanto, sob a influência do conceito de imprensa internacional, intensificou algo que era ainda incipiente na imprensa brasileira: seu caráter publicitário. Nesse sentido, o jornal passava a ser uma atividade remunerada não somente pela venda de seus exemplares mas, também, pelos anúncios que publicava. Isso trouxe reflexos extremamente sensíveis no papel social dos meios de comunicação do Brasil e, até que se adotasse conceitos de auto-regulação do papel informativo/publicitário dos meios de comunicação, maculou-se e, diga-se, ainda hoje macula-se a natureza do conceito de informar.

Os anos 60 foram marcados, nacional e internacionalmente, por profundas transformações de cunho religioso e moral que, por sua vez, trouxeram alterações nos costumes e na política. No Brasil, o golpe militar de 1964 e os posteriores Atos Institucionais incidiram sobre todos os atores de oposição da época. Os meios de comunicação não fugiram dessa regra. É possível afirmar-se, portanto, que o conteúdo e o acesso à *informação* continuaram prejudicados. Antes, sob a atuação direta dos proprietários dos meios de comunicação, interessados na manutenção de seus interesses econômicos, além do uso da imprensa para fins políticos eleitoreiros; agora (regime militar), tendo os meios de comunicação como instrumentos de manutenção do *status quo*, fundado num regime ditatorial e baseado em conceitos como o do "interesse nacional".

Não obstante a relevância histórica das duas primeiras empresas de radiodifusão de sons e imagens — TV Tupi (inaugurada em setembro de 1950) e TV Record — é de se destacar o crescimento e definição da Rede Globo como o principal grupo brasileiro de comunicação eletrônica de massa do último século. Tal condição, diga-se, foi consolidada durante o período do regime ditatorial-militar, momento histórico em que a Globo serviu de instrumento para sustentação do *establishment* político imposto com o golpe de 1964. Tais fatos se denotam pela postura conivente adotada pela emissora durante os períodos de repressão intensa, de tortura e, também, da censura dos órgãos de representação social da época.

Mas não foram apenas para fins políticos que os meios de comunicação desvirtuaram sua função pública na história recente. As grandes corporações fundadas no espírito publicitário dos meios de comunicação brasileiros abusaram do seu poder econômico e, em conjunto com a imprensa, macularam informações e ludibriaram o direito do cidadão de ser devidamente informado.

Paralelamente a isso, e como forma indireta de manutenção dessa situação, é de se ressaltar o papel exercido pelo poder público através da outorga de concessões/permissões para exploração de serviços de radiodifusão de sons e imagens.[1] Ao longo da história brasileira, as atividades voltadas à *informação* passaram a ser economicamente viáveis, além de alcançarem destacada relação com a política. Sendo a outorga de concessões para exploração de atividades relacionadas aos serviços de radiodifusão de atribuição da União, propiciou-se ao poder público federal, ao longo da história brasileira e, principalmente nos dias atuais, uma condição sensivelmente destacada que, se não for devidamente regulamentada, trará efeitos nocivos na efetiva consolidação de um Estado Brasileiro legitimamente Democrático.

1. É através das concessões/permissões/autorizações que o Poder Público delega à iniciativa privada a prestação dos serviços de geração de sinais de radiodifusão comercial, geração educativa, retransmissão e repetição de sinais de radiodifusão.

Parte 2 — ***Tratamento histórico-jurídico***

A imprensa nacional — ainda que restrita a jornais e panfletos — já existia no final do século XIX, conforme descrito na Parte 1 deste trabalho. Tratava-se, entretanto, exclusivamente de imprensa escrita. A radiodifusão sonora (rádio) era, então, uma novidade. A população brasileira não estava familiarizada com aquela "caixa falante". O início da história da imprensa nacional, mais especificamente do rádio, esteve vinculado à sua utilização para fins militares. Já a radiodifusão de sons e imagens (televisão) nasceu somente em 1950, conforme já mencionado, com a TV Tupi de Assis Chateaubriand.

Dado o seu ineditismo, as Constituições Federais brasileiras de 1824 e 1891 não trataram do tema radiocomunicação/radiodifusão. Do ponto de vista legal, a radiocomunicação/radiodifusão, no Brasil, nasce somente em 27 de maio de 1931, com a publicação do Decreto n. 20.047, subscrito pelo então Presidente da República, Sr. Getúlio Vargas.

Nesse período, os serviços de comunicações tinham como finalidade precípua servir aos princípios da integração e soberania nacional, embora já existissem emissoras de rádio que exploravam a atividade de comunicação como atividade econômica rentável, através da exploração publicitária (reclames). Essa, portanto, é a temática que se denota do mencionado instrumento legal.

De forma a regulamentar o supramencionado Decreto, o governo federal fez publicar, em 1º de março de 1932, o Regulamento para Execução dos Serviços de Radiocomunicação no Território Nacional (Decreto n. 21.111). Segundo esse regulamento, os serviços de radiodifusão eram considerados de interesse nacional e de finalidade educacional. Além disso, trazia a previsão de que o Governo da União deveria promover a unificação dos serviços de radiodifusão, para constituir uma rede nacional que atendesse aos objetivos de tais serviços.

Tal diploma legal estabelecia também que, por serviços de radiocomunicação, compreendiam-se: a radiotelegrafia (radiocomunicação de textos por meio de sinais convencionais), a radiotelefonia, (radiocomunicação por meio de palavras e sons), a radiotelefotografia (radiocomunicação de imagens inanimadas — fotografias, desenhos, planos manuscritos, fac-símile etc), a radiotelevisão (radiocomunicação de imagens animadas) e quaisquer outras utilizações da radioeletricidade, para a transmissão ou recepção, sem fio, de escritos, signos, sinais, sons ou imagens de qualquer natureza, por meio de ondas herzianas (arts. 2º e 3º do mencionado Decreto).

No que diz respeito aos fins a que se destinavam as comunicações, foram elencados os: (i) serviços públicos: relativo ao uso do público em geral; (ii) serviço público restrito: relativo ao uso de pessoas a bordo de navios e aeronaves ou do público nas localidades ainda não servidas pelo Departamento dos Correios e Telégrafos; (iii) serviço limitado: relativo ao uso de determinadas pessoas, ou destinado a fins particulares; (iv) serviço de radiodifusão: relativo a radiocomunicações de sons ou imagens destinadas a serem livremente recebidas pelo público; e (v) serviço especial: relativo à emissão de sinais horários, boletins meteorológicos, aviso aos navegantes, radiofaróis e freqüências-padrão; serviços de radiogoniometria, comunicações de amadores, experiências com fins científicos e outros análogos (art. 3º, § 2º, do mencionado Decreto).

Nota-se, portanto, que os serviços de rádio e televisão estavam compreendidos, nos termos da mencionada legislação, segundo sua natureza jurídica, na definição de radiocomunicação e, quanto a sua finalidade, enquadravam-se nos serviços de radiodifusão. Destaque-se, todavia, a existência de serviços de radiotelevisão, que nada mais eram do que uma espécie do gênero radiocomunicação, mas que, quanto a sua finalidade, se confundiam com a radiodifusão.

Foi com base nessa legislação que Assis Chateaubriand, em 1950, iniciou as atividades na TV Tupi. O mesmo ocorreu com o Grupo Machado de Carvalho, do Sr. Paulo Machado de Carvalho, detentor da emissora de radiodifusão, TV Record; e também com a TV Excelsior.

As primeiras disposições constitucionais acerca da matéria constaram da Carta de 1934. Cientes da relevância dos meios de *informação* para a integração do território nacional, bem como da sua força política e iminente relevância econômica, seus dispositivos deixaram às claras as seguintes preocupações do Estado brasileiro: (i) a manutenção estratégica da titularidade para exploração dos serviços de radiocomunicação — através da exploração direta ou mediante delegação a terceiros — concessões, (ii) a garantia da soberania nacional, e (iii) a valorização do trabalhador brasileiro.

A Constituição Federal de 1937 não trouxe dispositivos sobre a matéria, permanecendo válidos, pois, os dispositivos constitucionais anteriores que não conflitassem com as normas principiológicas contidas no novo ordenamento constitucional.

Vale destacar, contudo, que, em 22 de junho de 1945, foi publicado o Decreto 7.666, conhecido como "Lei Malaia". Referido Decreto pretendia proteger a economia e as empresas brasileiras contra a ação dos grandes trustes, nacionais e estrangeiros, proibindo que empresas jornalísticas, de um mesmo dono, pudessem ser acionistas de outras do mesmo ramo ou, ainda, que se fundissem entre si ou se organizassem em associação ou agrupamento sob um só controle (art. 8º, *e*). Ao que tudo indica, entretanto, tal Decreto não teve êxito em sua empreitada, conforme se verá adiante.

Findo o Estado Novo e com o advento da Constituição de 1946, a matéria passou a ser regulada, no âmbito constitucional, pelos arts. 5º, inc. XII e 160, contidos no Título V — *Da Ordem Econômica e Social* que, por sua vez, continha as mesmas diretrizes da Constituição Federal de 1934.

Quanto à legislação infraconstitucional da época, a principal lei aplicável aos meios de comunicação foi editada quando da vigência da Constituição de 1946: o Código de Telecomunicações (Lei 4.117/62) — "Código". É importante frisar que, mesmo com o advento posterior a edição da Lei Geral de Telecomunicações (Lei 9.472/97), para fins de análise jurídica dos serviços de radiodifusão, permanecem válidos os dispositivos do referido Código, juntamente com os demais decretos pertinentes à matéria, que serão analisados a seguir.

Outro instrumento legal importante que trata da matéria é o Regulamento dos Serviços de Radiodifusão (Decreto 52.795/63). O Decreto 52.795/63 contém a grande maioria das informações técnico/jurídicas necessárias para a compreensão dos serviços de radiodifusão sonora e de sons e imagens. Ademais, vale destacar que esse Decreto continua em vigor, salvo, é certo, os seus dispositivos que conflitam com aqueles contidos no Decreto 97.057/88 — que alterou o Decreto 52.026/63 —, bem como com a Carta Magna de 1988.

A Constituição Federal de 1967 não trouxe grandes inovações, sendo que a Emenda Constitucional n. 1, de 1969, manteve praticamente a mesma redação da Constituição anterior no que se refere ao Título *Da Ordem Econômica Social*.

No que tange à legislação infraconstitucional, é mister destacar dois instrumentos legais de suma relevância para o País. O primeiro deles é a Lei 5.250/67 que regulava a liberdade de manifestação do pensamento e informações, impondo ao povo brasileiro décadas de uma vergonhosa censura, marca registrada do Estado de Direito (obviamente, não democrático) imposto pelo regime militar. O segundo deles é o Decreto-lei 236/67 que trazia modificações ao Código de Telecomunicações de 1962 e que, da mesma forma que o referido Código, continua em vigor.

Aqui, o que mais merece destaque são as regras para a restrição da outorga de concessões de radiodifusão, em relação às empresas com atividades nesse setor. O art. 12, inc. II e seus §§ 2º e 5º do referido Decreto-lei 236/67 dispõem que:

"Art. 12. Cada entidade (de radiodifusão) só poderá ter concessão ou permissão para executar serviço de radiodifusão, em todo o País, dentro dos seguintes limites: (...).

"II — Estações radiodifusoras de som e imagem — 10 em todo território nacional, sendo no máximo 5 em VHF e 2 por Estado (seja UHF ou VHF), e uma por Município. (...).

"§ 2º. Não serão computadas para os efeitos do presente artigo as estações repetidoras e retransmissoras de televisão, pertencentes às estações geradoras. (...).

"§ 5º. Nenhuma pessoa poderá participar da direção de mais de uma empresa de radiodifusão, em localidades diversas, em excesso aos limites estabelecidos neste artigo (...)."

A título de exemplo, vale mencionar que foi com base na restrição contida no referido art. 12, inc. II que, recentemente, grandes empresas de radiodifusão de sons e imagens (*v.g.*, Rede Globo, Rede Bandeirantes, SBT e Rede Record) não puderam disputar pela transferência das concessões do falido Grupo Bloch (Rede Manchete).

Apesar da visível preocupação antimonopolista desse dispositivo, percebe-se que tais restrições não têm sido suficientes para impedir a formação de grandes monopólios nos serviços de radiodifusão de sons e imagens.

Uma experiência prática que comprova essa afirmação é o expediente utilizado pelos grandes grupos brasileiros de radiodifusão de sons e imagens — grandes geradoras[2] — e suas empresas "afiliadas". Estas últimas, concessionárias de serviços de geração de sinais de radiodifusão em uma determinada freqüência, são estações que compram (ou ganham a título de "doação") um "pacote de programação" das grandes geradoras, por via satélite. Destaque-se que as grandes geradoras e as "afiliadas" não são controladas pelos mesmos agentes econômicos e, portanto, não podem ser consideradas integrantes de um mesmo grupo econômico.

De fato, as grandes geradoras se utilizam das empresas "afiliadas" como forma de viabilizar sua audiência ao longo do território nacional, em tese, sem agredir as restrições impostas pelo referido art. 12, inc. II do Decreto 236/67. É que, ao enviar sinais de radiodifusão contendo sons e imagens para as estações transmissoras (estações que simplesmente repassam o sinal) que, por sua vez, enviam esse sinal para os aparelhos receptores, a "afiliada", em tese, nada mais faz do que "geração de imagens". Ocorre que tais sinais não contêm uma programação própria da "afiliada", mas de uma grande geradora. Como o referido Decreto 236/67 não traz qualquer dispositivo que vede expressamente tal prática, o argumento utilizado por aqueles que desprezam o propósito desse diploma legal é de que pouco importa se a programação contida naquele sinal foi efetivamente produzida nos estúdios daquela "afiliada" ou se representam mera reprodução da programação de uma grande geradora. Argumentam, ainda, que a restrição do art. 12, inc. II do referido Decreto, refere-se a concessões de estações radiodifusoras, e não estações geradoras e, principalmente, que, pelo fato de as grandes geradoras e suas afiliadas não pertencerem a um mesmo "grupo econômico",[3] a restrição não se aplicaria à prática conjunta entre referidas concessionárias.

Ora, à luz da recepção do supramencionado dispositivo contido no Decreto 236/67 pela Carta Magna de 1988, o correto seria entender que seu cerne é evitar o monopólio da *informação* seja decorrente (i) da

2. "Grandes geradoras", a saber: SBT, Rede Record, Rede Globo, Rede TV, Rede Bandeirantes.

3. Pelo fato de a primeira (grande geradora) não ser controladora das segundas (radiodifusoras travestidas de geradoras) ou vice-versa.

atuação de um grupo econômico poderoso ou (ii) da atuação conjunta de uma grande geradora e suas "afiliadas".

Outra situação a ser destacada diz respeito às estruturas existentes entre as grandes geradoras e as empresas repetidoras/retransmissoras, previstas no art. 12, § 2º, do Decreto 236/67 e no Decreto 3.451/00, meras autorizatárias, cuja atividade precípua é a retransmissão de sinais de empresas geradoras.

Na prática, não existe limite para a outorga de autorizações de retransmissão, a não ser que existam impedimentos técnicos para tanto. As retransmissoras representam o conjunto de receptores e transmissores, incluindo equipamentos acessórios, capaz de captar sinais de sons e imagens e retransmiti-los simultaneamente para recepção pelo público em geral. Nesse sentido, as empresas que detêm autorização para operar como retransmissoras servem de instrumento para que as grandes geradoras nacionais possam alcançar todo o território nacional, sem que, em tese, fique caracterizada burla à legislação aplicável e sem que sejam necessários grandes investimentos econômicos.

Tal situação também representa uma afronta aos ditames constitucionais, conforme se verá adiante, em face do espírito da norma constitucional aplicável.

Por fim, a Carta Magna brasileira, promulgada em 5 de outubro de 1988, traz no Capítulo V (*Da Comunicação Social*), sob o Título VIII (*Da Ordem Social*) os dispositivos objeto de análise pelo presente trabalho.

Parte 3 — ***Da interpretação constitucional***

Em 1863, durante uma conferência para intelectuais e operários da antiga Prússia, o advogado e intelectual erudito, Ferdinand Lassale, contemporâneo de Karl Marx, lançava a seus espectadores sua concepção acerca de Constituição que, mais tarde (1923), seria editada em livro, como o volume 5 da série *Elementarbücher des Kommunismus*, com o título *A Essência da Constituição*.

Como forma de apresentar uma resposta concreta aos questionamentos comezinhos sobre o verdadeiro conceito de Constituição, Lassale baseou-se no pressuposto de natureza jurídica segundo o qual as Constituições não promanam de idéias ou princípios que se sobrepõem ao próprio homem, mas dos sistemas que os homens criam para, entre si, se dominarem, ou para se apropriarem da riqueza socialmente produzida, "em evidente confronto com o pensamento jusnaturalista e positivista", na correta visão de Aurélio Wander Bastos, ao prefaciar o livro de Lassale.[4]

Para Lassale, as Constituições nada mais são do que os *fatores reais de poder* transcritos numa "folha de papel" pois, no seu entender, são os "*fatores reais de poder*" que representam a força ativa que informa todas as leis e instituições jurídicas vigentes, determinando que *não possam ser*, em substância, *a não ser tal como elas são*.[5]

Com efeito, "constituem *fatores reais de poder* o conjunto de forças que atuam politicamente, com base na lei (Constituição) para conservar as instituições jurídicas vigentes. Constituem esses fatores a monarquia, a aristocracia, a grande burguesia, os banqueiros e, com específicas e especiais conotações, a pequena burguesia e a classe operária, e o que elas representam da ciência nacional".[6]

É célebre a resposta dada por Lassale à seguinte indagação que, diga-se, sintetiza sua concepção de Constituição: Quando se pode dizer que uma constituição escrita é boa e duradoura? Diz ele:

"A reposta é clara e parte logicamente de quanto temos exposto: Quando essa cons-

4. Ferdinand Lassale, *A Essência da Constituição*, 4ª ed., Rio de Janeiro, Ed. Lumen Juris, 1998, p. 10.

5. Ob. cit., p. 26.

6. Aurélio Wander Bastos, ao comentar a definição constitucional de Lassale, ob. cit., p. 11.

tituição escrita *corresponder à constituição real* e tiver suas raízes nos *fatores reais de poder* que regem o país.

"Onde a constituição *escrita* não corresponder à *real*, irrompe inevitavelmente um conflito que é impossível evitar e no qual, mais dia menos dia, a constituição escrita, a *folha de papel*, sucumbirá necessariamente, perante a constituição real, a das verdadeiras forças vitais do país."[7]

Ainda que pareça simplista, tal concepção traz consigo a idéia de que se a ordem jurídica maior não possuir autonomia, "seria um mero instrumento escrito com o objetivo de coagir condutas através da ameaça de punições".[8]

Em contrapartida a essa visão do ordenamento jurídico, conforme mencionado acima, é de se destacar a concepção positivista sobre o tema, a qual nega a existência de qualquer direito além da ordem jurídica posta pelo Estado, em contraposição às formulações jusnaturalistas e outras não formais, considerando a norma como sendo o prisma explicativo (*Deutungshema*) da realidade jurídica.

Tais considerações preliminares acerca da concepção de Constituição e ordenamento jurídico, sob algumas das óticas destacáveis da ciência jurídica, são de suma relevância para que se possa proceder estudo criterioso sobre o tema da interpretação constitucional. Nesse sentido, ao analisar tais concepções tendo como pano de fundo a discussão sobre métodos de interpretação, Willis Santiago Guerra Filho tece alguns comentários de enorme valia para este trabalho. Assevera o autor que "Uma das primeiras e mais sérias reflexões sobre o constitucionalismo, ainda hoje revestida de fundamental importância, deve-se a Ferdinand Lassale, e parte, exatamente, dessa distinção entre a constituição como documento, escritura jurídica, e como expressão das relações de poder e de fato existentes na sociedade, uma força atuante que determina as leis e institutos jurídicos dessa sociedade de uma forma tal, que elas não podem deixar de ser, por obra daquele documento, como efetivamente já são".[9] Pois bem. Colocando em contraposição justamente a compreensão de Lassale com a concepção positivista, o referido autor considera que: "(...), em ambos sentidos têm-se conceitos de Constituição infrutíferos, que tiram a ela (interpretação constitucional) qualquer importância, pois tanto uma constituição que é mero *flatus vocis* como aquela que se limite a descrever a ordem fundamental vigente na sociedade, mostram-se como perfeitamente inúteis e dispensáveis, correspondendo respectivamente, na conhecida classificação de Loewenstein, às Constituições 'nominalistas' e 'semânticas'".[10]

E continua Guerra Filho: "O importante na identificação desses dois extremos é a possibilidade de elaborar uma solução de compromisso, pela qual se chega ao conceito de uma "Constituição normativa", como aquela que realmente regula o processo político ao ser adotada efetivamente como critério para julgar a legalidade (ou ilegalidade) das relações de poder existentes, o que se não leva a modificar diretamente a realidade, não deixa de ser um fator de grande influência mediata para modificá-la. Nesse sentido, a constituição aparece não só como o resultado do jogo daquelas forças, mas principalmente condicionando-os, que vai depender, em grande parte, da circunstância dela já trazer estabelecidos em seu próprio bojo os requisitos necessários à sua realização e efetivação". E, por fim, o autor conclui que: "(...) Trata-se, portanto, de uma via de acesso a modificações sociais através das instituições e com o seu fortalecimento, o que se torna de extrema necessidade em uma época como a nossa, onde o apa-

7. Ob. cit., p. 47.

8. Idem, p. 10.

9. Willis Santiago Guerra Filho, "Metodologia jurídica e interpretação constitucional", *Revista de Processo* 62/134, Ed. RT, ano 16, 1991.

10. Idem.

rato da defesa estatal se encontra armado a um ponto que inviabiliza as revoluções populares, vistas no passado como a forma de resgatar a legitimidade e a normatividade do ordenamento jurídico, dando-lhe uma constituição em consonância com os anseios de transformação da sociedade".

É justamente isso que se busca no presente trabalho. Quer se outorgar ao texto constitucional os verdadeiros ditames coativos para a convivência em sociedade e, em específico na Constituição brasileira, a concretização de seu objetivo precípuo contido no seu Preâmbulo,[11] que é a efetiva construção de um Estado Democrático de Direito, através da compreensão da problemática político-econômica e social relacionada a um dos bens jurídicos da mais alta relevância, chamado *informação*.

Para tanto, mister se faz interpretar a Constituição Federal. Dentre as várias formas de interpretação constitucional existentes — método hermenêutico clássico (Kelsen), método tópico problemático (Viehweg), método hermenêutico concretizador (Hesse) e metódica jurídica normativo-estruturante (Müller) — adotar-se-á o método de interpretação constitucional proposto por Canotilho.

Para a melhor compreensão desse método, traz-se à colação a lição de Maria de Lourdes Seraphico Peixoto da Silva que, de maneira sintética, apresenta noção da lição hermenêutica do eminente constitucionalista português:

"Interpretar uma norma constitucional é atribuir um significado a um ou vários símbolos lingüísticos escritos na Constituição com o fim de se obter uma decisão de problemas práticos, normativo-constitucionalmente fundada.

Interpretar é a busca do Direito contido na lei constitucional escrita. Tal implica uma atividade complexa que se traduz na adscrição de um significado a um enunciado ou disposição lingüística, sendo o significado lingüístico o produto do ato de interpretar.

Para concretizar a Constituição faz-se necessário um processo de densificação de regras e princípios constitucionais.

O processo vai do texto da norma ou seu enunciado normativo para uma norma concreta — norma jurídica — que, por sua vez, será resultado da solução de casos jurídico-constitucionais. Só com a norma de decisão temos o resultado final da concretização.

Densificar uma norma significa preencher, completar e precisar o espaço normativo de um preceito constitucional, carecido de concretização, para tornar possível a solução de casos concretos.

Por programa normativo entende-se uma medida de ordenação expressa mediante enunciados lingüísticos. Por setor ou domínio normativo entende-se a constelação de dados reais. Não se concebe uma norma desvinculada da realidade.

Texto Normativo é qualquer documento elaborado por uma autoridade normativa, constituindo uma fonte de direito, um conjunto de enunciados do discurso prescritivo.

Já o âmbito de proteção significa a delimitação intencional e extensional dos bens, valores e interesses protegidos por uma norma.

Espaço de interpretação é o âmbito dentro do qual o programa normativo se considera ainda compatível com o texto da norma.

O programa normativo tem uma função de filtro, em relação ao domínio normativo, limitando negativamente e como determinante positiva de domínio normativo. Esse filtro separa fatos e os efeitos normativos dos fatos que por extravasarem desse programa não pertencem ao setor normativo.

11. Conforme leciona a Profa. Maria Garcia nas aulas ministradas na Escola Superior de Direito Constitucional: "Preâmbulo — não é comando, mas sim um compromisso relacionado àquilo que a Constituição deve consagrar. Serve de reforço para uma interpretação constitucional".

O espaço da interpretação (âmbito de liberdade de interpretação do aplicador concretizador das normas constitucionais) tem o texto da norma como limite.

Só os programas normativos que se consideram compatíveis com o texto da norma constitucional podem ser admitidos como resultados constitucionalmente aceitáveis derivados da interpretação.

Vale considerar que há um espaço de decisão que a norma não cobriu e, portanto, quanto maior esse espaço maior a possibilidade de interpretação conforme a Constituição, que leva à manutenção da norma.

Quanto menor for esse espaço, menor será a possibilidade de interpretar conforme a constituição e, portanto, levará à eliminação da norma.

Nessa linha de raciocínio, levada a efeito por Canotilho, vê-se uma relação com as posições de Hesse e Müller.

É o próprio Canotilho que o manifesta afirmando que algumas premissas teoréticas e metodológicas da metódica jurídica-estruturante de Müller são acolhidas por ele.

A norma não compreende apenas o texto, antes abrange um "domínio normativo", isto é, um "pedaço de realidade social" que o programa normativo só parcialmente contempla. Conseqüentemente a concretização normativa deve considerar e trabalhar com dois tipos de elementos de concretização: com os elementos resultantes da interpretação do texto da norma elemento literal da doutrina clássica, e com outro elemento o de concretização resultante da investigação do referente normativo (domínio ou região normativa).

Num ordenamento jurídico dotado de Constituição escrita, como ordem fundamental do Estado pressupõe-se como ponto de partida da tarefa de concretização-aplicação da norma constitucional:

1. A consideração da norma como elemento primário do processo interpretativo.

2. A mediação (captação, obtenção) do conteúdo (significado, sentido, intenção) semântico do texto constitucional, como tarefa primeira da hermenêutica jurídico-constitucional; e

3. O processo concretizador da norma constitucional começa com a atribuição de um significado aos enunciados lingüísticos do texto.

Tudo isto não significa que o texto ou a letra da lei constitucional contenha já a decisão do problema a resolver.

Deve-se considerar que não se dispensa a averiguação do conteúdo semântico da norma. Também o fato de que a norma constitucional não se identifica com o texto, e que a delimitação do âmbito normativo, feita mediante atribuição de um significado à norma deve ter atenção para elementos de concretização relacionados com o problema carecido de decisão."[12]

Antes que se prossiga adiante na tarefa de concretização da norma constitucional relativa a comunicação social, faz-se oportuna a citação de dois notáveis comentários acerca da matéria. O primeiro deles é de Paulo Bonavides que, ao discorrer sobre a evolução da matéria hermenêutica constitucional, afirma que: "Como as Constituições na sociedade heterogênea e pluralista, repartida em classes e grupos, cujos conflitos e lutas de interesses são os mais contraditórios possíveis, não podem apresentar-se senão sob a forma de compromisso ou pacto, sendo sua estabilidade quase sempre problemática, é de convir que a metodologia clássica tinha que ser substituída ou modificada por regras interpretativas correspondentes a concepções mais dinâmicas de método de perquirição da realidade constitucional".

O segundo comentário é de Willis Santiago Guerra Filho, que assevera: "E certo que não se pode admitir, nesse terreno, qualquer pretensão a uma interpretação 'mais

12. Maria de Lourdes Seraphico Peixoto da Silva, "Considerações a respeito da interpretação da norma constitucional. O papel da pré-compreensão", São Paulo, *Caderno de Direito Constitucional e Ciência Jurídica* 28/66, 67 e 68.

correta', isto é, verdadeira, verificável por sua correspondência a dados empíricos ou deduzidos de uma ordem objetiva e suprapositiva de valores. Ao mesmo tempo não se pode ir ao extremo oposto, atribuindo à hermenêutica jurídica apenas a tarefa de apontar os diversos significados possíveis de uma norma ou de uma constelação delas, pois cabe a ela também fundamentar a opção por um desses significados, com fatos e valores consagrados em normas de maior grau que se puder relacionar em apoio".

E continua o mesmo autor: "Seu texto (o texto constitucional) é como uma obra aberta, que ao ser interpretado se atribui a significação requerida no presente, levando em conta a Constituição em seu sentido empírico".

Isso posto, é preciso restar claro que não se quer aqui propor uma situação de mutação constitucional (alteração do próprio programa normativo por via da interpretação), algo possível no sistema constitucional norte-americano, por exemplo. O que se quer é concretizar a norma constitucional através do método de interpretação acima apresentado, em consonância com os princípios, conceitos e elementos hermenêuticos relacionados, de forma a fazer com que a Constituição Federal seja ao mesmo tempo uma constituição *real* (no conceito apresentado por Lassale) e que sirva de instrumento de transformação da realidade brasileira (conforme preleciona Willis Santiago Guerra Filho).

Parte 4 — ***Da interpretação do art. 220, § 5º, da Constituição Federal pelo método de Canotilho***

Diz o art. 220, § 5º, da Constituição Federal: "Art. 220. A manifestação do pensamento, a criação, a expressão e a informação, sob qualquer forma, processo ou veículo não sofrerão qualquer restrição, observado o disposto nesta Constituição; (...) § 5º. Os meios de comunicação social não podem, direta ou indiretamente, ser objeto de monopólio ou oligopólio".

Para que se cumpra adequadamente a proposta de realizar a tarefa de atribuir um sentido à norma constitucional, através do processo de densificação, que parte do enunciado normativo para uma norma concreta — método proposto por Canotilho —, é mister que se faça a identificação de seus principais componentes. Dentre eles estão: (1) o texto normativo/enunciado normativo, (2) programa normativo, (3) setor/domínio normativo, (4) âmbito de proteção e o (5) espaço de interpretação.

Capítulo 1 — Texto normativo

O texto normativo a ser analisado pelo presente trabalho será especificamente o § 5º, do art. 220 da Constituição Federal brasileira transcrito acima: "§ 5º. Os meios de comunicação social não podem, direta ou indiretamente, ser objeto de monopólio ou oligopólio".

Capítulo 2 — Programa normativo

Entende-se por programa normativo a medida de ordenação expressa mediante enunciados lingüísticos. A lingüística trata da relação entre a linguagem e a lógica.

Na lição de Lourival Vilanova, a linguagem é o veículo do Direito. Dessa forma, é essencial para sua interpretação. Para que se faça o estudo da linguagem de um *texto normativo*, como o acima destacado, a fim de definir seu programa normativo, é preciso proceder a uma análise baseada na semiologia ou semiótica, pela qual, como ensina Paulo de Barros Carvalho, se destaca por três planos de investigação, a saber: o *sintático* (sintaxe), parte da semiótica que estuda a disposição das palavras (signos) em uma frase, bem como as frases contidas dentro de um discurso; da *semântica*, que tem por objeto o vínculo do signo com a realidade que o exprime; e o *pragmático*, visando captar o conceito prático contido no texto, analisando a relação entre o signo com o seu utente. É através da semiótica, portanto, que se procede o estudo dos signos, suas mudanças ou traslados sofridos no tempo e no espaço, visando alcançar seu exato significado.

Visando proceder à definição do *programa normativo*, o intérprete deve fazer uso dos métodos clássicos de interpretação, tendo como instrumentais os elementos hermenêuticos a seguir apresentados.

Seção I — Elemento filológico

Trata-se da análise literal, gramatical ou textual do *texto normativo*.

Nesse sentido, prescreve o § 5º do art. 220 da Constituição Federal, que *os meios de comunicação social*, seja qual for a compreensão dada a essa expressão ao longo da história pelo ordenamento jurídico brasileiro e pela sociedade brasileira, compreensão essa que ficará mais clara quando se proceder o estudo histórico-evolutivo e sistemático dessa expressão, somado aos elementos de síntese e coloquialidade, *não podem ser direta ou indiretamente*, trata-se de comando negativo quanto a possibilidade direta ou indireta de algo, *ser objeto de monopólio ou oligopólio*, da mesma forma, por se tratar de expressão em certa medida técnica, é preciso que, além do aspecto gramatical, proceda-se investigação através dos elementos lógico, histórico-evolutivo e teleológico, para alcançar seu significado.

Seção II — Elemento lógico (sistemático)

Ao se interpretar a Constituição deve-se ter em mente que os dispositivos nela contidos não se encontram isolados. Significa dizer, que o enunciado contido num artigo constitucional deve ser compreendido em consonância com os demais.

Como o presente trabalho tem por objeto dar sentido a uma norma contida em um parágrafo e visando ordenar tal empreitada, usar-se-á a seguinte metodologia: (i) inicialmente a intelecção será desenvolvida em conjunto com o *caput* desse dispositivo, bem como com os demais artigos do seu Capítulo da Comunicação Social, (ii) num segundo momento, analisar-se-á sobre o prisma do Título Constitucional em que se insere o referido texto normativo, para que então, posteriormente, (iii) se leve em consideração todo o espectro constitucional inerente ao tema abordado.

(i) Segundo José Cretella Jr.,[13] "Comunicação social é a exteriorização do pensamento humano que, por qualquer meio, se projeta no mundo e apresenta interesse para o mundo jurídico. Manifestando o pensamento, o ser humano transmite mensagens, na qualidade de fonte emissora, que se dirige a outro(s) ser(es) humano(s), a fonte receptora, que capta o sentido da informação transmitida. O processo ou veículo da transmissão da mensagem é o som, a vogal, o conjunto de vogais e consoantes, o sinal, o gesto, a mímica, o tambor, a fumaça, o grito, a música, a palavra escrita. Desse modo, a comunicação e a informação passam a desempenhar papel de grande significado, no campo da comunicação social. Primeiro o pergaminho, o papiro, o papel, o livro, depois a imprensa, o telégrafo, o rádio, a televisão, o fax, meios esses que despertaram a atenção do educador e do legislador, sendo objeto de disciplinação didática e jurídica".

Do *caput* do art. 220 da Constituição Federal se extrai que a manifestação do pensamento, a criação, a expressão e a *informação*, processo ou veículo, não sofrerão restrições nos termos dessa Constituição.

Da leitura de tal dispositivo, ainda que se destaque uma série de objetos jurídicos salvaguardados pela Constituição (manifes-

13. J. Cretella Jr., *Comentários à Constituição 1988*, v. 8, 1ª ed., Rio de Janeiro, Forense Universitária, 1993, pp. 4.490-4.491.

tação de pensamento, criação etc.), é possível destacar-se dois conceitos principais que dão substrato ao referido *caput* e exprimem a essência do texto: a garantia à liberdade de *informação* e a não interferência nos veículos de informação, sejam eles institucionais ou não.

O primeiro é princípio constitucional dos mais valiosos, peça chave, condição *sine qua non* da formação de um Estado Democrático de Direito. Está contido e resguardado por todo o texto constitucional, seja implicitamente, seja expressamente, nos termos do art. 5º, incs. IX e XIV, bem como do próprio *caput* do art. 220 ora suscitado.

É na *informação* que se encerra o exercício da cidadania, a maturação de uma nação, é com ela que se vive o direito em sociedade e nela que se sustenta a Democracia.

Obviamente que a leitura de tal dispositivo deve ser feita de maneira integral. Significa dizer, que tal informação não pode ser integralmente desregulada, dada a parte final do *caput* do art. 220 da Constituição Federal.

Isso porque, nos termos do próprio art. 220, em seus demais parágrafos e do art. 221 da Constituição Federal, é necessário que se observe, quando da apresentação da *informação*, critérios mínimos que garantam a preservação da ética e da moral, em defesa da instituição familiar (sem, com isso, ressalte-se, atribuir a tal norma uma visão moralista, ultrapassada e autoritária) – art. 220, § 3º e art. 221, inc. IV da Carta de 1988 –, bem como os princípios que devem informar a programação exibida à luz das finalidades educativas, artísticas, culturais (nacionais e regionais), informativas, de regionalização e integração nacional – art. 221, incs. I, II e III da Constituição Federal.

O outro conceito principal da norma em análise é o de não restrição aos veículos de *informação* que, por sua vez, detém a concessão para prestação de serviços de comunicação social, mais especificamente os de radiodifusão sonora e de sons e imagens. Vale comentar, por oportuno, que a *informação* é um direito garantido a todos pela nossa Constituição Federal. Todavia, a prestação do serviço que enseja o trespasse da *informação* é uma prerrogativa do poder público, que pode realizar diretamente ou através de autorizações, concessões ou permissões.

Especificamente no que diz respeito ao disposto no art. 220, § 5º, ainda que se possa considerar como veículo de *informação* todo aquele que transporta *informação*, seja o rádio, a televisão, o jornal, o telefone, telex, a carta, e até o cidadão, nos termos apresentados por J. Cretella Jr. acima e, apesar de o comando contido na norma se aplicar indistintamente a todos eles, o que se nota do capítulo da Comunicação Social é que esse refere-se essencialmente aos veículos de informação escrita, sonora e de sons e imagens, uma vez em nenhum dos artigos desse Capítulo se faz qualquer tipo de menção aos meios de telecomunicações.

No que diz respeito aos veículos de *informação* escrita, aplicam-se, de maneira direta, as regras do *caput* do art. 220 da Constituição Federal e, mais especificamente o § 6º de tal artigo, que prevê que "A publicação de veículo impresso de comunicação independe de licença de autoridade", bem como o § 5º, acima transcrito.

Quanto aos veículos de *informação* sonora, pode-se dizer serem aplicáveis diretamente as regras do *caput* do art. 220 da Carta Magna, bem como o disposto no seu § 5º.

Não obstante o fato de o art. 220 *caput* e seu § 5º serem aplicáveis aos veículos de *informação* escrita e sonora, por estarem inseridos no conceito de comunicação social extraível da Constituição, o presente trabalho abordará basicamente a aplicação desses dispositivos em face dos veículos de *informação* de sons e imagens comerciais ("radiodifusoras comerciais"). Entretanto, vale reiterar que, por se aplicarem os mesmos dispositivos constitucionais a todos os tipos de veículos de informação contidos na definição da comunicação social (extraível pelo método interpretativo), a grande maioria dos comentários que se fará aqui, acerca dos veículos de *informação* de sons e imagens, aplicar-se-á aos demais.

Se não pode haver restrição à *informação*, diz o texto constitucional em análise, que também não pode haver restrição aos veículos que transportam essa *informação*. Nesse aspecto, assim como na análise dos conceitos relacionados à *informação*, quando se fala em restrições aos veículos de *informação*, é preciso que se verifique os demais dispositivos a ela relacionados.

Em primeiro lugar, deve-se mencionar a não restrição aos veículos de *informação* relativamente ao conteúdo das *informações* por eles prestados, de maneira prévia, ou seja através da censura. Significa dizer que, diferentemente do que existia no passado, não pode haver intervenção nos veículos de *informação* de forma a realizar censura prévia a uma dada programação.

Além disso, e finalmente se chega ao § 5º do art. 220 da Constituição Federal, "os meios de comunicação social não podem ser objeto de monopólio ou oligopólio", pois, nesse caso, deverá intervir a norma. Isso porque, conforme se verá mais adiante, a Constituição encerra um objetivo maior, contido no seu preâmbulo, que é a formação de um verdadeiro Estado Democrático de Direito, e, para isso, o "monopólio dos meios de comunicação", no sentido que este trabalho pretende lhe atribuir, é indubitavelmente impeditivo para a consolidação de tal meta.

É o que preleciona Artur Machado Paupério,[14] citado por Francisco Régis Frota Araújo ao dizer que: "O Estado, como árbitro do bem comum temporal, pode intervir muitas vezes para colocar as coisas nos seus devidos lugares. Às vezes, esse direito é até um dever. Se o Estado cruza os braços diante dos trustes, por exemplo, ele está desservindo ao bem público".

(ii) Continuando a tarefa de definição do programa da norma, através do elemento hermenêutico lógico (sistemático), é preciso que se faça uma análise do disposto no § 5º, do art. 220, inserido no Capítulo Constitucional da Comunicação Social, tendo em vista sua inclusão no Título Constitucional da Ordem Social.

Primeiramente, é sabido que as Constituições, em sentido geral, por retratarem, ou deverem retratar, os fatores reais de poder "contemporâneos" e, além disso, atribuindo-lhes o papel de transformadores de uma dada realidade, podem refletir em seu bojo uma natureza mais liberal, ou mais social, dependendo dessas duas características apresentadas.

É que, por razões sócio-políticas, o conteúdo da Constituição pode ser liberal ou social, ou, como no caso brasileiro, em alguns momentos liberal (quando trata dos temas inseridos na Ordem Econômica) ou social (quando trata dos temas inseridos na Ordem Social).

Não se quer dizer com isso que se tratam de duas situações constitucionais herméticas, que não se interrelacionam, pois isso seria contradizer o próprio elemento sistemático da Constituição; todavia, cada um desses Títulos tem suas características peculiares, conforme se verá.

Em segundo lugar, vale destacar sobre esse tema, que a matéria atualmente contida no Capítulo da Comunicação Social, historicamente, sempre esteve inserida no Título da Ordem Econômica e, posteriormente, no da Ordem Econômica e Social (tal fato será mais bem elucidado quando da análise histórico-evolutiva da norma).

Feitos tais comentários, passa-se à análise sistemática do dispositivo do art. 220, § 5º, em relação ao Título onde está inserido "Ordem Social" em comparação ao Título da Ordem Econômica.

Dispõe o art. 193 da Constituição Federal: "Art. 193. A ordem social tem como

14. Artur Machado Paupério, *Teoria do Estado Democrático*, Rio de Janeiro, Ed. Presença, 1968, p. 74, in Francisco Régis Frota Araújo, "Fundamentos jurídicos da ordem econômica e social do direito positivo brasileiro", *Revista Forense* 281/506.

base o primado do trabalho e como objetivo o bem-estar social e justiças sociais".

Ainda que pareça redundante tal afirmação, mas por razões justificáveis, denota-se o caráter eminentemente social dos ditames orientadores da Ordem Social. Sua base se sustenta no "primado do trabalho", decorrente das conquistas sociais dos trabalhadores em 1930. Seus objetivos são o bem-estar social e a justiça social, orientados pelo fundamento constitucional da dignidade da pessoa humana, bem como pelos direitos universais da liberdade e da igualdade.

Deve-se dar a cada indivíduo o que esse merece por dignidade. Um exemplo disso é a renda vitalícia provida pela Previdência Social para aquele que nunca contribuiu com o Instituto Nacional da Previdência Social. Em tese, esse indivíduo não deveria receber nada, mas como se trata de um ser humano, prevalece a observância à dignidade humana.

Nota-se que a base e os objetivos aí contidos basicamente se referem a garantias inerentes à pessoa humana que, em última análise, é quem recebe as *informações* geradas pelos veículos de *informação*. Por outro lado, tais ditames não servem para regular tais veículos enquanto pessoas jurídicas atuando no "mercado da *informação*". Nesse sentido, é preciso se valer de alguns conceitos contidos na Ordem Econômica e aplicá-los em conjunto com tal base e objetivos da Ordem Social.

Em primeiro lugar, é preciso considerar que os concessionários de serviços de radiodifusão sonora e de sons e imagens são empresas e, portanto, pessoas jurídicas devidamente constituídas. Além disso, tais empresas competem entre si, na busca de alcançar um maior índice de audiência, em última análise para fins econômicos, se considerada sua natureza eminentemente capitalista. É que quanto maior seu índice de audiência, maior o valor do espaço publicitário de seus espaços de comunicação.

Nesse sentido, se por um lado é preciso garantir a livre concorrência nesse "mercado", por outro, em face do bem jurídico manuseado por essas empresas — *informação* —, é preciso que haja efetiva regulação, uma vez que a ação de informar é função pública (no sentido de interesse de toda a sociedade). Assim, tal concorrência deve ser regulada através de mecanismos infraconstitucionais, garantidores da livre concorrência, sem prejuízo da *informação*.

No que diz respeito ao princípio da livre iniciativa, seu efeito prático é relativo, ainda que também aplicável no âmbito da Comunicação Social/Ordem Social, notadamente na área de serviços de radiodifusão sonora e de sons e imagens, na medida em que só podem prestar esses serviços àqueles que obtiverem do Poder Público o ato de outorga da prestação concedido pelo Poder Público e, nesse sentido, difícil imaginar que alguém constitua uma pessoa jurídica sem deter previamente tal concessão.

O que se denota, portanto, é a peculiar situação em que ora se encontra a Comunicação Social no Brasil, inserida atualmente no Título individual da Ordem Social. Como conseqüência de tal constatação, parece correto afirmar-se que, ainda que se apliquem sistematicamente princípios da Ordem Econômica à matéria relacionada à Comunicação Social, deve-se privilegiar os objetivos inerentes à Ordem Social, destacados pelo bem-estar e justiça sociais. O que, para fins do presente trabalho, significa que os aspectos relacionados à proteção da *informação* (natureza social) devem sobrepujar-se àqueles relacionados à regulação do seu "mercado" (natureza econômica).

(iii) Concluindo a tarefa de definição do programa da norma, através do elemento hermenêutico lógico (sistemático), deve-se fazer a interpretação do § 5º, do art. 220, inserido no âmbito global da Constituição Federal, considerando-se, portanto, o conceito de unicidade constitucional.

O preâmbulo da Carta Magna prevê que os representantes do povo brasileiro, reunidos em Assembléia Nacional Constituinte, promulgaram a Constituição Federal para instituir um verdadeiro Estado Democrático de Direito. Trata-se portanto, de comando imperativo da Constituição, desde o seu nascimento até os dias presentes e, enquanto ela estiver vigorando, é de se tornar viva a chama democrática em nosso país.

Com efeito, todos os dispositivos nela contidos devem primar pela celebração do espírito democrático, sejam aqueles que expressamente lhe fazem referência, sejam aqueles no qual esse espírito se faz presente de maneira intrínseca.

O § 5º, do art. 220, da Constituição Federal não pode ser diferente. Pelo contrário, este deve ser o baluarte da democracia brasileira, justamente por se referir diretamente ao bem jurídico dos mais importantes do processo democrático, qual seja, a *informação*.

É necessário, pois, que haja democracia no acesso à *informação*, para que seu conteúdo não seja manipulado. Essa é a finalidade do texto normativo ora analisado. Essa é a finalidade da própria Constituição como um todo. O tema será melhor explorado quando da análise do elemento teleológico no processo de interpretação.

Seção III — Elemento histórico (histórico-evolutivo)

O elemento hermenêutico histórico-evolutivo tem como objeto de análise a história da norma, levando em consideração: (i) qual foi o tratamento legal dado ao longo da história acerca da matéria tratada pela norma, significa dizer, o que foi discutido sobre o seu conteúdo; (ii) qual foi o contexto histórico em que ela foi produzida ao longo do tempo; (iii) qual a história da sua evolução.

(i) É importante deixar claro que a razão pela qual este trabalho apresenta um breve histórico da comunicação social no Brasil, bem como o histórico das Constituições brasileiras, notadamente no que diz respeito à Comunicação Social, foi justamente auxiliar a tarefa de compreensão da norma através do elemento histórico-evolutivo. O mesmo se diga acerca da apresentação histórico-evolutiva da legislação infraconstitucional. O que se quis com isso não foi utilizá-la como explicação da norma constitucional maior, algo que representaria flagrante agressão ao conceito de inicialidade da Constituição.

Com efeito, o que se deve fazer é utilizar-se da narrativa dos fatos que se sucederam ao longo da história brasileira — donde se extrai a relação direta entre a história dos veículos de *informação* e a história político-econômica e social brasileira — e, somar-se à ela, o histórico da legislação constitucional — que tratava muito timidamente do tema comunicação social —, juntamente com a legislação infraconstitucional (principal responsável pela regulamentação da matéria, tendo construído todo um arcabouço de definições e conceitos, de inolvidável valia para a compreensão do funcionamento das atividades relacionadas à comunicação social, ao longo da história, notadamente a radiodifusão de sons e imagens).

Diante do exposto, nota-se que é da leitura das normas infraconstitucionais que se permite ao intérprete definir exatamente qual era a melhor leitura da Constituição vigente à época. Obviamente que hoje já não se pode mais utilizar um dispositivo infraconstitucional do ordenamento anterior, para explicar a norma constitucional atual. Por outro lado, é possível fazer-se uma leitura do histórico constitucional de uma dada matéria, juntamente com as respectivas normas infraconstitucionais, que permite precisar qual era a verdadeira essência da norma à época, de forma a compreendê-la ao longo da história.

Tais fatores (normas infraconstitucionais) são, portanto, imprescindíveis para a correta interpretação dos dispositivos constitucionais contidos no Capítulo da Comunicação Social e no Título da Ordem Social da presente Constituição Federal. É que todos esses elementos agregados oferecem subsídios para se entender a lógica do "mercado de informação", incluindo os dispositivos contidos na legislação infraconstitucional pois, apesar dos conceitos da inicialidade e da coloquialidade, não se pode olvidar ao conhecimento técnico da matéria a que uma norma constitucional — de sensível tecnicidade — diz respeito; do contrário, corre-se o risco de não se fazer a melhor interpretação.

Assim, não é possível traduzir um dispositivo constitucional que trata de monopólio nos meios de comunicação, sem entender como funciona o "mercado da *informação*" no Brasil. Não se pretende, contudo, cunhar o conteúdo da expressão "monopólio" a partir de normas infraconstitucionais, mas sim servir-se delas para simplesmente compreender a dinâmica relacionada ao "mercado da *informação*", por ser este altamente técnico. Portanto, todos os dados apresentados nas "Partes 1 e 2" se fazem necessários para o intérprete da norma que busca a definição de seu programa normativo.

É importante, desde já, registrar a nítida intenção do legislador constitucional e infraconstitucional, ao longo da história brasileira, de coibir práticas tendentes a gerar monopólios ou oligopólios entre os veículos de informação, de forma a se evitar prejuízos a seu acesso e manipulação do seu conteúdo. E, se tomado o Estado brasileiro como representativo, tal intenção/constatação nada mais refletia senão uma preocupação da própria sociedade.

Nesse sentido, ainda que se faça tal análise da realidade histórico-brasileira (também pela leitura da legislação infraconstitucional), não se pode deixar de aproveitar tal legado simplesmente pelo fato de ser "legislação infraconstitucional", para se buscar na Constituição de 1988 uma interpretação condizente com esse histórico sobre tal matéria, visando coibir a formação de monopólios nos meios de comunicação, conforme se denota do art. 12, do Decreto 236/63.

Mesmo que se entenda que um Estado de Direito nasce com a edição de sua Constituição, não se pode ignorar o fato de que uma sociedade organizada, ainda que informalmente, e em constante evolução, já existia onde se sediava dada nação. Portanto, é preciso que se leve em consideração todos os seus costumes e concepções do cotidiano existentes antes da promulgação da Carta Magna, sejam elas juridicizadas ou não, sem o que não há que se falar em interpretação histórico-evolutiva.

(ii) Além disso, se considerado o contexto histórico em que a Constituição Federal de 1988 foi promulgada — recentemente findo o regime militar ditatorial e, conseqüentemente a censura — pode-se compreender todo o Capítulo da Comunicação Social, incluindo o art. 220, sua estrutura e disposição.

Tal artigo despende os seus três primeiros parágrafos apenas com questões ligadas à censura, dado o anseio da sociedade da época em poder se manifestar livremente, sem as garras da ditadura. O referido dispositivo constitucional escancara, portanto, a volúpia do povo brasileiro em poder se expressar. Logo em seguida, trata de aspectos relacionados às atividades dos veículos de *informação*, notadamente aqueles de radiodifusão sonora e de sons e imagens, tendo a questão do monopólio praticamente iniciando a previsão constitucional de tal matéria. Apenas a título de exemplo também relacionado à disposição dos enunciados constitucionais, cite-se o ocorrido com os primeiros Títulos da Constituição (I e II), historicamente ocupados pela organização do Estado e suas atribuições etc., claramente como reflexo de uma visão autoritária estatal e, atualmente, ocupados pelos Princípios Fundamentais e Direitos e Garantias Fundamentais, claro reflexo da natureza mais humanista e menos autoritária da presente Carta Magna.

Se, à época da promulgação da Constituição Federal, a primeira preocupação era a extirpação da censura, seguida da regulação dos veículos de *informação*, agora é preciso concretizar a norma através da adequada compreensão do que é censura, de forma a regular o conteúdo da *informação* nos termos dos princípios aplicáveis à matéria, bem como regulamentar, juridicamente, as atividades dos veículos de *informação*, como forma de dar eficácia aos dispositivos constitucionais.

(iii) Para concluir, é importante registrar que, ao longo da história brasileira, os conceitos relacionados à comunicação apresentaram variações. Se até a Constituição de 1967, salvo a Constituição de 1946, as normas constitucionais que regulavam a matéria relativa à comunicação incluíam nos serviços de telecomunicações aqueles relacionados à telefonia, telégrafo etc., bem como os serviços de radiodifusão, a partir da Constituição de 1988, ocorre uma nítida cisão entre os serviços de telecomunicações e os serviços de radiodifusão sonora e de sons e imagens (sendo o primeiro considerado, a partir de então, e no seu conceito coloquial, como todo o meio de comunicação, excluídos aqueles individualmente tratados pela Constituição, dentre eles a radiodifusão sonora e de sons e imagens).

É que na Constituição de 1967 o tratamento dado a essa matéria era o seguinte: "Art. 8º. Compete à União: XV — explorar, diretamente ou mediante autorização ou concessão: b) serviços de telecomunicações;".

Já a Constituição de 1988 trata o tema da seguinte forma: "Art. 21. Compete à União: XI — explorar, diretamente ou mediante autorização, concessão ou permissão, os serviços de telecomunicações nos termos da lei, que disporá sobre a organização dos serviços, a criação de um órgão regulador e outros aspectos institucionais; XII — explorar, diretamente ou mediante autorização, concessão ou permissão: a) os serviços de radiodifusão sonora e de sons e imagens".

Tal constatação ocorre também em nível infraconstitucional pois, no passado, o Código de Telecomunicações (Lei 4.117/62), que regulamentava a matéria voltada à comunicação e então vigente à época, incluía a regulação dos serviços de radiodifusão sonora e de sons e imagens. Já a Lei Geral de Telecomunicações (Lei 9.472/97) afasta de sua competência tais serviços, justamente em face de tal alteração histórico-evolutiva do tratamento constitucional dado à matéria.

Outrossim, o Capítulo da Comunicação Social, da Constituição Federal de 1988, não faz qualquer menção aos serviços de telecomunicações, mas tão-somente aos veículos de informação escrita e de radiodifusão sonora e de sons e imagens. É por isso que se deve entender, a partir da Constituição Federal de 1988, que os conceitos de veículos de comunicação social ou meios de comunicação social abrangem somente os veículos de informação escrita (empresas jornalísticas) e radiodifusão sonora (rádio) e de sons e imagens (televisão).

Por fim, ainda no que diz respeito ao histórico da Comunicação Social, este tema esteve sempre ligado à construção de um Estado legitimamente democrático. Sua inserção se deu até antes da Constituição Federal de 1988 no âmbito da Ordem Econômica. A evolução tecnológica dos veículos de informação, dentre eles a radiodifusão de sons e imagens, e conseqüentemente o aumento do seu peso social e político dentro da sociedade brasileira, fizeram com que os dispositivos relacionados ao tema da Comunicação Social fossem inseridos no Titulo da Ordem Social, cujos conceitos e princípios são próprios, apesar de se intercomunicarem com aqueles contidos na Ordem Econômica, por questões pragmáticas, nos termos esposados acima e questões históricas, ora destacadas.

Seção IV — Elemento teleológico

Com o elemento teleológico o intérprete busca a definição da finalidade objetiva da norma. Trata-se da análise finalística do dispositivo constitucional.

É, portanto, através da leitura da norma, tendo como instrumento de interpretação o elemento teleológico e como espectro de incidência o *domínio normativo*, que se deve, de uma vez por todas, esclarecer que o disposto no § 5º, do art. 220, da Constituição Federal não visa *unicamente* garantir a livre concorrência entre os meios de comunicação no "mercado da *informação*" (através de uma preocupação meramente societária, coibindo a formação, natural ou não, de monopólios ou oligopólios dos meios de comunicação social), mas sim — e arrisca-se dizer, principalmente — resguardar o bem jurídico dos mais importantes para a concretização da democracia, a *informação*. O que se pretende, portanto, é garantir a democracia no acesso e conteúdo da *informação*, como forma de coibir o seu monopólio,[15] que enseja a sua manipulação, conforme já demonstrado, e se verá ainda quando do estudo do *domínio normativo* dessa norma constitucional, como forma de construção da legítima democracia brasileira, somada a critérios de auto-regulação ética dos meios de comunicação social, adiante esposados.

Nesse sentido, parte-se da questão objetiva do controle da propriedade dos meios de comunicação e da proibição de monopólios ou oligopólios, sejam eles constituídos de maneira natural ou através de operações societárias que outorguem a um ou mais grupos econômicos a condição monopolista ou oligopolista, respectivamente, em face da previsão literal contida na norma, sempre, contudo, observando-se as considerações expostas acima, referentes ao conceito finalístico da norma em análise.

Fica claro, diante de tais considerações, que a preocupação constante do referido dispositivo constitucional não se restringe meramente à garantia da livre iniciativa e da livre concorrência aplicáveis ao campo jurídico em questão. Muito embora seja garantido às empresas concessionárias de serviços de radiodifusão sonora e de sons e imagens a incidência de tais princípios relativos à *Ordem Econômica* deve-se, mais uma vez, ressaltar que a *Comunicação Social* está contida no Título da *Ordem Social*, não por outra razão senão pela natureza sócio-política do bem jurídico — *informação* — "manuseado" pelos protagonistas desse dito "mercado da *informação*".

É diante de tal constatação, portanto, que se inserem e incidem os princípios inerentes à *Ordem Social* de construção de um Estado socialmente justo, no qual os cidadãos tenham direito ao livre e verdadeiro acesso a *informação*. E, se esse acesso se dá através dos meios de comunicação, que seja feito sob condições autênticas e democráticas, condições essas que fundamentam a regulação desse mercado, seja no que diz respeito ao controle da propriedade dos meios de comunicação social — comando expresso constitucional (incluindo aspectos de participação cruzada) — seja no que diz respeito aos controles eficazes dos índices de audiência através do processo de outorga de concessões para a prestação dos mencionados serviços de radiodifusão sonora e de sons e imagens, como forma de concretização da norma constitucional.

Capítulo 3 — Domínio normativo

É fato que os dispositivos constitucionais possuem um significado implícito. Não se deve interpretar a Constituição tendo em vista somente o que nela está expressamente dito mas, também, o que é dito implicitamente, utilizando-se, para tanto, conceitos extraídos da própria Constituição e do mundo fenomênico, visando à adequação lógico-sistemática da norma. Aqueles conceitos existentes na própria Constituição são identificáveis através dos elementos hermenêuticos acima destacados, constituindo, pois, o seu *programa normativo*. Na defini-

15. Monopolizar no seu conceito coloquial significa: "desfrutar em caráter exclusivo; tomar exclusivamente para si", *Dicionário Aurélio*.

ção do *domínio normativo*, entretanto, são utilizados justamente os elementos reais contidos na norma captados no mundo fenomênico.

O que se pretende esmiuçar nesse Capítulo são todos os fatos da realidade brasileira, implicitamente contidos na dicção da norma constitucional, que indicam a necessidade de sua adequada concretização. A relação entre os agentes que compõem a *Comunicação Social* brasileira e os fatos da nossa realidade, a influência nas decisões do cotidiano brasileiro, sejam elas de grande repercussão nacional ou não, bem como a apresentação da mídia televisiva brasileira na expressão mais atual e capitalista e as conseqüências dessa situação no consumo de *informação*. Além disso, os aspectos da manipulação, às vezes intencional, às vezes reflexo do próprio sistema capitalista, serão igualmente tratados. Alguns desses fatos, diga-se, já foram objeto de comentários nas Partes 1 e 2 deste trabalho.

Seção I — Realidade dos veículos de comunicação social brasileiros

Como se sabe, nos dias atuais, são os veículos de comunicação social que constituem a fonte de *informação* da sociedade industrial capitalista. Por meio de métodos tecnológicos de uma última geração oferecem *informação* em escalas gigantescas sobre conflitos nascidos de interesses econômicos, políticos e sociais.

Com o nascimento da televisão, tal meio de comunicação passou a ser o portador da *informação*, seja lá qual fosse, e a comunicação social escrita continuou a exercer o seu papel, mas, progressivamente, em menor escala.

Atualmente, toda a *Comunicação Social*, e suas empresas capitalistas, está sujeita à interferência política do Estado, dos partidos políticos ou grandes grupos econômicos (grandes corporações), por meio de pressões econômicas.

Nas sociedades democráticas, portanto, essas tensões, uma vez detectadas, não desaparecem, mas tendem a ser controladas pela regulação do Estado, através de normas infraconstitucionais da Comunicação Social, bem como pela ação crítica de jornalistas ou de grupos atuantes na defesa da liberdade da *informação*, além da atuação da própria sociedade.

Nos dias atuais, diante da situação crítica em que se encontra o Poder Judiciário brasileiro — quer em face da sua morosidade, quer em função de uma legislação que precisa ser atualizada, ou ainda, em face da mentalidade equivocada de grande parte da população brasileira no que tange ao seu uso — os meios de comunicação social, notadamente a televisão (canais abertos), têm se tornado efetivamente uma "Quarta Força", capaz de eleger culpados, punir, absolver, obter informações por meios ilícitos, atuando, em alguns casos, com absoluta falta de ética, sem que haja qualquer contraposição a tal situação. São forças com um poder gigantesco nas mãos, capazes de eleger vítimas e heróis.

Destaque-se, ainda, seu papel relevante no processo de produção normativa, servindo, muitas vezes, de palco para as verdadeiras discussões acerca dos rumos da vida em sociedade, em substituição às casas legislativas brasileiras.

Esse é o "poder da *informação*", extremamente vital numa época em que somente sobrevive o cidadão "bem informado" ou "bem manipulado".

Diante dessa situação, o que se dirá das emissoras que atingem enormes picos de audiência durante os dias da semana?[16] São verdadeiros ordenadores de códigos de conduta para o povo brasileiro através de *infor-*

16. Tome-se como exemplo os programas "Jornal Nacional da Rede Globo" (uma *quasi*-instituição político-informativa) durante toda a semana, no horário nobre, e o Domingo Legal do Gugu, com seu show de bestialidades (uma *quasi*-instituição do entretenimento da televisão brasileira).

mações por vezes distorcidas. O que os grandes grupos da radiodifusão "decretam", praticamente se torna "lei" para a grande maioria da população, carente de um sistema educacional decente.

Além disso, na ânsia de conseguir maiores índices de audiência, para fins meramente econômicos, os grandes grupos de televisão, ao invés de informar o cidadão, deixam a posição de meros transportadores da opinião e passam a ser protagonistas dela.[17]

É preciso, portanto, criar mecanismos eficazes no combate a tal situação, o que é perfeitamente plausível, através da simples concretização da norma constitucional. Este é o escopo do presente trabalho.

Seção II — Problemática relativa ao controle dos meios de comunicação social

A distorção da *informação* está freqüente e intimamente ligada ao problema do abuso de poder. Tal situação ficou evidente quando, durante a cobertura das eleições diretas, a Rede Globo, por interesses políticos relacionados ao regime militar, manipulou as informações relativas aos comícios das Diretas, notadamente aquelas referentes ao Comício de 25 de janeiro realizado na Praça da Sé — que foi identificado como uma celebração pelo aniversário da cidade de São Paulo. Ou, em 1989, quando da edição das imagens do debate entre os candidatos à Presidência da República, dando nítida preferência ao candidato Fernando Collor de Mello, em evidente demonstração política de apoio ao ex-Presidente da República. Ambos os episódios têm sido fartamente destacados pelos críticos da imprensa brasileira.

Ora, não se pretende olvidar que as *informações* de caráter relevante apresentadas por um veículo de informação são sempre apresentadas com certa dose de subjetividade. Obviamente que certos tipos de *informação* são objetivas, como o resultado da loteria federal, ou da partida de futebol, ou o índice da Bolsa de Valores; todavia, aquela de natureza sócio-política relevante depende de uma versão. Com efeito, seja a versão do informante, da testemunha ou do denunciante, esta é sempre revestida de preconceitos, interesses e preferências de quem presta a informação. Não há como ser diferente. Trata-se de natureza intrínseca ao ser humano.

Tal fato apresenta importante argumento para a tese da diversidade nos meios de comunicação, sendo descabida a idéia de uma única emissora possuindo parcela dominante da audiência, fazendo com que a população seja informada de maneira unilateral.

Além disso, e dentro desse mesmo cenário monopolista, disserta Eugênio Bucci,[18] em excelente trabalho sobre o tema que, "o grupo que exerce o monopólio fala sozinho no espaço público, sem sofrer contestações e sem conhecer competidores econômicos, o que gera um ambiente propício para distorções deliberadas de informação, sobretudo em época de eleições. Os meios de comunicação tornam-se cabos eleitorais. E, como não há outros veículos com igual penetração para contestá-los, as distorções informativas acontecem impunemente; não são identificadas, debatidas, criticadas e condenadas no espaço público".

Eugênio Bucci menciona que: "Uma mentira na televisão brasileira é duplamente grave (é grave em si mesma e é grave porque dificilmente será corrigida em tempo por outros meios de igual penetração). A televisão monologa no Brasil e, estando

17. Vide o caso famoso ocorrido no Rio de Janeiro, quando um assaltante seqüestrou um ônibus e, pela presença da imprensa, influenciando o bandido, bem como a ação da polícia, o desfecho da situação foi desastroso. Outro caso famoso é o da Escola Base.

18. Eugênio Bucci, *Sobre a Ética e a Imprensa,* São Paulo, Cia. das Letras, 2000, pp. 138-139.

vinculada aos interesses políticos das famílias oligárquicas de várias regiões do País, deforma o espaço público. Assim é que as distorções deliberadas cometidas pelas emissoras de TV, encorajadas pelo exercício prático dos monopólios regionais e pelos oligopólios nacionais, configuram também abuso de poder. A existência de monopólios, as distorções deliberadas e o abuso de poder não são um problema ético exclusivo dos jornalistas, mas de toda a sociedade. Os jornalistas sozinhos são impotentes para resolvê-lo. Os donos dos meios de comunicação, em geral, não têm interesse nisso".

Seção III — A concepção neocapitalista sobre a informação e a relação entre mídia e entretenimento

Não obstante as considerações anteriores, na sociedade capitalista dos dias atuais o cidadão é visto sempre, em última análise, como um consumidor. No que tange à *informação*, como não poderia deixar de ser, o cidadão também representa apenas um consumidor. O mesmo ocorre quanto à política. Nos termos de uma relação de consumo, ele "consome" propostas administrativas, como se fossem compras realizadas com seu voto.

Diante de tais fatos, é possível dizer que, se no passado, o paradigma da independência nos meios de comunicação se confundia com a independência da empresa jornalística em relação a seus anunciantes e aos governos — bastava que a empresa não tivesse dependência econômica para que os seus jornalistas desfrutassem de liberdade para apurar o que fosse de interesse público — atualmente, é preciso, além disso, que as atividades de um conglomerado da mídia não sejam constrangidas pela pressão velada ou explícita dos tentáculos desses mesmos conglomerados que se dedicam ao entretenimento, como por exemplo o grupo econômico AOL Time-Warner.

Do exposto, o que se denota é que a própria dialética acerca da matéria em questão comprova a existência, no Brasil, de grupos que detêm o monopólio dos meios de comunicação e, conseqüentemente, da *informação*, causando prejuízo ao seu conteúdo, fazendo disso um fato real que, dentre outros, como já demonstrado ao longo deste trabalho, compõem o *domínio normativo* da norma e, portanto, devem ser considerados no seu processo hermenêutico.

Capítulo 4 — Âmbito de proteção

Ainda observando a lição de Canotilho, para realizar a formulação da norma é preciso definir seu *âmbito de proteção*, que significa a delimitação intencional e extensional dos bens, valores e interesses protegidos por uma norma.

Não se quer com isso provocar mutações constitucionais em decorrência da interpretação da norma, o que significaria a revisão informal do compromisso político plasmado na Constituição.

No que diz respeito à delimitação intencional dos bens, valores e interesses protegidos, entende-se que é preciso observar o texto normativo e seus comandos expressos. Nesse sentido, no caso do art. 220, § 5º, a interpretação deve guardar relação direta com o comando proibitivo de monopólios ou oligopólios diretos ou indiretos, naturais ou decorrentes de operações de fusões e aquisições, nos meios de comunicação social.

Quanto à delimitação extensional dos bens, valores e interesses protegidos, é possível concluir que no trabalho de interpretação da norma constitucional do § 5º, do art. 220, não se pode transbordar para conceitos que ultrapassem a proteção da *informação* e de sua intenção intrínseca de constituição de um legítimo Estado Democrático de Direito.

Qualquer exercício fora desses conceitos transborda do âmbito de proteção da norma, e, nesse sentido, deve ser ignorado pelo intérprete.

Capítulo 5 — Espaço de interpretação

Espaço de interpretação da norma é o âmbito dentro do qual o programa normativo se considera ainda compatível dentro da norma. É o espaço designado ao intérprete para compreender a norma, tendo o âmbito de proteção como limite.

É preciso considerar que, quanto maior o espaço de decisão que a norma deixou de cobrir, maior é o espaço de interpretação.

No presente caso, o exercício de interpretação até o presente momento realizado decorre justamente da natureza relativamente abstrata da norma analisada — o que é uma característica inerente aos dispositivos constitucionais — dado o seu papel de estruturação do ordenamento jurídico.

Como seu texto normativo é sensivelmente vago, o intérprete deve fazer uso de instrumentais do processo de interpretação para entender a norma, tendo como limite os elementos do âmbito de proteção acima assinalados, que indiretamente contemplam o *programa normativo* e o *setor normativo*.

Parte 5 — ***Da concretização da norma constitucional***

Tendo em vista toda a argumentação narrada visando proceder a interpretação de dispositivo constitucional (art. 220, § 5º) e, ciente, portanto, de que a *norma jurídica* a ele atinente promana comandos abstratos expressos e subjetivos e, além disso, como forma de concretizá-la em *norma de decisão* a ser editada, visando a regulamentação do texto constitucional, de maneira que o bem jurídico maior (*informação*) seja salvaguardado no acesso e conteúdo, isenta de manipulação, a fim de construir uma verdadeira democracia, propõe-se como sendo a melhor inteligência da norma, o controle de monopólios de *informação*, considerando-se: (i) as participações cruzadas nos meios de comunicação, (ii) os altos índices de audiência das empresas que atuam no "mercado da *informação*", bem como (iii) o controle de padrões éticos através do ordenamento jurídico e da autoregulamentação.

Capítulo 1 — Da propriedade cruzada

A questão do monopólio de informação pela participação cruzada em empresas relacionadas à *Comunicação Social* é extremamente atual e gera discussões.

Antes de qualquer coisa, é preciso que se defina o conceito de propriedade cruzada relativamente ao tema do presente. Por essa expressão, e de forma simplificada, se entende: a participação societária relevante em mais de uma empresa atuante no "mercado da *informação*", neste caso compreendido como sendo o mercado de atuação das empresas de radiodifusão de sons e imagens.

É que, como forma de definição do espectro de atuação da norma, de forma a precisar quais são os tipos de atividades de comunicação relacionadas à *Comunicação Social* e, conseqüentemente, as restrições de propriedade e outorga de concessão, mister se faz levar em consideração que a Constituição Federal, ao fazer referência aos veículos de informação, especificamente àqueles relativos a *Comunicação Social*, ou seja, àqueles inseridos dentro do respectivo Capítulo, menciona os que transportam a *informação* de forma escrita (entenda-se, jornais, revistas e periódicos em geral), bem como os que a transportam por via de radiodifusão sonora ou de sons e imagens (portanto, através de ondas eletromagnéticas em diferentes freqüências — televisão em UHF E VHF e o rádio).

Eventualmente poderiam ser considerados os serviços de TV a cabo e satélites, atualmente compreendidos como sendo serviços de telecomunicações, que incluem os serviços de telefonia fixa comutada, celular móvel, telex e afins, e que, por sua vez, não fazem parte do escopo da norma constitucional ora interpretada. O mesmo vale para os serviços de valor adicionado (Internet). É que esses últimos também são veículos poderosos de transporte e manuseio de *informação*. Assim, poderiam, em certa medida, ser considerados equipamentos *substitutos* também integrantes do "mercado da *informação*".

É preciso destacar a importância que uma norma infraconstitucional que venha a regulamentar o disposto no art. 220, § 5º deve destinar à questão da propriedade cruzada nos meios de comunicação social, através da proibição de transferências de participações societárias entre os controladores das empresas que prestam o serviço de *informar* ou terceiros interessados, sem a prévia e criteriosa análise do poder público (Poder Concedente). Isso já está relativamente previsto em atos regulamentares do Poder Executivo Federal.[19] É preciso, no entanto, que essa futura e necessária norma infraconstitucional a ser editada estabeleça como critério de habilitação em processo licitatório a inexistência de participação cruzada em outras empresas do "mercado da *informação*", como requisito prévio para a outorga de concessões. Nesse sentido, destaque-se que tal matéria já foi parcialmente regulamentada por Decreto.[20]

Capítulo 2 — Do controle de audiência

Para a adequada concretização da norma constitucional ora analisada deve se considerar a necessidade de estabelecimento de controle de monopólio dos índices de audiência. Diante de tal afirmação é razoável que se faça a seguinte indagação: Por que se faz necessária tal condição e qual o seu fundamento?

Tanto a razão quanto o fundamento estão contidos no *programa normativo* e no *setor normativo* do *texto normativo* em análise.

19. Decreto 52.795/63, arts. 93 a 96

20. Decreto 2.108/96, art. 15, § 1º, *c*, I, e Decreto 236/67, art. 12.

Com efeito, a constatação empírica decorrente da análise da constelação dos fatos reais (*setor normativo*) revela o manuseio impróprio da *informação* pelos meios de comunicação social influenciado por interesses políticos e econômicos, principalmente daqueles que detêm os maiores índices de audiência. Quanto maior é a concentração dos índices de audiência, maiores são os reflexos negativos de eventual manipulação de *informação*.

Some-se a isso, a atual concepção capitalista inserida na sociedade e nos meios de comunicação social que, conforme visto anteriormente, representa elemento natural de manipulação de *informação*. De tal constatação se extrai a relação direta entre a concentração de audiência e a concentração de poder político-econômico de seu detentor, tornando-o instrumento vital para a consolidação da atual mentalidade de consumo, favorecendo, assim, uma situação de "captura" das grandes corporações. Tal fato prejudica a pluralidade de opiniões sobre a nocividade de tal comportamento capitalista contemporâneo.

E mais, some se a necessidade de garantia da pureza da *informação*, como forma de alcançar o estágio de plenitude democrática (extraída através dos aspectos lingüísticos do texto — *programa normativo*).

Pode-se concluir, portanto, que tais constatações justificam e fundamentam a concretização da norma constitucional através de dispositivo infraconstitucional que impeça a concentração de índices de audiência nas mãos de apenas um veículo de informação (monopólio) ou de um pequeno grupo de veículos de informação (oligopólio).

Tal assertiva suscita questionamentos de natureza pragmática: trata-se de algo extremamente delicado falar em controle de monopólio de audiência através da análise de seus índices. Afinal de contas, para aqueles que ainda não aprenderam a viver numa Democracia ou não têm interesse em torná-la uma realidade em nosso País, o tema soa autoritário, sob argumentos baseados na eventual agressão à liberdade de expressão (ato de censura), à livre iniciativa ou à livre concorrência, à censura etc., princípios salvaguardados pela Constituição, sugerindo que o tema pretende realizar uma *mutação constitucional.*

Ora, quando o *texto normativo* da Constituição Federal trata dos monopólios nos meios de comunicação social, trazendo consigo a concepção relativa à vedação ao monopólio de *informação*, o instrumento pelo qual se mede ou calcula a efetiva existência ou não de monopólio de *informação* são os índices de audiência. Os índices de audiência são os instrumentais mais eficazes para se verificar a existência de monopólio na informação.

É que o simples fato de um grupo econômico deter participação cruzada em empresas de comunicação social não significa, necessariamente, que esse grupo detém o monopólio da *informação*. Isso porque, ele pode possuir participação cruzada em empresas que não tenham penetração social suficiente para torná-lo um monopolista da *informação*. Por outro lado, um grupo de comunicação que sequer tenha participação cruzada, pode, sim, deter o monopólio da *informação*. E como se constata tal fato? Tal constatação se dá, justamente, através dos índices de audiência.

Portanto, não adianta mascarar a forma mais eficaz de se alcançar a melhor inteligência do texto constitucional, por intermédio de argumentos políticos travestidos de suposta legalidade, porque isso só aproveita aos grandes proprietários dos meios de comunicação, aos políticos que se beneficiam de tal situação, bem como às grandes corporações interessadas. Isso seria, portanto, fugir da verdade. De fato, a verdade se encontra justamente na análise dos índices de audiência. E nesse sentido, grupos que detêm o controle dos índices de audiência e, conseqüentemente o conteúdo e o acesso a *informação*, ferem o *texto normativo* e, portanto, devem ser impedidos pela *norma de decisão* decorrente da interpretação da norma constitucional.

Assim, a maneira proposta para a concretização da norma não será formulada pela via posterior ao fato consumado (de monopólio), o que seria ineficaz, ou de censura de programação, o que seria inconstitucional, mas através do controle na outorga de novas concessões (outorga de concessões que possibilitem um limite máximo de audiência de 30% do número de residências com aparelhos de televisão), e adequação das atuais concessionárias.

No esteio de tal proposta, dentre outras, está a legislação dos EUA, país conhecido pelo espírito democrático enraizado, inclusive, no seu ordenamento jurídico (Código Federal de Regulação, Título 47, Capítulo I, Comissão Federal de Telecomunicações, Sub-capítulo C, "*Broadcast Radio Services*", Parte 73, "*Radio Broadcast Services*").

No Brasil, o referido mecanismo de controle tem sido tratado ainda de maneira muito tímida. Elvira Lobato,[21] ao tratar de tal questão destaca que: "Se o limite de 30% fosse aplicado no Brasil, a Rede Globo teria de reduzir drasticamente sua participação em empresas. Sua rede própria atual cobre 54,09% dos domicílios com TV. Só as cinco emissoras principais, conhecidas como cabeças-de-rede — TVs Globo de São Paulo, Rio de Janeiro, Brasília, Recife e Belo Horizonte — cobrem 27,7%.

"Não há estudo disponível sobre as outras redes nacionais, mas todas teriam de diminuir seu tamanho, caso fosse aprovado o limite de 30% da audiência potencial."

Capítulo 3 — Da concretização por conceitos éticos nos meios de comunicação

Um aspecto pouco mencionado ao longo do presente trabalho, mas de relevância

21. Observatório da Imprensa, www.observatoriodaimprensa.com.br/artigos/qtv200920008.htm – Qualidade na TV, TV Brasileira 50 anos, Elvira Lobato, "Concessões crescem em família", *Folha de S. Paulo*, 16.9.2000.

suprema para a concretização da norma constitucional do art. 220, § 5º, da Constituição Federal, é a ética nos meios de comunicação social. Esclareça-se por quê.

Ainda que se considere: (i) um dado conglomerado detendo participações cruzadas e altos índices de audiência, ou (ii) uma empresa que não possua participações cruzadas, mas com altos índices de audiência, ou ainda (iii) um conglomerado com participações cruzadas e baixos índices de audiência; é relativa a probabilidade de ocorrência de manipulação no conteúdo da *informação*. Quanto maior o monopólio de audiência ou de número de concessões detido por um dado conglomerado, maior é a probabilidade de que isso aconteça, conforme ficou registrado ao longo deste trabalho. Entretanto, pode ocorrer manipulação numa hipótese em que uma empresa não detenha participações cruzadas e nem altos índices de audiência. O que se quer dizer, é que a manipulação está majoritariamente relacionada à propriedade cruzada ou ao monopólio da audiência, contudo, nada obsta que uma empresa de pouca expressão no cenário da *informação* a manipule. Ora, ainda que os dispositivos da Constituição Federal tenham natureza geral e abstrata, ela não se omite perante pequenas situações como, por exemplo, uma pequena comunidade, seja física ou cultural, que venha a ser influenciada por empresa de comunicação social de repercussão local, com baixos índices de audiência e sem a detenção de qualquer tipo de propriedade cruzada.[22]

Nesses casos, se os critérios objetivos da norma concretizada apresentados até o presente momento (vedação à propriedade cruzada e ao monopólio da audiência) não são suficientes para coibir tal prática, é por intermédio de critérios éticos, que, diga-se, também estão contidos na norma em análise, em face dos princípios da *Comunicação Social* que a norteiam, e que, portanto, devem constar da *norma de decisão*, que se executará tal tarefa.

Com efeito, é diante de tal realidade e de qualquer outra em que se verifique a manipulação da *informação,* que se justifica a inclusão de critérios éticos objetivos na *norma de decisão* que venha a regulamentar o texto constitucional, de forma a zelar pelo manuseio da *informação*. Do contrário, corre-se o risco de se abrirem "janelas jurídicas", pelas quais se esvai o autêntico conteúdo da norma constitucional ora analisada.

*Parte 6 — **Conclusão***

Tendo em vista o exercício hermenêutico apresentado pelo presente trabalho, restou evidente a necessidade de mudança dos paradigmas relacionados à *informação* e seus veículos.

O conteúdo do art. 220, § 5º, da Constituição Federal, evidenciado pela literalidade de seu texto e pela interpretação que conjuga elementos clássicos com a constelação de fatos da realidade social, aponta para a imperiosa necessidade de restrição ao monopólio/oligopólio dos meios de comunicação social, sejam estes de qualquer natureza, em face do bem jurídico tutelado, essencial para a consolidação da democracia brasileira, qual seja, a *informação*.

Do exposto, a boa inteligência do dispositivo constitucional infere a necessidade de sua regulamentação, de forma a contemplar mecanismos que lhe outorgue plena eficácia. Vedações à propriedade cruzada, restrições ao monopólio de audiência e efetiva aplicação de critérios éticos no manuseio da *informação* são alternativas compatíveis com o ordenamento jurídico brasi-

22. Imagine-se, como exemplo, uma empresa de radiodifusão comercial com baixos índices de audiência em âmbito nacional e até mesmo regional, situada no Estado do Amazonas, que deliberadamente exerce a prática de informação manipulada sobre os benefícios do desmatamento indiscriminado da Floresta Amazônica, em defesa dos interesses econômicos das madeireiras da região.

leiro e adequadas à devida concretização do texto constitucional.

De maneira ajustada à essência da Constituição Federal brasileira, esse evento normativo representará uma ampliação do espectro de protagonistas do "mercado da informação", acarretando o início de um processo de descentralização da *informação* e, por via de conseqüência, o fim de uma situação incompatível com a nossa Carta Magna.

Enfim, compete aos meios de comunicação social brasileiros, aos intérpretes da ordem jurídica, aos operadores do Direito e à sociedade civil exercerem diariamente o aprendizado de se "viver" uma Democracia. Se foi difícil obtê-la, tarefa ainda mais árdua é consolidá-la.

Impressão e acabamento: **GRÁFICA PAYM**
Tel. (011) 4392-3344

REVISTA
TRIMESTRAL DE
DIREITO PÚBLICO

DOUTRINA: TELECOMUNICAÇÕES E INFRA-ESTRUTURA: ARTIGOS 73 E 74 DA LEI 9.472/1997 – Lúcia Valle Figueiredo • A LEI DE RESPONSABILIDADE FISCAL E AS EMPRESAS ESTATAIS – Eros Roberto Grau • ANISTIA ELEITORAL – ART. 2º DA LEI 9.996/2000 – SUA INCONSTITUCIONALIDADE POR "ABUSO DE PODER LEGISLATIVO" – Roque Antonio Carrazza e Eduardo Bottallo • TETO CONSTITUCIONAL DE REMUNERAÇÃO DOS AGENTES PÚBLICOS: uma crônica de mutações e emendas constitucionais – Paulo Modesto • LIBERDADE, AUTOPROPRIEDADE E A DIÁSPORA FILOSÓFICA DO LIBERTARIANISMO – Justin Weinberg • A ADMINISTRAÇÃO PÚBLICA EM FACE DA RESPONSABILIDADE AMBIENTAL – Toshio Mukai • NOTAS SOBRE EFICIÊNCIA ADMINISTRATIVA NA CONSTITUIÇÃO FEDERAL – Vladimir da Rocha França • PRESUNÇÃO DE LEGALIDADE, ÔNUS DA PROVA E AUTOTUTELA: O QUE DIZ A CONSTITUIÇÃO? – José Sérgio Monte Alegre • OS PRECATÓRIOS, A REPÚBLICA E O PRINCÍPIO DA MORALIDADE – Sérgio Sérvulo da Cunha • ***PARECERES:*** EMPRESA GERADORA DE SINAIS DE TELEVISÃO ABERTA – NÃO OBRIGATORIEDADE EM DISPONIBILIZAR SINAIS A CONCORRENTE DA SUA CONTROLADORA – Celso Antônio Bandeira de Mello • CONTRATO ADMINISTRATIVO. PREÇOS CONTRATADOS ACIMA DOS PRATICADOS NO MERCADO. APLICAÇÃO RETROATIVA DA LEI ORGÂNICA DO TRIBUNAL DE CONTAS DA UNIÃO. REQUISITOS E APURAÇÃO DA RESPONSABILIDADE SOLIDÁRIA ENTRE O AGENTE PÚBLICO E A EMPRESA CONTRATADA – Adilson Abreu Dallari • CONCORRÊNCIA DE OBRA E SERVIÇO DE ENGENHARIA – COMPROVAÇÃO DA CAPACIDADE TÉCNICO-OPERACIONAL DOS LICITANTES – Valmir Pontes Filho • ***ESTUDOS E COMENTÁRIOS:*** PRINCÍPIO DA EFICIÊNCIA: DIMENSÃO JURÍDICO-ADMINISTRATIVA – José de Menezes Niebuhr • SANÇÃO ADMINISTRATIVA E O PRINCÍPIO DA LEGALIDADE – Rafael Munhoz de Mello • PIS E COFINS – INCONSTITUCIONALIDADE EM FACE DA LEI N. 9.718/98 – Frana Elizabeth Mendes • GLOBALIZAÇÃO E GENOCÍDIO ECONÔMICO – Antônio Souza Prudente • DEMOCRACIA NOS MEIOS DE COMUNICAÇÃO SOCIAL – Bruno de Souza Vichi

MALHEIROS
EDITORES

REVISTA TRIMESTRAL DE DIREITO PÚBLICO

4/1993